休闲体育综论

让健身成为一种生活方式

张锐　王东敏　郭彬◎著

北京大学出版社
PEKING UNIVERSITY PRESS

体育文化发展的基本脉络，反映了我国休闲体育文化的现状和趋势，用心打造“培根铸魂、启智增慧”的精品读物。

在本书的编写过程中，作者以提升思想性、科学性、民族性、时代性、系统性为重点，注重吸收国内外相关优秀研究成果，力求反映休闲体育、全民健身活动发展的新态势，主要体现出以下特点：

一是以跨学科交叉融合理念为引领。本书编写贯穿了新文科背景下跨学科交叉融合理念，将“后发优势”理论应用于休闲体育发展，内容突出运动健身文化和休闲体育产生及发展的时代背景和重要意义，提炼概括了运动健身文化的三个层次和具体实践，创造性地结合运用历史学、社会学、哲学、经济学、公共政策学等多维视角阐述了休闲体育发展的基本脉络、发展特点等。

二是反映休闲体育领域的新时代特征。本书将休闲体育与社会发展紧密相扣，阐述了我国休闲体育及全民健身领域发展鲜明的阶段性特征，融入体育强国和健康中国战略的总体布局，集中反映了新发展阶段人民群众要求发展体育事业的愿望，有助于人们树立新兴的、国际化的运动健身理念。

三是突出休闲体育领域的实践创新性。本书围绕休闲体育理论与实践的内在逻辑，以基本知识和实践操作为主线，注意从理论与实践相结合的视角，收集整理我国休闲体育领域的新趋势、新情况，对休闲体育实践探索的新经验进行提炼，将比较植入运动健身文化特别是休闲体育文化的研究。

四是以国际化视野介绍国内外休闲体育领域的新进展。本书结合全球化和国际交往的相关时代背景，运用比较研究、跨学科研究等研究方法，从理论和实践的角度为我国全民健身事业提供学术依据；以案例的形式介绍了健身休闲产业和国外大众体育发展的经历和现状，力图从相关问题的比较视野中扩大学生的知识面，借鉴有利于促进我国休闲体育及全民健身发展的有益办法。

本书在编写过程中，得到了全国哲学社会科学工作办公室、北京大学体育教研部等相关单位的支持，同时在研究中也参考引用了国内专家的有关研究成果，我的硕士、博士研究生们也在本书编写过程中协助查阅整理资料、校对修改，在此一并致谢。由于作者的水平有限，书中挂一漏万之处恳请广大读者批评指正。

2022 年 12 月

目　录

下　编

总 论

随着经济全球化的快速发展,中国已成为世界第二大经济体,与其他国家的交流和沟通也越来越频繁、越来越深入。体育作为社会文化的重要组成部分,也在国际交往中扮演着越来越重要的角色,尤其是以奥运会为代表的各类国际、洲际和区际体育赛事成为全球体育交往的关键领域,成为各国彰显体育能力和文化实力的竞技场。

党中央十分关心、高度重视体育工作,把体育作为新时代关乎人民群众美好生活、提升人民群众身体健康水平的重要民生工程。从党的十九大明确提出"广泛开展全民健身活动,加快推进体育强国建设"的目标,到 2019 年 9 月《体育强国建设纲要》出台,对体育强国的战略任务进行了安排,再到"十四五"规划和 2035 年远景目标纲要明确提出到 2035 年"建成体育强国",体育已成为中华民族伟大复兴的标志性事业。2021 年 1 月,习近平总书记在北京、河北考察并主持召开北京 2022 年冬奥会和冬残奥会筹办工作汇报会时指出,建设体育强国是全面建设社会主义现代化国家的一个重要目标。2022 年 10 月 26 日,习近平总书记在党的二十大报告中指出要"加强青少年体育工作,促进群众体育和竞技体育全面发展,加快建设体育强国"。站在"两个一百年"历史交汇点上,可以清晰发现,体育已被赋予全新的内涵和外延。

健身作为体育结构体系的重要一环,也在全球交往的大背景下呈现出别样的特色,健身文化正作为一种独立的文化形式浸入社会的各个阶层、各个区域和各个年龄阶段，逐渐成为人们日常生活触手可及而又必不可少的文化因子。运动作为健身的要素之一，既不同于学校体育中的身体教育，也不同于竞技体育中的肢体训练。它更多的意味在于与群众体育相结合，成为普罗大众生活中可以随处接触和从事的活动，其所追求的既不是更高更快更强的运动成绩，也不是突破运动能力的极限，它更关注健身运动之后身体的健康程度和心理的愉悦程度。“休闲体育”这一概念脱胎于运动健身，又包含着运动健身。它是人们将运动项目作为休闲的手段或休闲的目的，进行消遣娱乐的活动。比起大众参与的运动健身，休闲体育更加带有“休闲”的意味，即与“忙”形成对比，运动成为他们暂时逃脱繁忙工作的一种方式，同时他们也从运动中获得一份难得的悠闲和自由。

本书共分为上编和下编。从运动健身文化和休闲体育两个不同的维度共同阐述让健身成为一种生活方式这一主题。

上编以运动健身文化为对象，结合全球化和国际交往的相关时代背景，运用比较研究、跨学科研究等研究方法，以期建立起较为完善的运动健身文化学术框架，从理论和实践的角度为我国全民健身事业提供学术依据。

从我国大众体育与健身文化发展的历史与现状来看，随着我国政治、经济、文化等各个方面的快速发展，大众体育的发展速度也十分迅猛，经历了几个重要阶段：1949—1969 年，大众体育处于初步建立的时期。这一时期，我国确立了普及群众性体育活动的体育方针，体育主管部门和各级群众体育组织得以建立，为后来群众体育的发展奠定了基本框架。1970—1979 年，大众体育处于恢复稳定时期。大众体育的一些方针政策得以制定，大众体育组织得以建立健全。1982—1989 年，大众体育处于调整前进时期。改革开放的到来，使群众体育与竞技体育相辅相成、相互促进，明确了“普及与提高相结合”的方针。1990—2000 年，大众体育进入改革发展时期。社会性群众体育组织网络正在形成，大众体育指导形成规模，体育消费逐渐成为一种时尚。2001 年以来，大众体育迎来“全面、协调、可持续发展”时期。随着北京奥运会的举办，广大群众健身热情高涨，人民群众对大众体育和体育健身提出了更高要求。党的十九大后,国务院印发《体育强国建设纲要》,体育在人们的生活中扮演着越来越重要的角色。

如今,大众体育的发展继续深入贯彻落实《全民健身计划》和《全民健身条例》,以转变政府职能、创新工作方法为重点,以构建全民健身公共服务体系为核心,进一步落实“政府指导、部门协同、全社会共同参与”的机制。

从文化学与文化哲学的角度出发,运动健身文化的结构有三个层次:最外层是器物层,中间层是制度层,最内在的核心层则是观念层。器物层面,包括运动健身活动所需的场地、设施、器材等,是保障文化存在和发展的硬性条件;制度层面,包括各类法律规章和运行机制,是结合不同历史现实的政治、经济、文化、宗教等背景,逐渐形成的相对稳定的约束范畴和评判尺度;观念层面,包括人们的世界观、价值观以及生活习惯等观念意识,通过对这一层面的研究,可以剖析运动健身文化的发展趋势,提出适合其发展的对策。与这三个层面相对应的文化则可分为物质文化、制度文化和精神文化。而运动健身的文化、精神内涵最终将付诸实践,实践是运动健身文化思想的来源,同时也指导着运动健身文化的发展。

运动健身的精神文化研究,主要就是对运动健身的精神内涵和文化进行分析与探讨。研究主要围绕健身思想体系、健身的思维方式和行为规范、健身价值体系,以及健身教育思路这四个方面展开。概括来说,健身思想体系,是关于“健身”及“健身活动”的各种思想与观点的总和。健身的思维方式和行为规范,包括养成运动健身的心理自觉,培养体育道德规范、体育规则意识等。健身价值体系,是指人们针对“健身”这一实践活动,结合不同历史现实的政治、经济、文化、宗教等背景,逐渐形成的相对稳定的评判标准与尺度。健身教育思路研究主要是从精神层面切入,围绕人们的观念、意识、生活习惯及世界观、价值观等内容展开,意在通过对思路的研究,剖析我国运动健身的发展趋势,提出适合我国健身产业发展的对策。本书通过对以上四个方面的分析,清晰地梳理出了我国运动健身文化的发展脉络,对我国现阶段运动健身文化的正确发展有重要参考意义。

从运动健身文化实践的国际比较视角出发，运动健身文化自产生以来就与实践密不可分，它始于实践、依存于实践并以实践为其重要表现形态。本部分着眼于运动健身文化在人们日常生产生活中的具体实践，通过不同维度对健身文化的实践类型和实践手段进行分类。并从运动健身实践的区域性特征、年龄特征和阶层特征三个方面进行比较，在搜集、整理大量中外居民运动健身数据和资料的基础上，对中国和外国（特别是欧美等发达国家）居民健身情况进行了国际性的比较。在区域性特征上，对于我国而言，东、中、西部地区居民体育锻炼特点存在差异，城乡居民对于运动健身的理念和需求也各有不同。从国际范围内来看，运动健身区域性特征也较为明显。在健身项目上，中西方大众选择的健身项目有明显的区域性不同。在阶层特征上，普遍认为高尔夫、马术等为上层运动，而拳击、田径等为下层运动，但不同国家在其他的体育项目与阶层的对照上存在差异。

在运动健身的法律规章方面，国内外呈现出不同的表现形式。美国、加拿大、俄罗斯、英国、韩国、德国、新加坡等国公布了健身计划、健身口号和体育振兴计划。英国政府颁布《公共健康法》；美国在经济大萧条时期投入大量资金兴建健身场所设施；德国政府实施《黄金计划》；英国和德国政府减免非营利性健身俱乐部的税收，并鼓励私人机构赞助健身；意大利立法规定竞技体育运动的收入亦可减免税收。我国对于运动健身和健康也非常重视，先后出台了一系列涉及运动健康的一般法律、法规、规章，《中华人民共和国体育法》《全民健身计划纲要》《公共文化体育设施条例》得以颁行实施。为推进健康中国建设，提高人民健康水平，中共中央、国务院于 2016 年 10 月 25 日印发并实施了《“健康中国 2030”规划纲要》，这一规划纲要是推进健康中国建设的行动纲领。

健身活动的运行机制是指在合理规划和配置健身管理权限的基础上，为保证健身服务的高效和有序运转，通过制度安排和部分社会市场功能的介入而形成的健身服务体系各要素之间相互联系和相互作用的模式及其运作方式。其是由运作环境、运作主体、运作目的、运作动力、运作程序、运作手段等要素构成的动态系统。

下编以休闲体育为研究对象。作为一种新的社会运动健身文化现象,休闲体育越来越多地跨越国家、民族、阶级和文化的界限而流行开来,休闲体育的价值、功能和意义也正在被越来越多的人所理解。在现代社会,休闲体育已经由精英走向大众,逐渐成为一个普遍的社会话题和社会现象。下编将从历史学、社会学、哲学、经济学、公共政策学等多个学科角度探究休闲体育这一现象出现和发展的原因。

从历史学的视角来看,以人类社会发展的过程来纵向审视,可以发现休闲体育的发展变迁与人类文明的进化息息相关,体现了休闲与工作相分离的历史过程。传统农业社会、近代工业社会和现代信息社会的休闲体育形式有着各自的不同特点。从文化的角度来横向审视,中国和西方的休闲体育又有着迥异的历史特征。古代社会时期,人类基本适应了原始生存环境,在生产力逐步提高、生活资料逐渐丰富、人们能够得到温饱的前提下,人类在社会实践中创造了反映狩猎、农耕、祭祀、祈祷和图腾崇拜的舞蹈等各种身体娱乐活动形式,产生了休闲体育的雏形。在近代,工业化促进了休闲体育的快速发展,交通工具的发展扩大了运动休闲的空间范围和活动规模,中产阶级积累的大量财富促进了非经济目的的消遣性体育活动的增加,作为经济行业的一种,休闲产业在这一时期诞生。在现代,第二次世界大战后,世界总体处于缓和与发展的环境之中,世界经济得到迅速恢复和发展,特别是发达国家,在20世纪五六十年代经历了经济上所谓的"黄金时期",人们收入增加、支付能力提高,闲暇时间也越来越多。旅游作为群体性活动的逐渐普及使得休闲体育也逐步成为休闲旅游中广受青睐的休闲方式,休闲体育在较为完整独立的旅游经济体系和体育产业的交叉部分中占据越来越重要的比重。对于当今中国而言,随着社会的飞速发展和人民生活水平的提高,加之体育作为生活方式意识的普及,休闲体育也在飞速发展。

从社会学的视角来看,休闲体育具有社会学的意义。休闲体育的兴起离不开社会生产力的迅速发展,也反映了人们需要层次的提高。在当今社会,休闲体育还具有重要的社会价值,它推动了人的自由全面的发展,促进了人的社会化,满足了人们社会交往的需要,也在某种程度上成为社会地位的象征。随着社会的发展,“工作—休闲”生活方式将成为未来的趋势,而休闲体育是既能强身健体,又能消遣娱乐的最好选择,休闲体育在某种程度上是游戏的回归,它不仅具有娱乐性、社会性,更具有文化性、人文性。同时,从社会学的意义上说,不同的休闲体育项目还在某种程度上象征着不同的收入状况和社会地位。

从哲学的视角来看,在数千年的发展历程中,不同的发展道路形成了它们各具风采的文化模式,也形成了它们各自特有的“游戏精神”——休闲体育精神文化。精神文化是一切文化体系的核心,要深层次地认知休闲体育,必须先了解其精神文化。而哲学作为“一切科学的科学”,为我们探索不同文化背景下休闲体育精神文化的差异提供了最根本的思考。中国和西方休闲体育思想都注重休闲体育的娱乐价值、健身价值、道德价值和宣泄价值,但中西方由于不同的哲学理念,在对休闲体育的审美和道德考量上存在一定的差异。

从经济学的视角来看,休闲与经济的关系密不可分:一方面,经济参与“买来”休闲,休闲是回报中的一部分;另一方面,休闲可以被用来娱乐、消费,来支持有效的经济参与,正是这种消费的“再创造性”使得休闲变成一种新的社会经济形式。我国体育产业将迎来高速发展的黄金时期,可以说体育产业是一个待开发的“金矿”。随着体育作为一种生活方式的观念被越来越多的人所接受,休闲体育更是成为一种时尚,逐渐形成了休闲体育经济。我国的休闲体育竞技正处于快速上升的黄金时期:一是社会发展为人们的休闲体育提供了时间和物质上的准备;二是政府在发展经济的同时也注重社会的和谐发展,推行了一系列促进休闲娱乐活动发展的政策;三是人们的价值观、消费观在不断发生改变。经济的发展为人们参与休闲体育提供了基本保证,同时休闲体育产业的发展也推动了第三产业的发展。

从公共政策学的视角来看,国家政策在保证社会正常运作、指引社会稳定发展方面发挥着至关重要的作用,因此,休闲体育的发展必然受到国家政策的深刻影响。与休闲体育发展相关的国家政策,我们可以称之为休闲体育政策。休闲体育政策具有公共政策的一般特征,但又具有自身特点,如休闲体育的政策目标是解决社会休闲体育问题、维护公众休闲体育利益,政策内容是国家意志在休闲体育领域的体现,休闲体育的政策是国家公共政策系统中的“弱势政策”。对于我国而言,休闲体育政策具有导向、调控和分配的功能。英国、美国、日本等国家的休闲体育发展较早、公共政策历程较长,而我国的休闲体育公共政策历经新中国成立初期到改革开放前的曲折阶段、改革开放后的摸索阶段,目前进入了法治化和系统化的阶段。西方发达国家休闲体育公共政策,对我国的发展具有借鉴意义,例如重视改善休闲体育环境,强调政府与其他社会部门的合作、制定发展规划与激励政策等。

下编的最后对影响新兴休闲体育项目发展的因素从自然条件和社会条件上进行了分析,并介绍了一些当下最流行的新兴休闲体育项目,一展休闲体育的风采。

上　编

第一章　健身文化的历史变迁与国外发展

西方文化与东方文化的异同在很长的一段历史时期内为各领域的学者所关注,学者从不同的视角阐释了两种文化,从而使两种文化更为外界所关注和理解。总的来说,西方文化强调对自然的征服和改造,而东方文化则重视人与自然的和谐相处,以“中庸”“和”的思想处理人与自然之间的关系。

健身作为体育结构体系的重要一环,也在全球交往的大背景下呈现出别样的特色,健身文化正以一种独立的文化形式浸入社会的各个阶层、各个区域和各个年龄阶段,逐渐成为人们日常生活中不可或缺的文化因子。

本章将对研究主题中涉及的诸多概念进行细致的分析,并从文化、运动文化、身体文化、健身文化与运动健身文化、国际交往视野五个方面展开论述,以确定本研究的研究内容与研究边际。

第一节　文　化

一、文化的概念

文化,作为人类生产生活过程中出现的社会现象,在人类社会中留下了不可磨灭的印记。同时,纷繁复杂的社会结构和组织体系形成的众多形式互异的文化现象，在不同社会领域显现出自身的价值，影响甚至指引着人们的实践活动。在人与自然、人与人、人与社会的关系之中，文化总是若隐若现，又无所不在，与实践活动一起丰富着人们的社会生活。

关于文化的概念，学界并没有形成共识，不同研究领域的学者对文化有着自己的见解和分析，文化研究中学派林立便是集中的体现。文化从最开始的社会现象发展成学术研究的对象，历经了较长的时间跨度，真正学术意义上的文化概念的产生可以追溯至 1838 年。

“文化”一词源于拉丁语“cultura”，是指耕种和劳作，当时仅仅作为具体意义上的农业专业术语来使用。直到古罗马著名哲学家西塞罗将 cultura 和 animi（智慧）连用，将抽象意义赋予该词，使其逐渐脱离原义，开始被运用于哲学界和文学界。他还认为文化是心灵的哲学。①

16 世纪初，英语中开始出现类似的用法，主要是用来形容为了增进某种物品的质量而做的努力。文艺复兴之后，文化范畴逐渐扩展到农业、商业、手工业、教育等活动中，凡是与自然状态、天然状态相对立的都被认为是文化现象。现代意义上的“文化”概念独立出现于人们的意识中是从启蒙运动开始的。19 世纪以来，文化作为人类生活独有的现象，受到人文社会科学界的普遍重视。到 19 世纪后半期，随着人类学和社会学的大发展，对文化概念的研究有了决定性的发展。

经历了启蒙运动的洗礼，19 世纪前叶欧洲的思想得到了空前的解放，文化学研究也开始登上历史舞台。人类学中最先出现了对文化的相关研究。1838 年，德国学者列维·皮格亨提出“文化科学”的概念，犹如在西方世界投下了思维开拓的炸弹，此后文化研究的成果不断涌现，文化成为众多学科领域共同关注和研究的对象。

---

① 参见〔古罗马〕玛尔库斯·图珥利乌斯·西塞罗：《图斯库路姆论辩集》，顾枝鹰译，华东师范大学出版社 2022 年版。

二、文化的分类

国内外不同学者对文化有着不同的理解和分析，本书以学者对文化概念所下的定义之不同，对其进行归纳整理，并做出以下分类。

(一) 将文化看成共同体的产物

美国学者巴尔克和波尔格斯认为："一个群体的文化乃是社会遗产的全部及其组织。这些遗产获得了社会意义，因为各个种族各有其不同的气质以及群体的历史生活。"①

德国学者贝恩认为："文化是以社会符号为媒介的行为总和。"②

美国学者本尼迪克特指出，文化是"通过某个民族的活动而表现出来的一种思维和行动方式，一种使这个民族不同于其他任何民族的方式"③。

我国学者李信认为："按照马克思主义的观点，一定的文化是一定社会的政治与经济在意识形态领域的反映，同时又为一定社会的政治和经济服务的。"④

(二) 将文化看成一切物质和精神的总和

《辞海》中关于文化的概念，是将其作为与经济基础相对应的上层建筑层面的内容加以考虑的。狭义的文化是指"精神生产能力和精神产品，包括一切社会意识形式：自然科学、技术科学、社会意识形态"，广义的文化是指"人类在社会实践过程中所获得的物质、精神的生产能力和创造的物质、精神财富的总和"。⑤

著名思想家、哲学家梁漱溟在其名作《东西文化及其哲学》中对"文化"一词有着较为深入的论述，他将文化视作物质生活、精神生活和社会生活的有机综合体。"文化，就是吾人生活所依靠之一切"，

---

① 转引自殷海光：《中国文化的展望》，上海三联书店 2002 年版，第 30 页。

② 参见〔美〕怀特：《文化科学——人和文明的研究》，曹锦清等译，浙江人民出版社 1988 年版，第 80 页。

③ 参见〔美〕鲁思·本尼迪克特：《文化模式》，张燕、傅铿译，三联书店 1998 年版。

④ 李信：《中西方文化比较概论》，航空工业出版社 2003 年版，第 1—2 页。

⑤ 参见《辞海》，上海辞书出版社 2011 年版，第 4667 页。

"是一个民族生活的种种方面,总括起来不外是三个方面"。[①]

梁启超认为:"文化者,人类心能所开释出来之有价值的共业也。"[②]

马林诺夫斯基认为:"文化原是自成一格的一种现象。文化历程以及文化要素间的关系,是遵守着功能关系的定律的。"[③]

(三) 将文化看成人类生产生活的组成部分

王增才认为:"文化是人类为了适应自然与人文环境所创造出来的生活方式的总和,其功能在于确保人类的生存和发展。"[④]

胡适指出:"文化是文明所形成的生活方式。"[⑤]

(四) 将文化看成一种行为模式

哈维兰认为:"文化不是可见的行为,而是人们用以解释经验和导致行为并为行为所反映的价值观和信仰。"[⑥]

学者班纳特和杜明认为:"文化是一切群体的行为模式。我们把这些行为叫生活方式。"[⑦]

(五) 文化是一种设计和创造

康德指出,文化是有理性的实体为了达到一定的目的而进行的创造。人们为改善自身被外部世界所控制和支配的状况,凭借自身精神上和躯体上的能力,逐渐适应、改造和支配外部世界。文化就是这一过程的关键。

克拉克洪和凯利认为,文化乃是在历史里为生活而创造出来的一切设计。在这一切设计中,有些是明显的,有些是隐含的;有些是合理智的,有些是反理智的,有些是非理智的。这些设计在任何时候都是人的行为之潜在的指导。

---

① 梁漱溟:《东西文化及其哲学》,商务印书馆 2012 年版,第 19 页。

② 梁启超:《什么是文化》,《学灯》1922 年 12 月 7 日。

③ 〔英〕马林诺夫斯基:《文化论》,费孝通译,中国民间文艺出版社 1987 年版,第 97 页。

④ 王增才:《西方文化要义》,江苏教育出版社 2006 年版,第 12 页。

⑤ 参见《胡适文集 · 文明卷》,长春出版社 2013 年版。

⑥ 〔美〕哈维兰:《当代人类学》,王铭铭等译,上海人民出版社 1987 年版,第 241 页。

⑦ 转引自蔡红生:《文化概念的考证与辨析》,《新疆师范大学学报(哲学社会科学版)》,2009 年第 4 期。

三、文化的特征

汉语文献中,“文化”一词古已有之。《周易》曰:“观乎天文,以察时变;观乎人文,以化成天下。”①意思是通过日月天象来认识自然变化规律,凭借诗书礼乐达到教化世人治平天下的目的。但“文”与“化”还未独立成单独的词语。“文化”作为一个专有名词最早见于汉代刘向《说苑校正·指武篇》中,即“圣人之治天下也,先文德而后武力。凡武之兴,为不服也,文化不改,然后加诛”②。“文化”在这里是指文治与教化。西晋束皙在《补亡诗·由仪》里有“文化内辑,武功外悠”的说法。

一般来说,学界把文化看作一个包含多层次、多方面内容的综合体,用它来概括人类创造和积累起来的全部物质与精神财富以及人们的生活方式。文化的一般特征主要包括以下四个层面:

首先,文化是一个综合统一体。文化的要素与组成多种多样,绝非简单地杂乱糅合,而往往都是通过共同的价值系统和行为模式表现出来的。

其次,文化具有民族性和地域性。不同的自然环境与地缘因素共同发挥作用,使人类形成了全然不同的价值系统、思维模式与行为倾向,继而产生了各个族群之间相互区别的文化特质。

再次,文化具有历史传承性。“濡化”是文化传承的基本方式,一般情况下主要表现为社会成员获得“文化”主要是通过后天,主要方式是观察模仿或接受其他社会成员的指导。在连绵不绝的发展过程中,文化也具有创新机制,并最终导致文化传统的变迁和迁移。

最后,文化具有社会特殊性。每一个国家、民族的人都生活在一定的文化系统中。这种具有规则性的文化系统,通过法律、制度、风俗习惯、价值观念等方式来引导和约束社会成员的个体行为,使其融入族群的价值系统。

① (宋)朱熹:《周易本义》,中华书局 2009 年版,第 45 页。

② (汉)刘向:《说苑校正》,中华书局 1987 年版,第 11 页。

第二节 运动文化

在目前的学术界,"运动文化"一词并非一个严格意义上的学术概念,它往往与"体育""竞技"等词连用,如"体育运动文化""竞技运动文化"等,形成在形式上概念意涵更丰富,但实质上内涵和外延并无太大差别的几组概念。笔者以"运动文化"为关键词在中国知网上搜索到少量相关文献,结合研究需要,对其展开初步分析。

在我国,"运动文化"一词更多地与学校体育课程联系在一起,成为体育课程研究的重要理论工具和学术资源。2013 年 11 月,《体育与科学》编辑部以"运动文化与人的发展"为主题组织了一场秋季论坛。在论坛上,运动文化被视为体育课程价值的基础性支撑,与会学者呼吁体育课程应回归运动世界,从运动文化本身出发探究体育教育的真谛。

但就"运动文化"在我国的发展历史来看,身体运动本身在近几年才引起学者的关注,之前的很长一段时间我们都将重点置于运动技术的教与学上。李杰凯等将运动文化定义为"人类社会生产、生活中形成的以身体运动为基本手段的健身、竞技、休闲、娱乐和养生等运动方法及运动观念的集合体"①,并进一步从主流价值取向、竞技运动项目"软式化"等角度论证了运动文化多样化创新和可持续发展的必要性和可能性。马莉等将运动文化与生态学上的"群落"概念相结合,创造性地提出了运动文化群落的观点,提倡将"某一身体运动文化根植于这一群体的观念和生活习惯中,形成可以传承的文化积淀"②。该研究从社会学的视角观察运动文化,重点关注运动项目与当地运动实践的契合状况,进而从运动氛围、运动观念、运动管理等方面分析运动文化发展的内外部机制,为运动文化研究提供了一种新的思路与观念。

---

① 李杰凯等:《论运动文化的多样性创新与可持续发展》,《上海体育学院学报》2001 年第 4 期。

② 马莉等:《"运动文化群落"概念的衍生及其发展机制的研究》,《广州体育学院学报》2005 年第 2 期。

王舒雨在其硕士学位论文中将运动文化看作“以人类身体的活动为基本形式，在具有规则性、组织性、竞争性、娱乐性、挑战性的游戏过程中创造的，以不同形态存在的特质所组成的一切事物的总和”①。

有学者引用国际知名学者的观点，开拓了“运动文化”研究的国际性视野。日本关西学院大学教授新井节男认为运动文化即“关于人的身体运动的历史、规定、技术战术、身心锻炼法，以及从事运动时人的心理、身体构造和机能、伙伴关系中行动的社会性等的历史和现实的综合要素”，其理论和思想源自丹下保夫的“生活体育论”。因此，他一方面坚持丹下教授将运动作为教育手段的基本观点，另一方面紧随时代发展脚步，在努力将体育课堂建设成传承运动文化的中心地带的同时，将其理论中心放在了运动技术上，旨在使学生在掌握运动本质与基本规律的基础上发现并学习自己感兴趣的运动项目。随着研究的继续深入和实践经验的积累，他逐渐将研究对象从仅限于学校体育转变为国民体育与学校体育并重，开始追求“技术的系统指导和学习集团组织化”的统一，并且提出在体育权利上要“以国民体育为主体”。②

由于历史原因，20 世纪 50 年代及其后较长一段时间内，中国学校体育无法摆脱苏联“运动文化”的影子，主要重视运动知识的传授和运动技术的教导。苏联的“运动文化”以“sports”（运动）为中心，以“游戏观”“心理观”“价值观”“认识观”“发展观”“社会观”“意识传达观”“创造观”这八种思想观念为出发点，衍生出数十种功用性技能，形成完整的结构体系，从逻辑上奠定了“运动文化”的理论基础。正如学者孙喜和与马春华所述，“以‘运动文化’为中心的体育教育重视的是出现什么样的结果和针对结果进行的理解和掌握知识的教育观”③。这种运动文化理论更加注重结果导向，一方面形成了学校体育中运动技术训导具有较强针对性和系统性的良好局面，但另一方面也忽视了学生的个性发展与主观能动性的发挥。

---

① 王舒雨：《体育课程的运动文化观》，北京师范大学 2008 年硕士学位论文。

② 参见罗时铭：《当代日本学校体育思想研究之二——运动文化论》，《体育文史》1998 年第 3 期。

③ 孙喜和、马春华：《谈“运动文化”与“个性发展”的体育科教育思想的统和》，《体育文化导刊》2005 年第 8 期。

“运动文化”发展到21世纪，“伴随一个世纪以来以现象学运动为标志的哲学研究的进展，国际上以运动感觉为分析对象的研究业已受到瞩目”①。日本学者金子明友继承和发扬了前辈岸也雄三的运动形态学，构建了全新的身体知论理论体系，将关注点放在运动过程中产生的运动感觉上，强调运动应该具有一种幸福感和满足感。

一直以来，运动便是文化的天然载体和记录者。无论是缘起于东方原始社会的祭祀文化，还是起始于西方奴隶社会的斗兽文化，都离不开运动。

第三节　身体文化

一、身体文化的概念

身体是运动健身的基础和保证，也是文化领域中重要的研究对象。从古至今，不同的社会文化对于身体的价值有着不同的阐释和理解。本研究以身心关系为基本出发点，梳理东西方关于身体文化的基本现象和研究观点，分析身体文化与运动健身之间的逻辑关系，为健身文化的研究奠定基础。

人类自诞生之初，便要经历恶劣的自然环境的考验。是否可以在这种恶劣环境中生存下去，重要的因素在于是否可以比凶猛生物跑得更快、跳得更远，人类个体是否具备生存下去的各种活动能力。久而久之，人类开始将生活中所需的基本能力和基本功能从现实生活中抽离出来，在劳作闲暇之余和一定的空间内进行专门的练习与训练，这就是最早的身体运动。自此身体文化开始逐步形成并发展起来。

二、身体文化的发展历程

（一）古希腊时期的身体文化（公元前9世纪）

古希腊时期是欧洲文明发展的早期，在这一时期身体文化所展示

① 王水泉：《运动文化传承研究的新方向：以金子明友的身体知论为线索》，《体育与科学》2012年第4期。

出的是对身体这一物质实体本身的关注、锻炼和强化。“人啊，认识你自己”这一神谕成为这一时期身体文化的鲜明写照和注脚。身体的美，不仅仅在于健壮的肌肉、魁梧的体格，还在于匀称的体形和优美的身姿。而古希腊人积极向前、奋勇开拓的性格特征使他们更具血性。当时的运动竞技场是展示身体文化的最佳舞台，竞技场上的竞技者们所呈现的力量与美的结合在古希腊人眼中是一种真正的美。同时，古希腊人也反对对身体进行过度的开发和训练，力求在自然的过程中使身体得以开化，使头脑的发达与身体的强化能够在同一价值体系中得到实现。古希腊社会中的身体文化造就了崇尚力量、追求健康的氛围，古希腊人也因此将其内化为自我的自觉行动，两者互为促进，使得古希腊时期成为西方身体文化发展的第一个高峰。

在古希腊的众多名人中，苏格拉底特别重视对于身体的锻炼和改造，并大力倡导。他提出，“人们所要做的一切，身体起着决定性的作用。然而，凡是需要运用身体的事，也只能取决于健康的身体，身体是成功的希望”①。

柏拉图的《理想国》更加注重身体与灵魂的结合，将未加改造的身体视为灵魂的桎梏，也是灵魂得到发展的基础和前提。“以音乐陶冶心灵，以体操锻炼身体”成为其身体文化的重要主张，其中体操作为锻炼身体的主张为后世体操在欧洲的盛行奠定了思想基础。

亚里士多德则是身心一元论的代表人物，他将人看成由身体和心灵结合而成的综合体，两者是人之所以为人的不可分割的组成部分。

（二）中世纪时期的身体文化（公元5世纪末—15世纪）

中世纪教会公开压抑身体，“强壮而活泼的身体只能有软弱而不起劲的精神，简单脆弱的身体才能使精神更加坚强活泼地发展”②。神学主张禁欲，中世纪被称为黑暗的时代。在教会的管制下，人们心理恐慌，宗教树立了绝对权威。

资本主义萌芽带来了经济上的发展和繁荣，意味着市场逐步走向

---

① 参见谭华主编：《体育史》，高等教育出版社2005年版，第126页。

② 参见关文明等编著：《体育史》，高等教育出版社1996年版，第240—249页。

开放，带来了自由的种子，社会各个阶层萌发出思想解放的嫩芽，身体的解放由此成为一种必然。

（三）工场手工业时期的身体文化（公元15—18世纪）

反对罗马天主教会的宗教改革运动把包括体育在内的教育放在了重要位置。这启发着人们的自我意识和理性思维，也为他们追求幸福生活和培养体育活动乐趣提供了理论依据。在启蒙运动中这种推广被演绎得更具体化，英国教育家洛克把学校教育分为德、智、体三个方面，强调要能工作，要有幸福，必须先有健康；要能忍耐劳苦，要能出人头地，也必须先有强健的身体。置身于体育文化之中的健身文化在众多思想家、教育家、社会学家的强调下进一步走向科学化，近代西方的健身文化是一种隐形健身文化，它通过学校体育发展形成并最终影响整个世界。从古代到近代，西方的健身文化始终强调，在注重身体强健的同时更侧重竞技性、军事化。

这一时期的代表性学者是笛卡尔。笛卡尔认为一个整体的"人"，应严格地被分为两个部分，即灵魂和身体。思想着的灵魂远远高于无法思想的身体，该观点与基督教会"贬低身体"不谋而合，使"身心二分，心高于身"的理念对诸学科的发展起到了决定性作用。

笛卡尔将人论证为"理性的动物"，人的存在被理解为两种不同实体的联合，这种二分法将身体彻底归为医学和物理学领域的纯粹机械对象，成为诸多自然科学研究的客体。笛卡尔从认识明晰性和确定性的立场出发，通过无往不克的怀疑之剑斩除了身体在认识中感觉的合法性。

在柏拉图的认知体系中，感觉是身体的一部分，是联系物质与精神的关键。而笛卡尔的二元体系则彻底地将感觉归于人类自我的思维能力。他论证了灵魂和身体是完全不同的两个实体，即精神的唯一属性是思维，它没有广延，而肉体却只有广延而无法思维。笛卡尔这种从身体和灵魂的关系出发的论述，一方面赋予了灵魂作为思维主体的超强能力，即可以进行认知与反思；另一方面也认为身体是属于人类的机器，它构造完美，是物理性的存在，是理性思维认识、规范和利用的对象。

可以说,从笛卡尔及其理论开始,身体不再是被刻意压抑的物体。然而不得不承认的是,身体在此阶段仍是主体开发和控制的客体,仍然是社会政治经济发展中的一个工具,比如运动员的身体被认为是创造纪录的机器,学校中的体育教育也成为完成总体教育目标的一个工具,等等。总而言之,身体自身最有价值的部分仍未被发现和肯定。

(四) 工业革命时期的身体文化(公元18—20世纪初)

这一阶段的主要观点是,身体具有本体论的中心地位,即身体是世界和我们自身交互建构投射出来的焦点,分析哲学也将身体作为个人身份认同和解释心理状态的本体论基础来进行考察研究。

尼采以其生命哲学颠覆传统身体理论中理性的权威性,开创了强调欲望与快感的身体优先论。尼采以身体为准绳,不仅肯定了身体存在的合法性,而且认为身体是重估一切价值的根基,身体的合法性似乎得到确认。但尼采的观点并非从根本上否定身体和灵魂的二元对立,仅仅是从传统二元论的一端(精神)走向另一端(身体),忽视了人作为整体的存在,如果坚持孤立、分裂地看待身体和灵魂,身体同样会被抽象为力和欲望的符号。

其他的观念包括:黑格尔认为"通过体育锻炼塑造一种和谐发展的人体,是同雕塑家的艺术创造相似的一种艺术创造"①。休谟则认为"人体之美的主要部分就是健康和精力充沛的姿态,以及表示体力和活力的肢体结构"②。

(五) 近现代的身体文化(公元20世纪以来)

20世纪以来主要流行三种非二元论的观点,分别是:①健全的头脑寓于健全的体魄;②头脑、身体和精神的统一;③通过身体进行教育。这是美国20世纪20年代"进步教育"的主张,认为人是一个整体的生命,而通过体育运动的教育,可以传授社会和道德规范。这些观点提高了身体的地位,但仍保留了二元论的影子。

---

① 参见〔苏〕M. 萨拉夫:《论体育运动美学》,姜晓辉译,《国外社会科学》1985年第12期。

② 〔英〕休谟:《人性论》,关文运译,商务印书馆1987年版,第402页。

新的人体观要能除去被称为“精神”和“身体”的不同实体的区别，消除所谓身体活动和精神活动之间的差距和隔阂，重新界定什么是有智力和洞察力的行为。如雅斯贝尔斯在《时代的精神状况》一书中提到，“在体育运动中，我们仍发现和感觉到某种毕竟是伟大的东西弥漫于这个事业上。体育运动不仅是游戏，不仅是心灵的创造，也同样是一种升华，也是一种精神上的恢复”①。

在当代思想中，感性的身体取代了理性的主体，社会进入一个身体化时代，身体作为享乐主义实践和欲望的一个领域而出现。② 在这种思潮下，身体愈发得到重视，成为最受欢迎的消费主体。然而，必须警惕的是，体育一方面因为身体的解放开始受到社会的重视，但另一方面也因为泛身体化与娱乐化的趋势，步入了一种自我消解、自我疏离的后现代处境。

第四节　健身文化与运动健身文化

一、健身文化

（一）健身的概念

“健”，本义为“强有力”，《易章句》中有“震其究为健”。《说文》曰：“健，伉也。”现代汉语体系中健的用法主要有两种：一种是形容词，如健康、健朗；一种是动词，如健身。

“身”，本义为“人或动物的躯干”，多用于形容与人身体相关的状态。《说文》曰：“身，躬也。象人之形。”王引之《经义述闻》中有“人自顶以下，踵以上，总谓之身……颈以下，股以上亦谓之身”③的说法。

《辞海》中“健身”的定义为“使身体健康”，《现代汉语词典（第5版）》中对“健身”的定义则是“一种体育项目，尤指包括徒手或用器械

---

① 〔德〕卡尔·雅斯贝尔斯：《时代的精神状况》，王德峰译，上海译文出版社1997年版，第6页。

② 〔美〕丹尼尔·贝尔：《资本主义文化矛盾》，赵一凡等译，生活·读书·新知三联书店1989年版，第101—139页。

③ （清）王引之：《经义述闻》，上海书店出版社2012年版，第299页。

的体操,体操可以增强力量、柔韧性和耐力,可以提高控制和协调身体各部分的能力”①。

(二)健身文化

1. 健身文化的概念

林吴平以“熵”理论为出发点,对现有的“封闭体系理论”和“开放体系理论”进行对比分析,进而以“灰色系统理论”为落脚点,从物理性角度搭建了较为合理的健身文化体系。林吴平指出,我国传统的健身文化,讲求“动中求静”,追求身心的和谐统一,以保持稳定的方式实现健身的目的。②

李英等学者认为“文化就是一种具有地域性与超地域性、时代性与超时代性的习俗”,健身文化是体育文化的组成部分,也是健身领域社会文化的表现形式,是指“人们在健身活动中所创造和保存的全部内容的总和,是为了满足自身健康需求、适应生活环境而创造出来的多种健身方式和累积下来的物质与精神的结晶”。③

也有学者并未从健身文化本身对其进行探讨和研究,而是结合具体的学科领域对不同状态下的健身文化展开阐释和分析。

吴丽华从当前发展迅猛的社区体育角度出发,认为“社区健身文化是社区市民在健身活动和社区在健身管理过程中逐渐形成的特定文化氛围和文化传统等”④,即社区健身文化是在社区这一特定环境中生活的社会成员对健身活动的共同追求,是其社区健身活动所创造的精神财富的总和,被视作社会文化的重要组成部分。

现代社会的健身运动是一种社会性的精神生产和文化消费高度统一的动态过程。各种健身方式,不论是自娱自乐的活动,还是竞技场上的激烈较量,甚至是野外探险,都是围绕人们生理、心理和社会的要求而进行的。它不仅使健身成为人们最具广泛社会意义的活动之

---

① 《现代汉语词典(第5版)》,商务印书馆2005年版,第672页。

② 林吴平:《体育健身理论体系初探》,《广州体育学院学报》1990年第2期。

③ 李英等:《中西方健身文化比较研究》,《西华大学学报(哲学社会科学版)》2013年第6期。

④ 吴丽华:《现代社区健身文化建设若干问题思考》,《体育文化导刊》2005年第10期。

一，同时也推广其终身性，促进健身发展的持续性与长期性，从而达到最佳的效果。①

2. 我国健身文化的发展历程

学界一般认为阴阳学说和五行学说是我国传统健身文化理论的根源。阴阳学说有着朴素辩证法的理性智慧，强调身体应与天地互融互生，在与自然相处的过程中实现身体能量积累和释放的和谐统一。

“天以阴阳而化生万物，人以阴阳而荣养一身”，阴阳在中国传统健身文化中具有重要的地位，成为以养生促健康的健身理念的哲学基础和思想源泉。传统健身文化强调事前预防，重视身体的保护和涵养，以求体质良善、延年益寿。

儒家文化的代表人物荀子则认为，“天地合而万物生，阴阳接而变化起”，“制天命而用之”，首次将健康的概念融入我国传统健身文化。

同样，传统的健身文化也蕴含在博大精深的中医学中。《易筋经》中提到：“谓人身之筋骨，由胎禀而受之。有筋弛者，筋挛者，筋靡者，筋弱者，筋缩者……俾筋挛者易之以舒，筋弱者易之以强，筋弛者易之以和，筋缩者易之以长，筋靡者易之以壮，即绵泥之身可以立成铁石，何莫非易之功也，身之利也，圣之基也，此其一端耳。”②华佗曾提出：“人体欲得劳动，但不当使极耳，动摇则谷气得销，血脉流通，病不得生，譬犹户枢，终不朽也。”③《内经》中则有“上知天文，下知地理，中知人事，可以长久，以教众庶，亦不疑殆，医道论篇，可传后世”的说法。

当西方哲学大师在思辨人生的真谛，思考、寻求自身有限的生命价值和意义，思索如何超越有限和无限的对立去把握超越时间的永恒时，我国唐尧时代的古代导引术，就开始以人体为依托来表现生命意志的感性物质活动，它以“大舞”的形式，把哲学、宗教、艺术包容在自己的感性实践中，以此来达到养生健身和预防、治疗疾病的目的，直接

---

① 谭政：《不同文化背景下城市健身文化传播问题及对策研究——以洛杉矶、成都和自贡的健身房为例》，成都理工大学 2012 年硕士学位论文。

② （清）来章氏辑：《易筋经》，中国中医药出版社 2015 年版，第 2—3 页。

③ （南朝宋）范晔：《后汉书》，中华书局 1988 年版，第 7 页。

体现了精神与人体的统一。[①]

现代的健身文化以西方的健康理念为核心,注重身体结构的优化和完善以实现健身的目的。因此,健身文化领域盛行的是"生物学模式"的健康观,主要是以身体运动为主要内容的单一模式。健身更多地被理解为健身运动,或只是身体健康的手段和工具,运动强度、运动频度、肌肉力量等成为衡量健身成功与否的标准。

随着时代的发展,健康不仅指身体或生理,也开始包括心理和社会行为。《世界卫生组织宪章》就明确指出,"一个人只有在躯体、心理和社会适应等诸方面都健全才是健康的人"。

三维健康医学模式是指"以生理机能为特征的身体健康、以精神情感为特征的心理健康和以社会生活为特征的行为健康"[②]。三者之间形成一个有机的整体,互相影响,不可偏废。如今的健身文化不仅关注生理机能的强化,而且关注健身人群不同层次的需求,关注全方面和系统性的素质提升。

三维健身观的提出和发展,使健身文化的内容得到进一步的丰富和充实。健身文化有了人文关怀的意味,更契合当代社会的人文主义理念。健身的目的不再只是个体身体的健康和强健,社会性议题诸如人类生活质量和可持续发展也成为其追求的重要目标。

3. 运动健身文化的美学观

美和运动之间存在着重要的联系,但对人来说,美和运动是不同的体验和感受,运动更强调身体和生理上的刺激和感觉,而美则是心理上的期待和愿景。美是人们从事运动的追求之一,同时美也是运动本身所展现出的一种特质和文化现象。运动时变化多样的身体形态、运动中展现出的挑战的欲望和勇气、运动中表现出的积极向上的朝气和运动中显现出的坚持不懈追求进步的精神都是运动美的重要外化形式。

---

① 张涛:《西方竞技体育思想与中国传统体育养生哲学的对比研究》,《辽宁体育科技》2003 年第 2 期。

② 杨丽华、林振寰:《三维健身观与健身要素的构成》,《体育学刊》2003 年第 3 期。

体育是实施美育不可或缺的领域。[①] 健与美、肉体与精神浑然一体、完美统一的文化传统一直是体育与美育健康发展的重要源泉，也是将美育融入体育的一种文化资源。体育作为协调身体自由的活动，可以为运动者和观赏者带来强烈的审美体验。

运动和其他领域一样，对美的认知有着全面的要求，诸如人的感受能力、鉴赏能力、表现能力、创造能力等，但是各种能力在运动中的体现形式和需求程度并不一致。

运动和美可以看成是力量与形态之间的博弈，两者共同为塑造一个完美的身体提供重要的支撑。现代社会的娱乐属性逐渐显现和增强，运动也呈现出更多的娱乐色彩，人们更加注重在运动中获得身心的愉悦，而不仅仅是追求身体素质的提升。同样，对美的感知也混杂了更多的娱乐元素，美学不再是束之高阁的阳春白雪，而是成为人们可以与日常生活和运动实践相结合的主观感受，成为生活幸福程度的评判标准之一。

运动不仅可以塑造一个强壮的体魄，使身体的各个部分得到全面的发展，而且可以使人的精神状态更加饱满、更加积极向上。

运动所追求的目标价值之一是“健”，其与美关系之紧密从“健美”之词可见一斑。“健美”不仅指身体本身的力量和线条达到审美标准，而且包括精神和心理上的健全和美丽，而运动是达成这一目标的重要方式和手段。在运动中，参与者展现出的坚持不懈、从规律出发的良好的精神气质，更是让“健美”一词得到了升华和深化。

熊飞将中国体育美育观分为四个历史发展过程：中国古代体现伦理情感的“技礼”体育美育观（1840 年之前）、中国近代体现民族情感的“军体”体育美育观（1840—1949）、中国现代体现政治情感的“德化”体育美育观（1949—1985）、新时期注重个体情感的“健康”体育美育观（1985 年至今）。[②]

运动健身中的审美将美学的理论与实践有机结合起来，通过健身技术、健身手段、健身场地等，锻炼和强化参与者的美学意识和态度，

---

① 参见杜卫：《美育论》，教育科学出版社 2000 年版，第 149—151 页。

② 熊飞：《中国体育美育观的演变与反思》，《浙江体育科学》2008 年第 4 期。

使他们在运动健身中形成观察和欣赏美的良好习惯。在学会捕捉和评判健身中的美之后,参与者会有意识地在自身的健身活动与美学感受间建立联系,进而积极主动地改进和创新,以期为自身和他人带来全新体验。可以说,健身中的美既是美学理论的拓展和物化,也是运动精神的展示和彰显。

体育美育的本质就是体育情感的实践。体育情感包含着对体育理想的折射、对体育意义的理解和建构。体育美育的价值是情感理性的显现形式,是体育情感与体育价值观的对应关系。

运动健身文化的审美,是健身文化不断发展的产物,同时对健身文化的繁荣有着积极的促进作用,对健身实践有着科学的指导作用。审美对健身热衷者的启迪,"既不是以思维为特征的认识过程,也不是物质性的实践过程,而是通过人与运动的身心合一来表现和升华情感、激发个体的生命活力、开启心智、发展创造性、养育性情的体验过程"①。在这一过程中,不仅参与者得到了美的享受,而且参与者周边的人也容易受到感染,从而扩大了健身文化的影响力,显示了美学的社会价值。

运动健身所运用的手段和方法也应具有趣味性和可欣赏性。在相同的条件下,如果运动的手段和方法更加科学合理,更加契合健身的理念,将有力提升参与者坚持的动力,在身心投入的情况下健身效果将得到显著提高,从而使参与者在健身活动中乐此不疲。在此,运动美学观占据着十分重要的地位。运动中存在一种心理欲求,其和参与者参与的程度和频率相关。要想得到这样的体验和感受,参与者会努力以固定的强度塑造身体的形态和增强身体的力量,此时参与者将得到最大限度的精神享受。运动健身的手段和方法与个人的感官体验有着直接而密切的关系,而这种体验很大程度上又是美学体验的表现形式。与此同时,美学体验所带来的切身感受对参与者改善运动健身方式、提升运动健身效率起到了指导与引领的作用。

人类自诞生以来,便拥有运用身体本身或者外部工具改造和锻炼

---

① 王深、陈俊钦:《当代青少年体育审美的特点与体育美育的基本途径》,《中国体育科技》2009 年第 3 期。

身体的本能,而这种本能即蕴含着美的最初理念。身体是“多维度、多层次的存在,有其自身的力量,同时又与对其进行塑造、刻写、渗透的自然、社会、文化有着复杂的互动关系,它既是自然的产物又是文化的产物”[①]。

真正意义上的身体美学产生于20世纪90年代,美国学者理查德·舒斯特曼在其名作《实用主义美学——生活之美、艺术之思》和《生活即审美——审美经验和生活艺术》中对身体美学做了系统而详细的阐发。他把身体美学定义为:对一个人的身体——作为感觉审美欣赏及创作性的自我塑造场所——经验和作用的批判的、改善的研究。它也致力于构成身体关怀或身体的改善和知识、谈论、实践以及身体上的训练。[②]

21世纪的身体有着更多市场化和泛娱乐化的倾向。陶东风认为,现在的都市文化、经济逐渐开始围绕身体这个中心,开发身体、管理身体、美化身体、展示身体成为“身体工业”“美丽产业”的经济命脉。[③]对身体的外观、视觉效果、观赏价值以及消费价值的突出强调,具有很大程度的功利目的。特纳认为,20世纪增长的消费文化和时尚产业特别重视身体的表面,与消费主义密切相关的是,人们逐渐重视身体的审美性质,而这主要是从长相的角度强调苗条和自我控制。为了给自己的美观追求、节食提供合理的依据,人们常常通过“科学”“健康”等观念把行为合理化,对身体严格控制并对身体进行异化、具体化和分割的高强度训练,这种训练被视为一种外在的工具和机械装置,如专门针对腰、腹、大腿、臀部和其余身体部位进行可测量的、密集的锻炼。

在体育审美活动中,人们通过身体感知身体的文化,扩张身体的潜能,激发身体的智慧,享受身体的艺术,其终极目标是通过身体的审美塑造促进人的全面发展。对身体内在健康的呼唤与追求,是当前身体文化在人类自身生存方面的表现。人们开始关注自身的身体健康,

① 翟林:《体育美育探微——体育美的理解与追求》,华中师范大学2009年博士学位论文。

② 〔美〕理查德·舒斯特曼:《生活即审美——审美经验和生活艺术》,彭锋等译,北京大学出版社2007年版,第185—187页。

③ 陶东风:《消费文化语境中的身体研究热》,《当代文坛》2007年第5期。

从媒体宣传广告上就能看出人们对身体健康的美好向往;体育赛事所展示的身体的力与美,也反映了当代人追求身体健康和生命活力的愿望。

身体美育试图在道德领域实行变革,强调健康的生活方式,反对自我放任和对身体的虐待,要求人们时刻对自己的健康负责,定时关照、维护、服务自己的身体,确立一种有效的身体运动方式。对身体的视觉迷恋,使身体文化暗合了当下都市文化的需求和认同。

从现代体育的百年历程来看,美学因素越来越多地进入体育领域,在体育实践活动中发挥着越来越重要的作用。表现性体育运动项目成套动作的编排逐渐汲取了舞蹈创作的方法。作为人体文明发明史的一部分和人体表现自我的形式,舞蹈是人类长期压抑的内在身体语言的体现,是基于身体的表达形式。

从美学视角来看运动健身文化,其基本内涵包括健康美、身体素质美和形体美。其中,健康美是运动健身文化的基本要求,也是其发展的基础。而身体素质美更多体现在竞技运动中,尤其体现在强调身体对抗的众多体育项目中。在此类项目中,参与者给人的第一印象便是出众的身体素质,如强壮的体格、健硕的肌肉、优于众人的柔韧性等。同时,身体素质的提高也是其从事该项运动或健身活动的目标之一,将审美理念与身体素质相结合成为众多运动健身爱好者的主动追求。随着审美观念和方式的逐渐演变,形体美渐渐成为运动健身文化的重要组成部分。当代社会更加注重个体的展示和个性的绽放,对身体这一基本文化要素的注重则体现在对于形体的锻炼和塑造上。诸如身体曲线、身材比例、礼仪姿态等因素成为重要参考依据,人们将更多的关注转移至身体形态上,从而形成健康美、身体素质美和形体美三者并重的局面,运动健身文化的美学历程也由点到点的形式发展成三角互融式的格局。

在体育运动中,身体的体验伴随着美的情感体验,这种体验来自运动中人不断调整身体的感觉,摆脱各种束缚,感受协调自如的运动状态,感受生命力充分发挥和表现的自由状态,感受对运动知觉和想象的领悟。现代体育不仅仅是强身养身的手段,更是个性情感表现的场域。

二、运动健身文化

在本研究中,运动作为健身的要素之一,既不同于学校体育中的身体教育,也不同于竞技体育中的肢体训练。它更大的意义在于与群众体育相结合,成为普罗大众生活中可以随处接触和从事的活动,其所追求的既不是更高更快的运动成绩,也不是突破运动能力的极限,它更关注从事健身运动之后身体的健康程度和心理的愉悦程度。运动健身文化和相关文化的层级结构见图 1-1。

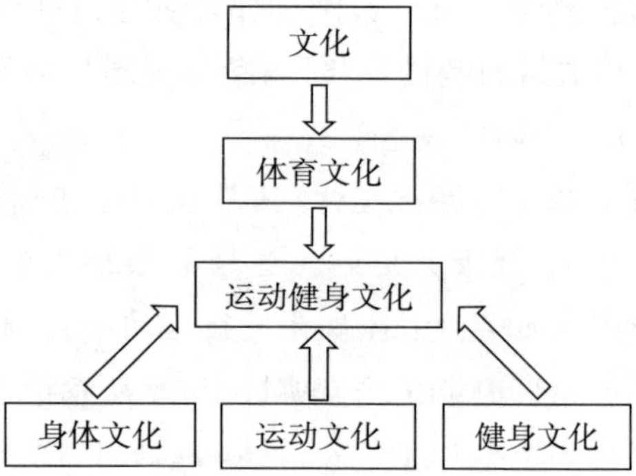

图 1-1　运动健身文化和相关文化的层级结构

体育的原初形态就是健身。健身文化的价值体现为三个方面。首先,健身运动为人的身心完善和人格发展提供了最好的机会。健身运动是以身体实践为手段,遵从一定的规范,有秩序、有目的的活动,这是文明社会的表现。人的社会化正需要这种人格品质。健身运动不光是“育体”,更重要的是它可以直接影响到人的精神、思维方式与行为倾向。健身运动是自觉行为,既反映了文明的进步,也为创造力和主动性提供了展示的机会。其次,以社会文化行为出现的大众健身运动成为人们的生活方式,现代社会生活不可缺少健身教育的内容。健身运动日益成为现代人生活所必需,它对民俗民风的改善,对民族素质的提高,对精神文明的建设均具有重要意义。最后,健身运动可以改善体质,实现健美,也能满足人类社会的审美观赏。人体美一靠先天的素质,二靠健身锻炼。为此,健身运动是满足人们审美需要的重要手段。

从我国体育运动的发展历史来看,健身可以说是体育运动的原始形式,是体育产生和发展的源头和基础。[①] 大众健身文化就是大众健身行为和相关的各种社会活动所形成的一种文化,大众健身文化是社会文化和体育文化的重要组成部分。[②]

文化的研究有利于实践活动的开展,而对健身文化的研究能大大推动健身实践的发展。本书将对国内外健身文化的相关资料加以归纳和整理,从中提炼出健身文化的发展路径,分析国内外健身文化的异同点及其产生原因,总结健身文化发展的一般规律,同时结合我国实际情况,为健身实践的开展提供理论支持。离开了健身文化的健身实践,就如同无源之水、无本之木,失去了最原始的动力和最根本的活力,也就无法走在健身发展的正确道路上,无法真正领悟健身的意义和价值。

健身文化研究,其主要内容就是研究生产健全人体的方法,是要切实地本着健身的目标去改革、建设、创造和发展健身文化。

由于以小农经济为基础的自给自足的社会环境延续数千年,和谐稳定的生活方式始终是我国民众的主流,故而个人的修身养性始终是我国人民乃至东方大多数民族的核心生活和健康方式。可以说,东方的健身文化深植于东方传统文化的沃土之中,其理论则建立于人体生命整体观之上,广泛吸收东方古典哲学思想的精华。人的健康与自然环境、社会环境及个体的心理特征有着千丝万缕的联系。从道德视域出发提出的一系列的养生原则与养生方式是古代中国人实现"健身"目的的主要途径。这种具有道德性的以静为主的追求身心平衡的有序健身方式与健身文化直至今日仍占据着重要的地位。

相较而言,西方则重视个体的力量,对外来世界存在天生的征服与探索欲望,对不断突破人类自我的极限有着不可思议的向往与执着。西方的健身文化主要在于追求健全、健美的身体,对自然美的追求和崇尚是其主流。因而,西方健身文化主要是以身体的物质形态为主体,主张通过物理、生理等知识的介入,实现强健体魄的目的,其运

① 陈宏:《试论健身文化的几个层面》,《体育与科学》1996年第5期。

② 马彦萍:《探析大众健身对大众健身文化的影响》,《当代体育科技》2013年第8期。

动健身也更强调竞争性,强调超越性。

我们必须承认且尊重,每一种文化的有效性首先且必须建立于其所深植的文化根基之中,在这种文化浸润下长期形成的价值观念、生活习惯、思维方式和行为倾向的独特性恰恰是每一地区运动健身文化最有魅力之处。

第五节　国际交往视野

人具有社会性和自然性双重属性,是自然个体与社会个体的统一体。因此,健身活动并不仅仅是追求身体的健康和强壮,而且要着眼于精神的丰富与提升,进而实现身心的全面锻炼和发展。

所谓体育交流,一般是指以体育为主要媒介和主要语言,通过开展以体育为核心内容的交往活动,为国际政治经济文化体系的完善及其行为主体之间的交流提供平台,同时促进各国各区域之间友好合作关系的巩固与发展。在当前的政治文化环境下,体育交流被认为是某国或某地区用来与其他国家和地区进行关系定调的最有效、最直接、最廉价、危险性最小的外交工具,同时也是一种提高国家声望和地位的文化宣传形式。各种形式的运动会已经成为某些国家树立大国形象、友好形象,同时展示自身经济实力、文化内涵与外交政策的最佳平台之一。举例来说,2008 年北京夏季奥运会的成功举办就被普遍认为是改革开放以来中国形象最为成功的一次展示。再比如,1972 年美国乒乓球队来华交流则被认为是开启中美两国外交关系正常化的序幕,留下了“小球转动大球”的佳话。

总之,体育交流的积极作用主要体现在这样几个方面:第一,体育交流展现出的人道主义价值观,所表达的人类对于力量、对于美、对于突破极限超越自我美好品质的追求,与新世纪以来国际普遍价值观多有契合之处;第二,体育运动所倡导的互相尊重、公平竞争、勇于挑战,为当前多极化政治环境中各国各地区各组织建立公平公正的新秩序起到了良好的示范与促进作用;第三,体育交流被认为是在通过沟通理解来促进矛盾消解、战争消弭的同时促进世界与地区和平的最佳方式之一，符合当前时代和平与发展的主流。概括来说，即体育赛事代表着人类追求极限的力与美，而它所带来的体育交流则促进国家或地区间的合作，促进国际关系的改善与世界和平的维护。

根据学界当前普遍的观点，国际体育交流大体可分为两种形式：一是虚拟世界的国际体育交流，即在信息时代，人们通过互联网让体育内容信息在各国各地区之间互相传递。二是现实世界中的国际体育交流，即各国各地区通过国际或区域性体育组织，以及双边和多边的国际体育交流平台进行面对面的沟通和交流，比如奥运会、世锦赛等。

正如我们所共知的那样，人总是生活在群体之中，而且不止一个群体。一个人可以按照不同的标准、不同的关系，同时从属于多个“群体”。当从社会角度出发时，人们必须意识到，每个人都无法回避与他人交往，唯有互相交流、沟通与联系，才使每个人得以联结成为一个文化共同体，获得生命扩大化的价值与意义。交往是人类最为基本也最为重要的活动形式之一。

体育活动作为一种重要的交往语言，已经成为人们交往中增进彼此了解，促进情感与思想的交流，密切彼此关系，消解矛盾的重要介质，在和谐社会的创建中扮演着独特的、不可替代的角色。

同样地，体育语言是在体育的发展过程中逐渐形成的，并呈现为一种统一的世界性语言，而且是一种真正的世界性语言。体育交往造就的广阔空间，促使我们用更加国际化的视野来进行相应的研究。在当前的背景下，唯有从国际交往的视角出发，才会对“体育”“运动健身”“运动健身文化”有更为全面的、持续的、发展的认知。

综上所述，在全球化语境下体育文化的跨文化研究成为体育文化研究的一个重点。体育成为社会大系统的一个子系统，体育文化成为社会文化的一个分支，全球化促进了体育文化在全球范围内传播。在东西方体育的交流过程中，东方体育文化作为体育的一个深层次内涵，在跨文化交流过程中与西方体育文化的关系及在体育文化全球化时代所处的位置，也吸引了广大研究者的关注。本书将从国际交往的视角出发，深入分析研究在这一时代背景下健身文化的东西方发展脉络和发展方向。

推荐阅读

1. 李信:《中西方文化比较概论》,航空工业出版社 2003 年版。

2. 梁漱溟:《东西文化及其哲学》,商务印书馆 2012 年版。

3.〔英〕马林诺夫斯基:《文化论》,费孝通译,中国民间文艺出版社 1987 年版。

4. 王增才:《西方文化要义》,江苏教育出版社 2006 年版。

5. 于涛等:《体育哲学研究》,北京体育大学出版社 2009 年版。

6. 刘胜湘主编:《国际政治学导论》,北京大学出版社 2009 年版。

7. 赵爱国:《国际政治视角中的中美体育体制与政策》,华中师范大学出版社 2013 年版。

8. 薛有才:《体育文化学》,航空工业出版社 2013 年版。

9. 马晶等:《运动文化是工具性和人文性的统一》,《体育与科学》2005 年第 6 期。

10. 李文辉:《奥林匹克运动与 21 世纪初国际政治发展》,《体育科学》2004 年第 11 期。

第二章　我国大众体育与健身文化发展的历史与现状

大众体育，又称群众体育、社会体育，英文一般为“sport for all”“public athletic sports”或“mass sports”。它是人们在工作之余自愿参加，以锻炼身体、消遣娱乐和参与社交活动等为目的的体育活动。[①] 大众体育拥有多样化的形式、丰富的内容，是社会全体成员皆可参与、利用业余时间进行、以健身娱乐为主要目的、形式多样的体育运动，是我国体育事业的重要组成部分。

大众体育可以分为广义的大众体育和狭义的大众体育。广义的大众体育包括学校体育、社会体育、民族传统体育、社区体育、职工体育、社团体育和其他体育等，凡是竞技体育之外的体育活动都包括在内。狭义的大众体育可理解为除职业竞技体育、学校体育之外的一切社会和群众体育活动，即在社会其他活动或行业领域中开展的社会和群体体育活动。

随着我国政治、经济、文化、科技、教育各个方面的快速进步，大众体育的发展规模也在不断扩大。政府对大众体育的财政投入、人力和物力投入不断增加，广大人民群众对大众体育的需求也不断增加。大众体育已然成为一种时尚的社会现象。

---

① 田稼禾：《大众体育与现代社会》，《南京体育学院学报》2001年第6期。

第一节　我国大众体育发展的历史回顾

一、初步建立时期

新中国成立初期，为了适应经济建设和国防需要，我国确立了普及群众性体育活动的体育方针，主要致力于改善人民的健康状况和提高人们的身体素质。在这一时期，体育主管部门、各级群众体育组织得以确立，体育干部和体育积极分子得到培养，体育宣传教育工作也得到加强。

通过组织运动竞赛等方式来推进群众性体育活动的开展已经成为这一时期发展群众体育的主要措施。这一时期的体育活动在很多时候都与国防建设、生产服务、爱国主义等结合起来，在很大程度上激发了人民群众参与体育的积极性。“这是新中国群众体育发展的第一个‘黄金时代’。这一时期的群众体育不仅在中华民族体质的改善，发展国民经济和保卫国防诸方面成果显著，而且奠定了以后群众体育发展的基本框架。”①总的来说，这个阶段我国的群众体育政策不仅是行之有效的，而且是切合实际的。

其后，受“文化大革命”的影响，大众体育的发展遭到扭曲，蒙上了浓厚的政治色彩，成了宣传政治斗争的工具。“在‘文化大革命’政治斗争夹缝中生存的群众体育伴随全国政治形势的变化时起时伏，呈无序发展态势。‘文化大革命’时期的群众体育是当时特定历史环境中的特殊现象。”②

表 2-1 展示了该时期的代表性事件。

---

① 中国群众体育现状调查课题组编：《中国群众体育现状调查与研究》，北京体育大学出版社 1998 年版，第 20 页。

② 孙葆丽等：《“文化大革命”时期的群众体育》，《武汉体育学院学报》1999 年第 6 期。

表 2-1　大众体育初步建立时期

时间	代表性事件
1949 年 9 月	中国人民政治协商会议第一届全体会议选举了中央人民政府委员会,并且通过了具有临时宪法作用的《中国人民政治协商会议共同纲领》。《共同纲领》第 48 条中“提倡国民体育”的规定,确定了新中国成立初期我国发展体育的基调,新中国的体育要面向全体人民,致力于体育运动的普及
1949 年 10 月	在中华全国体育总会筹备会议上,中央人民政府副主席朱德在讲话中指出,我们的体育事业,一定要为人民服务,要为国防和国民健康的利益服务。这次会议提出了“为了人民的健康、新民主主义的建设和人民的国防而发展体育”的口号
1952 年 6 月	中华全国体育总会成立,会议选举朱德为中华全国体育总会名誉主席,通过了《中华全国体育总会章程》。毛泽东为会议题词:“发展体育运动,增强人民体质。”我国体育发展的指导方针得以确立
1952 年 11 月	中华人民共和国体育运动委员会成立,其是我国政府主管体育的部门。委员会由中央人民政府委员会第 19 次会议通过决议成立,并任命贺龙为主任。以后,除台湾省外,全国县及以上政府机构均相继成立了体育运动委员会
1953 年 6 月	毛泽东在中共中央讨论体育工作时,指出“体育是关系六亿人民健康的大事”
1953 年 11 月	中央人民政府体育运动委员会党组在给中共中央的《关于加强人民体育运动工作的报告》中,提出要将“开展群众性的体育运动,使体育运动普及和经常化”作为当前体育工作的方针,在厂矿中推行体操;在机关中推行工间操和早操;在中等以上学校试行“劳卫制”预备级;在部队试行“劳卫制”;在农村结合民兵训练,重点试行一定运动项目的经常锻炼。各厂矿、学校、部队、机关应在原有基础上开展多种多样的体育活动,在可能条件下尽量增加体育场地和体育设备,并定期举行运动竞赛,培养人民对体育的兴趣
1954 年 1 月	中共中央批转中央人民政府体育运动委员会党组《关于加强人民体育运动工作的报告》并指出,“改善人民的健康状况,增强人民体质,是党的一项重要任务”,要求根据中央体委党组提出的“开展群众性的体育运动,使体育运动普及和经常化”的当前

（续表）

时间	代表性事件
	体育工作方针，结合各地实际情况，领导和推动各有关部门共同努力，使群众性的体育运动首先在厂矿、学校、部队和机关中切实开展起来①
1954 年 3 月	为了改善干部的健康状况，增强体质，提高工作效率，以适应各项工作的需要，中华人民共和国中央人民政府政务院发出了《关于在政府机关中开展工间操和其它体育运动的通知》。每天上、下午各抽 10 分钟做工间操，提倡早操和其他多种体育运动；要求全国各机关认真开展工间操和多种体育运动，把体育运动与文娱活动结合起来，做好宣传教育和对体育积极分子的培养，逐步改善运动场地与设备等
1954 年 5 月	早在 1951 年，北京率先实施与“劳卫制”相仿的《体育锻炼标准》。1954 年，国家体委干脆使用“劳卫制”之名，颁布了《准备劳动与卫国体育制度暂行条例和项目标准》。同年，国家体委、教育部、卫生部、团中央、全国学联等单位发出了《关于在中等以上学校中开展群众性体育运动的联合指示》，从而掀起了全国中学和大学群众性体育活动的热潮
1955 年 10 月	中华全国总工会体育部成立，主要任务是在全国总工会领导下制订开展全国职工体育运动的方针、计划，推动地方工会及各产业工会吸引和组织广大职工参加各种各样的体育活动以增强体质
1956 年	首次全国农村体育工作会议召开，要求建立县级体委，配备专职干部，强调农村体育贯彻业余、自愿和简便易行的原则
1957 年	铁路、煤矿、公安、冶金等 20 个系统建立了行业体育协会。这一年，全国职工体协拥有 400 多万会员，建立了近 2 万个体育锻炼小组和 8 万个群体活动队，队员达 80 余万。1953—1957 年，全国共建成各类体育场地 18191 个。群众体育的骨干培训也在加紧进行，共培训骨干 4.1 万多名

① 参见冯火红：《新中国成立初期我国的群众体育政策》，《北京体育大学学报》2008 年第 7 期。

（续表）

时间	代表性事件
1958 年	1958 年制定的《体育十年发展规划》中，要求全国 2 亿人通过《劳卫制》，“5 年内做到每乡有两个体育场、1 个体育辅导站、1 个体育馆、1 个游泳池”，“4 至 5 年，甚至更短的时间内普及农村体育”
1964 年	国家体委在全国大力开展游泳、射击、通讯、登山“四项活动”
1965 年	1. 已有近 250 万人投身游泳、射击、通讯、登山“四项活动”。 2. 试行了《青少年体育锻炼标准》，有 52 万多人达到标准。 3. 由于第二届全运会的举行，全国各地涌现出了群众体育活动的高潮，近亿人参加各种体育活动
1966—1969 年	这一时期，我国大众体育的发展陷入了全面停滞状态。“军事代替体育”“体育为路线斗争服务”等思想充斥体育领域。新中国成立以来建立的一套体育制度被全盘否定，大众体育发展甚至出现了倒退

二、恢复稳定时期

这一时段的大众体育得到了一定程度上的恢复。经历了前几年的动荡之后，政府对大众体育发展全面介入，推动了大众体育的发展。一方面，政府制定了大众体育的一些方针、政策，为大众体育的发展指明了方向；另一方面，还建立健全了大众体育组织。例如各省、自治区、直辖市也成立了相应的体育总会。最重要的是，颁布了大众体育的有关制度，如《国家体育锻炼标准条例》《关于在全国试行新广播体操的通知》等。

但是，由于受到整个社会经济发展水平的限制，大众体育的发展有所局限。这一时期，人们的文化生活较为贫乏，主要还是集中于追求物质生活的满足，精神生活并不丰富。但值得一提的是，这一时期的大众体育，整体来说与竞技体育的发展较为协调。

表 2-2 展示了该时期的代表性事件。

表 2-2　大众体育稳定恢复时期

时间	代表性事件
1970 年 9 月	在部分坚持工作的老一辈革命家的努力下,全国许多机关和工厂的秩序开始逐渐好转,职工开始自发地开展体育活动。1970 年 9 月党的九届二中全会召开以后,全国的政治局势有了好的转机,学校体育、群众体育都有了一定的恢复和发展。学生的军体课中开始加入球类项目,业余体校也开始出现
1971 年 1 月	春节期间,在各级"革委会"的组织下,全国不少县级以上的机关、工厂开展了以球类、游泳、长跑为主要内容的群众性体育竞赛活动
1971 年 5 月	北京体育学院(现改名为北京体育大学)开始恢复招生,从全国 28 个省、自治区、直辖市招收了相当于中专学籍的青训队员 372 名,当年 5 月进校上课
1971 年 7 月	周恩来总理充分肯定了"文化大革命"之前 17 年体育工作的成绩,使广大体育工作者深受鼓舞。同年,原国家体委由一度划归解放军总参军训部又回归国务院,恢复了全国体育系统的领导体制,一部分体育场馆重新开放,群众性体育活动在一些生产、生活基础较好地区有所恢复和发展。8 日,中央任命王猛为国家体委革命委员会主任
1971 年 8 月	8 月 28 日,国务院、中央军委公布《关于在全国试行新广播体操的通知》
1972—1973 年	群众体育开始升温,各种长跑、游泳和篮球比赛在全国各地兴起。据统计,1972 年、1973 年河北唐山职工参加篮球比赛达两万多人次;江苏无锡市每年夏天参加游泳的有 80 多万人次
	1973 年西藏自治区为纪念毛主席"发展体育运动,增强人民体质"题词发表 21 周年,在拉萨组织了 120 多场篮球、足球比赛。全国其他地区的群众体育运动也在积极展开
1974 年 8 月	邓小平在接见我国参加亚运会的队伍时提出:"毛主席向来主张,体育方面主要是群众体育运动,就叫'发展体育运动,增强人民体质'。就是广泛的群众性问题,体委应该主要在这方面要搞好。"
1975 年 5 月	经国务院批准,国家体委公布《国家体育锻炼标准条例》,开始在全国实施

（续表）

时间	代表性事件
1977 年 12 月	12 月 27 日，国家体委下达颁发《国家体育锻炼标准》证书证章的通知，群众体育活动开始升温
1979 年 11 月	11 月 26 日，国际奥委会经全体委员表决，以 62 票赞成、17 票反对的结果，批准了国际奥委会执委会 10 月 25 日在日本名古屋作出的关于中国代表权的决议。决议指出：中国奥委会参加大会时使用中华人民共和国国旗和国歌。同时，为了照顾台湾的现实情况，仍将台北的奥委会作为中国的一个地方机构，以“中国台北奥委会”名称保留在国际奥委会内，但必须使用有别于此前使用的歌曲、旗帜和会徽

三、调整前进时期

改革开放初期，为了迅速实现重返国际体坛、参加大型体育赛事的目标，体育部门制定了“省一级以上体委侧重抓提高”的阶段性战略。但是，这一时期，群众体育的发展也是体育工作的一大重点。群众体育与竞技体育相辅相成、相互促进，明确了“普及与提高相结合”的方针。

20 世纪 80 年代，我国大众体育迅速走上了社会化和全民化的道路。这一时期的大众体育发展，具体表现为：各级各类体育组织得到了恢复和完善，人们的体育观念也发生了相应的转变，体育活动的内容日渐丰富，群众体育的设施与场馆状况也得到了明显的改善。体育作为文化生活的重要内容，开始进入老百姓的生活，成为人们的一种生活方式。

表 2-3 展示了该时期的代表性事件。

表 2-3　大众体育调整前进时期

时间	代表性事件
1982 年 4 月	邓小平提出：“体育是社会主义精神文明建设的重要方面，要进一步研究，提出方针，制定规则。”邓小平的这些体育思想，为改革开放后的群众体育奠定了发展基调

（续表）

时间	代表性事件
1982 年 12 月	第五届全国人民代表大会第五次会议上，国家“六五”计划中明确提出：积极发展城乡体育运动，普遍增强人民体质，努力提高体育运动的技术水平
1983 年 10 月	国务院批转国家体委《关于进一步开创体育新局面的请示》，其中明确提出，各地人民政府、各部委、各人民团体都要把体育作为关心群众生活、培养青少年德智体全面发展的一项工作，抓紧抓好
1984 年 10 月	中共中央发出《关于进一步发展体育运动的通知》，其中明确提出，积极发展城乡体育运动，努力提高人民健康水平。各地一定要认真落实国家对体育场地设施的要求和城市规划关于运动场地面积的定额指标，增加群众活动的体育场所
1985 年	从这年开始，全国开展了“争创体育先进县”活动，对农村体育工作起到了极大的推动作用
1986 年 3 月	国家“七五”计划提出，大力开展群众性体育活动，促进整个民族健康水平的提高，适当加强体育设施的建设
1986 年 4 月	4 月 15 日，国家体委制订了《关于体育体制改革的决定（草案）》，提出我国群众体育的改革方向，即进一步推进体育社会化，实现国家办与社会办相结合，充分调动社会办体育的积极性
1989 年 12 月	国务院批准《国家体育锻炼标准施行办法》。80 年代末，全国已有 3 亿人经常参加体育锻炼，有 4.6 亿青少年达到国家锻炼标准，新建各类体育场馆 22 万多个，大众体育呈现出蓬勃发展的态势

四、改革发展时期

随着改革开放的持续深入，人们越来越意识到，现有的体育体制需要做大幅度的调整才能满足当前的国情、社情、民情。“群众体育的运行机制开始由单纯行政化向政府领导、社会运作的方式转变。”[①]

在 20 世纪 90 年代的深化体育改革过程中，群众体育取得了较大的发展。主要表现在如下几个方面：群众体育组织初见端倪，群众体

① 杨桦等：《改革开放以来我国群众体育的发展演进与思考》，《北京体育大学学报》2005 年第 6 期。

育组织队伍数量大增，体育健身场地有了较大改善。

这一时期，社会性的群众体育组织网络正在形成，基本覆盖了全国广大的城乡地区；大众体育指导已经形成规模，社区体育指导站成为群众健身活动的主要阵地；体育消费也正在成为一种时尚，广大群众的体育消费由福利型逐渐转为消费型。

表 2-4 展示了该时期的代表性事件。

表 2-4 大众体育改革发展时期

时间	代表性事件
1990 年	“亿万农民健身活动”推出，受到了广大农民群众的欢迎
1991 年 4 月	国家“八五”计划提出，进一步开展群众性体育活动，增强全民体育运动意识，努力提高人民的身体素质。体育设施的建设，以中小型为主。充分调动社会办体育的积极性，努力增加群众体育运动的场所和设施
1992 年 11 月	全国体委在广东省中山市召开以“学习小平同志视察南方讲话和党的十四大报告、探讨体育改革”为主题的座谈会，后来这一会议被称为中山会议。会议推出了我国体育工作改革的 6 大类 29 项重大举措。其中，为使群众体育适应整个体育事业的发展，提出了 7 项改革措施，包括“以全民健身为基本内容的群众体育”的发展战略。中山会议标志着我国体育改革进入了全面而深入的新阶段
1993 年 5 月	国家体委出台了《关于深化体育改革的意见》及 5 个配套文件。其中一个配套文件为《关于群众体育改革》，提出了群众体育改革的主要思路和措施：1. 调动全社会多渠道、多层次、多形式办体育的积极性；2. 建立健全群众体育各项法规、制度；3. 在重视社会效益的前提下，重视经济效益，开放搞活，积累资金，逐步走向自我发展
1993 年 9 月	国家体委科研所、北京体育大学等有关专家举行座谈会，提出了《全民健身计划基本框架的初步构想》
1993 年 12 月	国家体委下发了《社会体育指导员技术等级制度》，要求社会体育指导员指导人民群众科学地锻炼身体，及时组织、指导群众开展体育活动，并向当地体育行政部门报告。12 月中旬，在广泛征求意见的基础上，拟出了《全民健身计划纲要》（草稿），并召开体委党组会议进行专门讨论

（续表）

时间	代表性事件
1994年1月	"全民健身计划纲要研讨会"在广州召开，经过一系列的努力，《全民健身计划（讨论稿）》形成
1994年6月	《社会体育指导员技术等级制度》（以下简称《制度》）6月10日起在全国正式施行。《制度》将社会体育指导员技术等级称号分为：三级、二级和一级。为此，国家体委还特别成立了一个社会体育指导中心，从组织机构上保证全民健身计划的实施
1995年初	开始在全国范围内举办"全民健身宣传周"活动，该活动在全国范围内产生了广泛而积极的影响，极大增强了人民群众的体育健身意识。在宣传周活动的示范效应下，全国各地纷纷举办各种形式的体育活动，包括全民建设体育节、体育艺术节、亿万农民健身活动、亿万妇女健身活动等
1995年4月	4月25日，国家体委下发了《关于公共体育场馆向群众开放的通知》，要求各级体育行政部门在当地人民政府的领导下，有计划、有组织、有步骤地将公共体育场馆尽快全部向群众开放。充分利用现有公共体育场馆开展形式多样、健康文明的体育活动，吸引更多的人参加体育锻炼，以掀起群众性体育健身热潮
1995年6月	国务院公布《关于印发〈全民健身计划纲要〉的通知》，对1995—2010年体育事业的发展作出了全面的规划和部署，提出了到2010年基本建成中国特色全民健身体系的奋斗目标。这一年，全国共举办地、县、乡运动会162815次，参加运动会的城乡运动员4472.4万人
	6月23日，国家体委公布施行《关于贯彻〈全民健身计划纲要〉实施'全民健身一二一工程'意见》（简称"一二一工程"）。概括了这一时期的主要任务：每人每天锻炼一次以上、学会二种以上健身方法、每年进行一次体测、每个社区有一处以上活动场所、二次以上社区体育活动、有一支社会体育指导员队伍、保证学生每天锻炼一小时以上等
1995年7月	国家体委群众体育司城市体育处会同有关部门对全国26个省、自治区、直辖市的不同人群共14万人进行了多项测试调查

（续表）

时间	代表性事件
1995 年 8 月	8 月 29 日，全国人大常委会通过《中华人民共和国体育法》（以下简称《体育法》），于 1995 年 10 月 1 日起施行。其中第二条明确提出："体育工作坚持以开展全民健身活动为基础，实行普及与提高相结合，促进各类体育协调发展。"《体育法》为维护广大人民群众参与体育的权利，落实全民健身计划提供了法律保障
1996 年 3 月	国家"九五"计划提出，实施全民健身计划，普及群众体育活动，普遍增强人民体质，建立并完善国民体质测定系统，形成国家与社会共同兴办体育事业的格局，走社会化、产业化道路
	3 月 17 日，第八届全国人民代表大会第四次会议批准了《中华人民共和国国民经济和社会发展"九五"计划和 2010 年远景目标纲要》（以下简称《纲要》）。《纲要》提出，实施全民健身计划，普及群众体育运动，普遍增强人民体质
1997 年初	国家体委下发了《体育彩票公益金用于实施全民健身计划的通知》，决定将体育彩票公益金的 60% 用于实施全民健身计划，主要在城市社区中配建一批群众体育活动场地、设施，简称为"全民健身路径工程"
1997 年 5 月	我国"国家成年人体质监测中心"在国家体委科研所正式挂牌成立，标志着我国成年人体质监测网络正式启动
1997 年 8—10 月	江泽民为体育工作题词："全民健身，利国利民，功在当代，利在千秋。"同年 10 月，他又在接见第八届全运会群众体育先进代表时指出："为人民服务，为增强人民体质服务，是党和国家对体育工作的基本要求。体育事业是群众的事业，广泛开展群众参与的体育活动，是我们体育工作的重点。"
1999 年	全国共建成"全民健身工程"1182 个，分布在全国 77 个城市，911 个社区。其中，"健身路径"1426 条，其他体育设施 1089 个①

五、全面、协调、可持续发展时期

改革开放 40 多年来，我国政治、经济、文化各方面得到了稳定的

① 国家体育总局编：《中国体育年鉴（2001）》，中国体育年鉴社 2001 年版，第 164 页。

发展。1978年至2018年,我国GDP已经从3645亿元上升到900309亿元,财政收入从1132亿元上升到突破18万亿元。经过40多年的改革开放,我国迅速发展,已经成长为世界第二大经济体。中国的发展离不开世界,世界的发展也离不开中国,中国正在改变着世界。

随着北京奥运会筹办工作的逐步展开,广大群众的健身热情高涨。“重在参与”的奥林匹克精神和“人文奥运”的内涵得到弘扬,“全民健身与奥运同行”的口号使得北京奥运成为奥运史上大众体育与竞技体育交相辉映的一大亮点。这一时期,具有中国特色的全民健身体系逐步建立。

国家经济的繁荣和人民生活水平的提高,为我国体育事业的发展奠定了坚实的基础,提供了更加广阔的发展空间,创造了更加有利的发展环境。在这一时期,人民群众对大众体育和体育健身提出了更高的要求。与此同时,体育在人们的生活中也扮演着越来越重要的角色。

表2-5展示了该时期的代表性事件。

表2-5 大众体育全面、协调、可持续发展时期

时间	代表性事件
2001年3月	国家“十五”计划提出,开发健康有益大众化的娱乐、健身项目,发展文化和体育事业。加强公共体育设施建设,开展全民健身运动,健全国民体质监测系统
2001年7月	进行了针对我国社会体育发展现状的“第二次全国范围抽样调查”,调查结果显示,“2000年我国16岁以上的体育人口达到了18.3%(约1.58亿),比1996年的15.5%增长了2.8%,约增加1800万”①
2001年8月	8月14日,国家体育总局颁布了《〈全民健身计划纲要〉第二期工程(2001—2010年)规划》,标志着第二期工程的正式启动。其中明确提出开展以青少年为重点的“五个亿万人群”(亿万青少年儿童、亿万妇女、亿万农民、亿万职工、亿万老年人)的健身活动,并要求抓好每年全民健身周活动,大力开展形式多样、丰富多彩、适合不同人群参与的全民健身活动

① 中国群众体育现状调查课题组编:《中国群众体育现状调查与研究(2001年)》,北京体育大学出版社2005年版,第31页。

（续表）

时间	代表性事件
2002 年 7 月	7 月 22 日，《中共中央、国务院关于进一步加强和改进新时期体育工作的意见》下发，其中明确提出，要继续实施全民健身计划、构建群众性的多元化体育服务体系，对筹备和举办 2008 年奥运会、进一步提升我国竞技运动水平、切实加强体育领域思想道德作风建设等，作出了高瞻远瞩又切实可行的战略部署
2003 年 6 月	国务院颁布《公共文化体育设施条例》，对向公众开放开展体育活动的公益性体育设施的规划和建设、使用和服务、管理和保护作出了明确规定
2006 年 3 月	体育总局制定了《关于实施农民体育健身工程的意见》，成为社会主义新农村建设的重要内容，是统筹城乡体育发展的重要举措
2006 年 12 月	教育部、国家体育总局、共青团中央共同开展“全国亿万学生阳光体育运动”，亿万青少年走向操场、走进大自然、积极主动参与体育锻炼
2007 年 3 月	国家体育总局研究制定了《“十一五”群众体育事业发展规划》，要求各地区制定相应的群众体育发展规划，为推动我国群众体育事业全面、协调、可持续发展做出新贡献
	国家体育总局以科学发展观为指导，编制了《体育事业“十一五”规划》。其总体目标是：以 2008 年奥运会为契机，广泛开展群众体育活动，初步建成具有中国特色的全民健身体系
2007 年 5 月	中共中央、国务院下发《关于加强青少年体育，增强青少年体质的意见》，对青少年体育工作作出了全面部署
2008 年 8 月	第 29 届奥运会在北京隆重举办并取得圆满成功，北京奥运会在全国范围内掀起了一股体育热潮。“更快、更高、更强”的奥林匹克口号深入人心，对大众体育的发展产生了深刻的影响
2009 年	10 月，胡锦涛同志在接见全国群众体育先进代表和全国体育系统先进代表时指出，广泛开展全民健身活动，提高全民族的健康素质，是全面建设小康社会的重要内容，是构建社会主义和谐社会的必然要求

（续表）

时间	代表性事件
2014 年 10 月	国务院印发了《关于加快发展体育产业促进体育消费的若干意见》，对新时期的体育产业作出了重要部署，其中提出要营造重视体育、支持体育、参与体育的社会氛围，将全民健身上升为国家战略，成为新时代体育发展的重要支撑文件

第二节　我国大众体育与健身文化发展概况

如今，我国大众体育的发展以继续深入贯彻落实《体育强国建设纲要》和《关于促进全民健身和体育消费推动体育产业高质量发展的意见》为主线，以转变政府职能、创新工作方法为重点，以构建全民健身公共服务体系为核心，进一步贯彻落实“政府主导、部门协同、全社会共同参与”的“大群体”工作机制。目前，我国大众体育与健身文化的发展呈现出如下特点：

一、政府提升服务意识，助推大众体育发展

2021 年 10 月 25 日国家体育总局公布《“十四五”体育发展规划》（以下简称《规划》），报告中总结了“十三五”时期我国大众体育发展的成就，“十三五时期，全民健身国家战略深入实施，全民健身公共服务体系不断完善，2020 年底，我国人均体育场地面积达到 2.2 平方米，每千人拥有社会体育指导员数超过 1.86 名，经常参加体育锻炼人数比例达到 37.2%”。

同时，《规划》也对“十四五”时期落实全民健身国家战略提出了新要求，如“构建更高水平的全民健身公共服务体系”“广泛开展全民健身活动”“推进全民健身场地设施建设”“推动全民健身与全民健康深度融合”“提高科学健身指导水平”“推动全民健身智慧化发展”等。

为做好国家层面的部门协同工作，国家体育总局推进近 30 个中央、国务院部委落实全民健身的职责分工与工作交流。2017 年，国务

院全民健身工作部际联席会议制度正式建立,已多次举行联席会议和联络员会议,在依法贯彻全民健身战略部署、强化政府主体责任、协调有关部门和单位工作落实以及加强督导检查等方面发挥了重要的领导与协调作用。

在省级层面,"部门协同"的全民健身工作机制日益健全。各省(自治区、直辖市)纷纷成立全民健身工作(指导)委员会或全民健身工作领导小组,由政府分管领导担任主任(组长),定期召开会议,对《全民健身实施计划》任务分解和责任分工进行情况督办落实。还有省份建立了全民健身工作联席会议制度和定期报告制度,由各部门定期向政府领导通报本部门推行《全民健身实施计划》的工作进展,研究解决需要多部门协调落实的问题。此外,2023 年 1 月,体育总局社体中心公示第一批"全民健身活动推广与指导委员会合作单位"名单,全国共有 79 家机构成功入选。

二、部门间相互协调,协同机制运转良好

随着群众体育工作的推进以及《全民健身计划》和《全民健身条例》的深入贯彻落实,体育系统各个部门之间的协调和联系不断增强。

在国家层面,国家体育总局召开了包括中央、国务院在内参加的贯彻实施《全民健身计划》工作座谈会。座谈会的召开,有效地推动了国家层面"部门协同"工作机制的运转。

在省级层面,"部门协同"的全民健身工作机制日益健全。截止到 2013 年年末,全国共有 9 个省(自治区、直辖市)成立了全民健身工作(指导)委员会,包括内蒙古、湖南、甘肃、新疆等;8 个省(自治区、直辖市)成立了全民健身工作领导小组,包括天津、吉林、海南、宁夏等。领导小组由政府分管领导担任主任(组长),定期召开会议,对《全民健身实施计划》任务分解和责任分工进行情况督办落实;还有 9 个省建立了全民健身工作联席会议制度和定期报告制度,由各部门定期向政府领导通报本部门推行《全民健身实施计划》的工作进展,研究解决需要多部门协调落实的问题,包括山东、重庆、西藏、青海等。

但是,部门间的相互协调并不是完美无缺的。除去尚未建立协同

机制的省份，一些已经建立了工作委员会、联席会议制度、领导小组的省份，仍存在仅仅召开形式性会议、年内例会的情况，并没有把大众体育工作真正地提上工作日程。各级政府部门协同机制尚未完善，运行较为松散，体育部门牵头协调的力度不大，部门联动、有针对性地解决具体难点问题的作用发挥不够。要确保各级政府能够实质、高效地运转，还需要建立一个长效的机制。

三、互联互动，全民健身呈现新模式

全民健身是一项需要各方面共同参与和推进的社会事业，建立"政府主导、部门协同、全社会共同参与"的"大群体"工作格局是全民健身事业的重要保障。

截至 2022 年，全国社会体育指导员人数约 270 万人，每千人拥有社会体育指导员 1.92 名。全国体育传统校 12800 多所，联合教育部门共同培训学校体育师资 5 万人；发展示范性国家青少年体育俱乐部 5000 多所，社会各类青少年体育俱乐部达 60 万家。

在全民健身事业的发展中，全社会共同参与，互联互动，包括各级体育总会和单项体育协会，各级工会、共青团、妇联、残联等社会组织，各行业体协、人群体协组织，各类健身俱乐部和健身团队，群众体育科研院所等学术机构，新闻媒体，热心全民健身的企业以及各界社会人士等。全社会各方力量的积极支持和参与，使得全民健身事业呈现出了蓬勃兴旺的局面。其中，各级体育总会和单项体育协会在开展全民健身活动、壮大健身项目人口方面发挥了一定作用。其他各类体育协会和社会组织在推动行业人群体育工作发展、开展日常性健身活动、加强群众体育理论研究、营造良好健身舆论氛围、推动全民健身事业发展等方面也起到了很大的推动作用。

但是，在蓬勃发展的势头之下，仍然存在一些问题，如"全社会共同参与"远远不够；各地体育总会和单项体育协会没有做实，行政思维和行政的工作方法明显，国家级单项体育协会围绕竞技体育投入精力多，尚未在发展项目人口、推动项目普及方面给予应有的重视；全社会较为缺乏重视健身的社会氛围和环境，缺乏健身文化建设；

社会力量参与全民健身的热情高涨,但参与渠道不畅、参与动力不强;相应的配套支撑政策比较欠缺……这都是下一步工作中需要解决的问题。

第三节　我国大众体育与健身文化未来图景

一、构建全民健身体系的基本框架

(一) 基本定义

全民健身体系,是一个能够不断满足全国人民体育健身需求,改善全社会体育健身环境条件,为提高全民族身体素质提供体育服务和体育保障的系统化的整体。①

(二) 基本功能

其一是服务功能。服务功能是全民健身体系最根本、最直接的功能,是起主导作用的功能。全民健身体系的建立,就是要提供更多更好的体育场馆、体育设施,为广大人民群众广泛参与健身活动服务,为提高全体公民的健康素质服务。

其二是保障功能。保障功能是全民健身体系关键性、基础性的功能,是支撑起全民健身体系的功能。通过提供资金、法制、教育、科技等多方面的服务,保障全民健身服务体系的稳定运行和持久运转。同时,还需要提供资金筹措的渠道维持体育组织的运转,为体育组织提供相应的体育指导人才。

其三是管理功能。管理功能是全民健身体系常规性、内在性的功能,是保持全民健身体系正常运转的功能。管理功能除了体现在制订全民健身发展计划,对全民健身事业组织实施、协调、监督管理等方面上,还体现在管理体制和运行机制上。通常是通过体制改革和制度创新,发挥政府职能,促进全民健身事业的发展。

(三) 基本框架

全民健身体系由全民健身服务体系和全民健身保障体系两个部

① 董新光:《关于全民健身体系的理论构架》,《体育科技文献通报》2005 年第 10 期。

分构成。全民健身服务体系包括公共体育服务体系和非公共体育服务体系两部分。全民健身保障体系同样包括公共体育保障体系和非公共体育保障体系两部分。

全民健身服务体系包括:体育场地设施系统、体育活动指导系统、体育健身组织系统、体育消费市场系统和体育信息供给系统。而全民健身保障体系主要包括:体育法制系统、体育资金系统、体育科技系统、体育管理系统、体育教育系统、体育宣传系统和体育评价系统。全民健身体系的基本框架如图 2-1 所示:

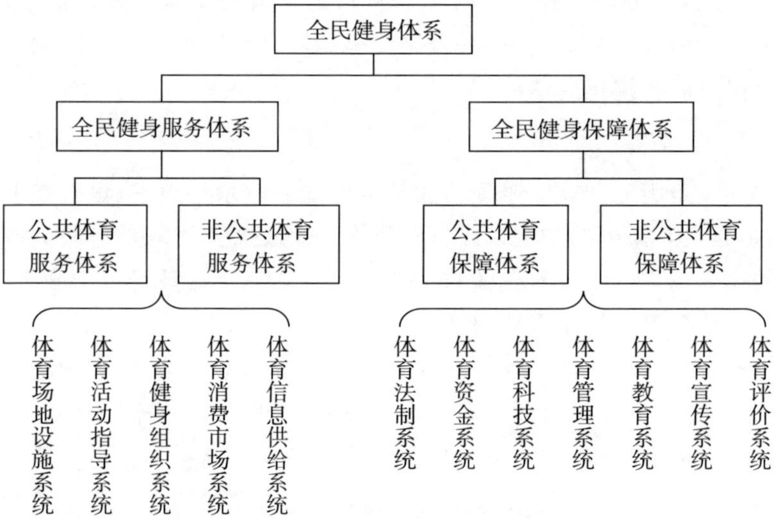

图 2-1　全民健身体系的基本框架

在复杂的全民健身体系之中,公共体育服务体系是最直接为民众提供基本体育服务的公共部门,居于重要的主体地位。“全民健身公共体育服务体系,是一个能够覆盖城乡居民的,由政府和准公共服务部门为不断满足公民体育健身需求,保障全体公民体育健身权益,改善公共体育健身环境条件,提高全民族身体素质,而提供基本体育健身公共服务的系统化的整体。”①

① 国家体育总局政策法规司编:《体育事业“十二五”规划文件资料汇编》,人民体育出版社 2011 年版,第 426 页。

根据苏州大学董新光教授的观点，全民健身公共体育服务体系包括四个系统：城乡体育公共服务供给系统、城市体育公共服务享用系统、农村体育公共服务享用系统、城乡体育公共服务监督系统。首先，在城乡体育公共服务供给系统中，人民政府作为主体为公众提供基本的公共体育服务，第三部门充当次体，而市场则作为辅体，承接政府购买公共服务；其次，城市体育公共服务享用系统和农村体育公共服务享用系统主要包含全民健身公共体育设施、全民健身公共体育机构、全民健身公共体育指导者、全民健身体育社会团体、全民健身公共体育信息五个主要元素；最后，在城乡体育公共服务监督系统中，主要包括除供给系统部门以外的监督部门、进行公众和社会舆论监督的社会监督，以及城乡体育公共服务标准和评价。全民健身公共体育服务体系的基本框架如图 2-2 所示：

- 全民健身公共体育服务体系
  - 城乡体育公共服务供给系统
    - 主体：人民政府
    - 次体：第三部门（非营利部门）
    - 辅体：市场（承接政府购买公共服务）
  - 城市体育公共服务享用系统、农村体育公共服务享用系统
    - 全民健身公共体育设施
    - 全民健身公共体育机构
    - 全民健身公共体育指导者
    - 全民健身体育社会团体
    - 全民健身公共体育信息
  - 城乡体育公共服务监督系统
    - 供给系统部门以外的监督部门
    - 社会监督（公众和社会舆论监督）
    - 城乡体育公共服务标准与评价

图 2-2　全民健身公共服务体系的基本框架[1]

在全民健身公共体育服务体系的建构中，最主要的是基层建设环节。基层公共体育服务体系，主要通过政府在城乡建设覆盖居民的公共体育服务体系来完成。主要包含三级体系：社区级公共体育服务体系、乡级公共服务体系以及县级公共服务体系。

---

① 国家体育总局政策法规司编：《体育事业“十二五”规划文件资料汇编》，人民体育出版社 2011 年版，第 427 页。

简言之,"构建全民健身公共服务体系既是贯彻落实科学发展观和构建社会主义和谐社会的重要组成部分,又是新时期我国体育体制改革与制度创新的重点工作任务"①。未来,在全民健身公共服务体系的实践与发展中,还应该注重几点:建立能够真正体现公平、公正的全民健身公共服务体系;对全民健身公共服务体系质量评价体系及其应用研究不断地创新和突破;不断完善构建全民健身公共服务体系的供给系统、城市全民健身公共服务享用系统、农村全民健身公共服务享用系统,以及全民健身公共服务监管系统。

(四)新时代的升级

2022年3月23日,中共中央办公厅、国务院办公厅印发了《关于构建更高水平的全民健身公共服务体系的意见》(以下简称《意见》),指明构建更高水平的全民健身公共服务体系,是加快体育强国建设的重要基石,是顺应人民对高品质生活期待的内在要求,是推动全体人民共同富裕取得更为明显的实质性进展的重要内容。构建更高水平的全民健身公共服务体系,是以习近平同志为核心的党中央在"两个一百年"交汇之际,从"两个大局"出发提出的推进体育事业深化改革、加快发展的战略举措。群体战线要提高政治站位,站在"两个维护"的高度,站在落实全民健身国家战略、建设体育强国和健康中国的高度,站在办好以人民为中心的体育、健全完善公共服务体系的高度,推进全民健身公共服务体系建设。

《意见》提出,到2025年,更高水平的全民健身公共服务体系基本建立,人均体育场地面积达到2.6平方米,经常参加体育锻炼人数比例达到38.5%,政府提供的全民健身基本公共服务体系更加完善、标准更加健全、品质明显提升,社会力量提供的普惠性公共服务实现付费可享有、价格可承受、质量有保障、安全有监管,群众健身热情进一步提高。《意见》中主要内容和特点可以归纳为"八个更":更灵活的体

① 房斌:《全民健身公共服务体系构建的发展路径及对未来发展趋势的探究》,《体育与科学》2011年第5期。

制机制、更均衡的资源布局、更绿色的健身载体、更丰富的赛事活动、更广泛的群众参与、更浓厚的社会氛围、更强大的要素支撑。

二、强化政府大众体育公共服务职能

新中国成立后,在中央有关部门和领导人的推动下,体育事业得到了蓬勃发展。因此,体育行政部门也从无到有,逐渐地形成了一套完整的管理体制。近年来,我国政府机构改革有序推进,主要是调整和完善行业管理机构,改善政府社会管理和公共服务的职能。

在我国行政机构改革的大背景下,体育职能部门也在积极探索和实践,希望通过改革强化政府大众体育公共服务职能。随着我国政府改革的进一步深入,在强化大众体育公共服务职能中,政府可以考虑如下几点:

(一)建立创新型政府绩效管理体系

经济建设时期,政府绩效评估标准的不恰当,导致了“政绩工程”、“面子工程”、“放卫星”、虚报数字等现象的发生。这种现象的直接后果,就是让政府的财政投入得不到相应的回报,无法满足民众的真正需求。因此,在创新型政府建构过程中,应当建立新的绩效管理体系,全面了解民众的需要,以满足老百姓的普遍需求为工作目标。

一方面,应该建立多层次、多元化的政府绩效评估组织。在我国,政府的绩效评估几乎是由上级政府或是领导主导的,容易受到干扰。因此,在政府体育职能部门的绩效评估中,应该建立包含政府官员、社会组织代表、人大代表、政协委员、企业代表、社区居民代表的多层次、多主体评估委员会。

另一方面,要建立相应的激励和约束机制。进行绩效评估的真正目的,是激励政府部门自觉地提高工作质量和提升服务民众的品质。所以说,在评估的过程中,要正确运用激励机制,各级政府可以通过评奖、提供学习培训机会等方式来进行奖励。这样的做法,也有利于促进职能部门间的相互合作。但在奖励的同时,也要建立相应的责任追究机制,有必要时可以通过扣发奖金、辞退等制度来进行惩罚。

（二）不断改善大众体育的环境和条件

如果要改善大众体育的环境和条件，就需要政府投入大量的资金。从国家体育总局到各省区市体育局，从上至下的政府部门都要对大众体育资金的投入和使用进行统筹规划。在规划中，需要坚持以人为本的原则。

100多年前，马克思、恩格斯提出，未来的理想社会应该是一个以每个人的全面而自由的发展为基本原则的社会。100多年后法国的哲学家佩鲁又在《新发展观》中提出，发展是为了一切人和人的全面发展。在我国，体育事业的发展遵循科学发展观。所以说，在大众体育的环境规划中，需要遵循自然规律，做到人与自然的和谐统一。统筹规划、合理安排，构建优良的城市体育生态环境。

具体来说，政府应该做到：首先，在城乡整体规划建设和发展中，明确体育设施投入比例。通过严格的预算和执行，建设城乡体育设施，保证大众体育发展的科学性和合理性，同时也能在一定程度上保证大众体育设施建设、管理、维护和改善的长期性和确定性，有效地避免短期的盲目建设行为。其次，城乡需要根据本地区人口数量等，制订和实施适合城乡当地居民需求的大众体育设施建设计划。根据当地居民的喜好等，因地制宜，建设基础体育设施。最后，在城市扩大生态绿化面积的过程中，可以将公共体育设施与城市绿地相结合，让体育设施嵌入城市公园、绿地，两者相辅相成，增添活力。

（三）不断加强民众的参与意识

新中国成立70多年来，我国体育事业取得了很大成就。群众性的体育活动蓬勃发展，参加体育活动的人数不断增加。人们的体质与健康状况有了很大改善。体育已成为人们生活中不可或缺的内容，它代表着一种新的文化、新的生活方式。2008年北京奥运会成功举办之后，国内掀起一波接一波的体育热潮，民众参与体育的意识已经上升到了一定高度。此时，政府需要做出相应努力，不断增强民众的参与意识。

首先，政府可以通过科学的调查和统计，确切细致地了解我国民众参与大众体育的兴趣爱好所在,尤其是了解清楚哪些大众体育项目更受欢迎,在开展工作的过程中,投其所好,适当引导,促进民众的参与。其次,在这个信息传播多元化的时代,要借助 web 3.0 时代的传播优势,利用微博、微信等新兴的信息传播方式,积极宣传大众体育,广泛传播参与大众体育的理念、知识和相关的方法。再次,政府可以开展多种多样、内容丰富、富有趣味的大众体育知识竞赛、文化节,鼓励民众参与到大众体育运动中。最后,政府还应该有计划、有步骤地进行大众体育的活动引导,尤其是可以利用周末和节假日等时间,积极组织开展大众体育活动竞赛。通过组织小型的大众体育比赛,引导民众参与到大众体育当中。

（四）构建可持续发展的大众体育

1980 年 3 月,联合国大会首次使用了"可持续发展"概念。1987 年,世界环境与发展委员会公布了题为《我们共同的未来》的报告。报告提出了可持续发展的战略,标志着一种新发展观的诞生。报告把可持续发展定义为"既满足当代人的需求,又不损害人类后代满足其自身需要的能力"。1992 年 6 月,巴西的里约热内卢召开了联合国环境与发展大会,183 个国家和地区及 70 个国际组织的代表出席了大会,其中有 102 位国家元首或政府首脑。大会通过了《21 世纪议程》,阐述了可持续发展的 78 个领域的问题,提出了 120 个实施项目。这是可持续发展理论走向实践的一个转折点。

1994 年,中国政府为落实联合国大会决议,通过了《中国 21 世纪议程》,指出"走可持续发展之路,是中国在未来和下世纪发展的自身需要和必然选择"。1996 年 3 月,八届全国人大四次会议通过的《国民经济和社会发展"九五"计划和 2010 年远景目标纲要》,明确把"实施可持续发展,推进社会主义事业全面发展"作为我们的战略目标。

2016 年 10 月,国务院办公厅印发了《关于加快发展健身休闲产业的指导意见》,部署推动健身休闲产业全面健康可持续发展。2020 年 10 月,党的十九届五中全会提出深入实施可持续发展战略,推动绿色发展,促进人与自然和谐共生。在"十四五"期间,中国坚定不移走可持续发展道路，深入贯彻可持续发展战略，才能构建牢固的生态安全屏障，改善人民生活环境，满足人民对美好生活的向往。

目前，我国大众体育的发展面临着环境和条件的巨大变化。发展大众体育，同样需要遵循可持续发展原则。谋求大众体育的可持续发展，需要根据新情况和新问题来探索出新的思路以及新的工作方法。为此，政府在转变职能的过程中，要结合实际，不断创新，谋求大众体育的可持续发展。

三、推进社会体育指导员队伍科学建设

如今，社会体育指导员已经发展成为我国群众体育工作开展中的中坚力量，是指导全民健身活动的主力军。社会体育指导员队伍的健康发展，直接关系着我国全民健身体系的建设、国民经济的发展和社会各项事业的相互协调。但是，从目前的情况来看，我国的社会体育指导员队伍在建设过程中还面临一些不平衡的因素，这些不平衡因素是社会体育指导员发展的瓶颈，也是未来科学建设社会体育指导员队伍的突破口。

（一）现阶段我国社会体育指导员队伍存在的问题

1. 指导员现有数量与全国总人口数之间不平衡

“我国社会体育指导员制度实施20年来，中央与地方体育部门不断推出相关的立法与政策规范为其提供制度保障，而且通过广泛地推行实施，已经从无到有地建立起一支有100多万人员注册的社会体育指导员队伍。”[①]这些社会体育指导员，活跃在全民健身活动的第一线，直接为广大群众提供各种健身服务。

截止到2018年，全国社会体育指导员的人数已达到250万，但是距离《“健康中国2030”规划纲要》的要求还有一定的差距，通过社会体育指导员制度的改革，今后将逐步实现年龄结构的均衡化、提供服务的清晰化、培训内容的专项化、管理手段的网络化、协会运作的社会化。

① 于善旭：《论我国社会体育指导员制度的多元发展与创新》，《体育与科学》2014年第5期。

2. 民族地区社会体育指导员发展不平衡

我国是一个统一的多民族国家,56 个民族广泛分布在全国各地。在广阔的国土上,民族自治地方面积加起来占国土总面积的 64.3%。我国两万多公里陆地边境线绝大部分位于少数民族聚居区。

据统计,少数民族人数较多的几个省、自治区,社会体育指导员的缺口是很大的。在民族地区,各省、自治区之间也出现了发展不平衡的特征。以新疆为例,截止到 2022 年,新疆社会体育指导员总数已经达到了 5 万人①,在总体数量上已经有了大幅度提高,但还是无法满足群众健身的现实需求,各地州(市)社会体育指导员队伍发展不平衡,社会体育指导员的培养问题成为制约新疆群众体育发展的“瓶颈”。与新疆类似,我国民族地区大多是欠发达地区,地处边疆,与内地发达城市的交流较为困难。

3. 社会体育指导员各级别之间比例不平衡

目前,我国社会体育指导员国家职业标准等级划分为四个级别:社会体育指导师、高级社会体育指导员、中级社会体育指导员、初级社会体育指导员。

其中,初级是指能够运用基本技能指导练习对象学习基本技术动作和提高基本运动素质;中级是指能够针对不同年龄、性别练习对象指导练习者提高专项技术水平、进行健身活动;高级是指能够熟练运用各种技能完成技术指导工作,能够为从事不同职业者、残障人士、需控制体重者提供健身服务,能够组织开展体育活动,具有一定的组织培训和管理能力;指导师是指能够独立解决技术指导过程中遇到的各种问题,能够胜任康复锻炼指导工作,组织开展专业技术培训,具有一定的经营、管理和科研能力。

由于我国较低级别的社会体育指导员的培养和训练,是需要较高级别的社会体育指导员来指导完成,所以较高级别的社会体育指导员的比例不宜过低,否则会影响正常培训。但是目前我国社会体育指导

① 姚辉:《新疆弘扬胡杨精神共筑体育强国梦》,《中国体育报》2022 年 8 月 23 日,第 3 版。

员当中,高级别的社会体育指导员数量较少,不利于社会体育指导员队伍的快速发展和扩大。

(二) 社会体育指导员队伍科学建设的解决措施

针对上述几点不平衡,国家也在积极制定政策措施来进行弥补。根据国家体育总局《社会体育指导员发展规划(2011年—2015年)》,社会体育指导员已经成为推动全民健身事业发展的重要力量和宝贵的人才资源。“十二五”时期是构建全民健身公共服务体系的重要时期,该时期进一步加强了社会体育指导员的队伍建设,具体做法如下:

1. 创新社会体育指导员工作思路

积极探索出具有中国特色的社会体育指导员工作新思路,推出改革举措,着力解决制约社会体育指导员工作发展的难点、重点问题;在坚持政府主导的前提下,充分发挥各级社会体育指导员协会的作用,实现管办分离,构建体育行政部门与体育社团有效衔接和良性互动的管理、运行和服务机制;加强社会体育指导员理论体系建设,开展调查研究,总结经验,推广典型,制定社会体育指导员工作规划、计划和政策措施;加强分类指导,针对不同地区、不同对象采取不同措施、不同方法开展工作;充分调动工青妇及基层文体组织管理人员的积极性,吸收他们进入社会体育指导员队伍;有条件的地区,争取设立社区社会体育指导员公益岗位;组织、引导广大社会体育指导员深入基层、服务群众,确保社会体育指导员工作的健康持续发展。

2. 建立社会体育指导员工作投入保障机制

各级体育部门要在本级财政预算中列支社会体育指导员工作经费,在用于全民健身的体育彩票公益金中安排一定比例的社会体育指导员工作经费,并随着体育经费的增长逐步加大对社会体育指导员工作经费的投入。国家体育总局每年用于全民健身工作的体育彩票公益金中,安排不低于10%的资金作为社会体育指导员工作经费。在重点保证培训经费的前提下,资助社会体育指导员协会开展活动,支持欠发达地区和民族地区开展社会体育指导员工作,为社会体育指导员开展体育健身指导服务配备必要的装备、音响、灯光等,提供工作、交通补贴。积极、有序开发社会体育指导员的无形资产，在指定产品、活动赞助、形象代言人等方面挖掘潜力，争取企业和社会赞助，实现资金来源多元化、多渠道。鼓励各类社会团体、群众组织、机关企业事业单位为社会体育指导员开展体育健身指导服务提供物质保障。

3. 加强和改进社会体育指导员培训工作

按照“以用为本，学用结合”的原则，完善社会体育指导员培训制度，增强培训工作的科学性、针对性、实效性；加强各级各类培训基地建设，制定培训基地建设标准，做好培训基地设施配备及师资队伍建设，开展培训基地评估检查；规范各级社会体育指导员培训工作，鼓励地方从本地实际出发增加特色培训内容，科学制订年度培训计划，加强培训质量检查；拓宽培训渠道，鼓励单项体育协会、行业体协等社会组织参与培训工作；探索技能培训的新办法，积极开展网上培训，制作培训精品课程光盘，组织选派专家、优秀社会体育指导员到基层巡回讲课辅导，编写发放社会体育指导员手册，通过各种形式的培训，不断提高各级社会体育指导员体育健身指导服务水平。

4. 深入开展社会体育指导员宣传工作

充分利用广播电视、平面媒体、互联网、新媒体等传媒方式，开办社会体育指导员栏目，制作社会体育指导员公益广告、宣传片、宣传画，出版《社会体育指导员》杂志等书籍和音像制品；推进信息化建设，建立中国社会体育指导员协会网站，及时公布工作和活动信息，提高信息服务能力，宣传、树立社会体育指导员良好的公众形象，扩大社会影响，提高社会认知度。

5. 推进社会体育指导员制度建设

制定并施行《社会体育指导员管理办法》，使社会体育指导员工作有章可循。建立社会体育指导员登记注册管理系统和基础数据统计体系，制定社会体育指导员上岗要求、服务标准、道德规范和工作守则，推进社会体育指导员服务和工作规范化建设。

6. 建立社会体育指导员表彰激励机制

落实《全国优秀社会体育指导员评选表彰办法》，国家体育总局每两年进行一次全国优秀社会体育指导员评选，并结合全国体育大会等重大活动进行表彰。中国社会体育指导员协会继续举办“全国最喜爱的社会体育指导员评选活动”和“社会体育指导员之星评选活动”。各级体育部门和社会体育指导员协会建立相应的表彰制度，对评选出的先进典型给予精神和物质奖励，并广泛进行社会宣传，不断激发社会体育指导员的工作积极性和创造性，使其成为社会志愿服务的楷模。

7. 策划举办社会体育指导员志愿服务品牌活动

借助“全民健身日”、重要节庆和假日、重大赛事，组织体育健身技能和理论学术水平较高的社会体育指导员深入城市社区和农村村镇开展宣讲、辅导和交流活动，吸引更多的群众参加体育健身活动；配合国家支援西藏、新疆建设的有关政策，组织优秀社会体育指导员赴西藏、新疆开展全民健身志愿服务活动。

8. 组织开展社会体育指导员技能展示和交流活动

定期举办社会体育指导员技能展示活动，展示社会体育指导员风采，鼓励创新，提高体育健身指导服务水平；建立社会体育指导员交流渠道，推广各地、各单位的有益做法，学习借鉴其他国家的先进经验；定期组织国家级社会体育指导员观摩全国性群众体育赛事活动，开阔视野。

推荐阅读

1. 中国群众体育现状调查课题组编：《中国群众体育现状调查与研究》，北京体育大学出版社 1998 年版。

2. 中国群众体育现状调查课题组编：《中国群众体育现状调查与研究(2001年)》，北京体育大学出版社 2005 年版。

3. 国家体育总局编：《中国体育年鉴(2001)》，中国体育年鉴社 2001 年版。

4. 国家体育总局政策法规司编：《体育事业“十二五”规划文件资料汇编》，人民体育出版社 2011 年版。

5. 杨桦等：《改革开放以来我国群众体育的发展演进与思考》，《北京体育大学学报》2005 年第 6 期。

6. 冯火红:《新中国成立初期我国的群众体育政策》,《北京体育大学学报》2008 年第 7 期。

7. 田稼禾:《大众体育与现代社会》,《南京体育学院学报》2001 年第 6 期。

8. 孙葆丽等:《“文化大革命”时期的群众体育》,《武汉体育学院学报》1999 年第 6 期。

9. 董新光:《关于全民健身体系的理论构架》,《体育科技文献通报》2005 年第 10 期。

10. 房斌:《全民健身公共服务体系构建的发展路径及对未来发展趋势的探究》,《体育与科学》2011 年第 5 期。

11. 于善旭:《论我国社会体育指导员制度的多元发展与创新》,《体育与科学》2014 年第 5 期。

12. 王乃英等:《对我国大众体育发展的几点建议》,《体育文化导刊》2002 年第 4 期。

13. 桑振洲、王少春:《我国大众体育文化的发展现状研究》,《浙江体育科学》2011 年第 6 期。

14. 周瑞霞等:《由各国大众体育的发展看我国的全民健身运动》,《山东体育科技》2001 年 4 期。

15. 徐本力:《体育强国、竞技体育强国、大众体育强国内涵的诠释与评析》,《天津体育学院学报》2009 年第 2 期。

16. 陈琦:《后奥运时代我国大众体育发展展望》,《天津体育学院学报》2008 年第 5 期。

17. 倪同云:《国际大众体育发展趋势的研究》,《体育科学》1998 年第 3 期。

第三章　运动健身文化实践的国际比较

"文化实践"与"文化"范畴有着直接的关系。英国后现代主义理论家齐格蒙特·鲍曼在《作为实践的文化》一书中把文化划分为三种基本类型:作为概念的文化、作为结构的文化以及作为实践的文化。他认为"文化就是将知识和旨趣融为一体的一种人类实践的方式"①。

运动健身文化自产生以来就与实践密不可分,它始于实践、依存于实践并以实践为其重要表现形态。运动健身文化实践不但是运动健身文化的重要组成部分和表现形态,而且是运动健身文化观念得以产生的基础,并反作用于运动健身文化,推动它的发展。作为文化实践活动的组成部分之一,运动健身文化实践具有属人性、多样性和向导性等主要特点。② 属人性即运动健身文化实践活动是专属于人类的;多样性即这种活动具有多种多样的形式;向导性即任何文化实践活动都是在继承前人的基础上展开的,同时一种运动健身文化实践形式的形成将规范未来的实践活动。

不论其内涵如何变化,也不论其器物的发展,是用先进科技生产

① 〔英〕齐格蒙特·鲍曼:《作为实践的文化》,郑莉译,北京大学出版社 2009 年版,第 285 页。

② 李学林:《"文化实践"是社会实践的一种基本形式》,《西南民族大学学报(人文社科版)》2003 年第 7 期。

的装备或回归传统的器材，运动健身都要付诸具体的实践。在探讨过运动健身文化的概念内涵、历史变迁等内容后，本章将着眼于运动健身文化的实践，并对比分析国内外的实践活动。

第一节 运动健身文化实践的类型与手段

一、运动健身文化实践的类型

运动健身文化实践的类型非常多，可以从不同的出发点，按照不同的标准对运动健身文化实践活动进行分类。

（一）按内容分类

按内容分类，可将健身活动分为球类、田径类、体操类、舞蹈类、武术类、民族传统活动等。这种分类方法有利于看清健身活动项目的技术特征和文化特征。

（二）按活动规模分类

按照活动规模分类是依据健身项目必须参与的人数进行分类。例如，需要多人参与的有体操类和球类，而适于个体参与的项目有游泳和太极拳等。这种分类的方法有利于看清哪些健身项目适合组织群体去锻炼，哪些项目更适合个体进行选择。

（三）按运动强度分类

按运动强度分类是根据健身项目需要的运动强度大小进行的分类。实际上，有些健身项目的锻炼强度非常大，如长跑、爬山等；有些健身项目的锻炼强度较小，如健步走、太极拳等。从这个角度分类，有利于观察不同人群对健身项目的选择。身体素质较弱者，就选择健身强度低的项目；身体素质较强者，就可以选择运动强度较大的一些项目，以满足个体需要。

（四）按主要目标分类

按主要目标分类是指健身者参与健身活动的目的不止一个，而是多个,按照目标的重要程度排列之后再分类。例如,如果休闲的目标是主要的,锻炼目标是其次,那么健身者可能会选择休闲类项目。相反,如果锻炼的目标是主要的,而休闲、娱乐是其次,那么锻炼者可能选择体育运动类的项目。

（五）按消费类型分类

按健身消费进行分类是指依据锻炼项目的商业价值进行分类。例如,跆拳道、搏击操、瑜伽等就是在商业健身房中进行的高消费健身项目,而广场舞、健步走等就属于利用公共设施进行的低消费项目。不论高消费还是低消费的健身项目,锻炼的价值是一样的,只是锻炼的类型不同而已。从这种分类出发,可以看清楚健身活动的商业开发价值。

二、运动健身文化实践的手段

健身手段是人们为了增强体质、娱乐身心、强身祛病而进行的各种身体活动或练习的总称。健身手段,广义上可以指一种活动形式,如越野跑、登山活动等;狭义上也可指某一种身体练习的动作,如俯卧撑练习。就其来源讲,健身手段大多来源于生产劳动、军事活动、日常休闲娱乐活动的一些动作和对某些动物动作的模仿以及人类某些征服自然的手段等。它来源于人类的生活与生产实践,但又不同于日常的生产与生活实践,具有体育自身固有的特点。健身手段发展至今已经形成一个内容丰富多彩的集合群,总体而言分为以下几种:

（一）锻炼类手段

主要用于健身以及治疗和预防某些疾病,其特点是动作轻缓,强度在中等以下,如各种健身跑等。

（二）竞技类手段

其特点是在达到健身目的的同时发掘个人和集体在体力、智力和运动能力等方面的潜力,健身者常常进行自我训练,并参与一些由民间组织自发举办的相关体育比赛。选择这种健身手段的人,往往非常热爱某项体育项目,他们中的大多数曾接受过较为系统和正规的训练,并在大众中具备较高的竞技水平。竞技类手段的健身运动和竞技运动有非常大的区别,竞技运动强调运动员创造优异的运动成绩,而竞技类手段的健身运动强调兴趣爱好。

（三）健美类手段

其特点是动作协调、灵活并富有美感,其对于改善体形与端正姿态有明显作用,主要包括各种杠铃练习、健身操等。

（四）娱乐类手段

主要用于丰富并提高生活质量,使人的身心达到最佳的放松协调状态。其特点是趣味性强,轻松愉快,如钓鱼、旅游、高尔夫球活动等。

（五）冒险类手段

其主要目的是锻炼自我胆识与魄力及挑战自我。它具有一定的冒险性和惊险性,包括乘气球飘游、悬崖跳水、蹦极运动等。

然而,这种分类方法并不是绝对的,健身者从事运动健身活动需求不同、方式不同,手段也会有所不同。比如同样是选择乒乓球运动健身,年轻人往往采用竞技类手段,比较注重系统的训练和技术水平的提高;在锻炼方式上,会进行系统、规范、有一定时间保障的练习。而老年人则往往采用锻炼类手段,主要目的是保持敏捷的反应能力和锻炼身体的灵活性;在锻炼方式上,娱乐性较高、练习强度较低。

第二节　健身活动的区域性特征

健身文化及健身文化的实践——健身活动,早已遍及世界。但在不同的地区,健身活动在形式、内容等方面都存在着差异,各具特色。本节立足国内、放眼世界,从我国和国际两个方面,来比较论述健身活动的区域性特征。

一、我国健身活动的区域性特征

我国国土面积约为 960 万平方公里,位居世界第三位;国内共计 34 个省级行政区,按照地理位置和经济发展条件被划分为东部地区、中部地区和西部地区;我国共有56个民族,以散居或聚居的形式分散在全国各地。我国可谓幅员辽阔、民族众多、环境复杂、经济发展水平不均。在这样一种客观条件下发展起来的健身活动,必然带有不同地域、不同民族、不同经济发展水平的烙印,因此本部分将从地理位置、城乡差异和民族聚居三个维度阐述我国健身活动的区域性特征。

(一)从地理位置看健身活动的区域性特征

张彦峰等人利用2010年第3次国民体质监测工作在全国31个省(自治区、直辖市)开展的成年人群体力活动的调查资料,进行成年人群体力活动水平的现状分析。为了更好地探索我国成年人群总体体力活动内在的区域性分布特点,他们将居民的总体体力活动分为3个等级,即完全静坐类、体力活动活跃、体力活动高度活跃。总体来说,我国成年人群总体体力活动等级水平在不同区域分布的特点也不同。

就完全静坐类人群比例而言,区域分布连片趋势存在,但是相对较弱,总体表现为东部完全静坐类人数比例大于西部。就体力活动活跃的人群比例而言,区域分布的连片趋势明显,总体表现为东部好于西部,沿海好于内陆。对于体力活动高度活跃的人群比例而言,区域连片性仍然存在,但聚类图的集中趋势有所减弱。[①]

研究表明,我国东、中、西部体力活动活跃度的人数比例主要集中在完全静坐类,我国居民闲暇时间体育锻炼活动较为不足。人们的生活方式基本固定化,工作、交通、家务等活动基本保持规律性,闲暇时间的体力活动是体力活动中可干预性最强的,闲暇时间体力活动中的体育锻炼对健康是最有利的,同时也对人们的总体体力活动贡献最大。为此,我们应积极宣传科学健身知识,组织更多的体育活动,营造良好的体育锻炼氛围,使更多的国民了解、掌握科学的锻炼方法和手段,这样才能有效地提高国民的体力活动活跃水平,使国民养成健康的生活方式和理念。

(二)从城乡差异看健身活动的区域性特征

在我国,城市和农村在生产方式、生活习惯、思维方式等方面有较大

---

① 张彦峰等:《中国国民体力活动水平的区域特征研究》,《体育科学》2012年第9期。

的差异，由此形成了具有区域性特征的健身意识、健身需求和健身方式。

1. 城乡居民的生活差异

城市和农村是具有完全不同经济生产方式的二元体，农村的产业形式主要为第一产业，而城市主要为第二、三产业；其生活方式也有较大的差异（见表 3-1）。

表 3-1　城市生活与农村生活比较

指标	农村	城市
生活环境	自然环境为主	人工环境为主
人口密集度	分散	高度集中
劳动方式	分工不细、粗放	分工精细、集约
生活节奏	慢	快
社会竞争	平缓	激烈
休闲时间	多	较少
活动类型	单一	多样
主要病症	传染病、急性病	慢性病、退行性病

20 世纪后期，整个世界的工业化和城市化进程加快，特别是我国在改革开放后经济飞速发展，城市迅速进入工作节奏快、竞争激烈、人际关系复杂的典型工业化社会阶段，这给人的心理带来了一系列的紧张感与压抑感，伴随而来的是各种城市病。随着经济水平的提高，人们的收入水平提高、余暇时间增多，开始寻求多种多样的强身健体的方式。农村虽然一定程度上受到城市化和工业化的冲击，但总体还是延续千百年来的生产生活方式，人们在农闲时，也渴望通过一些体育活动交流感情、强身健体。

2. 城乡居民的健身需求差异

（1）城市居民的健身需求

城市居民组成成分较为复杂，社会角色较多，并且不同年龄段的居民对健身有特定的需求。

按照年龄划分，幼儿和少年儿童处于学习生涯刚开始的阶段，健身活动以娱乐性、趣味性和智力开发性的活动为主。青少年学业压力较重，但身体潜能很大，比起其他年龄群体，更需要强度较大的运动，并进行一定的专业训练，以为其终身体育的习惯打下基础。中年人是城市中的顶梁柱，工作节奏最快，生活压力最大，他们参加健身活动往往是为了寻求一种健康的生活方式，保持充沛的精力，防止机体能力的退化，消除疲劳，调节生活节奏，因此其健身活动主要是满足他们健体、娱乐、社交、保健等需求。老年人参加健身活动，主要是为了减缓身体机能退化、防治疾病、保持与社会的交流、提高晚年生活质量，因此常常需要低强度的和群体性的健身活动。

按照身体健康程度划分，城市居民生活节奏快、压力大，并且长期暴露于城市的污染、噪声当中，身体更加容易处于亚健康状态，甚至罹患慢性疾病。因此，城市居民往往会根据自己的身体条件选择不同的健身方式以达到强身健体或治疗疾病的目的。

（2）农村居民的健身需求

“居住上的地域靠近性，以及农业生产的低流动性，造成了农村交往地缘性的特征”[①]，且农村居民交往行为中血缘色彩和感情色彩较为浓厚，因此在对健身活动的需求上也带有农村生活的印记，具有地缘性、群体性、节气性和文体相融的主要特点。

地缘性指的是农民的健身活动总是依托当地的自然环境、地理条件而进行，从而形成了各具特色的健身活动，比如江南丘陵地带的爬山、南方河流地区的竞渡、东北的冰雪项目等。

群体性指的是由于长期以来农民日常的生产劳作和社会组织都是以集体的形式呈现，这种集体性也体现在健身活动中。其一是农村的健身活动常常以群体参与的形式开展，如草原的那达慕大会或南方地区的龙舟竞渡；其二是健身活动常常以村寨为单位进行交流或比赛，如乡村的篮球赛等。

节气性指的是农村的健身活动时间与农历的节气有着比较密切的关系，如端午节的划龙舟、重阳节的登山等。

---

① 李相如、苏明理主编：《全民健身导论》，高等教育出版社 2008 年版，第 194 页。

文体相融指的是农村有其代代相传的民俗文化，渗透在生活和劳作的方方面面，同时也体现在健身活动中。农村的健身活动较少体现为纯粹的体育运动，而往往是作为某些传统节日的庆祝内容或附加活动，具有浓郁的文化氛围。比如南方一带广泛开展的龙舟竞渡活动就是在每年端午节前后隆重举行，成为传承中华文化、纪念屈原的重要组成部分。

3. 城乡居民的健身活动差异

(1) 参与情况

2002 年，中国疾病预防控制中心针对我国不同地域人口的健身活动进行调研，共调查 6 岁以上居民 66682 人，其中城市居民 21008 人(男性 9941 人、女性 11067 人)，农村居民 45674 人(男性 22346 人、女性 23328 人)。结果显示，我国居民健身活动参与率为 15.7%，其中城市居民为 27.5%，明显高于农村居民的 11.1%，且在年龄分层上也有较为明显的差异(见表 3-2)。

表 3-2　我国居民健身活动参与率①

(单位：%)

地区	6—12 岁	13—17 岁	18—44 岁	45—59 岁	60 岁及以上
城市					
男性	35.6	49.0	19.0	28.0	53.7
女性	32.4	39.0	15.5	33.3	48.0
合计	34.0	44.3	17.1	30.9	50.9
农村					
男性	33.8	33.8	3.8	4.9	10.3
女性	32.2	28.7	2.2	3.2	5.7
合计	33.0	31.4	3.0	4.0	8.1

数据还显示，无论从健身活动的频率、次数还是每一次健身持续的时间来看，城市居民都远超农村居民。

① 马冠生等:《中国居民健身活动的描述性分析》,《中国慢性病预防与控制》2006 年第 1 期。

而就城市和农村不愿意参加健身活动的原因而言，城市居民排名前三位的原因分别为缺乏余暇时间，没有兴趣和缺乏体育设施；农村居民排名前三位的原因分别为缺乏余暇时间，缺乏体育设施及工作重、疲劳。这说明，要促进城乡健身活动的发展，首先要大力促进经济的发展，人民只有生活水平提高了，才会有更多的闲暇时间从事健身活动。其次要在体育设施上进行更大的投入，以满足人们日益增长的健身需求。最后，针对城市居民，要注重青少年时期体育活动的引导，开展趣味健身项目，激发大众参与健身活动的兴趣；而针对农村居民，要发展科技农业，提高生产率，减轻他们劳作的负担。

（2）健身项目

受西方体育的影响，城乡居民在健身活动项目上的选择均以西方运动项目为主。同时，由于我国自古以来所形成并代代相传的传统体育项目深深根植于社会生活中，传统体育项目也成为城乡居民健身活动的重要选择。

在现代健身项目的选择上，男性城市居民最常展开的健身项目前三位依次为跑步、球类、长走，女性城市居民为健身操、长走和跑步；男性农村居民最常采用的健身项目前三位依次为跑步、长走和球类，女性农村居民为健身操、长走和跑步。不论城市还是农村的居民，在健身项目的选择上还是偏向于在我国开展得较为广泛的基础性健身项目。

在我国传统健身项目的选择上，城市居民采用最多的是健身气功和太极拳(剑)。健身气功能够使人的神经系统处于内抑制状态，能消除大脑皮质的紧张状态，起到放松作用；太极拳(剑)集俯仰屈伸的动作于一体，健身效果突出。农村居民采用最多的传统健身方式是民间游戏、武术以及节日庆典间仪式性的竞技活动。民间游戏是生活中最常见、最普遍的活动，其特点是约定俗成，因地制宜，便于开展，如秋千、踢毽子等；武术在农村地区开展较为广泛，并形成了各具地方特色的乡土武术，成为农民们喜爱的健身手段；在农村，许多健身娱乐活动是作为节日庆典仪式的重要组成部分而开展的，起初是作为节庆的活动形式，后来逐渐独立并得到传承，演变为健身活动，如南方各地开展的龙舟竞渡。

（3）活动场所

根据第六次全国体育场地普查结果，截至 2013 年底，我国共有体育场地 169.46 万个，人均体育场地面积为 1.46 平方米。加上 2014 年健身场地设施对人均体育场地面积的贡献（0.08 平方米），以及 2015 年国家体育总局对农民体育健身工程和全民健身中心建设的转移支付投入，至 2015 年底，我国人均体育场地面积至少达到 1.57 平方米，超额完成《全民健身计划（2011—2015 年）》提出的“全国各类体育场地达到 120 万个以上，人均体育场地面积达到 1.5 平方米以上”的目标。

全国各地（市）、县（区）、街道（乡镇）、社区（行政村）已经普遍建有体育场地，配有体育健身设施。截至 2014 年底，50%以上的市（地）、县（区）建有全民健身活动中心；50%以上的街道、乡镇和社区、农村行政村建有便捷、实用的体育健身设施，建有乡镇体育健身工程 16911 个，占全国乡镇数的 40.6%，农民体育健身工程 467996 个，覆盖全国行政村的 74.13%。其中，2011—2014 年，全国建成全民健身活动中心 3405 个，社区多功能运动场 9447 个，体育公园 2366 个，健身广场 24879 个，户外营地 878 个，室外健身器材约 169 万件。

具体而言，“城市非体力劳动者、34 岁以下的城市体力劳动者主要锻炼场所是体育场馆，而农民主要在公路、街道和空地上进行体育锻炼。农村老年人以街道、空地为主要锻炼场所，而城市老年人主要以公园、街道为主要锻炼场所”①。造成这一差距的主要原因是我国健身场所和公共设施发展的不均衡，城乡差距明显。

（三）从民族聚居看健身活动的区域性特征

我国是一个统一的多民族国家，少数民族在地域分布上呈现出“大杂居、小聚居”的特点。少数民族在长期的社会生活中，形成了独具特色的风俗文化，创造出具有浓厚民族特色的健身文化，这些健身文化活动也随各民族的分布呈现出“小聚居”的特点，健身项目分布相

① 国家体育总局群体司、国家国民体质监测中心编：《2000 年国民体质研究报告》，人民体育出版社 2003 年版，第 139 页。

对集中,地域性和民族性尤其突出,成为我国健身文化活动的瑰宝。

在健身项目方面,民族众多的云南拥有几百个健身活动项目,广西、甘肃、新疆、西藏等少数民族集中的区域健身活动也很丰富。我国有着丰富的民族健身文化,各民族常常将本民族传统健身项目作为重要的健身活动内容。

1. 少数民族传统健身活动的内容

我国各少数民族的审美情趣及健身文化在很大程度上受到其所处地理环境的影响,因此健身活动的内容带有非常明显的地域性特征。

东北地区。东北是我国纬度最高、气候最寒冷的地区,该地区山脉众多,森林广袤,朝鲜族、锡伯族、满族、鄂温克族、鄂伦春族、赫哲族等生活在这一地区,他们长期以畜牧、狩猎、捕鱼为主要经济生产方式,耐寒能力强,性格爽朗,骁勇善战,其健身活动也带有本民族的特性,代表性项目有滑雪、滑冰、叉鱼、狗拉雪橇等。

青藏和内蒙古地区。我国的青海、西藏和内蒙古地区拥有大片草原,聚居着藏族、蒙古族、回族、达斡尔族等民族,他们以放牧为主要经济生产方式,其健身活动也带有浓郁的草原特色,如赛马、摔跤、射箭等。

西北地区。该地区气候干旱,沙漠广布,维吾尔族、哈萨克族、回族、土族、东乡族等生活在这里。由于马、羊等牲畜在生产生活中具有很重要的地位,其健身活动也与牲畜密不可分,如赛马、打马球、赶羊跑等。

西南地区。该地区位于青藏高原到华中平原的过渡地带,地形较为复杂,地貌特征以山地为主,自然景观复杂多样。苗族、彝族、藏族、布依族、侗族等生活在这里,主要健身项目有押加、抱举石头、赛马等。

中南和东南地区。该地区多属于丘陵地带,土地肥沃、气候温和、雨量充沛,自然条件和生态环境优越。畲族、瑶族、壮族等聚居在这里,多以农业、林业、纺织为主要生产方式,具有民族地域特点的健身形式也多与水和丘陵有关,如划龙舟、踩独木舟、跳山羊、杆球等。

2. 少数民族传统健身活动的特点

其一，对环境的依赖性强。各民族生息繁衍于不同的地理环境，在对环境的适应和改造中创造出了各具特色的生产方式和民族文化，这也反映在各民族的健身活动之中。例如在寒冷的东北，各民族主要的健身方式多与冰雪有关，如滑雪、滑冰等；在干旱的西北，健身活动多与沙漠有关，如滑沙、赛骆驼等；在湿润温暖的南方，健身活动多与水有关，如独木舟、龙舟、潜水等。这是民族健身活动依赖自然地域环境的有力佐证。

其二，集中在经济落后地区。由于自然、历史等多方面的原因，我国民族地区的经济发展水平相对较低，导致具有地域特征的少数民族健身活动也多分布于经济相对落后的地区。

其三，民族交融性。在当今各民族文化交流发展的背景下，民族健身活动也在不同民族间传播，共同传承着中华文化。比如蒙古族、藏族等民族都属于游牧民族，属于“马背上的民族”，这些民族常常举行赛马活动。起初这些活动分散在各地，以不同的形式不同的规模独立展开，而随着互相的交流，各民族和各地区的赛马活动互相交融，形成了大型的赛马会，吸引了不同民族、不同地域的牧民参加。

二、国际视野下健身活动的区域性特征

从国际上来看，不同国家、不同地域、不同民族的人们在长期的生产生活和社会交往中形成了具有本国、本民族特色的健身文化和实践活动，同时，基于现代西方奥林匹克项目的健身项目在全世界的开展最广泛。总体而言，人们日常锻炼项目种类繁多，但多以西方盛行的健身项目为主流，东方健身项目传播率较低。本部分将对世界不同地区和国家的健身活动进行比较。

(一) 健身内容

不同国家的健身者可以接触到或经常开展的健身项目具有地域性的差异，以中国、日本、加拿大、新西兰和新加坡 5 个国家为例，参加人数排名前 15 的健身项目有所不同(见表 3-3)。

表 3-3 不同国家大众健身项目表(按参加人数由多到少排列)

排名	中国	日本	加拿大	新西兰	新加坡
1	步行	步行	步行	步行 30 分钟以内	跑步
2	跑步	保龄球	室内运动	步行 30 分钟以上	游泳
3	羽毛球	健身操	交谊舞	游泳	羽毛球
4	篮排足等球类游戏	高尔夫球	游泳	室内运动	足球
5	乒乓球	滑雪	自行车	健身操	篮球
6	体操	滑冰	高尔夫球	乒乓球	游泳
7	游泳	游泳	棒球	自行车	壁球
8	登山	海水浴	保龄球	跑步	自行车
9	交谊舞	垂钓	跑步	马拉松	保龄球
10	台球	徒步旅行	举重训练	有氧运动	健身操
11	跳绳	自行车	登山	台球	高尔夫球
12	太极拳	棒球	高山滑雪	徒步旅行	太极拳
13	民间舞	举重训练	排球	橄榄球	台球
14	健身器活动	跑步	健身操	板球	田径
15	器械类武术	垒球	有氧运动	网球	乒乓球

大众选择的健身项目有明显的区域性,如乒乓球项目在中国、新西兰开展较为广泛;游泳等水上项目在新西兰、新加坡等岛国广泛开展;日本冰雪资源丰富,于是滑雪等冰雪项目受大众广泛喜爱。

(二) 健身目的

健身者参与健身活动的目的是多种多样的,不同国家和地区间也存在差异,以中国、日本、新西兰、英国、新加坡 5 个国家为例,参与健身活动的目的及其排序有所不同(见表 3-4)。

表 3-4　不同国家居民参与健身活动的目的

排名	中国	日本	新西兰	英国	新加坡
1	强身健体	愉悦身心	放松身心	强身健体	强身健体
2	消遣娱乐	强身健体	社会交往	减体重	消遣娱乐
3	与朋友交流	与朋友交流	消遣娱乐	消遣娱乐	社会交往
4	调整情绪	解决运动不足问题	强身健体	放松身心	美容
5	学生时代养成的习惯	社会交往	提高个人创造性	健美	家庭欢乐

由此可见，人们参与健身活动的动机并不是单一的，对于健身者个人而言，健身活动有强身健体、预防疾病等基本功能，同时还能调节身心、激发人的创造力和潜能，并具有娱乐功能、社会功能等。

（三）传统健身项目

除了广泛采用的基于现代奥林匹克项目的健身项目外，各国家也有自己的特色健身项目，这些项目源于长期的共同社会生活，并约定俗成、代代相传，体现了各个国家独一无二的思想结晶和文化追求。越是具有悠久历史的国家，越是如此。

在我国，太极拳、气功等健身活动历史悠久，并在大众中广泛开展。除此以外，我国少数民族也有各具特色的健身项目。

放眼世界，许多国家也有它们独具特色的传统健身项目。比较典型的代表如下：在亚洲地区，有印度尼西亚的檀叶格斗、赛牛，日本的相扑、柔道、剑道，泰国的泰拳、大象足球赛，巴基斯坦的卡巴迪，老挝的绑手摔跤；在欧洲地区，有瑞士的掷石比赛，意大利的古典足球，西班牙的斗牛，芬兰的赛鹿；在非洲，有多哥的多哥摔跤，坦桑尼亚的猎狮，肯尼亚的投矛；在美洲地区，有美国的印第安迪拉斯卡，巴西的骑马摔牛，巴拉圭的犰狳球；在大洋洲地区，有澳大利亚的滚球，斐济的走火。

总体而言，不论国内还是国外，健身活动多为简便易行、小型多样的项目。不同之处在于，一方面，西方发达国家对于场地和器材的要求较高，且健身费用较高；另一方面，西方国家健身活动的休闲性更加突出。

第三节 健身活动的年龄特征

本节将着眼于不同年龄层健身活动的情况,对不同年龄段健身者的特征进行探究。前文的"区域差异"部分已经以中年人作为健身主体充分论述,本节将重点对青少年和老年人的健身活动进行论述。

一、概况

国家国民体质监测中心发布的《2020年全民健身活动状况调查公报》数据显示,2020年7岁及以上居民每周参加1次及以上体育锻炼(每次体育锻炼强度达到中等及以上)人数比例为67.5%。分人群分析,幼儿平均每日参加体育活动超过60分钟的人数比例为62.3%,儿童青少年、成年人和老年人每周参加1次及以上体育锻炼人数比例分别为81.1%、67.8%和48.0%。随年龄的增长,每周参加1次及以上体育锻炼人数比例呈下降趋势(见图3-1)。

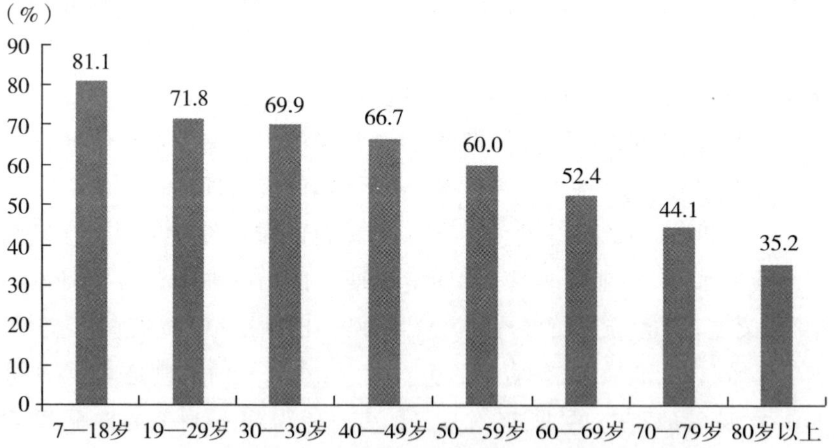

图3-1 2020年7岁及以上不同年龄组人群每周参加1次及以上体育锻炼人数比例①

① 国家体育总局:《国家国民体质监测中心发布〈2020年全民健身活动状况调查公报〉》,2022年6月7日,https://www.sport.gov.cn/n315/n329/c24335053/content.html,访问时间:2022年12月31日。

2020年7岁及以上居民经常参加体育锻炼(每周参加3次及以上体育锻炼,每次体育锻炼持续时间达到30分钟及以上,每次体育锻炼强度达到中等及以上)人数比例为37.2%。分人群分析,儿童青少年经常参加体育锻炼人数比例为55.9%;成年人经常参加体育锻炼人数比例为30.3%,其中40—49岁年龄组的比例最高,为31.7%;老年人经常参加体育锻炼人数比例为26.1%,到80岁以后,仍有14.7%的老年人经常参加体育锻炼(见图3-2)。

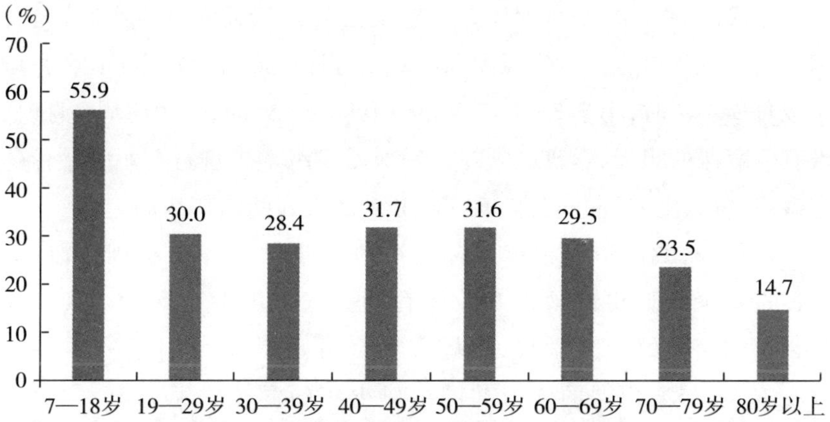

图3-2 2020年7岁及以上不同年龄组人群经常参加体育锻炼人数比例[①]

二、青少年健身活动的特征

青少年是人从童年到成年的过渡时期,健身活动是青少年必不可少的活动。首先,健身能够增进健康,提高个人的运动能力,开发身体活动潜能,为步入成年打下良好的身体基础;其次,青少年能够通过健身活动增强自信心、责任感和团队合作精神,形成受益终身的健身习惯;最后,青少年能够通过健身活动进行社会交往,逐渐适应社会,在将来进入社会后与人交流、承受压力等方面受益。因此,比起中年和

---

① 国家体育总局:《国家国民体质监测中心发布〈2020年全民健身活动状况调查公报〉》,2022年6月7日,https://www.sport.gov.cn/n315/n329/c24335053/content.html,访问时间:2022年12月31日。

老年时期,青少年时期的健身活动更加需要专业的指导,以便掌握科学规范的健身方法。

学生时期的少年,每天的大部分时间都是在学校中度过。从世界范围看,青少年的健身活动主要通过两个渠道进行,其一是通过学校体育课程进行体育健身,其二是参加青少年体育俱乐部,获得规范的指导。

(一)我国青少年

在我国,高、中、小学的体育课普及已久,“每天锻炼 1 小时”是我国学校体育的口号。国家课程标准对体育课的课时要求是:小学 1—2 年级每周 4 课时,小学 3—6 年级和初中每周 3 课时,高中每周 2 课时;没有体育课的当天,学校必须在下午课后组织学生进行一小时集体体育锻炼;每天上午统一安排 25—30 分钟的大课间体育活动。

近年来,我国不断根据实际情况对中小学体育课程进行改革,以促进青少年们更好地以学校体育的方式开展健身活动。其一便是创办体育传统项目学校,将体育项目引入校园,使体育作为一种健身方式,与文化课的学习共同组成少年的学校学习内容。“截至 2004 年 10 月,我国体育传统项目学校共计 11477 所,其中国家级 200 所,占 1.74%;省(自治区、直辖市)级 4133 所,占 36.01%;地市级 7144 所,占 62.55%。”[①]其二便是初高中体育课的专项化改革,打破原有体育课大班教学的模式,学生根据自己的兴趣选课,教师通过小班教学教授学生具体的体育项目。2012 年,上海市教委选取上海市 17 所高中为试点实行体育课专项化教学,政府主导下的大规模改革首次介入高中体育课专项化改革。随着上海市改革试点的成功,体育课专项化将向全国推广,成为今后高中体育课改革的趋势。

我国青少年健身活动主要以学校体育为主,同时,少年宫和体育俱乐部也为青少年们提供了除课堂之外的健身活动场所和专业科学的健身指导。

---

① 李相如、苏明理主编:《全民健身导论》,高等教育出版社 2008 年版,第220 页。

少年宫是我国青少年教育体系中很有特色的组成部分之一,它起源于俄国,是我国在学校以外对少年儿童进行政治教育和开展集体文化活动的机构,为青少年提供科技、文化、体育等多个方面的教育活动。少年宫成为我国青少年周末或者假期参与健身运动的主要场所,少年宫开设乒乓球、羽毛球、武术等流行的健身项目,并由专业的教师教授技能、组织活动。

比起少年宫,我国的健身俱乐部是在西方的影响下建立起来并迅速发展的。2000 年,国家体育总局下发了《关于进行青少年体育俱乐部试点工作的通知》,利用彩票公益金的形式扶持青少年健身。经过二十几年的发展,我国的健身俱乐部已经初具规模,按所提供的健身项目可以分为综合性俱乐部和单项俱乐部(见表 3-5)。

表 3-5 我国各类俱乐部开展活动形式情况①

活动形式	俱乐部类型	
	综合性俱乐部	单项俱乐部
健身指导和服务	61.0%	38.7%
体育竞赛(交流)	91.2%	91.0%
各种培训活动	88.3%	84.7%
夏、冬令营	59.5%	59.5%

由此可见,绝大多数健身俱乐部的主要活动形式是体育竞赛和各种培训,在“健身指导服务”方面,综合性俱乐部较好,而单项俱乐部在此方面做得还不够。未来我国的健身俱乐部还需要更多地为青少年提供健身指导。

(二) 其他国家青少年

英国青少年参与健身活动的渠道除学校体育外,还有学校的运动部、社区体育俱乐部和儿童会三种渠道。在学校健身活动方面,英国

① 杜志娟:《我国青少年体育俱乐部的发展现状及对策研究》,《广州体育学院院报》2006 年第 4 期。

青少年的活动时间一般是在午饭前后、下午放学后和周末，由学校体育老师组织进行。

日本2015年青少年体育生活调查数据显示，10—19岁青少年参与课外体育活动的比率为86.8%，每周参与体育活动5次以上的超过一半。小学到高中阶段的青少年高频率参加体育活动的比例高，小学达到63%，中学达到68.3%，高中达到54.6%。①

美国也具有完备的青少年体育社会组织。例如，美国青少年体育联合会于1981年创建，起初主要培养志愿性质的教练员，截至2017年，已培养教练员约300万人，为青少年提供体育服务。不同于学校体育的内容设置，在这一组织中，教练员、家长、官员和其他身份的社会人士均是组织的服务者，这一组织在青少年生活、成长、教育和娱乐等过程中扮演着重要角色，也成为青少年社团的重要组织类型。②

总体而言，不论是我国还是其他国家，青少年健身活动都受到越来越多的重视，青少年的健身自主性越来越高、健身活动组织日趋有序、健身主体的性别日趋平等。但也存在一定的问题，如女孩参与健身活动的比例总体较低，青少年由于学业的压力而无法在健身活动上投入充足的时间和精力，以及缺乏科学指导造成运动损伤的增加，这些问题有待各个国家和国际组织解决。

三、老年人健身活动的特征

我国将60周岁以上的公民划定为老年人，根据联合国的标准，一国老年人口数占总人口数的比例达到10%，则这个国家进入老龄化社会。相关统计资料显示，早在1999年我国便已经进入老龄化社会，这一情况随着时间的推移愈发严重。“据专家预测，2025年中国60岁以上老年人将达到2.8亿，占总人口18.4%。2050年达到

① 参见李捷：《日本青少年课外体育参与现状研究》，《西安体育学院学报》2017年第3期。

② 柳鸣毅等：《发达国家青少年体育组织的逻辑基础、体系构建与治理策略》，《上海体育学院学报》2018年第4期。

4.1 亿，占总人口的 27.4%。"[①]纵观世界，许多经济发达国家和发展中国家早已进入老龄化社会，且许多国家的老龄化程度远高于中国（见图 3-3）。

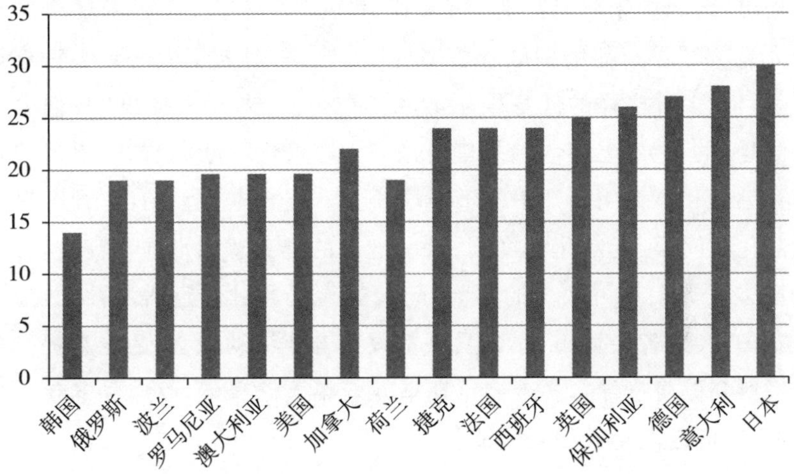

图 3-3　2000 年部分国家 60 岁以上人口占总人口的比例[②]

社会的老龄化会对一国的经济造成很大的影响，首先便是劳动年龄人口比重的下降造成的社会劳动力资源减少与社会劳动生产力下降。其次便是老年人赡养系数和总供养系数的上升，更多的经济开支用于建立养老院、支付养老费等。老龄化给社会带来巨大挑战的同时，老人自身的身体情况也引发关注，有人评论说"当代老人虽然长寿，但并不健康"，身体健康不仅能够帮助老年人更好地安度晚年，延长生命，提高生活质量，同时也为国家减少医疗保健费用的开支。因此，老年人的健身活动也受到世界各个国家和地区以及国际组织的重视。联合国从 1975 年起，便开始倡导和实施各种促进老年人身体健康的计划，包括"健康与老年人计划""老龄化与健康计划""全球积极老龄化运动"等。各国也根据本国情况提出并开展一系列帮助老年人

① 王大中、王庆伟:《论体育与老年人生活质量》,《体育与科学》2003 年第 3 期。

② 林显鹏主编:《国际大众体育现状及发展趋势》,2001 年全国体育局长会议参阅材料,第 228 页。

健康生活的活动，许多西方国家的大城市均建有老年人体育康复中心，是一种集老年人体育活动组织、康复、运动辅导、科研于一身的活动中心。在加拿大，社会老龄化程度很高，老年医疗开支数目庞大，政府提出“健康的第三年龄期”的口号，并由“第三年龄期健身的全国代表大会”和“第三年龄期健身秘书处”主导，根据老年人的身心特点设计和组织多种多样的健身娱乐活动。在美国，老年人提出“我们要终身健身”的口号，老年人参加健身锻炼的积极性不断高涨，这也反映在体育健身和体育用品开销的不断增长上。在日本，由于日本社会进入老龄化时间早、老龄化程度高，日本老人的健身意识很强，健身已经成为大多数老人不可缺少的生活部分，老人还通过健身增加社会交往。在我国，大到省会城市、小到县城都设有老年活动中心，为老人提供健身场所和健身指导。各地还定期举办老年人健身节，以鼓励老年人科学健身、促进老年人相互交流。

（一）我国老年人

2018 年中国老年社会追踪调查（China Longitudinal Aging Social Survey，CLASS）数据显示，步行是最受老年人欢迎的锻炼项目，约有 79.77%参与锻炼的老年人会选择步行方式；跳舞、跑步、健身操也是老年人参与度较高的几种锻炼方式，占比分别为 22.12%、14.79%、9.60%。杨凡等基于此假设参加体育锻炼的老年人群体对于不同锻炼活动的偏好程度维持不变，预测 2025—2050 年参加各项体育锻炼的老年人数量变动趋势如表 3-6 所示：

表 3-6　2025—2050 年不同项目的老年锻炼者规模变动趋势预测（万人）

年份	步行	舞蹈	跑步	健身操	骑自行车	武术	乒乓球	门球、柔力球	游泳	健身气功
2025	6757.53	1873.84	1252.90	813.24	613.32	581.13	476.09	425.26	326.99	239.74
2035	15338.77	4253.40	2843.93	1845.96	1392.16	1319.09	1080.66	965.28	742.23	544.17
2050	21076.05	5844.33	3907.67	2536.42	1912.88	1812.48	1484.86	1326.34	1019.85	747.71

随着老年锻炼人口整体规模的不断攀升，参与各类体育活动的老

年锻炼者也将快速增长。预计到2050年左右,将有超过2亿规模的老年人会经常以步行方式参加锻炼,参加舞蹈、跑步和健身操项目的老年人口规模将分别达到5844万人、3907万人和2536万人。参加骑自行车、武术、乒乓球等项目的老年人到2050年将突破1000万人的规模。[①]

(二)其他国家老年人

美国时间利用调查(American Time Use Survey)数据显示,2003—2006年,美国55岁以上老年人经常参加的健身项目为散步、高尔夫、健身操、跳舞、骑行等。

从项目上来看,除了我国老年人也经常采用的散步、体操等,美国老年人的健身活动更加带有经济发达国家群众休闲体育的色彩,如高尔夫球、野营和钓鱼,可见美国老年人在健身项目的选择上,偏爱休闲娱乐性质的运动项目,并且注重和大自然的接触。

日本老年人的健身项目也是种类丰富,健身性和娱乐性并存(见表3-7)。

表3-7 日本老年人参加最多的健身活动排序[②]

排名	60—69岁	70岁以上
1	步行	步行
2	健身操和轻体育	健身操和轻体育
3	徒步旅行	微型高尔夫球
4	高尔夫球	门球
5	登山	徒步旅行
6	简易高尔夫球	垂钓
7	垂钓	交谊舞
8	游泳	登山
9	自行车	跑步
10	保龄球	自行车

① 杨凡等:《中国老年体育活动趋势:"十四五"时期及中长期发展预测》,《中国体育科技》2022年第1期。

② 林显鹏主编:《国际大众体育现状及发展趋势》,2001年全国体育局长会议参阅资料,第235页。

从表格中可以看出,步行和健身操及轻体育项目是日本各年龄段老年人最常采用的健身方式。除此之外,日本老年人还喜爱登山、徒步旅行、垂钓这种与大自然接触的健身方式,同时,高尔夫球为日本老年人所普遍喜爱。

总而言之,随着人口老龄化程度的加深,社会对老年人健身活动的关注也与日俱增,老年人的健身意识逐渐增强,健身积极性不断提高。从世界范围内来看,老年人的健身活动总体具有以下特点:

其一,老年人身体机能不如青壮年,力量、速度、反应等身体素质也随着年龄的增长逐渐下降,健身的目的是延缓衰老,保持身体的运动能力。因此,在对健身项目的选择上,多将简便易行、体能消耗小的健身活动当作首选。走路和健身操成为各国老年人最常采用的健身方式,走路能够帮助老人改善心肺功能,增强腿部肌肉力量;健身操能够帮助老人维持各关节的灵活性,保持身体平衡和身体姿态,提高自信。

其二,老年人常常选择本国或本民族的传统健身项目进行锻炼,或所选的项目带有地域特色和民族特色,如中国的老年人喜欢选择武术、气功进行锻炼,美国老年人偏好同家人一起开着房车去大自然中野营。

其三,经济发展程度不同的国家,其老年人选择的项目也有所不同。比如中国是发展中国家,人们的平均收入水平相对较低,中国老年人的健身活动多为步行、跑步、健身操等成本较低的活动。而像美国、日本这样经济发达的国家,人民的收入水平普遍较高,且社会拥有比较完善的医疗保障体系,这些国家的老年人会将高尔夫球、垂钓、保龄球这样花费较高的活动作为常规的健身项目。

不论选择什么样的健身方式,老年人的健身活动对于一个国家、一个社会和老年人自身的身心健康都非常重要,老年人通常退休在家,有充足的时间锻炼,因此为老年人提供科学合理的健身指导,鼓励老年人常年坚持健身锻炼,关注、支持和帮助老年人健身事业的发展,是每个国家应该做到的事情。

第四节 健身活动的阶层特征

不同的阶层有其不同的生活方式,这一观点早已被社会学家们普遍认同。简单来说,社会阶层是指某一社会中根据社会地位、职业、资本拥有情况或受尊重程度的不同而划分形成的不同社会群体。相同阶层中人们的行为习惯、思维方式和生活状态具有相似性,在社会交流和社会活动中,会产生属于这一群体的自我意识,“如果对这种状况以及从中产生的各种利益,能够联系到它们对直接行动以及整个社会结构的影响,而予以把握,就可能具有那些思想、感情等”①。阶层意识就此产生。

社会体育与社会关系紧密相连,社会中人们的健身活动亦是如此,当一个人选择健身活动的项目时,必然会受到他(她)所属阶层中其他人的影响而选择该阶层中流行的健身项目,甚至有时候只是为了被同一阶层或较高阶层接纳而做出选择。“即使在同一项休闲体育活动中,不同阶层的人也会在环境、场所、器材、服饰等方面表现出与其身份地位相匹配的选择。”②

一、不同阶层健身活动的选择

尽管由于历史、经济、文化等多方面的差异,西方不同国家对阶层的分类标准和各群体应属阶层的认知有较大的不同,但基本可以达成共识的是,不同健身活动的消费水平、运动特点不同,因此不同的健身活动往往对应着不同阶层的人群。有学者通过金字塔模型来表示西方健身活动项目与社会阶层的关系(见图 3-4)。③

---

① 〔匈〕卢卡奇:《历史与阶级意识——关于马克思主义辩证法的研究》,杜章智等译,商务印书馆 1999 年版,第 27 页。

② 柏慧敏:《社会阶层差异中的休闲体育文化模式》,《体育科研》2009 年第 2 期。

③ Roland Renson, “Sporticuous Consumption: An Analysis of Social Status Symbolism in Sport Ads,” *International Review for the Sociology of Sport*, 1986, 21(2-3).

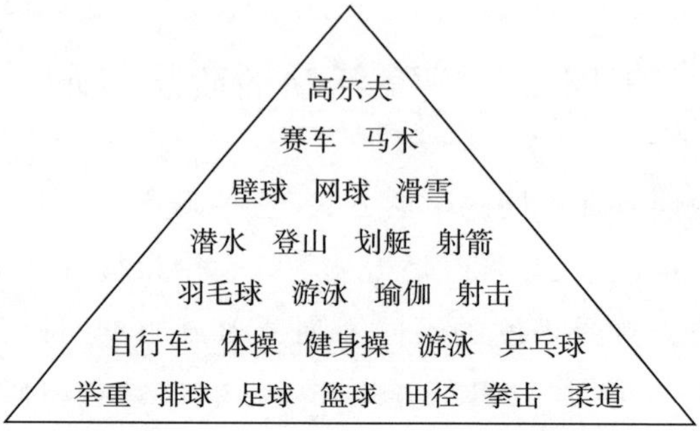

图 3-4 西方社会阶层健身活动金字塔

不同国家或地区的人们,健身项目受地理、文化环境等因素的影响也有所不同。从总体来看,不同阶层在健身活动的选择上具有差异,消费水平、集体或个人项目、对运动的宣传以及身体接触程度是最常见的维度差异(见表 3-8)。

表 3-8 不同阶层健身活动参与差异

	上层	中上层	中层	中下层	下层
消费水平	高	较高	一般	低	较低
集体/个人	个人	偏向个人	均有	偏向集体	集体
对运动的宣传	非常少	较少	一般	较广泛	非常广泛
身体接触	非常少	较少	一般	较多	多

由此可见,上层群体多选择消费水平较高的健身项目,这些项目对场地、器材、技术等要求都非常高,常常为个人项目;社会中层多选择运动强度中等、消费中等的活动,项目类型较为广泛;下层多选择消费不高、场地器材要求较低、较容易参与的项目,健身活动常常以集体参与的形式进行。

值得注意的是,一些现代体育项目受到各阶层喜爱从而成为健身活动的主要项目,比如跑步、球类、游泳等。但上层阶级往往将这些体育项目仅作为健身、休闲的活动,不会特别严肃地对待。而越是下层阶级,越倾向于将这些项目作为维生的“工具”,他们往往在最初选择该项目时抱着健身的目的,而当达到一定水平、取得一定成绩时,便会严肃对待该项目,甚至将其作为职业,希望通过运动成绩寻求向上流动的途径。此时,他们的行为便不能再被称为"健身",而应视作一种谋生手段。

二、我国健身活动的阶层特征

(一) 当前我国的社会分层

要研究我国健身活动的阶层特征,首先需要对我国的社会阶层有所了解。2001 年,中国社会科学院经过历时三年的调查研究,公布了我国社会阶层的情况,认为中国社会已分化为十大阶层,凡是现代化社会阶层的基本构成成分都已具备,现代化的社会阶层位序已经确立,一个现代化社会阶层结构已经在中国形成(见图 3-5)。

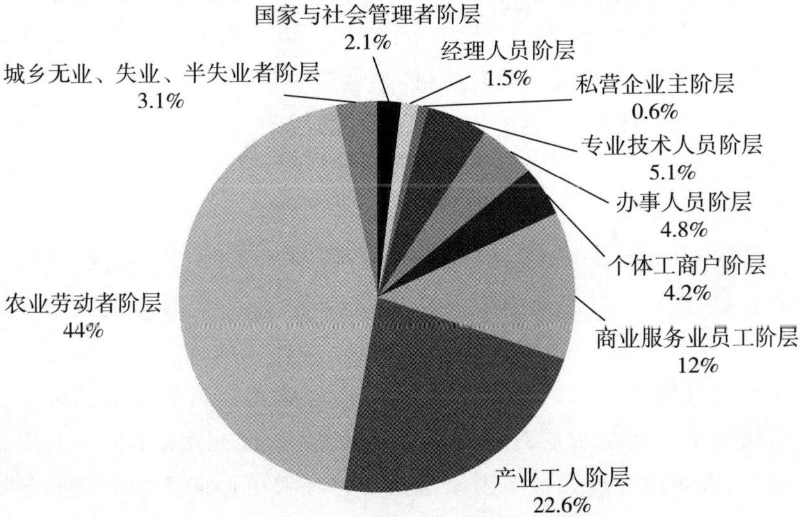

图 3-5　1999 年各阶层占人口总数比例①

我国历史悠久,从古代起便重视健身、养身和身心发展。近几年随着经济发展和人民生活水平的提高,健身活动开始受到各阶层的喜爱,同时随着全民健身计划的深入推广,健身理念深入人心。但我国

---

① 陆学艺主编:《当代中国社会阶层研究报告》,社会科学文献出版社 2002 年版,第 47 页。

幅员辽阔、人口众多，经济发展不平衡，人群间收入水平有一定的差距，健身活动所必需的场地、器材并不是人人都能拥有，不同阶层所接受和喜爱的健身活动也各不相同。

（二）健身项目的选择

据调查，我国参与健身活动的人口数约占总人口数的35%，其中有固定职业的人约占80%，而20%左右为失业或待就业者。从具体的职业分类上来看，不同职业群体参加健身活动的比例也各不相同：农民约为20%、工人约为40%、服务人员约为30%、管理人员约为50%、教育工作者约为70%、学生群体约为90%，而其他职业的健身人群约占了该职业群体总数的50%。

与其他国家的情况相同，我国居民健身项目的选择也体现着阶层的差异。国家与社会管理者阶层往往选择集强身健体、休闲娱乐于一体的项目，如乒乓球、网球、游泳等；经理人员阶层倾向于选择技术难度较高、与大自然密切接触的项目，如赛车、赛马等；服务业员工、工人等更多地是以围观、欣赏的方式参与健身活动，而较少进行实际的运动，他们的健身活动往往随意性大、简单易行、耗时少，如散步、跑步、篮球、羽毛球等。

我国不同阶层的健身活动与西方国家有所不同，其一是乒乓球在西方被认为是中层甚至中下层从事的运动，而在我国却被人们称为“国球”，是人们日常生活中不可或缺的运动休闲项目。其原因在于乒乓球是我国传统项目，普及率非常高，甚至被视为聪明人的运动。其二是我国不同社会阶层对体育项目的偏好与西方国家不同。高级领导干部、大企业经理人员等国家与社会管理者更偏向于大众化和普及化的运动，比如乒乓球、网球、羽毛球、游泳等，这些项目也同样为社会其他阶层所广泛接受。而大部分来自外资企业、私人企业等的高级经理人员，他们所选择的健身活动更趋向于西方发达国家上层群体所选择的项目，如高尔夫、赛车、户外探险等，其原因是这些人大多有海外背景，在健身活动上受到西方思维习惯和生活方式的影响。

（三）健身的时间安排

在健身时间安排上，工人和农民健身的随意性较大，几乎没有固定的健身时间，这是因为他们职业的不定性较大，如农民的工作时间受到季节和天气的影响，工人的工作时间受到工作量和工作强度的影响。中层和上层群体由于工作时间较为稳定，且有固定的休息日，故周末和节假日都会抽出一定时间进行健身锻炼。

在健身活动的频率和强度上，下层群体依然表现出较大的随意性，而有固定健身时间安排的上层和一部分中层群体则较为稳定，每周三次及以上活动的百分比为66.2%，每次30分钟及以上的百分比为85.7%，每次活动中等强度及以上的百分比为53.2%，总体表现为活动频率较高但强度较小。①

（四）健身场所的选择

在健身活动场所的选择上，总体来说，下层群体最常在自家庭院或自家住宅空地上进行健身活动，有时会选择公共场所，并利用公共场所中为全民健身所安装的简便健身设备健身。其他几个阶层则更多地利用公用体育设施进行健身，如公共体育场所、单位体育设施、公园广场等。同时，阶层越高，越倾向于选择收费的、营利性的健身场所，如34.9%的中层及以上的群体会选择收费体育场馆进行健身，而仅有13.1%的中层以下的群体会选择收费的、营利性的健身场所；在对于公园、广场这类健身场所的选择上，中层及以上群体的选择率为34.2%，中层以下群体的选择率为58.2%。②

不同阶层在健身场所选择上有两个特点：其一，上层的健身场所通常具有私密性和排他性，下层健身场所具有公开性和免费性。如上层群体常常选择一些规模较小的健身会所进行健身，而这些会所往往由熟人介绍并且价格昂贵，将这些特定的阶层群体与其他阶层分开。再如尽管高尔夫运动越来越为人们所熟知，但它仍然是一项具有鲜明阶层特征的运动，上层群体将高尔夫球作为常态的健身项目，而其他阶层的群体只将其作为偶尔体验的健身项目。其二，同样的健身项

① 参见中国群众体育现状调查课题组编：《中国群众体育现状调查与研究》，北京体育大学出版社1998年版。

② 汤攀、谭明义：《我国社会体育的社会分层研究》，《体育成人教育学刊》2008年第4期。

目，不同阶层在进行健身活动时所选择的场所不同。如同样为羽毛球项目，上层和中层往往在专门的羽毛球场馆中进行健身，而且阶层越高，所选择的羽毛球场馆的场地情况、配套设施、服务等越优良，而下层往往在住宅边的空地或公园等公共区域进行羽毛球活动。

三、其他国家健身活动的阶层特征

在其他国家和地区，健身作为一种闲暇生活方式同样与社会阶层有着联系，人们对于健身活动的爱好、项目的选择也与所属阶层相关。

在英国，上层社会人士最常参加的健身活动前五位依次为游泳（33%）、高尔夫（27%）、骑行（23%）、健身（13%）和探险（9%）；中层为游泳（88%）、健身（66%）、骑行（60%）、（壁、网、羽毛）球（50%）和户外慢跑（42%）；下层为足球（67%）、游泳（34%）、健身（32%）、（壁、网、羽毛）球（25%）和骑行（20%）。[①] 尽管游泳、健身、骑行等项目为各阶层所喜爱，但不同阶层在健身活动中对器材、场地的需求，以及在这些项目上的消费仍然与阶层的高低有着正相关的关系。

在美国，社会底层常常参加拳击、摔跤等项目，并且其主要目的是谋生而非健身。社会上层群体最常参加的项目是网球、滑雪、高尔夫和划船，而中层群体则广泛参与其他各个项目。

在新西兰，社会下层群体参加的健身项目常为田径、自行车，而上层群体则大多选择皮划艇、马术、举重、摔跤等项目。

在比利时，体育成为特定阶层展示自己地位的一种方式。滑雪、高尔夫等被视为上层项目，划船、赛马等被视为中上层项目，篮球、排球等是中下层项目，而体操、田径、拳击等是下层项目。

在墨西哥，工人阶级多选择举重、拳击、摔跤项目，中产阶级多选择划船、击剑、曲棍球、马术等项目。

总体而言，不论中外，不同阶层的生活方式差异较大，对健身的需求也有较大的区别。对于上层和一部分中层脑力劳动者而言，这些人多从事管理、技术等工作，工作场所主要为室内办公室。脑力劳动者

---

① Paul Widdop and David Cutts, "Social Stratification and Sports' Participation in England," *Leisure Sciences*, 2013, 35(2).

的特点是精神疲劳程度较大,体力活动不足,并且常年在室内办公,与大自然的接触不足。因此,上层和一部分中层群体对消除精神疲劳、促进肌肉运动、接触户外的健身活动需求较大,故高尔夫、骑行、户外慢跑成为他们的首选,这些人的健身可以看作是休闲型、娱乐型和健身型的健身活动。对于另一部分中层和下层体力劳动者而言,这些人多从事生产、服务等工作,工作场所主要为工厂、户外等。体力劳动者的特点是工作环境对健康影响较大,体力疲劳程度较大,而脑力活动不足。因此,另一部分中层和下层群体对消除身体疲劳、促进身体健康的健身活动需求较大。以上肢为主开展工作的群体,往往会选择跑步、长走等以下肢活动为主的健身项目。此外,上层群体对健身的场所、器材、服务要求较高,他们的健身活动往往伴随着较高的消费。而下层群体对健身的场所、器材、服务要求较低,他们的健身活动往往场地简单、操作便捷,低消费或不消费。目前,各国都致力于为国民提供公共健身场所和价格低廉甚至免费的健身服务,以便鼓励更多的人参与到健身活动之中。

推荐阅读

1. 国家体育总局群体司、国家国民体质监测中心编:《2000 年国民体质研究报告》,人民体育出版社 2003 年版。

2. 中国群众体育现状调查课题组编:《中国群众体育现状调查与研究(2001年)》,北京体育大学出版社 2005 年版。

3. 李相如、苏明理主编:《全民健身导论》,高等教育出版社 2008 年版。

4.〔英〕齐格蒙特·鲍曼:《作为实践的文化》,郑莉译,北京大学出版社 2009 年版。

5.〔匈〕卢卡奇:《历史与阶级意识——关于马克思主义辩证法的研究》,杜章智等译,商务印书馆 1999 年版。

6. 陆学艺主编:《当代中国社会阶层研究报告》,社会科学文献出版社 2002 年版。

7. 李学林:《"文化实践"是社会实践的一种基本形式》,《西南民族大学学报(人文社科版)》2003 年第 7 期。

8. 马冠生等:《中国居民健身活动的描述性分析》,《中国慢性病预防与控制》

2006 年第 1 期。

9. 杜志娟:《我国青少年体育俱乐部的发展现状及对策研究》,《广州体育学院院报》2006 年第 4 期。

10. 王大中、王庆伟:《论体育与老年人生活质量》,《体育与科学》2003 年第 3 期。

11. 柏慧敏:《社会阶层差异中的休闲体育文化模式》,《体育科研》2009 年第 2 期。

12. 汤攀、谭明义:《我国社会体育的社会分层研究》,《体育成人教育学刊》2008 年第 4 期。

13. Paul Widdop and David Cutts, "Social Stratification and Sports' Participation in England," *Leisure Sciences*, 2013, 35(2).

第四章　运动健身精神文化的国际比较

从文化学与文化哲学的角度出发，运动健身文化的结构有三个层次：最外层是器物层，中间层是制度层，最内在的核心则是观念层。[①]与这三个层面相对应的文化则可分为物质文化、制度文化和精神文化。精神文化由价值观念、思维方式、道德情操、审美趣味、宗教感情、民族性格等因素构成，是文化整体的核心部分。[②]

运动健身精神文化研究，即对运动健身的精神内涵与文化进行深入的分析与探讨。本章将以比较研究为主要研究方法，把研究重点放置于健身思想体系的构建、健身思维方式和行为规范、健身价值体系的构建与健身教育思路等四个方面。

第一节　健身思想体系的构建

在研究健身思想体系的构建问题之前，需要对"思想体系"的概念予以明确。综合《哲学大辞典》《中国百科大辞典》《马克思主义辞典》等著作，我们可以知道：思想体系，是具有一定结构的系统化理论化的

---

① 参见衣俊卿：《文化哲学——理论理性和实践理性交汇处的文化批判》，云南人民出版社 2001 年版。

② 参见吴克礼主编：《文化学教程》，上海外语教育出版社 2002 年版。

思想观念，是某一类思想的总体或总和，是由系统的基本观点、概念、范畴和科学规律所组成的学说体系或理论体系。政治、法律、道德、艺术、宗教、哲学等都是思想体系的表现形式。思想体系是对社会存在与社会现实的反映，会对社会发展起反作用，科学的思想体系对社会的发展能够起到巨大的推动作用。

不同的社会制度、经济制度与文化传统会孕育不同的思想体系。我国共产主义的先驱、新文化运动的领袖之一李大钊先生曾在其文章《东西文明之根本异点》中言辞犀利地指明中西方思想文化的差异（见表 4-1）。这篇发表于 1918 年（时值中国的新文化运动时期）的带有战斗檄文色彩的文章虽有偏颇之处，但也从侧面表现出中西方在思想文化方面存在诸多差异。这种差异会在某种程度上影响某国某地区的发展路径。

表 4-1　李大钊对中西方思想文化差异的描述

中国的思想	西方的思想
自然的	人为的
安息的	战争的
消极的	积极的
依赖的	独立的
苟安的	突进的
因袭的	创造的
保守的	进步的
直觉的	理智的
空想的	体验的
艺术的	科学的
精神的	物质的
灵的	肉的
向天的	立地的
自然支配人间的	人间征服自然的

健身思想体系作为思想体系的分支,同样会基于国家和地区的社会现实的不同而不同。在本章关于健身思想体系的构建研究中,我们将着重围绕如下方面展开论述:健身思想体系的内涵,我国健身思想体系的构建,国外代表国家的健身思想体系的构建,健身思想体系的国际比较。

一、健身思想体系的内涵

从前文的论述中,思想体系作为某一类思想的总和,是对某一种或某一类事物的系统观点与科学理论体系。

体育思想,是对体育的认识,是人们对体育的本质、特征、形式、功能、价值、发展规律、发展方针等一系列问题的认识的总和。[①] 故而,健身思想体系,即关于"健身"及"健身活动"的各种思想与观点的总和。它是健身活动开展的精神支撑与指导纲领,是我们在研究"健身"时无法跳脱的话语体系与意义空间。

一般来说,健身思想体系应该包括健身的核心要义、健身的具体内容及从始至今贯穿健身活动的各种思想与观点。对这三个层面的把握,将构成健身思想体系研究的重点。

二、我国健身思想体系的构建

(一)我国古代健身思想体系的构建

中国是具有悠久历史的文明古国。中国人历来具有重视人的感性生命的优良传统,出现了一系列经典医书(如《黄帝内经》)和养生方法(如五禽戏、太极拳)。与之相反的有趣现象是,我国发达的教育培养了无数文人学者,却极少有明确地发展体格力量的学校体育。在体育方面,仅先秦时期有过"武士"教育,培养过学生的武士精神;秦汉之后以发达肉体力度为主的体育就未再登过学校的大雅之堂(兵家的

① 何叙等:《中国近、现代体育思想传承与演变的轨迹与特色》,《体育科学》2012 年第 9 期。

武馆习武除外)。[①] 漫长的帝制时期都未曾出现过西方社会的“决斗风范”和“骑士之勇”,这与我国特有的健身思想体系有极大的关系。

我国古代体育与健身活动的实践中,有许多哲学家、教育家、政治家、医学家和养生家等,从不同的维度对其进行了分析,提出了各自的主张,这成为我国古代健身思想形成的理论基础。需要指出的是,由于我国古代运动健身实践具有很强的依附性,它所体现的运动健身思想往往与其他思想形态交织在一起,而非独立于其他思想。[②] 本研究将选取最具代表性的思想观点予以梳理,借此来总结我国古代健身思想体系的构建。

1. 儒家以伦理为中心的健身思想

儒家由春秋末年的孔丘(即孔子)创立,是先秦诸子百家中对后世影响最为深远的一家。特别是在汉武帝采纳董仲舒“罢黜百家,独尊儒术”的建议后,儒家思想成为此后历代封建统治阶层奉行的正统思想。

孔子伦理思想的核心是仁,“仁”几乎统摄“恭宽信敏惠敬勇”等一切道德观念,其基本内容在于“仁者,爱人”“忠恕”“克己复礼”等,即强调用仁爱之心来建立与维护社会生活和宗法秩序。孔子重视“武德”与“教民即戎”,其“六艺”教育中也有“射御”的内容,他本人亦尚武好动。要注意的是,其运动健身活动的核心前提是必须讲求仁道。孟子和荀子则先后继承并发扬了孔子的运动健身思想。孟子强调其伦理性,认为“仁者如射”。荀子则从唯物主义世界观出发,强调形神兼备,以动养生,运动健身活动重在强化训练,学以致用,技贵于精。

程朱理学是儒家在宋代的发展,对宋及之后的中国社会影响巨大。朱熹是理学的集大成者,是我国帝制时代儒家的代表人物之一。朱熹最核心的思想是“存天理,灭人欲”,在养生健身思想上亦与“理”“气”“阴阳”“道”等概念及“魂魄论”“动静论”“中庸说”等哲学思想

---

① 李力研:《野蛮的文明——体育的哲学宣言》,中国社会出版社 1998 年版,第 16—17 页。

② 杨向东、张雪梅:《中国体育思想史(古代卷)》,首都师范大学出版社 2008 年版,第 1 页。

紧密联系，主要的养神健身原则与方法是顺“道”、持“中”、主“静”、少欲、形神俱养、宜“时”等。[①]

2. 道家（道教）道法自然的健身思想

道家的运动健身思想主要表现为保健养生观。道家创始人老子强调道法自然，刚柔调和，养气节欲守静；庄子则认为养生应顺其自然，守中为常，以巧斗力。总体来说，道家动静结合的养生和养神的主张，在我国历史上是独具特色的。[②]

东汉末年，我国土生土长的宗教——道教创立。道教源于古代巫术、道家学说及秦汉时的神仙方术。道教的基本教义表现在，一方面崇拜神仙，驱神役鬼，征服自然，另一方面通过修炼来得道成仙。在追求修炼成仙的过程中，道教徒积累出很多养生、健身的经验和方法，形成了相关的理论体系——动静养生的健身观、阴阳平衡说、形神合一说和顺应自然说。归结来看，道教不仅提倡通过修炼来长生不老、羽化成仙，还提出用“导引术”等方式实现运动健身。[③]

3. 佛家（佛教）禅修为主的健身思想

佛教源起于印度，在传入中国后，经过不断的发展，成为和道家思想、儒家思想并列的中华文化支柱之一。佛教认为生命无常，不主张人们对身体过分执着。提倡通过调食、调睡、调息、调心，来达到养生健身的目的。[④] 佛教健身的重要形式是禅坐和武术。

4. 兵家攻防技击的健身思想

兵家一般是指军事家和军事理论家。《汉书 · 艺文志》把兵家分为兵权谋家、兵形势家、兵阴阳家和兵技巧家，其中重视武艺训练和体育锻炼者为兵技巧家。

武术是中华民族的传统体育项目，“自卫本能的升华和攻防技术

---

① 余晓慧、熊伟：《朱熹的养生体育思想》，《体育文化导刊》2003 年第 8 期。

② 梅艳玲、李鹏程：《庄子体育思想是现代体育科学的基础》，《安徽教育学院学报》2001 年第 3 期。

③ 曹小平、曹丰平：《道教与我国传统健身理论刍议》，《贵州体育科技》1994 年第 4 期。

④ 信继松：《佛教的体育思想》，《当代体育科技》2014 年第 14 期。

的积累,才能产生社会文化意义上的武术”①。中国武术融健身、技击、观赏的基本社会功能于一体,是古代国人非常重要的健身手段。武术不仅可以强健筋骨,还可以锤炼精气神,暗合人体的生理与心理健康发展的需求。

5. 医家养生与健身相结合的健身思想

中医历史悠久,在医学实践中研究出许多有效的经验与方法,其中养生与健身结合的方法值得关注。早在夏商时期,大禹便通过呼吸运气结合脚步移动(史称“禹步”)的引导养生方法治愈了自己的偏枯病。在驱鬼逐疫活动中,也存在着朴素、非自觉的运动健康观念,客观上达到锻炼筋骨、强身健体的健身效果。《黄帝内经》认为运动变化是宇宙万物遵循的基本规律,强调生命的本质是运动,这种运动是在与自然界保持统一协调的前提下进行的运动,适当的劳动或体育锻炼(如散步、吐纳等)可以达到养生健身、防病祛病的目的,“动静结合”“动以养形”“静以养神”。《吕氏春秋》则提出养生贵在动的主张,同时主张运动和卫生相结合,尤其是饮食居处的卫生和心理卫生。总的来说,中医理论和实践中体现了通过运动健身来保持身心健康的主张。

除如上介绍的思想流派外,还包括墨家尚力的健身思想、阴阳家对立统一的运动健身思想等。总的来说,我国古代注重顺其自然、修身养性,养生保健术即是采用控制呼吸等方法来祛除病痛、延年益寿的健身活动;健身活动与文娱融为一体,通过游戏来健身,是一大特色。古代健身活动在当时的社会中发挥了强健体魄与愉悦身心的作用。但不得不承认,受制于千余年“重文轻武”文化传统的影响,我国古代健身仍以静为主,动为辅。健身活动的形式虽然很多,但仍未成为人们用以健身的主流。

(二)我国近代健身思想体系的构建

1840年至1949年,是千余年来我国在政治经济文化各方面遭受到最大程度冲击的时期。崛起后的西方国家通过政治上的压迫、经济

① 刘峻骧:《东方人体文化》,上海文艺出版社1996年版,第530页。

上的渗透与思想文化上的入侵,使古老的中国被迫接受改变。与国家民族命运的紧密联系是这一时期运动健身活动的突出特征,同时社会各阶层对运动健身本质的理性认识也形成于这一时期。

1. 晚清时期(1840—1911)的健身思想

国门被迫打开后,地主阶级和早期资产阶级为了改变国家与民族的命运,先后发起了洋务运动、戊戌维新运动和辛亥革命。他们的运动健身思想上主要围绕强兵御侮和强种强国展开。

(1) 地主阶级的健身思想

地主阶级洋务派在民族危难之际选择继承和发展魏源等人所倡导的“师夷长技以制夷”的思想,以救亡图存的名义走上洋务发展道路。在这一过程中,洋务领袖或多或少地表达了其对运动健身的认识与主张。

曾国藩本人有完整的日常养生计划,强调精神修养,主静功夫,认为勤以治事、适度劳作有益于人体健康;在培养湘军的过程中,他强调练武要练技,应该加强军事技术的训练,提高兵士的勇敢与强健气势;同时,曾国藩还将西洋兵操引入湘军的军事训练,是最早实践西方先进军事训练方式的中国人之一。

李鸿章在个人的养生活动中注重按摩引导和心理调节;在培养淮军的过程中,除去引进和制造西洋武器和装备外,还大举引进西洋的兵操训练(如德国兵操的单双杠、鞍马等),学习西方军队的练兵方法和攻防战术;在他主导设立的学堂(如上海同文馆、北洋水师学堂等)中,均设有专门的体育课程,教授击剑、足球、拳击、竞走、跳栏、游泳、滑冰等众多的项目。李鸿章在军队与学校两个层面推广健身体育活动。

此外,张之洞、左宗棠,甚至太平天国时期的农民领袖均有相关的理论与主张。总结来看,这一时期的健身思想主要表现在两个方面:其一,统治阶级精英重视个人养生,并有一定的养生方法和养生思想,以动静结合修身养性为主;其二,健身思想的主要实践体现在军队的兵士训练上,鉴于特殊的社会现实,学习引入西方的兵操训练成为主流。这一系列的实践是围绕“强兵御侮”这一核心目标进行的。

(2) 资产阶级维新派的健身思想

洋务派最早将西洋体操引入中国,资产阶级维新派则从更深层次上来认识西方运动健身。运动健身不仅仅是为军事上的"强兵御侮",更重要的是提高社会各阶层民众的身体素质以"强种强国"。因此,维新派在肯定西洋体操在军事训练、提高战斗力方面作用的基础上,将西洋体操引入学校教育,通过《奏定学堂章程》确立了中国近代学校体育制度。

严复的运动健身思想可以归纳为"鼓民力,开民智,新民德"。严复是我国近代向西方国家寻求真理的"第一人",他通过翻译《天演论》《原富》《法意》《名学》这四部著作,将进化论、唯物论中的经验论、资产阶级古典经济学和政治理论系统地引入中国。他认为国家的富强有赖于国家政治的"以自由为体"和"以民主为用",民族的昌盛取决于国民的"体育、智育和德育"的全面发展,中国走向富强的根本出路就在于民族素质的全面提高。严复是近代第一个提出"教育救国""教育兴国"的思想启蒙家,他之所以重视民族的体力教育,在于他深信达尔文的生物进化论与"物竞天择,适者生存"这一规律,健身活动恰恰是提升身体素质最重要的途径。严复的运动健身思想第一次在中国明确提出重视体力的"尚力思潮"和"贵武精神"。①

康有为强调教育的重要性,认为八股取士是封建统治阶级实施的愚民政策和措施,应该被废除。康有为在自己创办的长兴学舍(即万木草堂)明确提出了要进行德育、智育、体育。从具体实施来看,学校制定了音乐、舞蹈、体操等具体的体育教学内容,同时注意学生的课外活动。

梁启超的运动健身思想丰富,包括崇尚武力的强种强国体育思想、三育并重的学校体育思想和男女平等的体育思想。

综上,维新派极大地丰富了运动健身思想的内涵。军队训练中的兵操训练被引入学校教育,从德育、智育与体育的维度来培养完善的人才。运动健身活动不仅在军事上起到强兵作用,更可以为国家和民

---

① 李力研:《野蛮的文明——体育的哲学宣言》,中国社会出版社 1998 年版,第 287—290 页。

族培养具备完善的高素质的民众,起到强种强国的作用。

(3) 资产阶级革命派的健身思想

戊戌变法失败后,资产阶级革命派开始肩负起救国救民的重任,他们面临的国内国外形势更为严峻。革命派在延续前人运动健身思想的基础上进行了完善和发展。如孙中山提出"强种保国,强民自卫",黄兴提出"不习兵操,无以强身而为",还有秋瑾提出"身体运动多健壮"。妇女运动健身的兴起与形成是该时期运动健身发展的重要事件。

2. 民国时期(1912—1949)的健身思想

随着国内外形势的变化,以军国民运动健身为标志的强兵、强种和强国的观念遭到质疑与冲击。人们开始从本质和价值的角度来认识与实践运动健身。所以这一时期的健身思想更为科学理性,也更为丰富。本研究选取几个具有代表性的思想和代表人物予以归纳。

(1) 军国民运动健身思想

军国民思想源于资本主义国家的军国民教育。我国的军国民思想最早由留日学生从日本引入,由中华民国第一任教育总长蔡元培正式提出。他要求各级学校实行军事编制,开设以兵式体操为主的体育课程。不仅学校教育应推崇健身活动,他同时提倡社会各阶层也应重视健身活动,"要复兴民族,第一步是设法使大家的身体强健起来"[①]。

(2) 民主与科学运动健身思想

新文化运动高举"民主与科学"的旗帜,主张破除旧的伦理、礼法、政治、艺术与宗教等。在运动健身思想上,同样主张革新。青年毛泽东于1917年在《新青年》杂志上发表《体育之研究》一文,文章集中研究了体育的概念、目的、作用,体育、德育、智育三者间的关系,以及健身锻炼的原则和方法等问题,代表着青年毛泽东及早期共产主义先锋的运动健身思想。毛泽东认为,"故夫体育非他,养乎吾生、乐乎吾心而已",深刻地阐述了体育锻炼的本质;针对如何获得健身锻炼效果的

① 转引自王世巍:《形象审美与人文生命——蔡元培身体教育思想的媒介化解读》,《天津大学学报(社会科学版)》2023年第2期。

问题，毛泽东则强调健身锻炼的自觉性与持久性。从毛泽东的思想中可以得到这样的认识——国家发展体育运动健身，于个人可以强身养生，于国家则可以强国卫国。发展运动健身，不失为救国救民的途径之一。

(3) 自然运动健身思想

自然运动健身思想来自欧美，脱胎于自然主义的教育思想。我国的自然运动健身思想主要体现在学校体育的教育中。它从人的生理、心理和社会等多方面需求出发，反对强制的、单调的、枯燥呆板的体育教学形式，注重发挥学生的主观能动性，教学氛围的活跃性、娱乐性，以及教学内容的实用性、趣味性，回归自然规律。

(4) 实用主义运动健身思想

中国的实用主义运动健身思想是受到美国实用主义体育学派的影响而兴起和盛行的。实用主义的运动健身思想从本质上否定军国民体育，抵制军事化体育，同时确立体育作为一种教育类别在学校中的地位，促进学校体育的发展。该思想对构建我国近代学校的体育模式，特别是对教学、课程、考核等方面建立完整的体系产生了深远的影响，可以被视作我国近代运动健身科学化发展的重要标志。

此外还有从学校维度、社会维度、性别维度、年龄维度等展开的关于健身思想问题的讨论。

(三) 我国现代健身思想体系的构建

新中国成立后，体育工作得到党和国家的高度重视。竞技体育与群众体育得到了空前发展，运动健身思想也随之完善和丰富，逐步建立起具有中国特色的健身思想体系。

1. 新中国成立至改革开放前(1949—1978)的健身思想

(1) 新民主主义的新体育新健身思想(1949—1956)

该阶段的思想中，“体育为人民服务”是本质和核心，“发展体育运动，增强人民体质”是目标和任务，“国民体育运动的普及化和经常化”是实现目的和任务的途径和方法，“科学的体育价值观”是人民大众参与体育实践的思想基础。“批美学苏”是该时期的重要特征；这个时期以苏联为主的社会主义国家的体育思想、理论、项目和训练方法得到了全国性的推广。

(2) 社会主义建设初期的体育思想(1957—1965)

随着我国逐渐认识到体育运动水平对提高新中国国际形象与国际地位的重要作用,在努力推进群众运动健身活动普及化与经常化的同时,发展竞技体育、提高运动技术水平成为重要的行政目标与内容。由此,我国提出并确立了“普及与提高相结合”的方针,这一方针的本意是要求坚持普及基础上的提高和加强提高指导下的普及,普及与提高是体育工作中同等重要的两个方面。但是在实践中,对“提高”的重视与投入程度已经越来越高于“普及”,这对大众健身活动的开展起到了一定的抑制作用。

(3) “文化大革命”时期的体育思想(1966—1976)

“文化大革命”的十年,是我国各项事业遭受严重破坏的十年。在这场浩劫中文化领域首当其冲,体育运动也遭受到极其严重的破坏,专业运动员被迫停止正常训练,群众的健身活动几乎消失,社会主义运动健身事业几近崩溃。

2. 改革开放以来(1978 年至今)的健身思想

1978 年召开的党的十一届三中全会,重新确立了马克思主义的思想路线、政治路线和组织路线,确定了“解放思想,开动脑筋,实事求是,团结一致向前看”的方针,工作重心转移到社会主义现代化建设上来。在新的路线的指引下,运动健身工作重新走上正轨,健身思想也得到极大丰富与拓展。

改革开放初期,国家体委作为直接负责部门,重提“普及与提高相结合”的方针,但同时提出在这一方针的前提下,应该侧重抓提高,意在加快竞技体育的发展,群众的健身活动处于劣势的局面没有得到根本改善。

在重专业竞技、轻群众健身的情况下,体育学界展开了长达十多年的关于体育概念、体育功能、体育价值的讨论,提出了一系列富有意义的观念,如运动健身亦是体育的重要内容,健身娱乐是体育的重要功能,学校体育应以增强体质为主等。这些讨论对提高群众健身活动的地位起到了重要作用,也唤起了社会各阶层对于群众自身体质健康的重视,“健身”重新走入人们的视野。

1984 年,中共中央公布《关于进一步发展体育运动的通知》,确定“建设体育强国”的目标。“体育强国”的判断标准之一是群众体育和社会体育的普及。由此可以看出,国家已经认识到群众身体素质提高与健身活动的开展在“体育强国”战略实施中的重要地位。群众健身活动进一步发展。

1995 年,我国相继颁发《中华人民共和国教育法》《中华人民共和国体育法》《全民健身计划纲要》;2000 年国家体育总局下发《2001—2010 年中国体育改革与发展纲要》;2002 年,中共中央、国务院颁发《关于进一步加强和改进新时期体育工作的意见》;2014 年,国务院颁发《关于加快发展体育产业促进体育消费的若干意见》,全民健身成为国家战略。2019 年《体育强国建设纲要》,2021 年《全民健身计划(2021—2025 年)》这些文件的公布与政策的实施,既指明了我国新时期运动健身改革和发展的方向与目标,也标志着我国运动健身的思想水平发展到了一个新的历史阶段。这期间最值得关注的思想是“健康第一”的学校体育思想、“人文奥运”的思想和“全民健身”的思想。

总之,在新中国成立后七十余年的发展进程中,我国竞技体育和群众体育发展迅速,运动健身思想也随着社会的变化和运动健身运动的实践而不断丰富和完善,逐渐建立了具有中国特色的健身思想体系。

基于研究中对我国古代、近代和现代健身思想体系构建的梳理,健身活动贯穿我国数千年的历史进程。在不同的历史发展阶段,健身活动的形式不同,健身思想更是纷繁复杂,既与现实交织,又指导健身活动的实践。健身思想体系的构建是我国健身事业及体育事业发展的核心动力。

三、国外代表国家的健身思想体系的构建

在漫长的历史发展中,西方国家围绕“运动健身”展开了充分的讨论与实践。在思想体系的构建中,形成了两大分支体系——人文主义的健身思想体系和科学主义的健身思想体系。本研究将按照年代的顺序对这两个分支体系展开论述,探讨西方国家健身思想体系的构建。

（一）人文主义的健身思想体系

早在古希腊时期，哲学家就从人文主义出发，讨论灵魂与肉体的关系。苏格拉底将人的本质归结为灵魂，认为表现身体的力量和美并非羞耻之事；柏拉图认为人体是肉体和灵魂的存在形式，强调陶冶灵魂对发展身体的重要推动作用；亚里士多德则提出和谐发展的身体运动观，认为灵魂和身体不可分离。这是人文主义健身思想的萌芽。

中世纪时期的教会是社会统治的中心。传统基督教文化提倡禁欲，重视精神的提升，肉体欲望被视作精神提升的根本障碍，基本上否定了身体运动。不过西方骑士制度的建立和社会化为军事体育活动及其社会化奠定了基础，人们的健身行为在中世纪后期开始得到容忍与默许。

近代西方的三次思想改革运动（即文艺复兴、宗教改革和启蒙运动）夯实了人文主义健身思想的基础。这一阶段的思想家与哲学家强调人的个性解放与自由，认为发展强健的身体是人的全面发展的一部分。如 16 世纪欧洲宗教改革倡导者马丁·路德就认为人的身体是上帝给予的，保持健康的身体，是上帝的召唤。身体运动从宗教神学中解放出来，价值开始得到认可。启蒙运动的代表人物之一——卢梭认为身心和谐发展的自然人应该接受体育、知识教育、道德教育、劳动教育和职业教育，体育则是一切教育的基础，"教育的最大秘诀是使身体锻炼和思想锻炼互相调剂"[①]。同时，他认为人的解放应该是回归自然的，应该是以人为本位的，极力在学校中推行身体教育来培养全面发展的青少年，因而身体运动也就是健身活动开始逐步从精英阶层扩展至大众。

西方新人文主义在 19 世纪进入新的发展阶段。新人文主义教育的最高原则是发展个体自由，根本特征是要从人本身发现完整的人，用人类文明的一切成果来陶冶人、教育人。[②]"从个人培养到人格塑

① 转引自胡君进：《现代公民教育的自然性基础——以爱弥儿作为教育样板》，《基础教育》2022 年第 3 期。

② 陈秋兰：《传统与变革之间——托马斯·阿诺德教育思想初探》，华东师范大学 2005 年硕士学位论文。

造”的观点在客观上加深了身体教育的受重视程度。如哲学家康德在《论教育》中讨论了捉迷藏、秋千、投掷等游戏及身体训练对儿童的社会适应能力的影响，得出了身体运动是人的价值的具体体现的结论。斯宾塞则将体育与德育、智育置于同等重要的位置。

总之，人文主义逐渐过渡到现代以后，西方国家的学校体育教育和人们的生活方式都发生了巨大的改变，社会各阶层运动健身的热情不断高涨。

（二）科学主义的健身思想体系

现代意义上的科学技术发展源于文艺复兴时期，现代物理、生物、解剖学等均在这个时期取得了光辉的成果，极大地推动了科学主义健身思想体系的兴起与发展。运动与身体健康的关系得到了科学的解释，人们逐渐认识到科学的运动健身方式可以促进身体的健康，增强体质。各种新学科理论和方法进入体育与健身的研究中，形成了新的体育与健身的科学理论，推动了运动健身的科学化发展，为现代体育与健身的发展奠定了坚实的基础。在科学主义健身思想体系的构建过程中，西方社会出现了很多新的思想流派，对现今的健身思想体系发展影响深远。

1. 自然主义体育健身流派

19 世纪，体育与健身作为“培养完善人格的方式”的价值被科学所证实，西方各国将体育健身的目标定位在追求“增强体质”和“完善身体”上，体育与健身可以促进身体的健康，维护人体的生理功能，发展人的体能和技能，自然主义体育健身流派逐渐形成。自然主义健身观将“健身促进健康”观念放在首位，认为人本质上是一个有机统一的生物体，人体的健康可以定位和测量，运动健身是实现人体健康的方式、手段或工具。自然主义观将运动健身视作工业社会里人们对健康需求的满足手段，通过对技术和训练方式的研究，健身开始成为可规模化、标准化向社会推广的事物。自然主义健身观的深化演进，带来的是科学技术战胜人文精神，唯技术论使得“健身完善人格”的目标被削弱。

2. 实用主义体育健身流派

实用主义体育健身流派是在纠正自然主义健身观后期产生的唯技术论思潮中出现的,主要在美国产生并发展。实用主义健身观的最重要的观点是“通过发展身体来教育人”。美国“健康教育之父”托马斯·伍德指出,体育健身的伟大理想不仅限于身体训练,更重要的在于身体教育与全面教育的关系,应该充分发挥身体在个人生活环境适应等方面的作用。

实用主义健身观注重运动健身带给每个人的个人与社会价值,通过身体运动来完成人的全面社会化教育。这种观念逐渐成为现今西方健身发展的主流观点。

四、健身思想体系的国际比较

无论是中国还是西方,在千余年的健身思想体系构建中,实际上都在考虑这样两个问题——身体和精神的关系如何处理?人文主义和科学主义的关系如何处理?对这两个问题的思考,贯穿中西方健身思想体系构建的始终。

但在面对这两种关系时,中西方又选择了不同的处理方式,导致其运动健身朝着不同的方向发展。中国在运动健身中讲求身心和谐,更重视人文主义的思想。现代健身虽然引入了许多偏重技术的方法与手段,但是人本思想仍占据上风。与中国不同,西方国家在运动健身中受到科学主义的影响更大,人们对身体的认识与实践多是从科学的角度展开,认为健身是维持生命健康的一种手段与方式。

第二节　健身思维方式和行为规范

一般认为,思维方式是指人们认识事物和思考问题的比较定型的逻辑模式、程序和方法。如惯常提到的“逻辑思维”与“辩证思维”就是思维方式的具体表现。

行为规范则是社会成员在社会活动中必须遵循的行为规则和标准。如现代社会制定的法律法规对人们的行为起到约束和规范的作用,因此是一种行为规范。

推及健身的思维方式和行为规范,本节将重点围绕健身活动开展与推进的思维方式以及在过程中应遵循的必要规范展开论述。

一、健身思维方式的国际比较

中国文化启蒙运动的先驱陈独秀在《东西民族根本思想之差异》中对东西方的民族思想进行了深入剖析。他在研究中指出,西洋民族以战争为本位,东洋民族以安息为本位;西洋民族以个人为本位,东洋民族以家族为本位;西洋民族以法治与实利为本位,东洋民族以感情和虚文为本位。在这篇文章中,简单的两分法无法穷尽东西方民族的差异,由于发表的时机,文章也多有体现作者个人的政治倾向与当时政治环境的色彩,但是我们仍能从中窥见东西方在民族传统层面上存在的诸多差异。这种差异不仅体现在思想体系与价值体系上,在其思维方式上亦表现明显。

中西方传统思维方式的差异被视作文化深层结构的差异。中西方有着不同的文化传统和文化背景,在生产活动方式和发展水平上也存在差异,故而在思维方式上也体现出很大的差异。这种差异会深深影响本民族的思维和科学文化,使其沿着不同的道路发展。

简言之,中西方在传统思维方式上的差异可以从四个方面进行阐释(见表 4-2)。

表 4-2 中西方传统思维方式的差异

中国的传统思维方式	西方的传统思维方式
以“人本”为逻辑出发点,具有人文精神	以“物本”为逻辑出发点,具有科学精神
注重整体统一,看重整体效应	注重局部分析,重逻辑思维及重实验、实证
重视直觉体验	重视理性思维
崇尚中庸调和,具有辩证性	崇尚个性自由

(一) 从民族角度看健身思维方式的差异

身体的健康与身心的愉悦是人类共同的追求。基于此,运动健身具有超越民族、超越国界的特性,本应属于泛文化的范畴。但是事实证明,各个国家和地区的运动健身发展情况却不尽相同,无论是大众健身发展的程度与方式还是大众健身在本国本地区的地位,都存在不同特性。造成这种现状的原因之一,便在于不同民族个性下的健身思维方式不同。

中华民族是典型的东方民族。在中国数千年的历史中,专制社会持续的时间最长,专制制度与专制制度下的文化形态对中国民族性的形成与深化有巨大的影响,中华民族特有的思维方式亦根植于此。

中国的运动健身不仅体现在身体上的调理与强健,也会要求心灵的调和,追求身心和谐的状态。为了达到这种状态,采用的方式也多种多样,比如散步、打坐、炼丹、食药等。身体在物理上的运动不是唯一实现身心和谐的方式。

不同于中国,西方的运动健身则是从"身体"本身出发,根据不同的身体部位和不同的健身目标,有针对性地开展活动。为了这一目标的实现,会不断地对动作、技法进行调整与锤炼。身体运动是身体健康最主要的实现方式。

(二) 从哲学角度看健身思维方式的差异

仔细观察中西方运动健身方式的类型可以发现,中国的运动健身方式如气功、太极等都讲求柔稳平缓,讲求招数系统,讲求阴阳调和。传统哲学思想是我国运动健身的理论基础,与传统哲学思想所强调的人与自然的交融协调相适应,我国的运动健身思想亦强调"天人合一"和"意念"的作用。概括来说,我国的运动健身活动实质上是一种中国哲学思想具体化和人格生命化的修炼活动,它是华夏民族对宇宙万物总认识的一种体现。我国的运动健身是一种哲学健身。

与中国健身不同,西方健身强调的是人的自我张扬和与自然的对抗。西方健身无论是从运动形式还是从基本理论,体现的不是哲学的影响,而是物理学的影响,是物理健身。绝大多数的现代健身方式(如田径、体操、球类和游戏等)都源自西方,源自西方对于高度、强度、速度、柔韧度、节奏、力量和标准化规则的追求。西方之所以形成这种健身思维,与其独特的文化背景关系密切。从古希腊至今,西方发达的科学一直建立在发达的数学与物理学基础之上,世人熟知的伟大哲学家如亚里士多德、阿基米德等,他们不仅是伟大的思想家,更是伟大的自然科学家。长期浸淫于这种文化背景中的西方人,形成了科学理性与规则化、标准化的思维方式,对待运动健身亦是如此。如何更加科学准确地认识人的身体,如何调整技术实现更完美的健身效果,是西方健身思维体系中的重要内容。这也可以从侧面解释缘何西方会产生追求"更高更快更强"的竞技运动会。

不同的思维方式将中西方的运动健身引向不同的发展方向(见表 4-3)。中国健身追求的最高境界是天人合一,修身养性,实现身心协调;西方健身追求的最高境界则是对人体极限的超越。从非功利的角度来看,中国健身的发展方向与全体人类的未来发展更为契合。

表 4-3　不同思维方式对中西方运动健身的影响

内容	中国的运动健身	西方的运动健身
理论基础	古典哲学思想	现代科学理论
价值观念	和谐、一律性	自我发展和实现
发展原则	修身养性、与世无争	培养刚毅性格、立足竞争取胜
健身机制	内练精气神,外练筋骨皮	全面提高身体素质
锻炼要求	练气、养生	超量负荷、超量恢复

二、健身行为规范的国际比较

依照明确性来划分,行为规范可以分为成文的行为规范和不成文的行为规范。依照推行方式来划分,行为规范可以分为法律规范和道德规范。从适用范围角度来划分,行为规范可以分为适用于家庭内部的家庭生活规范、适用于学校内部的学校生活规范与适用于广泛的社会生活领域的社会实践规范,其中社会实践规范又包括社会公共生活规范、职业活动规范和公民规范。[1]

一般来看，行为规范有这样的特点：其一，它是关于行为的社会价值标准；其二，它是一定的社会组织依据本身的利益及价值观确定的，具有鲜明的社会制约性；其三，它随着社会历史及社会组织的变更而变化，具有鲜明的历史性。[2]

根据如上对"行为规范"内涵、分类与一般特征的描述与分析，我们可以知道每个社会都会产生与本社会文化现实相适应的社会规范，而不同社会制度与社会文化背景下的国家和地区在行为规范上会呈现出一定的差异性。本研究将从法律规范和道德规范的角度，分别阐述中西方健身行为规范的异同。

（一）中西方健身行为的法律规范的异同

法律规范是一般性的行为规则，它不是针对特定的、个别的人或事，而是对社会成员的普遍约束。中西方国家无论社会制度为何，均有与本国现实相适应的法律规范。作为社会行为与社会活动的具体表现，中西方运动健身行为都要在本国本地区的法律规范约束下进行，这是其相同之处。

不同的社会由于其发展阶段、民众素质、文化背景等各方面的差异，在法律的制定与施行上也存在巨大的不同。推及有关健身行为的法律，亦是如此。从目前中西方主要国家的法律来看，关于健身行为的法律条文一般寓于体育法律法规与休闲法律法规之中。第五章将重点阐述中西方不同国家运动健身行为方面的法律法规。

（二）中西方健身行为的道德规范的异同

道德规范是人类社会中最基本的行为规范，对所有的社会成员都有一定的指导和约束作用。道德产生的根源，是人们所形成的社会的需要和社会中人的需要。我们必须认识到，道德既具有普遍性、永恒性，又具有相对性、特殊性，不同的时代和社会有不同的道德。

---

① 冯忠良：《关于行为规范及其接受的认识——行为规范及其接受规律探索之一》，《北京师范大学学报(社会科学版)》1992年第1期。

② 同上。

同时,在阶级社会中,不同的阶级有不同的道德。社会有共同利益,也有反映社会共同利益的道德观念,这种道德被称为共同道德,即不同阶级共同承认的道德。本研究所说的"道德"主要就是指"共同道德"。

1. 中国健身行为的道德规范

自古至今,历史悠久的中国为世界贡献了许多养生方法与养生思想,但这些方法和思想都透露出同样的讯息——无论"静"或"动",追求达到的境界都是身心和谐。中国伦理精神的最高境界是天人合一的中庸境界,这种中庸境界落实到道德层面上就是求和执中,追求个人伦理的贯道和谐,在修身、齐家、治国、平天下中达到人性的提升。[①]由此可以看出,在我国的传统道德规范下,"运动健身"与"吟诗作画"有近似的性质,都是修身养性的方式,区别在于后者追求的是精神上的富足,而前者则是身体上的健康。

儒释道思想对于我国传统道德规范的形成与巩固有重要的作用。前文在我国健身思想体系的构建中有详细阐述,儒家倡导的"仁爱""温良恭俭让",道家倡导的"清静无为""夫唯不争,故天下莫能与之争",佛家倡导的"无常""心性和谐",早已成为中华民族根深蒂固的道德与文化传统。在这种道德规范的影响下,我国的运动健身行为具有柔稳平缓、阴阳调和的特点。以武术为例,我国武术讲究的是内外兼修与性命合一,其根本目的在于提高自己的身体能力,强身健体,自我防卫,所以尽管武术流派众多,但无一例外都是以修身养性为基本内涵,重视的是修炼者对自身的一种内在体验,这也是中国文化活动方式的鲜明特色。[②]

新中国成立后,我国逐渐建立起有中国特色的社会主义道德规范。社会主义核心道德最基本的原则是集体主义,集体主义是引导人们正确处理国家、集体、个人之间利益关系的基本行为指南。集体活动成为我国运动健身中的一大特色,比如太极拳、中华毽、抖空竹、广

① 范映渊:《中国传统道德规范的精神对现代道德规范建构的启示》,《辽宁行政学院学报》2008年第12期。

② 董传升等:《比较体育的多维视野》,东北大学出版社2005年版,第73页。

场舞等健身项目都具有极强的集体性。崇尚个人主义的西方国家便鲜少有此类集体性的健身项目出现。

2. 西方健身行为的道德规范

自古希腊起,西方社会便具有个人主义和自由主义的传统,竞争意识很强。欧洲资本主义的发展迅速瓦解了崩溃中的封建社会,唤起了人们对新道德的需要。文艺复兴和启蒙运动在西方社会的道德转型中起到了关键性作用,它们恢复了人的主体地位,强调个性解放和个人意识。其中最具有代表性的是传统的个人主义伦理和20世纪之后于美国兴起的实用主义伦理。

传统的个人主义伦理主张将个人置于首位,“以自己愿意的方式来生活”。实用主义伦理则承认个人利益与社会利益之间相互依存的关系,认为竞争之外还存在合作,这种“集体主义”的倾向建立在“个人本位”的前提下,若没有经济关系的维系与孕育,这种“集体主义”将不再存在,因而与中国的“集体主义”有根本性的不同。

时至今日,随着个人主义的深化,西方国家建立起现代性的道德规范。这种道德规范不仅强调尊重个性与个人空间(包括隐私等),也强调尊重人的竞争自由。因此,在西方社会,运动健身具有较强的私人性,被视作个人生活方式的一部分。

当然,诸如良善、诚信、不侵犯他人权利等都是人类社会应普遍遵守的道德规范,运动健身行为也必须遵守,这是中西方国家的共性。

第三节　健身价值体系的构建

根据李连科的观点,人类的认识是极其复杂的主客体相互作用的过程。价值观始终存在于这一过程中。人们的价值观念是人们积极认识和改造世界的能动的调节因素。[①] 因而,价值及价值体系体现着深刻的时代印记,是对社会现实的反映,对社会发展具有至关重要的意义。

① 李连科:《价值哲学引论》,商务印书馆1999年版,第6页。

价值体系的构建伴随着社会发展而前行。就体育而言，其价值体系的构建在当前体育强国的建设中具有引领发展方向的战略意义。运动健身作为体育的重要内容，其价值体系的构建同样重要。

本研究在健身价值体系的构建中，将主要围绕其内涵、沿革与发展展开论述。主要内容包括如下方面：健身价值体系的内涵，我国健身价值体系的构建，国外代表国家的健身价值体系的构建，健身价值体系的国际比较。

一、健身价值体系的内涵

（一）健身价值体系的概念

要想正确地理解“健身价值体系”的内涵，我们有必要先对“价值体系”的内涵加以明确。根据《简明文化人类学词典》《社会科学大词典》等著作，我们可以将“价值体系”定义为：是指各种类型以及不同水平的诸价值观念，在一定的价值基准下形成的具有内在联系的、体系化的、统一的复合体。价值体系表明人们对一系列客观事物的意义的评价，以及这些事物的价值在人们心目中的主次、轻重、缓急的排列顺序。价值体系的形成，为个体对事物价值的衡量提供了内在尺度，也使得个体的价值观念趋于成熟稳定。西方社会心理学家将价值观念和价值体系的形成看作个体社会化的重要方面。总的来说，人类社会的价值体系呈现一定的继承性和相对稳定性，同时带有深刻的时代烙印。

社会心理学家马斯洛对于“价值体系”有更为通俗直接的解释。马斯洛在其需求层次理论中指出，人类需求像阶梯一样从低到高分为五种，分别是：生理需求、安全需求、社交需求、尊重需求和自我实现需求。他在此基础上将人类的价值体系分为两类，即沿着生物谱系上升方向逐渐变弱的本能或冲动的低级需求，和随着生物进化而逐渐显现的潜能和需要的高级需求。① 简言之，人类的需要即为目标，人类所自

---

① 参见〔美〕亚伯拉罕·马斯洛：《动机与人格》，许金声等译，人民大学出版社 2012 年版。

觉追求的目标体系即为价值体系。

综上，价值体系是一种目标体系或者说需要体系。同样，我们可以对“健身价值体系”做出这样的界定——健身价值体系，是指人们针对“健身”这一实践活动，结合不同历史现实的政治、经济、文化、宗教等背景，逐渐形成的相对稳定的评判标准与尺度，代表着人们在这一历史阶段对“健身”活动应实现的目标与需要的认识。

（二）健身价值体系的要义[①]

1. 健身价值体系是各种健身价值构成的整体与系统

基于不同的标准与依据，我们可以对健身价值做出不同的分类，比如物质价值和精神价值、核心价值和衍生价值、自然价值和社会价值等。从价值体系的视角来看，健身价值体系是由各种健身价值构成的整体，是各种健身价值按照某种特定的价值关系构成的完整系统。

2. 健身价值体系是各种健身价值要素的总和

价值体系具有相对稳定性，但绝不是静止僵化、一成不变的。构建价值体系本身亦不是最终目标，而是为价值选择与价值实践服务。以“应然”和“实然”的观点来解释，健身体育价值本身是其“应然”状态，但通过价值选择和价值实现而达到的实际功效，则相当于其“实然”状态。“实然”状态与“应然”状态之间存在的差距，是由各种价值要素共同造成的。这些价值要素包括实际的价值关系、人们的价值意识、价值观念、评价标准、评价活动及价值实践等，它们共同构成价值的现实运动，构成从价值评价到价值创造再到价值实现过程的各个环节。

3. 健身价值体系具有历史性与发展性

在价值体系的内涵阐述中，我们已知价值体系归属于社会意识，是社会现实的体现，存在于一定的社会生活中并随着社会的发展变化而变化。具体到健身价值体系，它一方面表现出与现实社会形态发展相一致的趋势，另一方面也对社会发展起到一定的反作用，科学的健身价值体系将对社会的健身实践起到积极的推动与指导作用。

---

① 张细谦：《当代中国体育价值体系的构建》，《广州体育学院学报》2012 年第 4 期。

二、我国健身价值体系的构建

我国健身价值体系始终贯穿我国的运动健身实践,不断地发展并完善。本研究将循着我国运动健身实践发展的路径,深入分析我国从古至今的健身价值体系构建。

(一)我国古代的健身价值体系

由前文可知,"健身"成为独立的概念,是近现代之后的成果。在古代,"健身"是寓于"体育"与"运动"之中的,因而对这一时期"健身"文化的研究无法与"体育""运动"的文化完全剥离。在后文中对国外健身价值体系的研究同样面临这一问题,在此做出说明与限定。

我们知道,价值体系属于社会意识的范畴,相关研究必须置于具体的社会现实。本研究将以我国古代历史发展中的政治、经济与文化背景作为线索,对我国古代健身价值体系的构建进行梳理。[①]

1. 先秦两汉时期

我国有文字可考的历史可追溯到四千年前的商周时期。到了春秋战国时期,尽管战乱不断,但思想之活跃、学术之繁荣以及工商业之进步均为中国古代史所罕见。秦统一中国后建立了中央集权的专制制度,汉之后奉行"罢黜百家,独尊儒术",均对我国历史进程影响深远。

就运动健身领域来看,这一阶段强调整体健康的元气体育观,主要特征是内外兼修,伦理至上,以和谐、适度为标准,中和为用,形神统一,动静适度。根据运动健身活动的主要功用和开展场所,这些活动可大致分为四类:养神保健方法、军事性的技能和体能练习方法、娱乐性体育活动及宫廷体育活动。健身活动以静为主,以动为辅。

2. 魏晋隋唐时期

魏晋南北朝时期我国经历了空前的民族大变动,少数民族逐渐与

① 参见谭华主编:《体育史》,高等教育出版社 2009 年版。

汉族融合，为中华文化增添了许多新的元素，对汉朝以来重文轻武的社会风气造成一定的冲击。重新统一后的隋唐政治稳定，经济发达，中外文化交流频繁，运动健身活动达到空前的繁荣。

宽松的社会风气与频繁的民族交往，使该时期一改之前的柔弱之风，转而崇尚健壮勇猛之态，以武艺、舞蹈、蹴鞠等为主要形式的健身活动丰富开展。这一时期有两点值得关注的现象：其一，妇女运动健身活动盛行，由少数民族地区逐渐影响到汉族社会；其二，儒释道医相互渗透发展，养生与养气的观念深化，对民众从事健身活动意义重大。

3. 宋元明清时期

宋朝实行重视工商业和保护学术文化的政策，由此成为我国历史上工商业最发达、文化最兴旺的繁荣时期。富裕的生活改变了余暇生活和娱乐方式，社会开化，甚至出现奢靡之风。这种风气唤起了民众长期遭到禁锢的消费与享受的欲望，带有休闲或商业意义的身体活动随之兴起，推动民众重新认识身体活动的价值，运动健身活动不再只是从属于宫廷、军事或养生的手段，而是更多地表现愉悦身心的价值。这是我国健身价值体系发展革新中的重要时期。

另外，宋元明清时期均有官办的表演组织与体育团体，会社与庙会活动则在民间广受欢迎，同时武术也从单纯的军事技术中分化出健身、娱乐性质的武术运动，这些都极大地推动了健身活动的发展。

从中国古代几千年的发展历程来看，健身价值体系主要表现在如下两个方面：

一方面，影响我国古代历史进程最深远的思想观念是儒释道，在某种程度上可以用“尚神”（或者称“尚巫”）、“尚武”、“尚文”来对不同的时期进行界定。我国古代的健身活动都是与当时当地的政治文化环境与社会风气相契合的。

另一方面，古代健身价值体系适应并推动了政治、经济、社会文化、宗教等的发展。如从民族融合角度看，民族融合促进了健身活动的丰富性，健身活动也反过来进一步加速民族融合；如从经济角度看，以休闲、强体为目的的健身活动出现，便是经济发达、生活富足之后产生的更高层面的精神需求。

(二)我国近代的健身价值体系

1840年鸦片战争是我国近代史的开端。鸦片战争的一声炮响,惊醒了中国这头东方睡狮。中国社会各方面均经历了巨大的冲击与震动。①

1. 晚清时期(1840—1911)

面对中华民族几千年来从未有过的“大变局”,一批先进的政治家、思想家和学者,开始“睁眼看世界”,主张效法西方,走近代化之路,中国开始办洋务,求变法,搞改良,闹革命。在东西文化的碰撞中,当时的统治阶层、士大夫阶层及庶民阶层开始关注之前被认为是“蛮夷小技”的西方近代体育与健身活动。

这段时期是我国体育与健身活动近代化发展的重要历史阶段,其最重要的特征是强调运动健身强兵、强种、强国的社会作用。人们对运动健身的解读与实践都是在强兵御侮、强种强国的社会背景下进行的,运动健身与国家前途、个人命运紧密地结合在一起。通过洋务运动与戊戌变法等一系列社会改良运动,运动健身在中国完成了由军队到学校再到社会的传播与进化,近代运动健身开始惠及全社会。

2. 民国时期(1912—1949)

随着一战中德国的战败与中国新文化运动的兴起,以军国民体育为标志的强兵强种强国观念遭到质疑与挑战,近代中国的体育观念逐渐向健身、娱乐与竞技转变,具有近代化意义的健身活动在中国兴盛起来。以这一阶段表现最为亮眼的学校体育为例,学校体育教育不再以兵式体操为主,现代田径、球类和游戏开始成为主要的教学内容,强调学生体魄的强健与人格的完全。在新文化运动中,不少精英分子开始以民主自由的观点探讨运动健身问题,教育家蔡元培的“完全人格,首在体育”和革命领袖毛泽东的“文明其精神,野蛮其体魄”均出自这一时期。社会各阶层的认知越来越趋向体育与健身活动的

① 参见罗时铭、崔乐泉:《中国体育思想史(近代卷)》,首都师范大学出版社2008年版。

本质与要义。

随着近代中国现实境况的改变,我国健身价值体系也发生了改变,可以归结为如下几个方面:

其一,健身核心价值。这一阶段的健身核心价值发生了变化。以1911年为界,晚清时期健身的核心价值在于通过加强健身活动强健体魄从而强兵强国,履行的是国家与民族的使命;民国时期其核心价值则转变为通过健身活动来完善个人人格,实现的是个人价值与意志。

其二,健身衍生价值。经济上,传统的自然经济遭到破坏,商品经济得到更大的发展,资本主义经济的介入程度更深,健身活动是经济价值延伸的体现;政治上,这一时期国内政治局势变化纷繁复杂,健身活动成为统治阶级乃至社会各阶层践行政治诉求的一种方式,如晚清时期健身活动得到重视即源于彼时政治上强兵强国的要求;文化上,健身活动是这一阶段各阶层改良思想的集中体现,体现了对民主自由与个性的重视与重塑;教育上,健身活动是近代中国教育的重要组成部分。

总的来说,这段时期中国的健身活动与国内的政治文化环境关系密切,既是政治文化发展的产物,又对其产生了重要的推动作用。社会各阶层广泛参与是这一时期健身活动发展的重要特征。

(三)我国现代的健身价值体系

以1949年中华人民共和国成立为标志,我国历史进入新纪元,我国体育与健身事业开启崭新的发展阶段。新中国的成立为体育发展创造了稳定的社会环境。在百废待兴之时,体育成为实现民族复兴与国家富强的工具,被视作体现国际地位、展现国家形象的象征。“举国体制”下的竞技体育成为体育发展中的重要内容,健身活动反而遭到抑制,发展受限。

尽管如此,我国的健身活动仍取得了巨大的成就。新中国成立初期便确立了“新体育”思想与社会主义体育方针。1949年10月,中华全国体育总会筹备会指出:“过去的体育是和广大人民群众脱离的,现在我们的体育事业,一定要为人民服务,要为国防和国民健康服务。”“体育为人民服务”是新体育思想的本质与核心。1952年6月,毛泽东为中华全国体育总会成立题词——“发展体育运动，增强人民体质”，强调“增强体质”是体育的目的和主要任务。与此同时，“新体育”强调思想教育与体育政治性。在这种方针的指导下，群众体育事业蓬勃发展，健身活动丰富多彩地开展起来，但是相较于同时期国内的竞技体育发展与国际的大众体育发展仍羸弱无力。

改革开放之后，中国体育领域亦展开体育体制改革。为改变长期以来的“重竞技，轻群体”局面，1995 年 6 月，我国开始实施《全民健身计划纲要》。自此，我国全面进入以公众自主参与为特征的社会体育阶段，主要内容便是健身活动，其价值功能被民众进一步认识和重视，传统的健身活动被赋予健身、健心、娱乐等多种价值。

新中国成立至今七十余年的时间中，我国健身事业发展发生了根本性的改变。健身活动的自主性为最重要的特征，从国家政策法规的保障到民众的自主自发参与，体现了社会主义制度与社会主义核心价值体系的优越性。

三、国外代表国家的健身价值体系的构建

受到政治、经济、文化及宗教信仰等因素的影响，各个国家的健身价值体系在不同的历史发展时期呈现出不同的特点。本研究重点选取了欧洲古代文明时期、近代及现代三个阶段来阐述其健身价值体系的构建。

（一）古代文明时期的西方健身价值体系

英国哲学家罗素在其著作《西方哲学史》的开篇便提出：“在全部的历史里，最使人感到惊异或难以解说的莫过于希腊文明的突然兴起了。”[①]古希腊文明的兴起，代表着古代欧洲文明甚至整个欧洲文明的一个高峰。在体育与运动健身领域，同样如此。希腊被普遍认为是现代体育的发源地，孕育着最早的运动健身文化。古希腊健身价值体系的构建具有深刻的典型性与代表性，在一定程度上可以代表古代文明时期欧洲国家的健身价值体系。

---

① 〔英〕罗素：《西方哲学史》上卷，何兆武、李约瑟译，商务印书馆 1963 年版，第 24 页。

古希腊体育与健身文化发展繁盛，与其所处的时代环境有巨大的关系：

政治角度。以雅典为中心的古希腊奴隶主政治环境，为古希腊体育与健身文化的繁荣创造了优越条件，“正义”和“相互尊重”是城邦秩序的原则。古希腊经过梭伦改革、克里斯提尼革新及伯里克利执政时期的努力，古代奴隶制国家的民主政治被推向顶峰。最重要的成就是强调公民在社会中的独立人格，为发展公民个性提供了保证，这就从客观上为体育与健身文化的发展开辟了广阔的空间。

文化角度。古希腊文化具有很强的包容性与多元性，强调思想自由与文化交流。宽松的文化环境使得民众对文化的接受性更强，体育及运动健身文化融合更为紧密。

信仰角度。与古代中国类似，古希腊各地亦有自己信仰的神。古希腊人有强烈的神祇崇拜(或说是对远古英雄与祖先的崇拜)观念。希腊神话体系便是例证。古希腊人的信仰一般通过宗教仪式的方式表现出来。而一般的宗教仪式又通过体育形式来表现，如祭祀舞蹈等。古代奥林匹克运动会从一定程度而言就是诸神崇拜的崇高仪式。

经济角度。古希腊时期已开始出现对商品、货币、贸易等问题的关注。城邦的崛起，工商奴隶主阶级逐渐形成，为文化的繁荣提供了物质基础。随着私有产品的增加和商品经济的发展，民众获得了更多的空闲时间与金钱来从事体育活动，健身开始成为体育活动的目的之一。

教育角度。古希腊教育中有“四大德”的说法，分别是勇敢、智慧、节制和正义。勇敢被排在首位，古希腊人对于勇敢品德的重视与自我力量的推崇可见一斑。这种根深蒂固的教育思想对民众影响深远，以锻炼肌肉力量等为主要目的的健身活动不断涌现。

综上，从政治、经济、文化、教育、信仰等角度可以看出古希腊健身价值体系形成的现实环境。根据古希腊健身实践发展的现实环境与实施效果，其价值体系可以归结如下：

其一，健身核心价值。以体育与健身的方式来表现神祇崇拜，锻炼强大的力量，以符合神祇与大众信仰的要求与期待。

其二，健身衍生价值。政治上，健身活动促进城邦间的交流，维护国家社会稳定；文化上，健身活动是文化传承的媒介之一；信仰上，健身活动是夯实并践行信仰的表现；经济上，健身活动是经济富足基础上追求精神生活的表现；教育上，健身活动是对教育理念的良好实践。

总的来说，这一阶段的健身活动属于民众自发的内在的活动，其内在推动力是对神祇的崇拜，而非自我意识的驱动。

（二）近代西方健身价值体系

以世界史来看，世界近代史是资本主义萌芽与基本定型的历史，以 14 世纪出现资本主义的经济行为为萌芽，以 1640 年英国资产阶级革命为开端，以 1917 年俄国十月社会主义革命为结束。这一阶段最重要的特征是资本主义经济的发展与资本主义制度的确立和完善。这一阶段的时代环境与特征主要可以总结为如下几个方面：

思想文化上，文艺复兴运动、宗教改革运动与启蒙运动是欧洲近代出现的三大思想解放运动。澎湃发展的思想解放运动，影响的阶层广泛，从统治阶层、精英阶层到群众阶层；关注的核心领域广泛，从人文文化领域到宗教信仰领域再到自然科学领域及民主政治领域，这给欧洲的思想观念与文化制度造成了巨大的冲击。这三场思想解放运动，历经数百年，对欧洲民众的思想解放与民主观念的开化影响深远。人的自由民主与自主意识崛起深化，为个性化的市民社会的建立打下了坚实的基础。例如，文艺复兴运动时期人文主义的支持者对禁欲主义进行了严厉批判，他们创立学校重塑了青年一代的信仰与道德标准，强调人的全面发展是身体、品德与智力三方面的发展。肉体不再是“禁锢灵魂的监狱”，单纯的身体的娱乐活动和对物质利益的追求是毫无意义的。

物质生活上，资本主义世界体系逐渐形成，资本主义的生产方式在全球扩张，不断解放和发展生产力。经过两次工业革命的洗礼，欧洲各国的经济迅猛发展，传统的自然经济不断瓦解，更多的人被推向城市与工业化生产。民众的生活水平也得到了一定的提高，资产阶级成为统治阶级并开始推行新的生活方式。例如,游泳、足球、羽毛球、网球等开始成为人们在闲暇时间里的健身活动,以获取身体的强健与身心的愉悦。

国际关系上,国际贸易随着资本主义经济的发展得到深化,国家间的交往频繁,经济、文化、教育等方面的融合与互通得到深化。这在客观上为文化的多元与繁荣提供了丰厚的土壤。如现代奥运会于1896年在希腊首都雅典的重启便是各国间体育交往频繁的例证,这一方面体现出人们对体育运动与健身的重视,另一方面也在激励人们更加注重自己的身体,关注提高身体的素质。

综上,近代西方的健身价值体系可归结如下:

其一,健身核心价值。在人文主义、科学理性主义、启蒙思想等的支撑下,运动健身成为以人自身为主体、以强健体魄与表现自我为目的的活动,是人的全面发展的重要实现形式,体现了人的自由意志与个性解放。

其二,健身衍生价值。经济上,健身活动是资本主义经济发展的产物,同时亦是资本主义进程的一部分;政治上,健身活动是加强国际交往,促进国际和平的手段之一;文化上,健身活动是对人文主义、理性科学主义、启蒙思想等先进思想的传播与践行;信仰上,健身活动破除对神的盲从,是个人自由意志与个性解放的表现。

总的来说,近代西方国家的健身活动是民众自主意识觉醒的实践活动,自我意识的驱动开始成为民众从事健身活动的主要力量,神的主导力量被严重削弱。值得注意的是,在这一阶段的学校教育中,教育理念的革新对于这种意识的培养与夯实意义重大。

(三)现代西方健身价值体系

进入20世纪后,在完成现代化的工业发达国家中兴起了以提高国民健康意识、增强体质、提高健康娱乐水平和鼓励全民健身为宗旨的大众体育浪潮,并逐渐向其他地区扩展。

整体而言,现代的西方健身价值体系主线更为集中与明确,主要是:促使人们更自觉主动地投入健身活动,达到放松精神、愉悦身心、增强体质并提高生活质量的目的。

除此之外，有学者指出，对于西方国家来说，其健身活动具有明显的功利目的，大力宣扬并发展大众体育与健身活动，可以增强民众的体质，从而减少国家财政对公民健康的投资。从这个方面来说，健身活动在现代西方国家的兴盛，既是现代生产和现代社会政治经济生活的客观要求，也是人类社会发展的必然需要。①

四、健身价值体系的国际比较

中西健身价值体系的形成均与本国本地区的经济、政治、社会、文化发展的现实相适应，并深受其影响。从比较研究的角度出发，中西方在健身价值体系中既存在相似性，也存在差异性。

从健身科学理论出发，健身活动基本功能在于强健身体、娱乐身心、提高运动能力等。中西方的健身活动均具有这些基本功能与价值。但在价值的主次与权重方面有一定的差异性。

就现代健身活动而言，我国现代健身活动的核心价值是强健身体、增强体质与增进健康，消遣娱乐等功能次之。事实上，目前我国大众体育的主要价值同样是增强体质，"健康"是首要目标，"花钱买健康"与"发展体育运动，增强人民体质"仍是主流观念。这与我国民众的经济消费能力、习惯与观念有密切的关系。

而同一指标在西方发达国家则表现为，休闲娱乐是健身活动的首要目标，增强体质次之。在这些国家与地区的民众观念中，健康的获得可以寓于休闲娱乐享受的过程中，健身活动是自主选择的放松与压力发泄方式。同时，由西方传统思想中的"竞争"所决定，西方人在运动健身行为中也会体现"竞争"的色彩。人体通过在运动健身中对自我身体的改造和与自然的抗争，展示自我的强劲与阳刚，也是自我个性的宣扬。

在不同的价值体系与评价标准指导下会形成不同的运动健身发展路径(见表 4-4)。

---

① 齐国强等:《域外大众体育发展状况及思考》,《中国体育科技》2000 年第 6 期。

表 4-4　不同价值体系下的中西方运动健身路径差异

内容	中国的运动健身	西方的运动健身
目的	保持身体的稳定平衡,增寿益智	提高运动能力,增强体质
原理	阴阳说、五行说、经络说等	生理学、解剖学等
特点	养精气神	根据身体不同部位的特性进行训练
方法	调息,调身,调心	掌握身体不同部位的运动技能技术
功能	祛病强身,身体健康,娱乐	健身,健心,娱乐,教育
评价标准	定性,经络疏通、气血舒畅、功力大小、动作熟练准确	定量,运动负荷大小与身体素质增长的程度

从长远趋势来看,中西方国家随着经济水平、消费能力与观念、健康观念等的趋近,在对健身活动核心价值的认知与选择上会更趋近相似。

第四节　健身的思路研究

所谓思路,即在观察、理解、认识客观事物的思维活动中形成的思考路线和构思踪迹,简言之就是思考的条理脉络和线索。思路以客观事物的内在联系为依据,是客观事物的条理性和规律性在思维活动中的反映。思路研究,就是针对某一客观事物的发展路径与发展对策的研究。

在本研究中,健身思路研究主要是从精神层面切入,围绕人们的意识、生活习惯及人生观、世界观、价值观等内容展开,意在剖析我国运动健身的发展趋势,提出适合我国健身发展的对策。

一、健康意识

世界卫生组织(WHO)章程规定,"健康是一个人的基本人权",并指出"实现每一个民族的健康目标是赢得全世界和平与安宁的基本保证"。在联合国世界保健大会上,WHO 将健康定义为"不仅仅是不生病，而是在身体上、心理上和社会适应上均处于良好的状态"。同时对"身体健康"的内涵做出了界定，身体健康主要包括两个方面的内容：一是指主要脏器无疾，人体各系统具有良好的生理功能，具有较强的身体活动能力和劳动能力，这是健康的最基本要求；二是对疾病具有较强的抵抗能力，能够适应环境变化和各种生理刺激。

运动健身最重要的价值、功能与目标在于强健体魄、保持健康。拥有良好的健康意识，是促进运动健身的重要推动力。

健康意识就是感知健康状况的意识与能力，主要的内涵在于对健康价值的态度，为维护自身健康而具备的卫生常识和运动技能，以及自觉维护公众健康的意识。良好的健康意识对实现自我健康保护、贯彻执行"预防为主"的健康政策具有重要意义。因此，作为实现并巩固健康成果的重要手段，运动健身的兴盛程度与民众的健康意识高低成正比。

2010 年公布的关于中国人健康投入状况的调查显示，80%的中国人的健康投入超过总支出的 5%，其中看病吃药、买保险和买保健品是排行前三位的支出项目。尽管 97%的受访者表示愿意把钱投入预防疾病上，而实际情况则是 80%的支出被用在临死前一个月的疾病治疗上。在最为有效预防疾病的方式——运动健身上的投入却少之又少。

二、健身习惯

由于经济发展水平、社会发展程度及社会传统文化等方面存在的差异，中国与西方国家在健身习惯方面存在着一定的差异，主要表现在如下两个方面。

其一，中国人的运动健身仍以传统项目为主，而西方人则习惯于科学训练。前文曾提到，中国人的运动健身是哲学的健身，而西方人的运动健身则是物理的健身。这种区别在现代社会依然存在。具象的表现是，中国人主流的健身方式是散步、跑步、太极拳等，而西方人主流的健身方式是在健身房进行身体训练或参与网球、高尔夫球等室外项目。这与中西方民众在健身观念上的差异不无关系。中国的青年一代在健身方式上正在逐渐西化，与西方的主流健身趋向一致，这与他们的生活方式转变有很大关系。

其二，中国人普遍的健身习惯未完全养成，仍落后于西方发达国家。在国人尚未完成健康意识的科学普及的现实状况下，以医养病仍是最主要的维持健康的方式。运动健身，尤其是现代的健身方式，并没有得到充分的重视与普及。“人民爱健身”科学健身指导服务平台公布的《2022 国民健身趋势报告》显示，我国 7 岁及以上年龄人群中，每周至少参加 1 次体育锻炼的人数比例为 67.5%，较 2014 年调研增长 18.5%。这反映出我国国人健身习惯的养成还有很大的发展空间。①

养成良好的健身习惯，培养浓厚的健身氛围，尤其是全民健身氛围，是运动健身不断普及并发展的重要推动力。

三、健康消费与健康投资

综合当前各界对于“健康消费”与“健康投资”概念的研究，我们认为，健康消费是在生病后为恢复健康而产生的消费行为，也是个人或家庭在满足基本的消费后，为了追求人的身心健康发展而进行的个人或家庭消费行为。健康投资是指人们为了获得良好的健康而消费食品、衣物、健身时间和医疗服务等资源②。从这个意义上看，个人或家庭既是消费者又是投资者，“健康”既是投资与消费的对象又是投资与消费的结果。

随着社会经济水平的提高与民众生活水平的提高，健康投资与健康消费会越来越成为个人或家庭在维护健康方面必须做的事情。有一种观点认为，健康投资实质上是减少健康消费的行为，比如以持续运动健身的方式来进行健康投资，会促进人体保持健康的状态，从而减少人们在治疗疾病上的消费。

在我国，随着生活质量的提高，民众在享受型的娱乐休闲消费、发展型的文化服务方面的消费有所提高，特别是健康需求日趋旺盛。医

---

① 刘昕彤：《〈2022 国民健身趋势报告〉发布——全民健身周，一起动起来》，《中国体育报》2022 年 8 月 10 日，第 6 版。

② 张荣：《健康投资、消费与经济增长》，《系统工程理论与实践》2008 年第 1 期。

疗、保健、养生等涉及健康的产品和服务更受消费者重视。但调查显示,2021 年,我国人均健康消费占总消费支出的比例不足 10%。[①] 制约我国民众健康投资与消费的主要原因在于,一方面我国民众的健康素养较低,没有形成完善的健康意识与健康生活方式;另一方面我国尚未形成成熟完善的健康管理与健康消费的产业,在健康产品与服务的提供上存在良莠不齐的状况,影响着行业的健康发展。

西方国家则在健康投资与消费上有许多值得我们借鉴的经验。以美国的高校健康管理体系为例,美国密执安大学健康管理研究中心主任第·艾鼎敦博士曾经提出:美国经过 20 多年的研究得出了这样一个结论,即健康管理对于任何企业及个人都有这样一个秘密,即 90% 和 10%。具体地说就是 90% 的个人和企业通过健康管理后,医疗费用降到原来的 10%;10% 的个人和企业没有进行健康管理,医疗费用比原来上升 90%。美国通过完善的健康管理体系,使美国的病人及健康人更好地了解自己的身体,更好地拥有健康、恢复健康并促进健康,同时节约经费花销,降低医疗支出。这对于国家、企业与家庭、个人都是一件利事。

总之,强化健康意识,培养健身习惯,普及健康消费、健康投资与健康管理的观念,从精神层面来武装国人的头脑,同时促进健康行业的成熟有序发展,是推动运动健身在我国继续发展的重要推动力。

推荐阅读

1. 蒋永福等主编:《东西方哲学大辞典》,江西人民出版社 2000 年版。

2. 王森洋、范明生主编:《东西方哲学比较研究》,上海教育出版社 1994 年版。

3. 段怀清编:《传统与现代性——〈思想与时代〉文选》,浙江大学出版社 2007 年版。

4. 朱汉民:《儒学的多维视域》,东方出版社 2015 年版。

5. 高瑞泉:《中国现代精神传统:中国的现代性观念谱系(增补本)》,上海古籍出版社 2005 年版。

---

① 刘伟、聂蕊:《健康中国战略下培育健康消费新业态的路径研究》,《卫生经济研究》2023 年第 2 期。

6. 周登嵩主编:《体育现代化综览》,北京体育大学出版社 2008 年版。

7. 刘秉果:《中国体育史(插图本)》,上海古籍出版社 2003 年版。

8. 王京龙编:《战国百家争鸣与中华传统体育精神构架》,人民出版社 2012 年版。

9. 颜绍泸主编:《竞技体育史》,人民体育出版社 2006 年版。

10. 程登科:《世界体育史纲要》,商务印书馆 1945 年版。

11. 谷世权:《体育理论与体育史论丛》,当代中国出版社 2011 年版。

12. 杨国荣:《善的历程——儒家价值体系研究》,华东师范大学出版社 2009 年版。

13. 廖小平:《价值观变迁与核心价值体系的解构和建构》,中国社会科学出版社 2013 年版。

14. 刘洋:《现代政治价值体系建构:西方国家的探索之路》,知识产权出版社 2014 年版。

15. 季羡林:《季羡林谈东西方文化》,当代中国出版社 2016 年版。

16.〔美〕J. J. 克拉克:《东方启蒙:东西方思想的遭遇》,于闽梅、曾祥波译,上海人民出版社 2011 年版。

17. 赵鑫珊:《普遍世界万有桥的哲学:东西方哲学比较》,中西书局 2014 年版。

18. 丁子江:《罗素与中华文化:东西方思想的一场直接对话》,北京大学出版社 2015 年版。

19.〔韩〕金贞一:《东西方哲学问题趣谈》,〔韩〕蔡熙培译,中国社会科学出版社 2014 年版。

20. 陈孝平:《论东西方大众体育发展的共同点及发展趋势》,《解放军体育学院学报》1996 年第 Z1 期。

第五章　运动健身组织运行机制的国际比较

俗话说“没有规矩，不成方圆”，对于运动健身活动来说亦是如此。正如前文提到的，运动健身文化涵盖了三个层次，最外层是器物层，中间层是制度层，最内在的核心是观念层。制度层面，包括各类法律规章和运行机制，是结合了不同历史现实的政治、经济、文化、宗教等背景，逐渐形成的相对稳定的约束范畴和评判尺度。完善的组织、合理的制度、适度的管理配以流畅的运行机制，才会保障运动健身活动合理、有序地开展。自《全民健身计划纲要》颁布至今，我国全民健身已走过二十多年历程。这二十多年间，我国不断改革着健身活动的组织与管理机构，也与时俱进地调整着健身活动的方针政策，在长期的发展中，逐渐形成了有序、高效、参与人数日渐增多、覆盖面日趋广泛的全民健身局面，也形成了运动健身文化。

放眼世界，不同的国家在组织、规范本国国民运动健身活动方面呈现出不同的表现形式，这与其历史沿革、经济因素、对待运动的理念等因素相关。一些发达国家群众健身的运行机制正是我国所要学习借鉴的，借他山之石，可以琢磨我国这块大众运动健身之玉。本章主要从运动健身活动的组织管理体系、法律及规章、运行机制三个方面来阐述。

在1995年之前,我国社会中并不流行“健身”这个概念,更多是称之为“国民体育”“全民体育”。1995年《全民健身计划纲要》颁布之后,“健身”这个词流行开来。无论概念如何,它都有着大众体育、社会体育的意味,而它的管理也一向隶属于体育机构。因此,本章在分析健身活动的组织机构、法律规章等内容时,将不可避免地以各国体育机构、体育法律法规为研究范围,提取合乎“运动健身”范畴的内容。

第一节 健身活动的管理组织机构

一、我国健身活动管理组织机构的演变历程

总体而言,我国健身活动管理组织机构的变革经历了三个阶段、五个时期。管理组织机构发展的三个阶段分别对应社会型体育管理组织机构、政府型体育管理组织机构和结合型体育管理组织机构。新中国刚成立时,以中华全国体育总会为代表的组织机构,倡导并履行发展“国民体育”的宗旨,从20世纪50年代起,在学习苏联、内贫外困等特殊的历史环境下形成了高度集中的政府主导型管理模式。“文化大革命”结束后,体育事业仿佛待发的箭被突然松了弦,获得了变革和发展的空间,体制的变革经历了准备、初步改革、深化改革和多元化发展的时期,我国的运动健身也获得了新的发展和长足的进步。从1998年起,经济的大变革也带来了社会方方面面的变革,带动了我国体育管理组织结构的多元化发展。

(一)社会型体育管理组织阶段:初创时期(新中国成立初期)

我国最早的全国性体育组织是1952年成立的中华全国体育总会。在中华全国体育总会的成立大会上,毛泽东主席为大会题写了著名的“发展体育运动,增强人民体质”的题词。至此,我国最早的体育管理组织机构形成(见图5-1)。

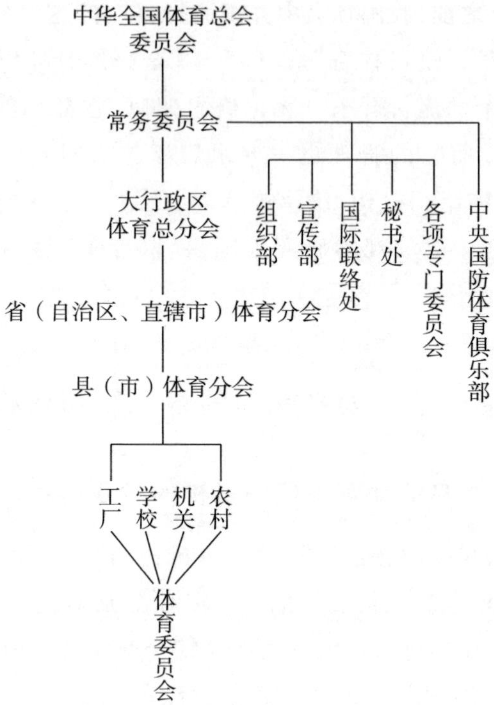

图 5-1　中华全国体育总会机构设置

在机构设置上，中华全国体育总会委员会为最高权力机关，常务委员会主持工作。常务委员会下设中央国防体育俱乐部、各项专门委员会、秘书处、国际联络处、宣传部和组织部六个部门。中华全国体育总会在各大行政区设立分会，在工厂、学校、机关、农村等基层单位设立委员会。

在体育活动的管理和权力的行使上，中华全国体育总会给予了基层分会充分的组织、管理权限。这在很大程度上源于这一时期“体育为国民”的理念，体育活动被看作运动健身、提升国民身体素质的最重要手段。1949 年 4 月成立的中国新民主主义青年团在这一阶段发挥了重要的作用，他们扮演了加强体格锻炼的角色，并建立文化的、艺术的、娱乐体育等“团体”，广泛地团结社会体育工作者，积极团结社会力量，发起并组织了许多群众性的体育活动和竞赛活动，开展少花钱或不花钱的、为群众所欢迎的各项运动（如早操、器械操、竞走、越野赛跑、篮球、足球、爬山、举重等)，以及适合本地区特点的群众性运动(如华北、东北地区的冰上运动，西北、内蒙古地区的骑马、打猎等；在农村，进行石锁、沙袋、举重及其他民间流行的体育活动)。①

20世纪50年代这种中华全国体育总会体制的特点是，体育事业的运行不是完全依靠行政手段去推行，而是建立在发动群众、依靠群众的基础上。虽然这种体制是特定历史条件下的产物，它的生命很短暂，但其所体现的对于国民运动健身的重视和发动社会力量办活动的精神在当今看来却是十分先进的。

(二) 政府型体育管理组织阶段

1. 高度集中时期(20世纪50—70年代)

我国从1952年开始对农业、手工业、资本主义工商业进行社会主义改造，逐渐完成从新民主主义到社会主义的历史性转变。1952年苏联在赫尔辛基奥运会上取得22枚金牌、奖牌总数排名第二的成绩深深刺激了我国，我国随即开始学习苏联经验，复制苏联模式，逐步形成计划体制下高度集中的发展模式。

1952年11月，中央人民政府体育运动委员会成立。1954年改称中华人民共和国体育运动委员会(简称国家体委)，贺龙将军出任体委主任，这是我国历史上第一个部级国家体育行政机关。在地方，全国县级以上的政府设立了各级体育运动委员会，接受上级体委和中央体委的领导。经过一段时间之后，我国在体育组织体系方面形成了三大系统，分别为：国家行政部门系统、军队系统和社会组织系统。在体制建设方面形成了中央体委委员制、中华全国体育总会会员制和国防体育协会的俱乐部制。三大系统方面，国家行政部门系统分为国家体委和相关部委，体委负责统一领导、监督全国的体育事业，同时各相关部委配合国家体委主管本系统的体育工作；军队系统主管军队内和军事院校的体育工作；社会组织系统由社会体育组织、社会群众团体和民

① 赵晶、闫育东：《我国"后奥运时代"体育管理组织系统的优化与重构》，光明日报出版社2011年版，第41页。

间体育组织组成。国家各级部门对群众体育都非常重视,建立起职工体育组织领导体制来保障职工体育活动的开展,几年间,工间操、各类群众体育比赛蓬勃地开展起来。

然而,群众健身活动如火如荼发展的好景仅持续了短短几年,1957年以后,体育社会组织管理系统的功能被逐渐削弱。特别是在1960年后,在特定的社会环境下,国家将有限的人力、物力、财力集中到最有优势的项目中,并优先保障被视为国家力量和竞争力的竞技体育的发展,群众体育被搁置。

2. 初步改革时期(20世纪80年代)

“文化大革命”结束之后,百废待兴的中国体育事业进行了三次调整,形成了以竞技体育为中心的举国体制。与此同时,国家也认识到社会体育发展的重要性,动员社会力量,促进社会力量与教育、卫生、工会、共青团等部门合作,发展群众体育运动。

1984年至1985年间,我国在经济、军队、科技、教育等方面掀起了改革的热潮,与此同时,我国的体育事业长期囿于以竞赛为中心的体制,整体发展非常缓慢,改革势在必行。1986年4月15日,国家体委下发了《关于体育体制改革的决定(草案)》(以下简称《决定(草案)》),正式拉开了体育体制改革的大幕。《决定(草案)》制定了10个方面53条改革措施,涉及领导体制、训练体制、竞赛体制、民族传统体育、体育教育体制、思想政治工作和对外活动政策等。其中最核心的是领导体制,它转变了国家体委的职能,实现了由国家包办体育到国家办与社会办相结合的转变,也实现了体育的科学化和社会化。国家协助社会力量办体育的具体举措包括大力倡导和积极扶持各部门各行业以及集体、个人自办体育,例如自建活动场所,举办各类竞赛,开展运动训练,传授体育技术等。国家还采取政策性措施,鼓励和支持学校、厂矿企业办高水平运动队,进一步开创学校和职工体育新局面。这一系列措施的调整,形成了一个由体委统一领导,各部门各行业具体负责,群众积极参与的体制。群众体育又成为体育发展的重点,形成了老年和伤残人士的体育运动兴起、民族传统体育获得发展、农村与职工体育加快发展的新局面。

3. 深化改革时期(20 世纪 90 年代)

80 年代的体育体制改革取得了一定的成功,但与整体的改革大潮相比仍属于浅层次的,一些深层问题未得到解决。90 年代,我国体育体制进入深化改革的时期。1993 年,国家体委公布了《关于深化体育改革的意见》,确立了 90 年代体育体制改革的基本思路,即实现由计划经济体制下的体育行政体制向与社会主义市场经济体制相适应的体育行政体制转变,逐步建立符合现代化体育运动发展规律、国家调控、依托社会、自我发展、充满生机与活力的体育体制。在这一精神的指导下,我国的体育组织机构进行了大刀阔斧的改革:

在促进单项体育协会发展方面,到 1997 年底,完成了运动项目管理中心化改革,成立了 20 个运动项目管理中心,新组建的 20 个中心承担全部 68 个单项协会的组织工作。

在精简机构方面,1994 年,国家体委由原来的 15 个厅、司、局缩减为 13 个,工作人员从 470 人缩减为 381 人。

在促进社会体育发展方面,确定了全民健身计划和社会体育指导员制度。

(三) 结合型体育管理组织阶段:健身活动组织机构多元化发展时期(20 世纪 90 年代末至今)

20 世纪 90 年代末,在对内改革、对外开放的时代背景下,我国的各行各业都继续着与市场经济相适应的调整和改革。1998 年,国家体育运动委员会改组为国家体育总局(机构设置见图 5-2),体育总局由办公厅主持工作,下设八个司,其中群众体育司分管群众体育事务。

21 世纪以来,我国逐渐形成国家与社会相结合的管理模式,健身活动组织机构进入多元化发展时期。具体内容将在下一节中详细阐述。

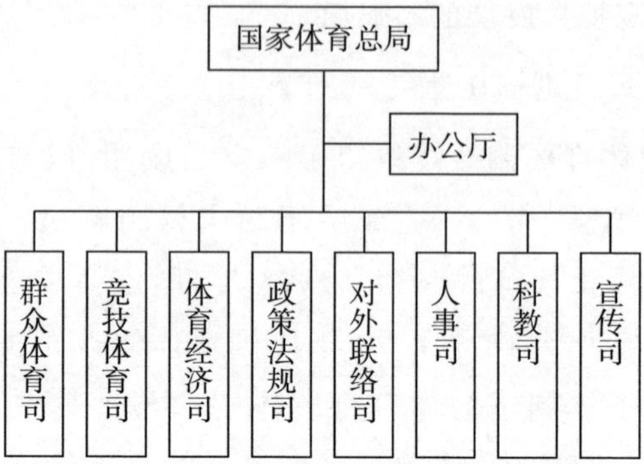

图 5-2 1998 年国家体育总局机构设置

二、当前我国健身活动的管理组织机构

1995 年公布的《全民健身计划纲要》明确提出要充分发挥各群众组织和社会团体在开展群众性体育活动中的重要作用,逐步形成社会化的全民健身组织网络。"全民健身"第一次在国家层面提出,社会办体育的力量也被明确倡导。2014 年 10 月公布的《关于加快发展体育产业促进体育消费的若干意见》,更是将全民健身上升到国家战略层面。

当前我国健身活动已经形成了"官办体育"和"社会办体育"相结合的新格局。我国幅员辽阔、人口众多、民族多样,人们根据社会条件和自身需要选择或创造出形式灵活多变的运动健身活动,不同人也根据不同的兴趣爱好、运动需求自发组成民间体育团体。在这样的形势下,国家不可能对全民健身进行一刀切的组织和管理,而只在大方向上进行调整和把控。近年来,我国已"初步形成了政府领导、依托社会、覆盖面广、具有中国特色的全民健身组织网络和队伍体系"①。

(一) 现状概述

我国现行的健身管理组织体系包括了五个主体,分别为政府组

① 于军等:《全民健身服务实践体系建设研究》,中国书籍出版社 2013 年版,第 2 页。

织、体育事业组织、体育社会团体、体育经营组织和非正式组织。这五个主体共同组成了宏观、中观和微观三个管理层次，其中政府组织是宏观管理系统，体育事业组织、体育社会团体构成中观管理层，体育经营组织和非正式组织是微观管理层。

1. 全民健身的管理体系

我国现行的全民健身管理体系是由国家体育总局、中华全国体育总会和全国各种群众性组织总会并行开展业务指导的。在政府领导下，各部门、各行业、各群体系统分别管理本部门、本行业、本群体内部的健身活动（见图5-3）。

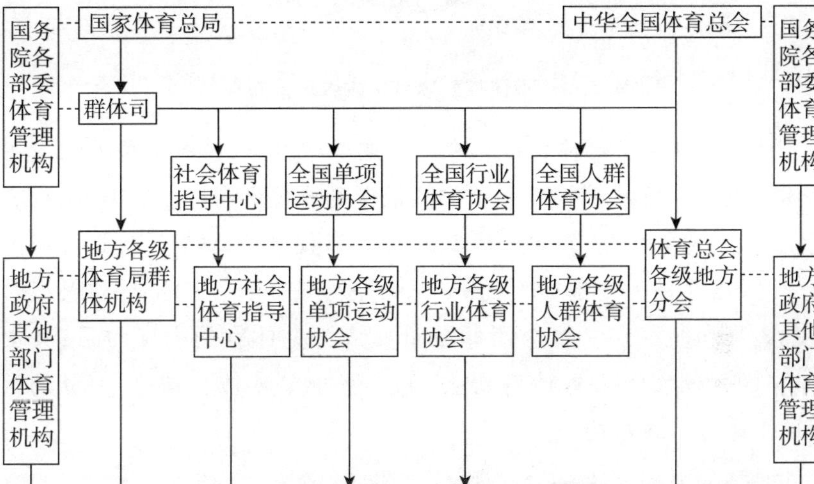

图5-3 我国社会体育管理体制示意图[①]

在不同类型的健身管理主体数量分布方面，政府机构的数量已远远少于社会主体的数量（见图5-4）。

① 罗普磷：《社会体育管理学教程》，北京体育大学出版社2009年版，第27页。

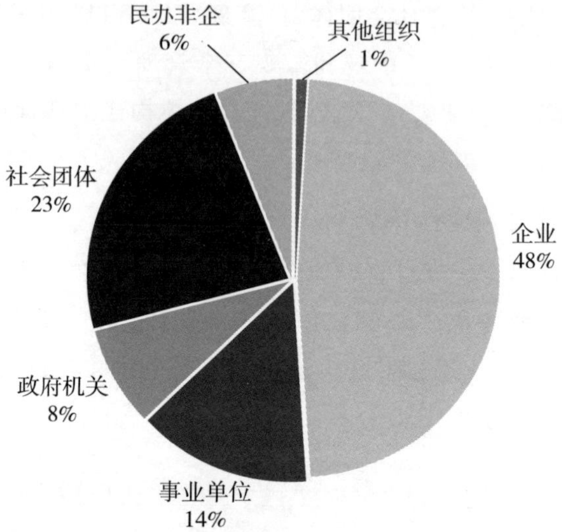

图 5-4　不同类型体育机构数量分布图①

从国家体育总局体育信息中心的调查中可见,政府机关的数量占到体育机构总数的8%,事业单位数量占到体育机构总数的14%,也就是说,“官办体育”组织的数量仅占到全部数量的22%。企业占据了48%之多,几乎为全部数量的一半,市场经济条件下健身活动组织管理的发展可见一斑。社会团体数量亦成为办体育的中坚力量,其中“27%的社团属于人群体育协会,51%属于单项体育协会,18%的社团属于体育行政机构”②。

2. 全民健身的组织体系

国家和各级政府对全民健身进行宏观层面的管理,而全民健身组织的实体和活动的载体则是各级各类全民健身组织。目前我国的全民健身组织主要由基层全民健身组织和体育社会组织组成(见图 5-5)。

① 张立等:《我国体育组织机构研究》,《体育文化导刊》2014 年第 7 期。

② 于军等:《全民健身服务实践体系建设研究》,中国书籍出版社 2013 年版,第118 页。

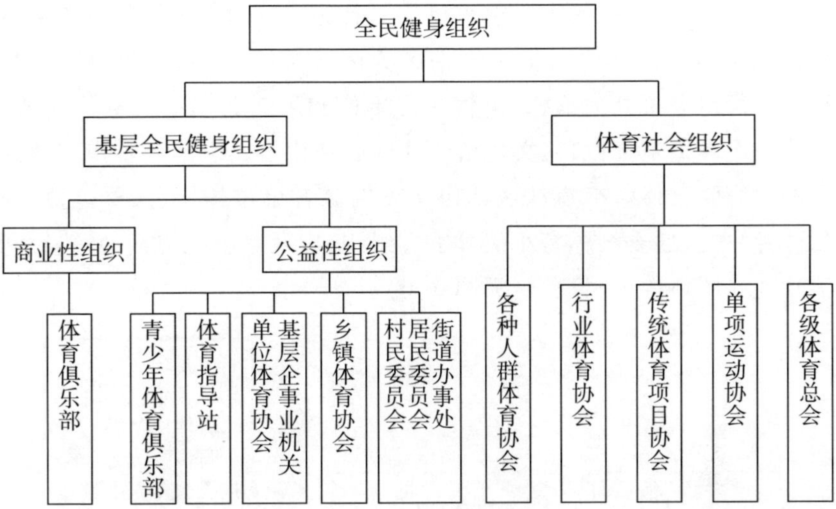

图 5-5　全民健身组织体系①

其中，基层全民健身组织包括商业性组织和公益性组织。商业性组织的表现形式为体育俱乐部；公益性组织形式较为丰富，主要为青少年体育俱乐部、体育指导站、基层企事业机关单位体育协会、乡镇体育协会以及街道办事处、居民委员会和村民委员会。体育社会组织的组成部分有各种人群体育协会、行业体育协会、传统体育项目协会、单项运动协会和各级体育总会。

（二）社区健身组织

2022 年公布的《关于构建更高水平的全民健身公共服务体系的意见》中指出，要夯实社区全民健身基础；将全民健身公共服务纳入社区服务体系，培育一批融入社区的基层体育俱乐部和运动协会；在社区内活动的符合条件的基层体育组织可依法向县级民政部门申请登记；在社区设立健身活动站点，引导体育社会组织下沉社区组织健身赛事活动；实施社区健身设施夜间"点亮工程"。②

① 于军等：《全民健身服务实践体系建设研究》，中国书籍出版社 2013 年版，第 94 页。

② 中共中央办公厅、国务院办公厅印发《关于构建更高水平的全民健身公共服务体系的意见》，2022 年 3 月 23 日，http://www.news.cn/politics/zywj/2022-03/23/c_1128497102.htm，访问时间：2022 年 12 月 13 日。

目前,社区体育的主要组织机构是街道社区体协(也称街道文体协会),街道社区体协以街道管辖区为区域范围,以基层政府派出机构——街道办事处为依托,由辖区各单位和下属各居委会共同组成,机构附设在街道文教科、文化站或社区服务中心。它是一种街道辖区内的体育联合体。街道社区体协下设辖区各单位体协、人群体协、项目体育协会、居委会体育小组等官方组织,以及晨晚练习活动站、民间活动爱好团体等草根组织(见图 5-6)。

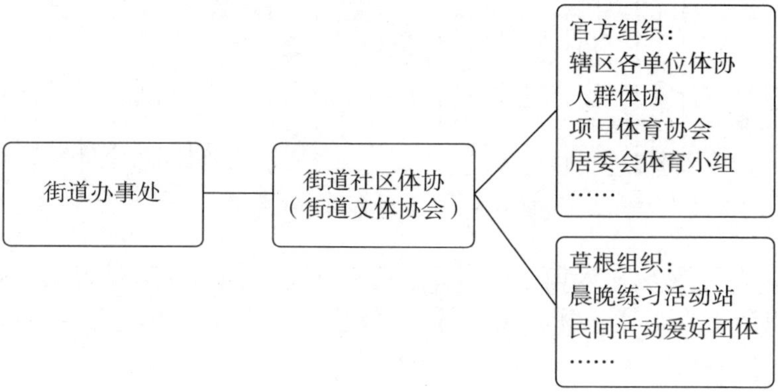

图 5-6 当前我国社区健身组织管理机构

三、国外运动健身活动的管理组织机构

(一) 美国

在美国,比较有影响力的体育组织有奥林匹克委员会、大学生体育联合会、美国国家运动与体育协会以及各种单项体育协会等。与我国不同的是,美国没有唯一总管全部体育管理部门的机构,"联邦政府有 11 个部门参与体育管理,如教育部、司法部、交通部、国防部等,涉及职业体育、大众体育、学校体育、公众健康与身体活动教育、康复以及体育场地设施的修建等"[①]。并且联邦政府管理体育的部门与各州管理体育的部门仅存在法律上的关系,而非上下级的领导与被领导的关系。

① 周兰君:《美国政府参与体育管理方式之研究》,《西安体育学院学报》2009 年第1 期。

在大众健身方面，美国奥林匹克委员会承担着促进全国体育健身活动的任务，具体工作是“协调开展全国业余体育活动，促使与其有关的各组织保持建设性的工作关系，发展和支持业余体育的国际活动”①。此外，美国还有“总统体质、运动和营养委员会”，承担促进大众健身的职能，各州也成立了职能相似的委员会，其中有超过 20 个州有专门的休闲体育管理机构。

（二）俄罗斯

目前俄罗斯的体育组织机构主要由总统府附属体育政策提案咨询组织、国家体育管理组织、民间体育管理组织和体育教育与研究机构组成。其中，总统府附属体育政策提案咨询组织是最高宏观调控机构，总统府通过其最大程度发挥体育民间组织、体育教育组织的力量，推动全俄罗斯体育事业的发展（见图 5-7）。

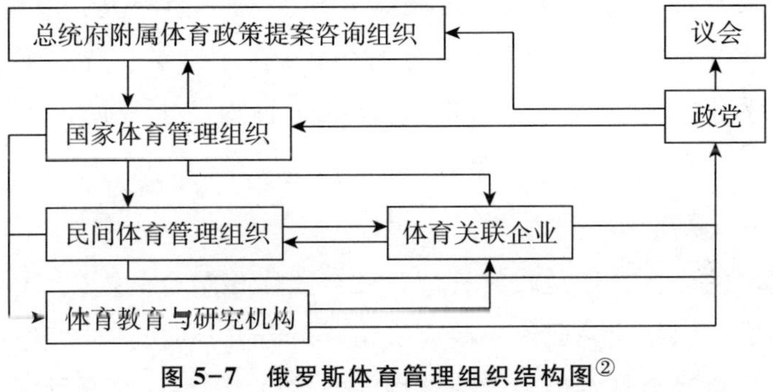

图 5-7 俄罗斯体育管理组织结构图②

总统府附属体育政策提案咨询组织由俄罗斯总统附属体育咨询与调整委员会组成，有对全俄罗斯所有体育组织机构进行调整的权力，主要工作是依据国家政策方针，制定国家体育政策并向俄罗斯总统递交提案。国家体育管理组织由国家体育观光委员会、俄罗斯联邦体育委员会、国家体育基金组成。民间体育管理组织由俄罗斯奥林匹克委员会、俄罗斯竞技团体、俄罗斯任意体育团体、俄罗斯运动员联盟、俄罗斯体育

① 苏欣编著：《群众体育的组织与管理》，东北大学出版社 2009 年版，第 10 页。

② 白海波：《俄罗斯体育管理体制改革发展研究》，《沈阳体育学院学报》2007 年第 1 期。

教练员联盟、伏劳库诺夫体育委员会和嘉西纳夫纪念基金组成。体育教育与研究机构由青少年专门的体育学校和体育大学组成。

（三）德国

德国没有政府专门设立的体育机构，而是由体育联合会等各种组织来完成国家管理体育的任务，政府在体育方面的主要工作是提出建议并为与国家体育事业相关的体育活动提供资助。德国最权威的体育管理机构是德国体育联合会，该机构总管德国的体育事务，在国家政策的制定和资源的配置上起主导作用。该机构包括 17 个州的体育联合会、55 个单项体育协会、12 个承担特殊职能的体育协会、6 个体育科学与教育协会、2 个支持性的协会——德国奥林匹克协会和德国体育协会。[①] 在大众健身方面，德国主要采取俱乐部制，各种各样的体育项目俱乐部成为德国市民健身活动的基层组织。俱乐部会聘请专业的教练或体育项目辅导员来指导市民科学运动。一般情况下，要成为俱乐部成员需要缴纳一定的会费，但青少年会费减半。这样不仅能为俱乐部带来一定的收入，还在某种程度上督促市民进行运动健身。

（四）日本

日本的体育管理是政府管理和社会团体相结合的模式，主要由三个方面的组织共同完成——政府机构、咨询部门和民间体育组织。日本体育协会是全日本最大的综合性民间体育组织，其主要目标是发展国民体育、提高运动水平并指导科研工作。日本非常重视青少年的体育，日本设有专门的青少年局和体育振兴中心来管理青少年体育，青少年局下设企划、振兴、竞技、学校健康、青少年五个科室分管相应的工作；体育振兴中心由许多社团组成，这些社团的共同目标是通过体育保障促进日本少年儿童的身体健康发展。

（五）韩国

与日本相同，韩国的体育管理也是采用政府组织与社会团体相结

① 李向东：《中国与德国体育管理体制的比较研究》，《体育文化导刊》2005 年第 6 期。

合的模式。政府组织主要有中央体育行政组织和地方各级体育行政组织，体育局通常下设体育政策科、体育振兴科、国际体育科和残疾人文化体育科来管理相应事务。社会团体包括韩国体育会、国民大众体育会、韩国残疾人体育会等。

第二节　健身活动相关立法

我国体育类的法律法规有许多，总体而言可以分为两大类：其一是由国家层面公布的体育法律法规，除了总领性质的《中华人民共和国体育法》外，还有涉及社会体育、学校体育、竞技体育、体育保障、资金保障等方方面面的法律法规；其二是由地方层面公布的体育法规，地方依据国家法律法规，结合本地区的实际情况制定相应的法规。本书主要研究体育中的运动健身，故本节的侧重点为《中华人民共和国体育法》及国家层面颁布的关乎全民健身的制度。

一、我国健身活动立法历史回顾

我国最早关于大众体育的法律可以追溯到新中国成立前夕，1949年9月29日，中国人民政治协商会议第一届全体会议一致通过了《中国人民政治协商会议共同纲领》，第48条规定"提倡国民体育"和"推广卫生医药事业，注意保护母亲、婴儿和儿童的健康"。彼时，我国政府便已注意到了大众体育的重要性。风雨七十余载，我国体育立法大致可以分为起步时期、发展时期、加速发展时期和创新时期。

（一）起步时期（1949—1956）

从新中国成立到1956年，是我国体育立法的起步时期，我国体育协会管理、竞赛制度、运动员等级制度、裁判制度、业余体校、群众体育等方方面面以立法的形式确定下来，这促使我国的体育事业开始走上正轨。起步时期的体育法通过强调群众体育、鼓励体育锻炼来提高国民的身体素质。"当时有关体育事业的法规和规范性文件近40件，其中25件是关于群众体育的规定。”①

表5-1展示了这一时期的相关文件名称。

表5-1 起步时期我国体育立法

年份	相关文件名称
1951	《关于推行广播体操运动的联合通知》《关于改善各级学校学生健康状况的决定》
1952	《中华全国体育总会章程》
1954	《关于在政府机关中开展工间操和其它体育运动的通知》
1955	《关于开展职工体育运动的暂行办法纲要》
1956	《中华人民共和国体育运动委员会组织简则》《中华人民共和国体育运动竞赛制度暂行规定(草案)》《中华人民共和国运动员等级制度条例(草案)》《中华人民共和国裁判员等级制度条例(草案)》《青年业余体育学校章程(草案)》《少年业余体育学校章程(草案)》《基层体育协会示范章程》《关于各级运动会给奖办法的暂行规定(草案)》

(二)发展时期(1957—1966)

我国在1956年完成“三大改造”,开始进入全面建设社会主义的时期,这一时期体育事业也得以快速发展,立法内容更加完善、覆盖面更加广泛。这一时期的体育法愈发注重和强调体育的政治功能,关于竞技体育和体校建设的立法增多。

1966年之后的10年,由于“文革”的影响,体育事业基本停滞,体育立法也难以发展,这十年间颁布的体育法律法规非常之少,只有1973年公布的《关于在全国中小学推行第五套广播体操的通知》和1975年公布的《国家体育锻炼标准条例》等零星的规范性文件。“文革”结束后,我国的体育立法迈上新的台阶,迎来了加速发展时期。

表5-2展示了这一时期的相关文件名称。

---

① 郭春玲、张彩红:《我国体育立法回顾与述评》,《西安体育学院学报》2008年第3期。

表 5-2　发展时期我国体育立法

年份	相关文件名称
1958	《劳动卫国体育制度条例》《中华人民共和国体育运动竞赛制度(草案)》
1963	《中华人民共和国裁判员等级制度》《中华人民共和国运动员等级制度》《运动队伍工作条例(草案)》《关于批准各项运动员全国最高纪录审查及奖励制度的通知》
1964	《青少年业余体育学校试行工作条例(草案)》《关于在男少年中开展小足球活动的联合通知》

(三) 加速发展时期(1978—1996)

经过“文革”后的拨乱反正和国家发展重心的战略调整,社会各项事业又走上了正轨,获得了新的发展。这一时期,我国的体育立法有两个主要特点:其一是出现了涉外法规,一定程度上反映出对外开放政策在体育领域的影响;其二是体育法制建设取得了重大进展,1995年颁布的我国第一部《中华人民共和国体育法》标志着中国体育全面走上法制化的轨道,群众体育的基础地位第一次以法律的形式确立下来,体育社团、公民体育活动的权利和义务都获得了法律保障。同时,《全民健身计划纲要》的提出第一次让全民健身成为一项系统规划和长期发展的国家战略。

表 5-3 展示了这一时期的相关文件名称。

表 5-3　加速发展时期我国体育立法

年份	相关文件名称
1981	《裁判员守则》《外国登山或登山旅游团体来华登山的规定》
1982	《国家体育锻炼标准》《仲裁委员会条例》
1984	《关于进一步发展体育运动的通知》
1986	《国家体委关于体育体制改革的决定(草案)》
1987	《关于制定体育法规程序的规定》
1991	《体育运动学校学生学籍管理办法》

（续表）

年份	相关文件名称
1993	《社会体育指导员技术等级制度》
1995	《中华人民共和国体育法》《全民健身计划纲要》
1996	《关于深化改革加快发展县级体育事业的意见》
1999	《关于加快体育俱乐部发展和加强体育俱乐部管理的意见》

（四）创新时期(1997 年至今)

1997 年党的十五大正式提出“依法治国”的基本治国方针，要求实现从以政策为主导的调控结构向以法律为主导的调控结构过渡的新的更高的飞跃。自此体育立法也进入创新时期，除了巩固群众体育基础地位外，还以法律法规的形式保障了老年人、残疾人等特定群体的体育运动权利。从 1997 年后的法律法规中可以看出，国家通过立法削弱了政府的行政作用，突出了社会力量办体育，并且出台了更多的政策条例帮助和规范全民健身的开展。

表 5-4 展示了这一时期的相关文件名称。

表 5-4　创新时期我国体育立法

年份	相关文件名称
1999	《关于加强老年人体育工作的通知》《关于加强健身气功活动管理有关问题意见的通知》
2000	《关于加强社区残疾人工作的意见》
2001	《国民体质监测工作规定》《全国性体育社会团体管理暂行办法》
2002	《关于进一步加强和改进新时期体育工作的意见》《农村体育工作暂行规定》《奥林匹克标志保护条例》
2003	《公共文化体育设施条例》
2004	《反兴奋剂条例》
2005	《关于下发总局行政许可项目审批条件及程序的通知》
2006	《关于实施农民体育健身工程的意见》《体育事业“十一五”规划》

（续表）

年份	相关文件名称
2007	《关于加强青少年体育增强青少年体质的意见》
2009	《全民健身条例》
2011	《社会体育指导员管理办法》《体育产业"十二五"规划》
2014	《国务院关于加快发展体育产业促进体育消费的若干意见》
2016	《体育产业发展"十三五"规划》
2019	《体育强国建设纲要》《关于促进全民健身和体育消费推动体育产业高质量发展的意见》
2020	《关于全面加强和改进新时代学校体育工作的意见》《2020年全国体育政策法规规划工作要点》
2021	《"十四五"体育发展规划》《体育总局加强社会主义体育法治文化建设工作方案》
2022	《2022年全国体育政策法规规划工作要点》《中华人民共和国体育法》

二、当前我国运动健身立法评述

（一）《中华人民共和国体育法》

1995年8月29日，第八届全国人民代表大会常务委员会第十五次会议通过了《中华人民共和国体育法》（以下简称《体育法》），这标志着我国的体育工作开始进入依法行政、依法治体的新阶段，也填补了国家立法的空白。

1995年颁布的《体育法》共有八章。八章分别为总则、社会体育、学校体育、竞技体育、体育社会团体、保障条件、法律责任和附则。总则第二条明确提出"国家发展体育事业，开展群众性的体育活动，提高全民族身体素质。体育工作坚持以开展全民健身活动为基础，实行普及与提高相结合，促进各类体育协调发展"，第一次以法律的形式巩固了群众体育的基础地位。总则还提出"国家鼓励企业事业组织、社会团体和公民兴办和支持体育事业”。在大众运动健身方面，强调了社会体育的目的是“增进身心健康”，并提出“推行全民健身计划，实施体育锻炼标准，进行体质监测”，通过“实行社会体育指导员技术等级制度”来指导群众健身活动的开展。除了一般性的健身活动外，《体育法》还明确提出要“鼓励、支持民族、民间传统体育项目”“关心、支持老年人、残疾人参加体育活动”“为老年人、残疾人参加体育活动提供方便”。

2009 年 8 月 27 日，第十一届全国人民代表大会常务委员会第十次会议《关于修改部分法律的决定》中将《体育法》第四十七条“用于全国性、国际性体育竞赛的体育器材和用品，必须经国务院体育行政部门指定的机构审定”删去。

总体而言，《体育法》中关于社会体育即大众健身活动的规定占有较大的比重，不但设立了专门的章节，而且这部法律的整体内容都与社会体育有直接的关系。《体育法》的颁布与实施是我国体育史上的里程碑，更是我国大众健身发展史上的里程碑，使我国体育事业进入到科学、依法发展的新时期。特别是对于大众健身而言，《体育法》不仅从思想上奠定了社会体育的基础地位，更从法律上为全民健身的开展提供了保障，也提供了发展方式的指引。

2022 年 6 月 24 日，《中华人民共和国体育法》由十三届全国人大常委会第三十五次会议修订通过，并于 2023 年 1 月 1 日起施行（见本章后附 1）。这是体育法自 1995 年颁布实施后，时隔 27 年进行的首次全面系统的修订。此次体育法的全新修订丰富完善了体育法治基本制度，开启了我国体育法治建设的崭新篇章。其中，新修订的《体育法》将原本第二章“社会体育”章名修改为“全民健身”，明确国家实施全民健身战略，构建全民健身公共服务体系，鼓励和支持公民参加健身活动，促进全民健身与全民健康深度融合。

体育法从体制机制、科学指导、保障条件等方面积极引导大家参加全民健身活动，从而保障人民群众参与体育活动的基本权利。具体表现在四个方面：一是国家建立全民健身工作协调机制，推行全民健身计划，制定和实施体育锻炼标准，并要求县级以上人民政府定期组织评估，以加强对全民健身工作的领导和协调，推动全民健身活动的贯彻落实。二是确立社会指导员制度，充分发挥社会指导员对全民健身活动的指导作用，帮助群众实现科学健身。三是扩大公共体育服务供给，促进体育资源开放共享。四是为重点人群参与体育运动提供特殊保障，规定公共体育场地设施对未成年人、老年人、残疾人等实行优惠。

（二）从《全民健身计划纲要》到《全民健身条例》

1.《全民健身计划纲要》

1995 年 6 月 20 日，国务院公布了《全民健身计划纲要》（以下简称《纲要》，见本章后附 2），这是国家发展社会体育事业的一项重大决策，也是 20 世纪末至 21 世纪初我国发展全民健身事业的纲领性文件。《纲要》确定了全民健身计划总体目标和任务，依据是“实现社会主义现代化建设第二步战略目标的要求”和“建立社会主义市场经济体制的要求”。鉴于全民健身是长期工程，全民健身计划又带有战略性，《纲要》提出将全民健身工程分为两期。“第一期工程自 1995—2000 年，分为三个阶段：1995—1996 年为第一阶段，进行宣传发动和改革试点，初步掀起一个全民健身活动热潮。1997—1998 年为第二阶段，通过重点实施、逐步推进，形成崇尚健身、参与健身的社会环境和社会风气。1999—2000 年为第三阶段，全面展开全民健身计划的各项工作并普遍取得成效，建立具有中国特色的全民健身体系的基本框架。第二期工程自 2001—2010 年，经过十年的努力，把全民健身工作提高到一个新的水平，基本建成具有中国特色的全民健身体系。”

2.《全民健身条例》

为了保障公民在全民健身活动中的合法权益，提高公民身体素质，2009 年 8 月 30 日，国务院公布了《全民健身条例》（以下简称《条例》，其总则见本章后附 3），于 2009 年 10 月 1 日起正式实施。制定《条例》的主要思路是：在组织方面，坚持政府统一领导、部门各负其责、社会共同支持、全民积极参与，组织公众从日常工作中抽出部分时间投身全民健身运动；在管理方面，政府加大对农村地区和城市社区等基层公共体育设施建设的投入，明确管理责任，扩大现有公共体育设施的开放范围,促进全民健身事业均衡、协调发展;在安全方面,加强对高危险性体育项目经营活动的监管,加强社会体育指导人员队伍建设,确保公众参加健身活动的安全。

与《纲要》不同的是,《条例》是我国第一部关于全民健身的工作条例,对于全民健身工作具有法律效力。《条例》确认了包括全民健身制度的政府支持、事业促进、鼓励制度等法律制度,解决了《纲要》执行力弱的问题,规范了各管理主体的职责以及公民参与全民健身活动的法律“身份”。

三、国外运动健身立法

(一) 法国

从世界体育的历史来看,法国可以称作体育强国,并对现代体育的发展做出了重大贡献。法国人顾拜旦推动了国际奥委会的成立,被称作“现代奥林匹克之父”。除此之外,国际足联最早成立于法国巴黎,并由法国人担任第一任主席。法国的体育法制进程比我国起步早近十年,1984 年法国颁布了《法国大众与竞技体育活动的组织和促进法》,并于 1994 年修订。该法包括体育运动的组织和运动训练组织与安排两大部分,其中第一部分包括十章,分别为:体育运动组织结构、体育联合会和单项协会、地区性部门的作用、各类公司的体育运动工作、高水平竞技运动、全国体育运动理事会工作、国家科研与技术委员会的工作、义务监督与保险、体育设施以及体育活动中的安全。该体育法体现出对个人参加体育运动的重视和保障。

(二) 俄罗斯

1999 年俄罗斯颁布了第一部专门的体育法律——《俄联邦体育运动法》,2008 年对其进行了修订和完善。在大众健身活动方面,俄罗斯将在职人员、大中小学生、残疾人、老年人归入群众体育范畴,根据比例规定设置运动俱乐部的比例,并将方案推广到 83 个行政辖区。

(三) 日本

日本的体育法可以追溯到 1961 年的《日本体育运动振兴法》,该法律作为业余体育基本法颁布实施,主要用于促进体育运动和发展体育教育，昭示了日本的体育法注重“普及”的特点。2011 年，根据社会发展新情况，日本公布了新的体育法——《体育基本法》。如同之前的法律，《体育基本法》也注重国民体育的进步和发展，如第六条的促进国民参与与支持，第二十二条的组织和支持居民参加各种运动会、比赛，第二十三条的开展“体育日”等，都体现了日本政府对于大众体育的重视，努力通过立法确定体育的地位，提高全民终身体育的意识，激励大众参与体育运动。

第三节 健身活动的运行机制

全民健身可谓是一件“功在当代，利在千秋”的大事，建成具有中国特色的全民健身体系并非一蹴而就，而是一个庞大的系统工程，它不仅需要精心计划，更需要付出时间去实践；不仅需要体育部门的努力，更需要各部门、各系统的通力协作，这样才能确保全民健身工程的顺利进行，切实让广大人民群众通过健身活动获益。

一、健身活动运行机制

（一）内部运行机制

1. 运行主体

当前，健身活动的运行主体主要是从国家到地方的各级体育部门，但又不局限于体育部门，而是呈现出多元化的特征。全民健身是一项涉及各个领域、各个组织的大工程，因此，每个行政机构都根据国家制定的社会体育的方针政策，在各自的领域制定了一套运行机制来发展全民健身。

总体而言，各行政组织分为三级来推行全民健身计划，最上级为决策领导级别，主要根据国家颁布的法律法规制订本系统内的计划，如国家体育总局、中华全国体育总会、教育部、妇联、青年团以及各行各业的体育协会；第二级为管理级别，由各个地方机构构成；第三级为执行级别，关于全民健身的具体实践由县、镇、街道、社区开展。

2. 运行目标

各主体在运行的过程中，都有各自不同的目标。比如教育部更注重将体育作为教育的方式，通过体育活动提升青少年的身体、心理素质，促进教育与体育相辅相成；妇联更注重女性体育的开展，其目标群体是各行各业的女性；各体育协会更加注重体育活动所带来的经济效益和商业价值。虽然各主体的目标不尽相同，但其最终目标都是大力推行全民健身，通过社会体育的发展，带动社会和经济的发展，因此不同的运行主体得以相互协助、相互促进。

3. 运行动力

"我国社会体育运行的动力，主要来源于行政主体和非行政主体之间的利益关系。各级行政主体所追求的利益，即提升国民的体质健康水平，活跃社区体育文化……非行政主体所追求的利益，即个体和群体所需要的健身、娱乐、竞技、人际交往、感受团队精神以及提高体育人文素养等现代生活所需求的利益。"①因此，健身活动运行的动力主要蕴含在各运行主体间利益需求的关系之中，不同主体与体育发生关系，互相推动，形成健身活动在全民中推广和运行的新局面。

（二）系统间互动机制

随着市场经济的发展，社会系统、市场系统介入健身活动的运行，并与政府行政系统共同推动着全民健身活动的发展（见图 5-8）。

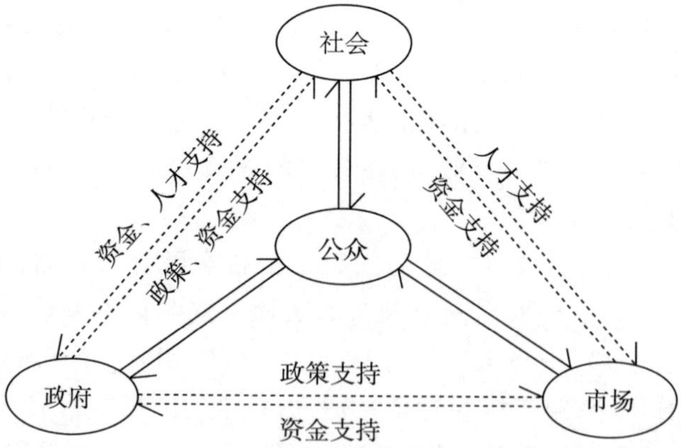

图 5-8　系统间的互动关系图

① 郝招：《我国社会体育运行机制问题研究》，《甘肃社会科学》2009 年第 2 期。

从图中可以看出，在系统间的互动中，政府根据市场的发展变化，制定或调整政策以支持社会和市场系统的运行，而社会和市场也会对政府予以资金、人才等回报。市场的发展会以赞助等形式为社会办体育提供资金，同时社会也为其提供了优质人才帮助其发展。三个不同的系统间的良性互动和运行，推动了健身活动的开展，公众由此受益，进而更加频繁、深入且便捷地参与到健身活动中，提升身体素质的同时也通过参与活动、购买体育用品等方式回馈了市场，实现了互利共赢。

推荐阅读

1. 赵晶、闫育东:《我国“后奥运时代”体育管理组织系统的优化与重构》，光明日报出版社 2011 年版。

2. 于军等:《全民健身服务实践体系建设研究》，中国书籍出版社 2013 年版。

3. 罗普磷主编:《社会体育管理学教程》，北京体育大学出版社 2009 年版。

4. 苏欣编著:《群众体育的组织与管理》，东北大学出版社 2009 年版。

5. 苗大培:《“第三部门”与全民健身服务体系——国家与社会共建的理论研究》，北京体育大学出版社 2009 年版。

6. 张发强:《全民健身综论》，人民体育出版社 2007 年版。

7. 王建中主编:《体育法学》，北京师范大学出版社 2010 年版。

8. 黄世席:《欧洲体育法研究》，武汉大学出版社 2010 年版。

9. 张立等:《我国体育组织机构研究》，《体育文化导刊》2014 年第 7 期。

10. 周兰君:《美国政府参与体育管理方式之研究》，《西安体育学院学报》2009 年第 1 期。

11. 白海波:《俄罗斯体育管理体制改革发展研究》，《沈阳体育学院学报》2007 年第 1 期。

12. 李向东:《中国与德国体育管理体制的比较研究》，《体育文化导刊》2005 年第 6 期。

13. 郭春玲、张彩红:《我国体育立法回顾与述评》，《西安体育学院学报》2008 年第 3 期。

14. 郝招:《我国社会体育运行机制问题研究》，《甘肃社会科学》2009 年第 2 期。

附 1

中华人民共和国体育法

（1995 年 8 月 29 日第八届全国人民代表大会常务委员会第十五次会议通过　根据 2009 年 8 月 27 日第十一届全国人民代表大会常务委员会第十次会议《关于修改部分法律的决定》第一次修正　根据 2016 年 11 月 7 日第十二届全国人民代表大会常务委员会第二十四次会议《关于修改〈中华人民共和国对外贸易法〉等十二部法律的决定》第二次修正　2022 年 6 月 24 日第十三届全国人民代表大会常务委员会第三十五次会议修订）

目录

第一章　总　则

第一条　为了促进体育事业，弘扬中华体育精神，培育中华体育文化，发展体育运动，增强人民体质，根据宪法，制定本法。

第二条　体育工作坚持中国共产党的领导，坚持以人民为中心，以全民健身为基础，普及与提高相结合，推动体育事业均衡、充分发展，推进体育强国和健康中国建设。

第三条　县级以上人民政府应当将体育事业纳入国民经济和社

会发展规划。

第四条　国务院体育行政部门主管全国体育工作。国务院其他有关部门在各自的职责范围内管理相关体育工作。

县级以上地方人民政府体育行政部门主管本行政区域内的体育工作。县级以上地方人民政府其他有关部门在各自的职责范围内管理相关体育工作。

第五条　国家依法保障公民平等参与体育活动的权利，对未成年人、妇女、老年人、残疾人等参加体育活动的权利给予特别保障。

第六条　国家扩大公益性和基础性公共体育服务供给，推动基本公共体育服务均等化，逐步健全全民覆盖、普惠共享、城乡一体的基本公共体育服务体系。

第七条　国家采取财政支持、帮助建设体育设施等措施，扶持革命老区、民族地区、边疆地区、经济欠发达地区体育事业的发展。

第八条　国家鼓励、支持优秀民族、民间、民俗传统体育项目的发掘、整理、保护、推广和创新，定期举办少数民族传统体育运动会。

第九条　开展和参加体育活动，应当遵循依法合规、诚实守信、尊重科学、因地制宜、勤俭节约、保障安全的原则。

第十条　国家优先发展青少年和学校体育，坚持体育和教育融合，文化学习和体育锻炼协调，体魄与人格并重，促进青少年全面发展。

第十一条　国家支持体育产业发展，完善体育产业体系，规范体育市场秩序，鼓励扩大体育市场供给，拓宽体育产业投融资渠道，促进体育消费。

第十二条　国家支持体育科学研究和技术创新，培养体育科技人才，推广应用体育科学技术成果，提高体育科学技术水平。

第十三条　国家对在体育事业发展中做出突出贡献的组织和个人，按照有关规定给予表彰和奖励。

第十四条　国家鼓励开展对外体育交往，弘扬奥林匹克精神，支持参与国际体育运动。

对外体育交往坚持独立自主、平等互利、相互尊重的原则，维护国家主权、安全、发展利益和尊严，遵守中华人民共和国缔结或者参加的国际条约。

第十五条　每年8月8日全民健身日所在周为体育宣传周。

第二章　全民健身

第十六条　国家实施全民健身战略，构建全民健身公共服务体系，鼓励和支持公民参加健身活动，促进全民健身与全民健康深度融合。

第十七条　国家倡导公民树立和践行科学健身理念，主动学习健身知识，积极参加健身活动。

第十八条　国家推行全民健身计划，制定和实施体育锻炼标准，定期开展公民体质监测和全民健身活动状况调查，开展科学健身指导工作。

国家建立全民健身工作协调机制。

县级以上人民政府应当定期组织有关部门对全民健身计划实施情况进行评估，并将评估情况向社会公开。

第十九条　国家实行社会体育指导员制度。社会体育指导员对全民健身活动进行指导。

社会体育指导员管理办法由国务院体育行政部门规定。

第二十条　地方各级人民政府和有关部门应当为全民健身活动提供必要的条件，支持、保障全民健身活动的开展。

第二十一条　国家机关、企业事业单位和工会、共产主义青年团、妇女联合会、残疾人联合会等群团组织应当根据各自特点，组织开展日常体育锻炼和各级各类体育运动会等全民健身活动。

第二十二条　居民委员会、村民委员会以及其他社区组织应当结合实际，组织开展全民健身活动。

第二十三条　全社会应当关心和支持未成年人、妇女、老年人、残疾人参加全民健身活动。各级人民政府应当采取措施，为未成年人、妇女、老年人、残疾人安全参加全民健身活动提供便利和保障。

第三章　青少年和学校体育

第二十四条　国家实行青少年和学校体育活动促进计划，健全青少年和学校体育工作制度，培育、增强青少年体育健身意识，推动青少年和学校体育活动的开展和普及，促进青少年身心健康和体魄强健。

第二十五条　教育行政部门和学校应当将体育纳入学生综合素质评价范围，将达到国家学生体质健康标准要求作为教育教学考核的重要内容，培养学生体育锻炼习惯，提升学生体育素养。

体育行政部门应当在传授体育知识技能、组织体育训练、举办体育赛事活动、管理体育场地设施等方面为学校提供指导和帮助，并配合教育行政部门推进学校运动队和高水平运动队建设。

第二十六条　学校必须按照国家有关规定开齐开足体育课，确保体育课时不被占用。

学校应当在体育课教学时，组织病残等特殊体质学生参加适合其特点的体育活动。

第二十七条　学校应当将在校内开展的学生课外体育活动纳入教学计划，与体育课教学内容相衔接，保障学生在校期间每天参加不少于一小时体育锻炼。

鼓励学校组建运动队、俱乐部等体育训练组织，开展多种形式的课余体育训练，有条件的可组建高水平运动队，培养竞技体育后备人才。

第二十八条　国家定期举办全国学生(青年)运动会。地方各级人民政府应当结合实际，定期组织本地区学生(青年)运动会。

学校应当每学年至少举办一次全校性的体育运动会。

鼓励公共体育场地设施免费向学校开放使用，为学校举办体育运动会提供服务保障。

鼓励学校开展多种形式的学生体育交流活动。

第二十九条　国家将体育科目纳入初中、高中学业水平考试范围，建立符合学科特点的考核机制。

病残等特殊体质学生的体育科目考核，应当充分考虑其身体状况。

第三十条　学校应当建立学生体质健康检查制度。教育、体育和卫生健康行政部门应当加强对学生体质的监测和评估。

第三十一条　学校应当按照国家有关规定，配足合格的体育教师，保障体育教师享受与其他学科教师同等待遇。

学校可以设立体育教练员岗位。

学校优先聘用符合相关条件的优秀退役运动员从事学校体育教学、训练活动。

第三十二条　学校应当按照国家有关标准配置体育场地、设施和器材，并定期进行检查、维护，适时予以更新。

学校体育场地必须保障体育活动需要，不得随意占用或者挪作他用。

第三十三条　国家建立健全学生体育活动意外伤害保险机制。

教育行政部门和学校应当做好学校体育活动安全管理和运动伤害风险防控。

第三十四条　幼儿园应当为学前儿童提供适宜的室内外活动场地和体育设施、器材，开展符合学前儿童特点的体育活动。

第三十五条　各级教育督导机构应当对学校体育实施督导，并向社会公布督导报告。

第三十六条　教育行政部门、体育行政部门和学校应当组织、引导青少年参加体育活动，预防和控制青少年近视、肥胖等不良健康状况，家庭应当予以配合。

第三十七条　体育行政部门会同有关部门引导和规范企业事业单位、社会组织和体育专业人员等为青少年提供体育培训等服务。

第三十八条　各级各类体育运动学校应当对适龄学生依法实施义务教育，并根据国务院体育行政部门制定的教学训练大纲开展业余体育训练。

教育行政部门应当将体育运动学校的文化教育纳入管理范围。

各级人民政府应当在场地、设施、资金、人员等方面对体育运动学校予以支持。

第四章　竞技体育

第三十九条　国家促进竞技体育发展，鼓励运动员提高竞技水平，在体育赛事中创造优异成绩，为国家和人民争取荣誉。

第四十条　国家促进和规范职业体育市场化、职业化发展，提高职业体育赛事能力和竞技水平。

第四十一条　国家加强体育运动学校和体育传统特色学校建设，鼓励、支持开展业余体育训练，培养优秀的竞技体育后备人才。

第四十二条　国家加强对运动员的培养和管理，对运动员进行爱国主义、集体主义和社会主义教育，以及道德、纪律和法治教育。

运动员应当积极参加训练和竞赛，团结协作，勇于奉献，顽强拼搏，不断提高竞技水平。

第四十三条　国家加强体育训练科学技术研究、开发和应用，对运动员实行科学、文明的训练，维护运动员身心健康。

第四十四条　国家依法保障运动员接受文化教育的权利。

体育行政部门、教育行政部门应当保障处于义务教育阶段的运动员完成义务教育。

第四十五条　国家依法保障运动员选择注册与交流的权利。

运动员可以参加单项体育协会的注册，并按照有关规定进行交流。

第四十六条　国家对优秀运动员在就业和升学方面给予优待。

第四十七条　各级人民政府加强对退役运动员的职业技能培训和社会保障，为退役运动员就业、创业提供指导和服务。

第四十八条　国家实行体育运动水平等级、教练员职称等级和裁判员技术等级制度。

第四十九条　代表国家和地方参加国际、国内重大体育赛事的运动员和运动队，应当按照公开、公平、择优的原则选拔和组建。

运动员选拔和运动队组建办法由国务院体育行政部门规定。

第五十条　国家对体育赛事活动实行分级分类管理，具体办法由国务院体育行政部门规定。

第五十一条　体育赛事实行公平竞争的原则。

体育赛事活动组织者和运动员、教练员、裁判员应当遵守体育道德和体育赛事规则，不得弄虚作假、营私舞弊。

严禁任何组织和个人利用体育赛事从事赌博活动。

第五十二条　在中国境内举办的体育赛事，其名称、徽记、旗帜及吉祥物等标志按照国家有关规定予以保护。

未经体育赛事活动组织者等相关权利人许可，不得以营利为目的采集或者传播体育赛事活动现场图片、音视频等信息。

第五章 反兴奋剂

第五十三条 国家提倡健康文明、公平竞争的体育运动，禁止在体育运动中使用兴奋剂。

任何组织和个人不得组织、强迫、欺骗、教唆、引诱体育运动参加者在体育运动中使用兴奋剂，不得向体育运动参加者提供或者变相提供兴奋剂。

第五十四条 国家建立健全反兴奋剂制度。

县级以上人民政府体育行政部门会同卫生健康、教育、公安、工信、商务、药品监管、交通运输、海关、农业、市场监管等部门，对兴奋剂问题实施综合治理。

第五十五条 国务院体育行政部门负责制定反兴奋剂规范。

第五十六条 国务院体育行政部门会同国务院药品监管、卫生健康、商务、海关等部门制定、公布兴奋剂目录，并动态调整。

第五十七条 国家设立反兴奋剂机构。反兴奋剂机构及其检查人员依照法定程序开展检查，有关单位和人员应当予以配合，任何单位和个人不得干涉。

反兴奋剂机构依法公开反兴奋剂信息，并接受社会监督。

第五十八条 县级以上人民政府体育行政部门组织开展反兴奋剂宣传、教育工作，提高体育活动参与者和公众的反兴奋剂意识。

第五十九条 国家鼓励开展反兴奋剂科学技术研究，推广先进的反兴奋剂技术、设备和方法。

第六十条 国家根据缔结或者参加的有关国际条约，开展反兴奋剂国际合作，履行反兴奋剂国际义务。

第六章 体育组织

第六十一条 国家鼓励、支持体育组织依照法律法规和章程开展体育活动，推动体育事业发展。

国家鼓励体育组织积极参加国际体育交流合作，参与国际体育运动规则的制定。

第六十二条 中华全国体育总会和地方各级体育总会是团结各类体育组织和体育工作者、体育爱好者的群众性体育组织,应当在发展体育事业中发挥作用。

第六十三条 中国奥林匹克委员会是以发展体育和推动奥林匹克运动为主要任务的体育组织,代表中国参与国际奥林匹克事务。

第六十四条 体育科学社会团体是体育科学技术工作者的学术性体育社会组织,应当在发展体育科技事业中发挥作用。

第六十五条 全国性单项体育协会是依法登记的体育社会组织,代表中国参加相应的国际单项体育组织,根据章程加入中华全国体育总会、派代表担任中国奥林匹克委员会委员。

全国性单项体育协会负责相应项目的普及与提高,制定相应项目技术规范、竞赛规则、团体标准,规范体育赛事活动。

第六十六条 单项体育协会应当依法维护会员的合法权益,积极向有关单位反映会员的意见和建议。

第六十七条 单项体育协会应当接受体育行政部门的指导和监管,健全内部治理机制,制定行业规则,加强行业自律。

第六十八条 国家鼓励发展青少年体育俱乐部、社区健身组织等各类自治性体育组织。

第七章 体育产业

第六十九条 国家制定体育产业发展规划,扩大体育产业规模,增强体育产业活力,促进体育产业高质量发展,满足人民群众多样化体育需求。

县级以上人民政府应当建立政府多部门合作的体育产业发展工作协调机制。

第七十条 国家支持和规范发展体育用品制造、体育服务等体育产业,促进体育与健康、文化、旅游、养老、科技等融合发展。

第七十一条 国家支持体育用品制造业创新发展,鼓励企业加大研发投入,采用新技术、新工艺、新材料,促进体育用品制造业转型升级。

国家培育健身休闲、竞赛表演、场馆服务、体育经纪、体育培训等服务业态，提高体育服务业水平和质量。

符合条件的体育产业，依法享受财政、税收、土地等优惠政策。

第七十二条　国家完善职业体育发展体系，拓展职业体育发展渠道，支持运动员、教练员职业化发展，提高职业体育的成熟度和规范化水平。

职业体育俱乐部应当健全内部治理机制，完善法人治理结构，充分发挥其市场主体作用。

第七十三条　国家建立健全区域体育产业协调互动机制，推动区域间体育产业资源交流共享，促进区域体育协调发展。

国家支持地方发挥资源优势，发展具有区域特色、民族特色的体育产业。

第七十四条　国家鼓励社会资本投入体育产业，建设体育设施，开发体育产品，提供体育服务。

第七十五条　国家鼓励有条件的高等学校设置体育产业相关专业，开展校企合作，加强职业教育和培训，培养体育产业专业人才，形成有效支撑体育产业发展的人才队伍。

第七十六条　国家完善体育产业统计体系，开展体育产业统计监测，定期发布体育产业数据。

第八章　保障条件

第七十七条　县级以上人民政府应当将体育事业经费列入本级预算，建立与国民经济和社会发展相适应的投入机制。

第七十八条　国家鼓励社会力量发展体育事业，鼓励对体育事业的捐赠和赞助，保障参与主体的合法权益。

通过捐赠财产等方式支持体育事业发展的，依法享受税收优惠等政策。

第七十九条　国家有关部门应当加强对体育资金的管理，任何单位和个人不得侵占、挪用、截留、克扣、私分体育资金。

第八十条　国家支持通过政府购买服务的方式提供公共体育服务，提高公共体育服务水平。

第八十一条　县级以上地方人民政府应当按照国家有关规定，根据本行政区域经济社会发展水平、人口结构、环境条件以及体育事业发展需要，统筹兼顾，优化配置各级各类体育场地设施，优先保障全民健身体育场地设施的建设和配置。

第八十二条　县级以上地方人民政府应当将本行政区域内公共体育场地设施的建设纳入国民经济和社会发展规划、国土空间规划，未经法定程序不得变更。

公共体育场地设施的规划设计和竣工验收，应当征求本级人民政府体育行政部门意见。

公共体育场地设施的设计和建设，应当符合国家无障碍环境建设要求，有效满足老年人、残疾人等特定群体的无障碍需求。

第八十三条　新建、改建、扩建居住社区，应当按照国家有关规定，同步规划、设计、建设用于居民日常健身的配套体育场地设施。

第八十四条　公共体育场地设施管理单位应当公开向社会开放的办法，并对未成年人、老年人、残疾人等实行优惠。

免费和低收费开放的体育场地设施，按照有关规定享受补助。

第八十五条　国家推进体育公园建设，鼓励地方因地制宜发展特色体育公园，推动体育公园免费开放，满足公民体育健身需求。

第八十六条　国家鼓励充分、合理利用旧厂房、仓库、老旧商业设施等闲置资源建设用于公民日常健身的体育场地设施，鼓励和支持机关、学校、企业事业单位的体育场地设施向公众开放。

第八十七条　任何单位和个人不得侵占公共体育场地设施及其建设用地，不得擅自拆除公共体育场地设施，不得擅自改变公共体育场地设施的功能、用途或者妨碍其正常使用。

因特殊需要临时占用公共体育场地设施超过十日的，应当经本级人民政府体育行政部门同意；超过三个月的，应当报上一级人民政府体育行政部门批准。

经批准拆除公共体育场地设施或者改变其功能、用途的，应当依照国家有关法律、行政法规的规定先行择地重建。

第八十八条　县级以上地方人民政府应当建立全民健身公共场

地设施的维护管理机制，明确管理和维护责任。

第八十九条　国家发展体育专业教育，鼓励有条件的高等学校培养教练员、裁判员、体育教师等各类体育专业人才，鼓励社会力量依法开展体育专业教育。

第九十条　国家鼓励建立健全运动员伤残保险、体育意外伤害保险和场所责任保险制度。

大型体育赛事活动组织者应当和参与者协商投保体育意外伤害保险。

高危险性体育赛事活动组织者应当投保体育意外伤害保险。

高危险性体育项目经营者应当投保体育意外伤害保险和场所责任保险。

第九章　体育仲裁

第九十一条　国家建立体育仲裁制度，及时、公正解决体育纠纷，保护当事人的合法权益。

体育仲裁依法独立进行，不受行政机关、社会组织和个人的干涉。

第九十二条　当事人可以根据仲裁协议、体育组织章程、体育赛事规则等，对下列纠纷申请体育仲裁：

（一）对体育社会组织、运动员管理单位、体育赛事活动组织者按照兴奋剂管理或者其他管理规定作出的取消参赛资格、取消比赛成绩、禁赛等处理决定不服发生的纠纷；

（二）因运动员注册、交流发生的纠纷；

（三）在竞技体育活动中发生的其他纠纷。

《中华人民共和国仲裁法》规定的可仲裁纠纷和《中华人民共和国劳动争议调解仲裁法》规定的劳动争议，不属于体育仲裁范围。

第九十三条　国务院体育行政部门依照本法组织设立体育仲裁委员会，制定体育仲裁规则。

体育仲裁委员会由体育行政部门代表、体育社会组织代表、运动员代表、教练员代表、裁判员代表以及体育、法律专家组成，其组成人数应当是单数。

体育仲裁委员会应当设仲裁员名册。仲裁员具体条件由体育仲裁规则规定。

第九十四条　体育仲裁委员会裁决体育纠纷实行仲裁庭制。仲裁庭组成人数应当是单数,具体组成办法由体育仲裁规则规定。

第九十五条　鼓励体育组织建立内部纠纷解决机制,公平、公正、高效地解决纠纷。

体育组织没有内部纠纷解决机制或者内部纠纷解决机制未及时处理纠纷的,当事人可以申请体育仲裁。

第九十六条　对体育社会组织、运动员管理单位、体育赛事活动组织者的处理决定或者内部纠纷解决机制处理结果不服的,当事人自收到处理决定或者纠纷处理结果之日起二十一日内申请体育仲裁。

第九十七条　体育仲裁裁决书自作出之日起发生法律效力。

裁决作出后,当事人就同一纠纷再申请体育仲裁或者向人民法院起诉的,体育仲裁委员会或者人民法院不予受理。

第九十八条　有下列情形之一的,当事人可以自收到仲裁裁决书之日起三十日内向体育仲裁委员会所在地的中级人民法院申请撤销裁决:

(一)适用法律、法规确有错误的;

(二)裁决的事项不属于体育仲裁受理范围的;

(三)仲裁庭的组成或者仲裁的程序违反有关规定,足以影响公正裁决的;

(四)裁决所根据的证据是伪造的;

(五)对方当事人隐瞒了足以影响公正裁决的证据的;

(六)仲裁员在仲裁该案时有索贿受贿、徇私舞弊、枉法裁决行为的。

人民法院经组成合议庭审查核实裁决有前款规定情形之一的,或者认定裁决违背社会公共利益的,应当裁定撤销。

人民法院受理撤销裁决的申请后,认为可以由仲裁庭重新仲裁的,通知仲裁庭在一定期限内重新仲裁,并裁定中止撤销程序。仲裁庭拒绝重新仲裁的,人民法院应当裁定恢复撤销程序。

第九十九条　当事人应当履行体育仲裁裁决。一方当事人不履行的，另一方当事人可以依照《中华人民共和国民事诉讼法》的有关规定向人民法院申请执行。

第一百条　需要即时处理的体育赛事活动纠纷，适用体育仲裁特别程序。

特别程序由体育仲裁规则规定。

第十章　监督管理

第一百零一条　县级以上人民政府体育行政部门和有关部门应当积极履行监督检查职责，发现违反本法规定行为的，应当及时做出处理。对不属于本部门主管事项的，应当及时书面通知并移交相关部门查处。

第一百零二条　县级以上人民政府体育行政部门对体育赛事活动依法进行监管，对赛事活动场地实施现场检查，查阅、复制有关合同、票据、账簿，检查赛事活动组织方案、安全应急预案等材料。

县级以上人民政府公安、市场监管、应急管理等部门按照各自职责对体育赛事活动进行监督管理。

体育赛事活动组织者应当履行安全保障义务，提供符合要求的安全条件，制定风险防范及应急处置预案等保障措施，维护体育赛事活动的安全。

体育赛事活动因发生极端天气、自然灾害、公共卫生事件等突发事件，不具备办赛条件的，体育赛事活动组织者应当及时予以中止；未中止的，县级以上人民政府应当责令其中止。

第一百零三条　县级以上人民政府市场监管、体育行政等部门按照各自职责对体育市场进行监督管理。

第一百零四条　国家建立体育项目管理制度，新设体育项目由国务院体育行政部门认定。

体育项目目录每四年公布一次。

第一百零五条　经营高危险性体育项目，应当符合下列条件，并向县级以上地方人民政府体育行政部门提出申请：

（一）相关体育设施符合国家标准；

（二）具有达到规定数量的取得相应国家职业资格证书或者职业技能等级证书的社会体育指导人员和救助人员；

（三）具有相应的安全保障、应急救援制度和措施。

县级以上地方人民政府体育行政部门应当自收到申请之日起三十日内进行实地核查，并作出批准或者不予批准的决定。予以批准的，应当发给许可证；不予批准的，应当书面通知申请人并说明理由。

国务院体育行政部门会同有关部门制定、调整高危险性体育项目目录并予以公布。

第一百零六条　举办高危险性体育赛事活动，应当符合下列条件，并向县级以上地方人民政府体育行政部门提出申请：

（一）配备具有相应资格或者资质的专业技术人员；

（二）配置符合相关标准和要求的场地、器材和设施；

（三）制定通信、安全、交通、卫生健康、食品、应急救援等相关保障措施。

县级以上地方人民政府体育行政部门应当自收到申请之日起三十日内进行实地核查，并作出批准或者不予批准的决定。

国务院体育行政部门会同有关部门制定、调整高危险性体育赛事活动目录并予以公布。

第一百零七条　县级以上地方人民政府应当建立体育执法机制，为体育执法提供必要保障。体育执法情况应当向社会公布，接受社会监督。

第一百零八条　县级以上地方人民政府每届任期内至少向本级人民代表大会或者其常务委员会报告一次全民健身、青少年和学校体育工作。

第十一章　法律责任

第一百零九条　国家机关及其工作人员违反本法规定，有下列行为之一的，由其所在单位、主管部门或者上级机关责令改正；对负有责任的领导人员和直接责任人员依法给予处分：

（一）对违法行为不依法查处的；

（二）侵占、挪用、截留、克扣、私分体育资金的；

（三）在组织体育赛事活动时，有违反体育道德和体育赛事规则，弄虚作假、营私舞弊等行为的；

（四）其他不依法履行职责的行为。

第一百一十条　体育组织违反本法规定的，由相关部门责令改正，给予警告，对负有责任的领导人员和直接责任人员依法给予处分；可以限期停止活动，并可责令撤换直接负责的主管人员；情节严重的，予以撤销登记。

第一百一十一条　学校违反本法有关规定的，由有关主管部门责令改正；对负有责任的领导人员和直接责任人员依法给予处分。

第一百一十二条　运动员、教练员、裁判员违反本法规定，有违反体育道德和体育赛事规则，弄虚作假、营私舞弊等行为的，由体育组织按照有关规定给予处理；情节严重、社会影响恶劣的，由县级以上人民政府体育行政部门纳入限制、禁止参加竞技体育活动名单；有违法所得的，没收违法所得，并处一万元以上十万元以下的罚款。

利用体育赛事从事赌博活动的，由公安机关依法查处。

第一百一十三条　体育赛事活动组织者有下列行为之一的，由县级以上地方人民政府体育行政部门责令改正，处五万元以上五十万元以下的罚款；有违法所得的，没收违法所得；情节严重的，给予一年以上三年以下禁止组织体育赛事活动的处罚：

（一）未经许可举办高危险性体育赛事活动的；

（二）体育赛事活动因突发事件不具备办赛条件时，未及时中止的；

（三）安全条件不符合要求的；

（四）有违反体育道德和体育赛事规则，弄虚作假、营私舞弊等行为的；

（五）未按要求采取风险防范及应急处置预案等保障措施的。

第一百一十四条　违反本法规定，侵占、破坏公共体育场地设施的，由县级以上地方人民政府体育行政部门会同有关部门予以制止，责令改正，并可处实际损失五倍以下的罚款。

第一百一十五条 违反本法规定，未经批准临时占用公共体育场地设施的，由县级以上地方人民政府体育行政部门会同有关部门责令限期改正；逾期未改正的，对公共体育场地设施管理单位处十万元以上五十万元以下的罚款；有违法所得的，没收违法所得。

第一百一十六条 未经许可经营高危险性体育项目的，由县级以上地方人民政府体育行政部门会同有关部门责令限期关闭；逾期未关闭的，处十万元以上五十万元以下的罚款；有违法所得的，没收违法所得。

违法经营高危险性体育项目的，由县级以上地方人民政府体育行政部门责令改正；逾期未改正的，处五万元以上五十万元以下的罚款；有违法所得的，没收违法所得；造成严重后果的，由主管部门责令关闭，吊销许可证照，五年内不得再从事该项目经营活动。

第一百一十七条 运动员违规使用兴奋剂的，由有关体育社会组织、运动员管理单位、体育赛事活动组织者作出取消参赛资格、取消比赛成绩或者禁赛等处理。

第一百一十八条 组织、强迫、欺骗、教唆、引诱运动员在体育运动中使用兴奋剂的，由国务院体育行政部门或者省、自治区、直辖市人民政府体育行政部门没收非法持有的兴奋剂；直接负责的主管人员和其他直接责任人员四年内不得从事体育管理工作和运动员辅助工作；情节严重的，终身不得从事体育管理工作和运动员辅助工作。

向运动员提供或者变相提供兴奋剂的，由国务院体育行政部门或者省、自治区、直辖市人民政府体育行政部门没收非法持有的兴奋剂，并处五万元以上五十万元以下的罚款；有违法所得的，没收违法所得；并给予禁止一定年限直至终身从事体育管理工作和运动员辅助工作的处罚。

第一百一十九条 违反本法规定，造成财产损失或者其他损害的，依法承担民事责任；构成违反治安管理行为的，由公安机关依法给予治安管理处罚；构成犯罪的，依法追究刑事责任。

第十二章 附 则

第一百二十条 任何国家、地区或者组织在国际体育运动中损害中华人民共和国主权、安全、发展利益和尊严的，中华人民共和国可以根据实际情况采取相应措施。

第一百二十一条　中国人民解放军和中国人民武装警察部队开展体育活动的具体办法，由中央军事委员会依照本法制定。

第一百二十二条　本法自2023年1月1日起施行。

附 2

全民健身计划纲要

为了更广泛地开展群众性体育活动，增强人民体质，推动我国社会主义现代化建设事业发展，特制定本纲要。

一、面临的形势

（一）建国40多年来，我国体育事业取得了很大成就。群众性体育活动蓬勃开展，参加体育活动的人数不断增加，人民体质与健康状况有了很大改善，全民健身工作日益受到社会的重视和支持，群众性体育活动的内容和形式更加丰富多彩，群众体育健身的物质条件逐步得到提高，体育在提高人民整体素质，促进社会主义精神文明和物质文明建设方面发挥着越来越显著的作用。

（二）当前，我国经济建设和社会发展对人民的整体素质提出了新的更高要求。但是，全民健身工作的现状还不能适应社会主义现代化建设的需要。群众的体育健身意识还不够强，群众性体育活动的开展还不够广泛，经常参加体育锻炼的人数还不够多，现有体育场地设施在向社会开放、满足群众开展体育锻炼的需要方面还有较大差距，全民健身工作的科学技术和监测管理还比较落后，有关的法规制度还不够完善，适应社会主义市场经济体制的全民健身管理体制和运行机制还在探索之中。这些问题，应随着经济和社会事业的发展，逐步加以解决。

（三）为进一步增强人民体质，适应我国社会主义现代化建设的需要，必须采取切实有效的措施，推行全民健身计划，发展群众体育。

二、目标和任务

（四）全民健身计划到2010年的奋斗目标是：努力实现体育与国民经济和社会事业的协调发展，全面提高中华民族的体质与健康水平，基本建成具有中国特色的全民健身体系。

（五）依据实现社会主义现代化建设第二步战略目标的要求，积极发展全民健身事业。到本世纪末，经济、社会和体育发展程度不同的各类地区，经常参加体育活动的人数都应有所增长，人民体质明显增强，群众参加体育活动的时间、体育消费额等逐步加大，群众体育健身活动的环境和条件有较大的改善。

（六）依据建立社会主义市场经济体制的要求，深化体育改革。到本世纪末，初步建立适应社会主义市场经济体制的全民健身管理体制，初步形成人民群众广泛参与、充满发展活力的运行机制，建立起社会化、科学化、产业化和法制化的全民健身体系的基本框架。

三、对象和重点

（七）全民健身计划以全国人民为实施对象，以青少年和儿童为重点。

青少年和儿童的健康成长关系到国家的富强和民族的昌盛，要发动全社会关心他们的体质和健康。各级各类学校要全面贯彻党的教育方针，努力做好学校体育工作。要对学生进行终身体育的教育，培养学生体育锻炼的意识、技能与习惯。继续搞好升学考试体育的试点，不断总结完善，逐步推开。盲校、聋校、弱智学校要重视开展学生的体育活动。要积极创造条件，切实解决学校体育师资、经费、场地设施等问题。

（八）机关和企、事业单位要加强职工体育工作，因人、因时、因地制宜，开展形式多样、健康文明的职工体育健身活动。

（九）积极发展社区体育。街道办事处要加强对体育工作的组织，发挥居民委员会和基层体育组织的作用，做好社区体育工作。体育行政部门要给予支持和指导。

（十）提高农民的体质与健康水平是农村社会发展的一项重要内容，充分发挥村民委员会和各级农民体育协会的作用，并与文化站协同配合,做好农村体育工作。继续开展评选全国体育先进县活动,推动农村体育的发展。

(十一)实施《军人体育锻炼标准》,进一步发展部队体育,增强体质,提高部队战斗力。培养部队体育骨干。部队在搞好自身体育工作的同时,要积极支持和帮助驻地附近的居民开展群众性体育活动。

(十二)积极发展少数民族体育,在民族地区广泛开展以少数民族传统体育项目为主的体育健身活动。建立健全各级少数民族体育协会,培养少数民族体育人才。

(十三)重视妇女和老年人的体质与健康问题,积极支持他们参加体育健身活动。注意做好劳动强度较大、余暇时间较少的女职工的体育工作。加强对老年人体育健身活动的科学指导。

(十四)广泛开展残疾人体育健身活动,提高残疾人的身体素质和平等参与社会活动的能力。丰富残疾人体育健身方法,培养体育骨干,提高残疾人体育运动水平。

(十五)积极为知识分子创造体育健身条件,倡导和推广适合其工作特点的体育健身方法,重视对中高级知识分子进行健康检查和体质测定工作。

四、对策和措施

(十六)把推行全民健身计划纳入国民经济和社会发展的总体规划,坚持群众体育与竞技体育协调发展的方针,以普遍增强人民体质为重点,加强领导,统筹规划,切实抓出成效。

(十七)加强宣传工作,形成全民健身的舆论导向,增强全民体育健身意识,提高对全民健身工作的重视程度。使全社会认识到,身体素质是思想道德素质和科学文化素质的物质基础,全民健身工作是社会主义精神文明和物质文明建设的重要内容,体育发展水平是社会进步与人类文明程度的一个重要标志。

(十八)加强群众体育的法制建设,认真执行现有体育法规,有计划地制定并实施社会体育督导、群众体育工作、体育社团、场地设施管理等方面的法规制度。

逐步完善群众体育运动竞赛制度，加强对工人、农民、少数民族、残疾人以及各类学生运动会等的组织和管理。突出群众体育运动会和竞赛活动的群众性、健身性、民族性、趣味性和科学性。

（十九）充分发挥各群众组织和社会团体在开展群众性体育活动中的重要作用，建立健全行业、系统体育协会和其他群众体育组织，逐步形成社会化的全民健身组织网络。

（二十）体育部门要改善资金支出结构，逐步增加群众体育事业费在预算中的支出比重。鼓励企、事业单位、社会团体、个人资助体育健身活动。提倡家庭和个人为体育健身投资，引导群众进行体育消费，拓宽体育消费领域，开发适应我国群众消费水平的体育健身、康复、娱乐等市场。

（二十一）实施体质测定制度，制定体质测定标准，定期公布全民体质状况。

实施《社会体育指导员技术等级制度》，加强社会体育骨干队伍建设。

（二十二）推广简便易行和适合不同年龄、性别、职业特点与体质状况的体育健身方法。挖掘和整理我国传统体育医疗、保健、康复等方面的宝贵遗产，发展民族、民间传统体育。

（二十三）加强人民体质与健康的科学研究和技术开发。要发挥体育科技队伍的作用，体育科研单位和体育院校要以群众体育和全民健身的科学研究为重点，要增加对群众体育科学研究的投入，加快科技成果向群众体育健身实践的转化。

（二十四）体育场地设施建设要纳入城乡建设规划，落实国家关于城市公共体育设施用地定额和学校体育场地设施的规定。任何单位和个人不得侵占体育场地设施或挪作他用。各种国有体育场地设施都要向社会开放，加强管理，提高使用效率，并且为老年人、儿童和残疾人参加体育健身活动提供便利条件。

五、实施步骤

（二十五）本纲要采取整体规划，逐步实施的方式。从现在起到

2010年分为两期工程。第一期工程自1995—2000年,分为三个阶段:1995—1996年为第一阶段,进行宣传发动和改革试点,初步掀起一个全民健身活动热潮。1997—1998年为第二阶段,通过重点实施、逐步推进,形成崇尚健身、参与健身的社会环境和社会风气。1999—2000年为第三阶段,全面展开全民健身计划的各项工作并普遍取得成效,建立具有中国特色的全民健身体系的基本框架。

第二期工程自2001—2010年,经过十年的努力,把全民健身工作提高到一个新的水平,基本建成具有中国特色的全民健身体系。

(二十六)本纲要在国务院领导下,由国家体委会同有关部门、各群众组织和社会团体共同推行。国家体委负责组织实施。

各级地方人民政府及其体育行政部门应根据当地具体情况,制定本地区的规划和实施方案。各部门、各系统也应制定相应的规划和实施方案。

中国人民解放军和人民武装警察部队可根据本纲要的要求,结合部队实际参照执行。

附 3

《全民健身条例》(节选)

第一章 总 则

第一条 为了促进全民健身活动的开展,保障公民在全民健身活动中的合法权益,提高公民身体素质,制定本条例。

第二条 县级以上地方人民政府应当将全民健身事业纳入本级国民经济和社会发展规划,有计划地建设公共体育设施,加大对农村地区和城市社区等基层公共体育设施建设的投入,促进全民健身事业均衡协调发展。

国家支持、鼓励、推动与人民群众生活水平相适应的体育消费以及体育产业的发展。

第三条 国家推动基层文化体育组织建设,鼓励体育类社会团体、体育类民办非企业单位等群众性体育组织开展全民健身活动。

第四条　公民有依法参加全民健身活动的权利。

地方各级人民政府应当依法保障公民参加全民健身活动的权利。

第五条　国务院体育主管部门负责全国的全民健身工作，国务院其他有关部门在各自职责范围内负责有关的全民健身工作。

县级以上地方人民政府主管体育工作的部门（以下简称体育主管部门）负责本行政区域内的全民健身工作，县级以上地方人民政府其他有关部门在各自职责范围内负责有关的全民健身工作。

第六条　国家鼓励对全民健身事业提供捐赠和赞助。

自然人、法人或者其他组织对全民健身事业提供捐赠的，依法享受税收优惠。

第七条　对在发展全民健身事业中做出突出贡献的组织和个人，按照国家有关规定给予表彰、奖励。

下 编

第六章　休闲体育的邀请

休闲伴随着西方文明的发展在社会中逐渐成为一种普遍现象。在古代，无论是在东方社会还是西方社会，休闲都是具有一定社会地位、掌握一定社会资源的群体所享有的特殊利益，甚至有时成为身份的象征。随着科学技术的不断发展和人们生活水平的不断提高，休闲逐渐走向大众化、多元化、层次化的发展道路。新世纪的来临，开辟了休闲时代的全新前景。

伴随着休闲时代所产生的社会现象是：人们用在工作上的时间不断减少，而将更多的时间和精力投入到业余生活的拓展中；可支配收入不再主要花费在衣食住行等最基本的生活资料上，恩格尔系数不断降低。然而，在手中的资金越来越多，空闲的时间越来越多的同时，越来越多的人觉得工作疲劳、生活无趣，所谓“甜蜜的烦恼”正向当代的社会群体袭来。长期处于疲累紧张的状态会带来各种健康问题，心血管疾病、脂肪肝、失眠以及心理上的创伤和阴影等成为了“现代病”。在这种背景下，人们开始主动地寻求解决之道，希冀能找到一种调节心理压力、治疗疾病的有效方式。体育活动作为健康、文明和科学的生活方式已经得到人们的认可，它的调节心理压力、治疗各种疾病的功能也为大家所接受，休闲体育应运而生。

当你拿起这本书，看到这一页的时候，我们有充分的理由假定，即使你不是一个对休闲体育十分热衷的爱好者，也是一个想要了解休闲体育魅力的探索者,甚至是一个研究休闲体育现象的专家。无论你想要从这本书中得到什么,我们相信,你必将从中寻找到对你有价值的信息,和你产生共鸣的想法,甚至与你针锋相对的观点。休闲体育的内涵如此宽广,以至于我们很难从学术意义上为它建立一个"理应如此"的框架,这是违背休闲体育的本质的。如果休闲体育被教条化,与我们的个性渐行渐远,它也就失去了原本迷人的开放性与活力。现在,请拿好手中的邀请函,一起步入休闲体育的世界。

第一节　休闲体育的魅力

休闲体育之所以成为一种现象,首要原因是它几乎进入了每个人的生活,无论对我们个人的发展还是社会的稳定与进步都具有多重意义。在第一节,我们将介绍现代社会中的休闲体育概况,包括:休闲体育因具有何种魅力而在现代社会迅速兴起?休闲体育在现代社会为何越来越普遍?

一、休闲体育的迅速兴起

我们正生活在这样一个时代,社会竞争空前激烈,我们不得不为了生存而劳碌奔波,难免会感到疲惫不堪。这时候,我们由衷地渴望能够有机会暂时从手头的工作中解脱出来,享受自由自在的轻松惬意。我们想要在绿茵上驰骋,在山路里攀登,在池塘边垂钓,在流水中嬉戏,将我们的天性彻底释放。于是,一种被称为休闲体育的新现象迅速兴起,已发展成为一股全球性的潮流,而推动这一潮流的正是我们自己,是现代人忙碌又渴望自由的灵魂。

当今的休闲体育如此普遍,以至于无论你身处何地,你的文化背景、阶级地位如何,都能够找到身边的休闲体育现象。你可能曾经参与或者见识过各式各样的休闲体育活动,甚至你可能是一位休闲体育的爱好者。你可能只是偶尔参与,抑或休闲体育早已成为你的生活方式的一部分。但无论如何,休闲体育就在我们的身边。它已经成为各个国家、民族、阶级和文化中的普遍现象,使得我们很难不注意到它对我们生活的影响，并去追究这一现象背后的深层原因。

现代人需要休闲，也有更多的条件休闲，而体育无疑是最佳休闲活动方式之一。自从休闲在现代社会兴起以来，体育运动就以其自身的价值而成为人们参与休闲的重要选择，成为社会中休闲活动的主流方式。人们普遍认为，休闲体育是一种健康的、值得提倡的、富有魅力的生活方式。当我们参与休闲体育活动的时候，我们得以暂时从琐事的烦恼中逃离出来，享受心灵的奔放和自由自在，和大自然亲密接触，和好友紧密无间。休闲体育因我们的自由选择而独具一格、贴近大众。它没有竞技体育的功利性，没有技术的门槛，需要的只是想要参与其中的冲动。休闲体育因为简单和纯粹而富有魅力，令人着迷。

二、休闲体育的普遍化

尽管休闲体育并非现代社会的核心主题，但这一现象无疑充分体现出了我们称之为现代性的特征。休闲体育是时代的产物。如今，作为一种社会文化现象，休闲体育的价值、功能和意义也正在被越来越多的人了解。在体育运动实践中，人们逐渐认识和体验到体育对增强体质、舒缓心理压力、加强人际交往的积极作用。以强身健体、愉悦身心为主要目标的多种形式的体育活动，进入了人们的余暇生活，休闲体育便应运而生。[①] 在现代社会，休闲体育已经由精英走向大众，真正成为一个广泛的社会话题和普遍的社会现实。

从传统社会到现代社会，从竞技体育到休闲体育，人们参与体育活动的驱动力发生着深刻而复杂的变化。休闲体育在现代社会的产生、发展，印证了休闲时代的到来，印证了现代社会人们可支配的闲暇时间的增加，用于休闲资源的增多，以及在闲暇时间参与体育活动的动力的增强。如今，越来越多的人认识到运动应该是快乐的过程，休闲的过程，抛弃了强加于运动之上的功利目的的过程，运动的价值取向直指运动本身，与健康、时尚、审美、快乐、自我肯定、个人体验这些

---

① 〔美〕约翰·凯利：《走向自由——休闲社会学新论》，赵冉译，云南人民出版社 2000 年版，第 74 页。

现代价值观念息息相关。①

面对这样一个日益普遍化的社会现象,我们难免会感到好奇。现代人为什么热衷于参与休闲体育活动?休闲体育的兴起对我们生活的社会,对我们自己有何影响?为了回答这些问题,我们必须立足现代,依靠开阔的视野去寻找解答问题的线索。

第二节 说文解字:休闲与休闲体育

一、休闲

> 休闲是一个国家生产力水平高低的标志,是衡量社会文明的标尺,是人类物质文明与精神文明的结晶,是人的一种崭新的生活方式、生命状态,是与每个人的生存质量息息相关的领域。
>
> ——杰弗瑞·戈比

在人类发展的历史长河中,对于休闲的认识和探寻不断得到深化和拓展,与休闲有关的著作层出不穷,在文学史上留下了浓墨重彩的一笔。但是,真正将休闲置于学术层面加以研究则是近一百多年的事情。不同的学说派别,不同的专家学者,都对休闲概念有着自己的认识和解读。“横看成岭侧成峰”,将休闲置于更综合化、更专业化的视角下进行探讨也许能领略到不同的风景。

(一) 休闲的词源

人类对于休闲的认识可以追溯到公元前 8 世纪,古希腊《荷马史诗》就记录了古希腊人的生活中有拳击、角力、射箭等竞技运动。公元 11—16 世纪,西欧贵族的“骑士七技”教育就包含了狩猎、游泳、骑马、弈棋等内容,具有典型的休闲娱乐特征。②

周文认为,休闲(leisure)在西方有两个来源:一是来源于希腊语

---

① 陈国林:《论现代休闲运动的特性及其现代性》,《四川烹饪高等专科学校学报》2012 年第 3 期。

② 张良:《我国休闲体育的现状与发展策略》,西南大学 2010 年硕士学位论文。

中的“schole”,意指“不是在不得不做的压力下从事的严肃的活动”,有休闲、教育及教养的意思;二是来源于古法语,意指人们摆脱生产劳动后的自由时间和自由劳动。而按照中文字面理解,“休”是人依木而歇,强调自然的和谐,有暂时停止劳动的意思;“闲”是娴静,强调思想的纯洁和安宁。从中可以看出休闲有“休息”和“闲暇”两层含义,它指一个人拥有的闲暇自由时间和从事任何可以恢复精神或体力的活动。①

钱利安认为,在英文中,表示休闲的词为 Leisure,Leisure 源于拉丁文的 Licere,意指被允许。从 Licere 又引申为法文字 Loisir,意指自由时间和英文字 License,意指许可。因此从字源上看,休闲可说是行动的自由。②

《现代汉语词典(第 5 版)》中写道,休闲是休息,过清闲生活。休闲是工作学习活动之外的一种以文化为主的综合性的社会经济活动。③ 按照字面意思解释,“休”字旧有激情、美善、福禄之意,这里的“休”乃是休息、休整、休养、休暇之“休”,有离开工作、摆脱烦恼、自由调整等含义;“闲”字最早之意是范围,引申为道德(中道)、法度之意,后又有所扩展,有无事、安静、平常和与正事或自己无关等意,这里的“闲”为闲适、闲散、闲暇、闲逸、闲静之“闲”,有放松、随意、自由自在等意。④

(二)休闲的概念

亚里士多德曾说过,休闲是一切事物环绕的中心,是科学和哲学诞生的条件之一。《休闲宪章》中明确指出:休闲是人们在一定约束下自由选择行动的时间,是可以使人们在与社会规范和价值观保持一致的前提下获得快乐的、可以充分发挥潜能实现最大抱负的体验。美国是世界上最早开始研究休闲的国家,美国经济学家索尔斯坦·凡勃伦于 1899 年发表的《有闲阶级论》标志着近代休闲理论的诞生。

关于休闲的概念,国内外学者在其论著中多有探讨,但是由于缺

---

① 周文编著:《体育与休闲》,湖南大学出版社 2007 年版,第 1 页。

② 钱利安:《休闲体育理论与实践调查研究》,浙江大学出版社 2008 年版,第 2 页。

③ 《现代汉语词典(第 5 版)》,商务印书馆 2005 年版,第 1531 页。

④ 卢锋主编:《休闲体育学》,人民体育出版社 2005 版,第 2 页。

乏统一的衡量标准，学者们对于休闲的概念阐释也并非一致。现代学者的论述大致可以从“自由支配时间”“自由活动”“个人体验”“社会关系”四个方面加以归纳和考察。

1. 国外

（1）“自由支配时间”

帕克认为，休闲是满足工作和生活的基本需要之后的剩余时间；基斯特和弗瓦认为，休闲是人们从劳动或其他义务工作中解放出来，自由地放松、转换心情，取得社会成就并促进个人发展的可利用的时间。①

马克思在其著作《剩余价值论》中指出：可以自由支配的时间就是财富，这种时间不被生产劳动所吸收，而是用于娱乐和休息，从而为自由活动和发展开辟了广阔天地。他从另一个角度描述了休闲，而这也是休闲相关研究的重要理论来源。②

（2）“自由活动”

德拉齐亚认为，时间是休闲的一个主要的成分，但是自由时间并不一定是休闲；任何人都可以拥有自由时间，然而并非每一个人皆能拥有休闲。

美国著名休闲学家杰弗瑞·戈比认为，休闲是从文化环境和物质环境的外在压力中解脱出来的一种相对自由的生活，它是个体能够以自己所喜爱的、本能地感到有价值的方式，在内心之爱的驱动下行动的生活，并可以为信仰提供一个基础。

提出放松、娱乐和个人发展“休闲三部曲”的法国社会学家迪马泽迪耶认为，休闲是在工作、家庭和社会义务之外，个人依自身喜好，所决定从事的活动。

梅亚和勃兰特皮尔认为，休闲就是在自由、不被占据的时间，一个人可以随其所好，任意地休息、娱乐、游戏或从事其他有益身心的活动，亦即在这段时间里，一个人可以相当自由地选择他要做的事。

---

① 参见李相如编：《透视中国休闲体育》，北京体育大学出版社 2012 年版。

② 参见〔德〕卡尔·马克思：《剩余价值学论史》，郭大力译，北京理工大学出版社 2011 年版。

(3)“个人体验”

西方心理学者纽林格认为,休闲一词有两种不同的含义:一是指剩余或自由的时间,是客观的;二是指一种心智状态、个人体验,是主观的。

贝默尔等心理学家认为,休闲是一种解放性的活动,能使个体从功利与现实中解放出来,给予个体时间,以获得新的资讯、发展新的观点,或增强个体自身的能力。

瑞典哲学家皮普尔认为,休闲是一种精神态度,是一种为了使自己沉浸在整个创造过程中的机会和能力。

(4)“社会关系”

美国学者凯利认为,休闲应被理解为一种“成为人”的过程,是人的一生一个持久的、重要的发展舞台,休闲是以存在与“成为”为目标的自由——为了自我,也为了社会。

美国休闲研究学者奇克与伯奇认为,休闲之所以在价值与优先权上占有如此重要的地位,是因为休闲是发展与增进人与人之间关系的社会空间。

美国著名休闲学家、乔治梅森大学教授马斯·古德尔在《人类思想史中的休闲》一文中提出:休闲应该使我们在生活中获得比“帽一顶,饭一钵”等基本生活资料更多的东西,它使我们能寻求意义、目的、美、友善、快乐、心灵的宁静及与他人和睦相处,从而使自己更高层次的需求得到满足。

2. 国内

虽然比起国外缘起于19世纪末的休闲理论研究,国内的研究仍略显稚嫩,但是经过学者们数十年的沉心钻研,亦产生了优秀的研究成果。国内学者对于休闲的定义倾向于“综合说”,即在休闲时间的基础上,将更能体现人的主观能动性的“自由活动说”和更能体现人的主观感受的“个人体验说”结合。学者钱利安认为:“从通俗意义上来看休闲,它至少应该包括一段时间、一项活动、一种心境。”[1]这在很大程度上对我国休闲研究现状做了简明扼要的总结。

① 钱利安:《休闲体育理论与实践调查研究》,浙江大学出版社2008年版,第3页。

被李相如称为"我国第一位中西休闲思想集大成者"的林语堂在其论著《人生的盛宴》中曾写道:"能闲世人之所忙者,方能忙世人之所闲。人莫乐于闲,非无所事事之谓也。闲则能读书,闲则能游名胜,闲则能交益友,闲则能饮酒,闲则能著书。天下之乐,孰大于是?"①

于光远也是我国最早从事休闲研究的学者之一,他认为,休闲即指"有更多的时间由他自己支配,不带任何勉强……这些活动更为轻松",同时"带有一种享受的味道"。②

卢元镇认为,休闲指人们怀着轻松愉快的心情自愿参加各种休闲和娱乐活动,他们既不受体育比赛的种种规则的限制,也不追求优美的动作和高难度技术,甚至有时也并不把体育的强身祛病放在首位,而是把体育运动作为一种有意义的活动形式度过自己的余暇时间,使个人在精神和身体上都得到休息、放松和享受。③

于可红等认为,休闲是在一定的时间内,以一定的活动为背景而产生的能够促进身心调节、达到自我愉悦的一种积极的体验。④

张启明等认为,休闲是指在非劳动及非工作时间内以各种"玩"的方式求得身心协调与放松,以生命保健、体能恢复、身心愉快为目的的一种业余生活。⑤

周文认为,休闲是指人们在余暇时间内,以一定的活动为依托,以追求积极良好的身心体验为目标的一种生活方式。

(三)休闲的构成要素

尽管休闲是一个复杂的多义词,我们无法也不应当给出一个明确的定义,但这并不意味着休闲是无法界定的。从诸多关于休闲的经典定义出发,我们仍然可以提炼出一些休闲的基本构成要素,包括如下几个方面:

---

① 林语堂:《人生的盛宴》,湖南文艺出版社2002年版,第76页。

② 于光远:《论普遍有闲的社会》,中国经济出版社2005年版,第3页。

③ 卢元镇:《论消遣和娱乐》,《体育科学》1983年第1期。

④ 于可红、梁若雯:《从休闲的界定论休闲体育》,《中国体育科技》2003年第1期。

⑤ 参见张启明、俞金英编著:《休闲体育经营与管理》,厦门大学出版社2008年版。

（1）活动方式

休闲总是以某种活动方式来进行。由于人们的兴趣和能力的差别，休闲活动通常体现出活动主体的自身特征。

（2）闲暇时间

即马克思所说的自由时间，指个人可以随意支配和使用的时间。由于人的任何活动都是在时间中进行的，因此，闲暇时间是休闲活动十分重要的前提条件之一。

（3）自由意志

休闲不是在必须实现的外在目的的压力下进行的，而是以个人的兴趣和爱好为驱动力，是在自由意志下进行选择的自由活动。

以上这些基本要素构成了休闲的外延，据此，我们可以从以下三个角度来理解休闲：

其一，休闲指个人根据自己的愿望和爱好所自由选择的活动方式。虽然现实生活中，人们主要选择看电视、体育、旅游等休闲活动，但休闲活动的范围实际上是无限的，因为它取决于每个人的偏好。

其二，休闲指个人可自由支配的时间。总之，懒惰、“无所事事”都可当作休闲度过。以严格的方法理解休闲时间和与之有关的活动是困难的。

其三，任何活动，只要是自由选择，并且个人在进行这一活动的过程中能谋得自由这样一种感受，都属于休闲范围。由此，休闲将首先是个人的一种心理态度。以此为标准，任何活动都可以被当作一种休闲来看待，因为一切都取决于人在进行这项活动时的精神状态。根据这种观点，工作甚至都带有休闲的意味。

综合以上三个角度，我们认为，休闲是人们在自由时间里、自由选择的、可以获得自由感受的活动，自由是休闲的本质属性。只有从自由的角度出发，才能触及休闲的核心问题，才能深刻理解休闲的价值所在。在本章中，我们就将以休闲体育的自由属性为主题，探讨个体自由与社会约束之间的关系。

二、休闲体育

> 不管是什么体育项目，只要把它作为一种休闲的体育运动，从而达到欢欣鼓舞、身心快乐、心情爽朗、消除疲劳等目的，都可称为休闲体育。
>
> ——日本休闲体育振兴协会

随着休闲时代的到来和不断深化，人们对于如何利用多样化的手段实现休闲生活的多重价值有了更多的要求和期待。而体育作为现代社会中典型的“解压阀”，开始走入人们的视野，并逐渐占据了休闲领域的大半江山，休闲体育也成为时下受到关注和议论的热点话题。

各种健身性、娱乐性、新奇性，甚至是冒险性的休闲运动在我国不断涌现，休闲体育在我国应运而生。①

从广义上看，休闲体育是用于娱乐、休闲的各种体育活动，而狭义的休闲体育是指人们在余暇时间所进行的，以满足自身发展需要和愉悦身心为主要目的，具有一定文化品位和内涵的体育活动。

1983 年，卢元镇在《体育科学》上撰文，揭开了我国休闲体育研究的篇章。基于我国休闲体育研究起步较晚的现状，目前我国学者发表的论著中，除了“休闲体育”一词外，娱乐体育、体育娱乐、闲暇体育、余暇体育、运动休闲等词语也被不少学者使用。但在 2002 年之后，学术界逐渐趋同于使用“休闲体育”。2011 年，“休闲体育”进入体育产业“十二五”规划，之后的研究成果中基本采用“休闲体育”一词。对于休闲体育的概念，本书从强调内容和研究视角两方面进行分析和阐释。

（一）强调内容

其一，强调时间的余暇性。

刘一民指出，所谓休闲体育，并非一种新的体育形式，它是从参与体育活动主体的活动时间上进行界定的，是指人们利用余暇时间，为

① 参见董进霞、刘卫军编著：《休闲体育》，人民体育出版社 2006 年版。

了达到健身、娱乐、消遣、刺激、宣泄等多种目的所采用的各种身体活动方式。[1]

张春华认为，休闲体育告诉人们如何有价值地、明智地利用闲暇。作为体育大系统的一分子，休闲体育应被视为一个完整的过程。[2]

其二，强调休闲体育的独有特点。

法国学者罗歇·苏认为，"休闲体育是身体活动的较高阶段。它需要更强的、更持久的身体努力，但是不能将它完全与真正意义上的体育活动混淆，它相当于介于通过散步的简单放松和传统意义上的体育之间的中间阶段，它具有一些区别于严格意义上的体育的特性：它既不是通过比赛追求成绩，也不要求有规律的强烈训练，而是通过非正式的、自发的体育活动，追求身体放松和舒服"[3]。

张明英认为，休闲体育"主要是以娱乐、健身为主的体育活动，其主要特点是愉悦宽松，休闲体育没有竞技体育那样专业，运动时间和强度都由自己控制，轻松、随意，这样的体育活动可以缓解紧张工作带来的压力，体味休闲体育无穷的乐趣，又能锻炼身体，不受性别、年龄的限制"[4]。

周颖、申萍把休闲体育归纳为闲暇体育（leisure sport），认为其"是在一种体育思想指导下，在闲暇时间内，为达到健身、娱乐、消遣、宣泄等目的的一种体育活动，它具有自由性、个人性、情感性和群体性的特点"[5]。

其三，强调休闲体育的价值性。

高侠认为，休闲体育是以满足人们休闲、娱乐需要为主要价值取向的各种体育活动，不仅包括人们为了满足休闲需要而亲身参与的各种体育活动，同时还包括大众为满足休闲需要而观赏各种竞技体育比

① 刘一民：《余暇体育——一种文明、健康、科学的余暇生活方式》，《天津体育学院学报》1996年第1期。

② 张春华：《我国闲暇体育初探》，《体育文化导刊》2002第4期。

③ 参见〔法〕罗歇·苏：《休闲》，姜依群译，商务印书馆1996年版。

④ 张明英：《我国休闲体育的发展前景》，《湖州师范学院学报》2001年第3期。

⑤ 周颖、申萍：《中、日、韩居民闲暇体育活动倾向的比较研究》，《中国体育科技》2001年第11期。

赛表演的活动。①

胡小明认为，休闲体育是轻松、愉悦、自由、积极主动地通过体育活动来达到改造人类身心的目的。②

邹师等言简意赅地指出，“休闲体育强调的就是乐趣”③，休闲体育的作用就在于在乐趣的指引下进行休闲性体育活动，在个人价值和社会价值得以实现的同时感受到乐趣带来的全方位体验。

其四，综合性定义。

董进霞等认为，休闲体育是人们在闲暇时间里自觉选择的，以放松、消遣、愉悦身心和追求生命价值为目的，以参与或观赏身体活动为手段，进而产生良好心理体验的一种有意义的现代生活方式。④

石振国认为，休闲体育是人们在休闲时间里自愿参与、自主选择的，以身体参与为主要手段，以缓解压力、恢复体力、娱乐身心、调节情绪、强身养生为主要目的的一种健康科学的身体活动方式。⑤

任海等认为，休闲体育是人们在可以自由支配的余暇时间里进行的，以寻求身心放松、获得愉快情感体验、提高生活质量为目的的一种以体育手段为主要内容的健身活动。⑥

（二）研究视角

1. 休闲学视角：休闲体育是为了休闲，达到身心的舒缓状态

于可红等认为，休闲体育是“在空闲时间里进行的，以一定的身体活动形式为手段而产生最佳心理体验的一种有意义的现代生活方式，人们不受限于活动的严格规定，积极追求内在的体验，使个人在精神和身体上都得到休息、放松和享受”⑦。

林志超、季克异将休闲体育定义为“工作、学习之余开展的群众性体育活动”“作为余暇生活的重要组成部分，可以不拘形式地通过各种

---

① 高侠：《论大众文化视角下的休闲体育》，北京体育大学2004年硕士学位论文。
② 胡小明：《新世纪体育的走向——娱乐与健康》，《体育与科学》2001年第4期。
③ 邹师等：《终身体育理论视角中的休闲体育》，《体育文化导刊》2002年第5期。
④ 参见董进霞、刘卫军编著：《休闲体育》，人民体育出版社2006年版。
⑤ 参见石振国：《课程视域中的休闲体育》，南京师范大学出版社2011年版。
⑥ 任海等编著：《国外大众体育》，北京体育大学出版社2003年版，第94页。
⑦ 于可红、梁若雯：《从休闲的界定论休闲体育》，《中国体育科技》2003年第1期。

身体活动,在充满欢悦和谐的气氛中,达到……满足精神追求及享受人生乐趣等目的”①。

2. 社会学视角:休闲体育是社会性的活动,是人的社会价值和社会功能的展示

姜德卫、邱建国在《余暇运动的社会学思考》中就“闲暇”与“工作”的对应关系,从运动社会学的角度出发,提出“余暇运动是追求过程、满足自我、追求运动中的快乐的”“通过余暇运动唤起人们的健康意识,培养健康生活行为和社会行为”②。

卢锋认为,“体育运动之所以能在现代人的休闲方式中占有显著的地位,在很大程度上与它本身的特点和所具有的社会功能……是密切相关的”③。

王甡等人认为,休闲体育就是在余暇时间里,用各种方法、各种手段进行身体锻炼,开展多种形式、多种内容的身体娱乐,并把它作为一种现代文明社会的交往方式和交际手段。④

3. 文化学视角:休闲体育是人类完善自我特有的文化活动的表现形式之一

程志理将余暇运动定义为“身体娱乐(Physical Recreation),它区别于作为教育组成部分的身体运动(Physical Education),亦区别于追求锦标的高级竞技(Top Level Sport)和以强身祛病为目的的身体锻炼(Physical Training)……是运动者自愿参加的,非功利性而有意义的,以身体运动为主要特征的游戏(Games)形式。”⑤

陈融提出,将一类体育活动归为休闲体育,是说其与“休闲”这一活动所需要的情趣相适应,具有一种符号功能,指称某种文化意义,从而使得这类体育活动从一般的身体活动变成了一种休闲情趣、一种生活方式。⑥

① 林志超、季克异:《余暇体育》,成都科技大学出版社 1994 年版,第 1 页。
② 姜德卫、邱建国:《余暇运动的社会学思考》,《体育与科学》2002 年第 5 期。
③ 卢锋:《现代人生活方式与体育运动》,《成都体育学院学报》1998 年第 4 期。
④ 王甡等:《开发我国休闲体育市场初探》,《沈阳体育学院学报》2001 年第 3 期。
⑤ 程志理:《余暇运动论》,《成都体育学院学报》1990 年第 3 期。
⑥ 陈融:《休闲体育兴起的文化意义》,《体育文化导刊》2002 年第 2 期。

于涛认为，休闲体育是“一种体育思想……是整个体育运动发展到当代的一种社会生活、人的思想境界的反映，是体育文化的时代性反映”[①]。

4. 教育学视角：休闲体育是体育教育的方式之一，具有教化学生和丰富生活的功能

姚晓琪提出，休闲体育“是充分发挥闲暇时间的教育功能和提高学生闲暇生活质量的体育教育。就其内容而言，既可包括闲暇体育知识技能的传授，也可包括在闲暇时间内进行的开发智力，提高学生体育素养，发展他们的身体素质和健身活动的内容”[②]。

有的学者认为，学界对于休闲体育的界定往往片面化，无法全面地概括休闲体育的丰富内涵。我们认为，无论是强调内容的不同还是研究视角的差异，都不构成对休闲体育概念的误读。其一，大而全的研究需要学者深厚的学术功底和渊博的学术知识，否则很可能使研究陷于停滞，甚至无从着手；其二，选择某一侧重点更能展示休闲体育的多维立体性，使休闲体育不再只是呆板的文字，而是与我们的生活息息相关，乃至成为生活的一部分；其三，由点及面的研究方法往往给人以启迪，留下思考的空间和余地，利于多种思维的碰撞和交叉，易于搭建学术交流的平台。正如学者左新荣所言：一方面，各种休闲体育概念均非单一地在某一活动中起作用，任何单一的概念只能给我们以启示，却不可能帮助我们完全把握住人们从事休闲体育活动的本质；另一方面，休闲体育可以享有多种定义，这些定义在互补中使不同地区、不同层次的休闲体育在活动设计和手段操作方面，以得到小范围的满足和统一为目的。[③] 鉴于此，我们不再提出新的休闲体育的概念界定，希望通过对已有研究的梳理和归纳，尽量给读者提供更多的信息和思考的空间。休闲体育的世界，需要不同的思维一起开拓，而“千里之行，始于足下”，对于概念的多向性理解乃是千里之行的第一步。

---

① 于涛：《余暇体育研究的理论框构》，《上海体育学院学报》1998 年第 3 期。

② 姚晓琪：《在大学生中开展闲暇体育的思考》，《甘肃教育学院学报（自然科学版）》2001 年第 1 期。

③ 左新荣：《学校体育教学思想的社会学认识》，《北京体育大学学报》1999 年第 2 期。

三、休闲体育与相关概念

休闲体育属于相对新兴的研究领域,在进行进一步的探讨和分析之前,有必要将其与相关概念进行对比,以求廓清。休闲体育一诞生,便与“休闲”“体育”二词密不可分,而在现实生活中,随着生活水平的不断提高,群众体育的开展也带有相当多的休闲意味,在此我们对休闲体育进行三个层面关系的阐述。

(一) 休闲体育与休闲和体育

1. 休闲体育是休闲与体育的叠加

国内休闲学学者马惠娣认为,如果把休闲体育看成两个词叠加,以体育的方式参与休闲(或享受休闲),称之为休闲体育;如果把“休闲体育”看成修饰与被修饰的关系,那么“休闲体育”即休闲的体育,以休闲的方式参与体育的意思。①

2. 休闲体育是体育与休闲的有机结合

休闲体育并不是体育的一种新形式,而是人们对体育多元价值的认识。休闲是人们在余暇时间内,以一定的活动为依托,以追求积极良好的身心体验为目标的一种生活方式。体验是休闲的核心,体育之所以能够和休闲结合,是因为体育自身所具有的多元价值能够给人们带来休闲中期望获得的体验。休闲与体育的结合,使体育焕发出新的生命力,是体育向以人为本的回归。②

3. 无休闲体育之说

通过考察西方体育的发展历程,研究西方学者的著作,可以发现,在西方社会并不存在休闲体育与非休闲体育之分,整个体育就是在 19 世纪的休闲变革中发展起来的,体育就属于休闲的方式之一,属于城市社会中的大众文化。③

---

① 马惠娣:《休闲、休闲体育、后北京奥运会》,《广州体育学院学报》2008 年第 2 期。

② 罗林:《休闲体育的认识深化及在我国的发展研究》,苏州大学 2005 年博士学位论文。

③ 高侠:《论大众文化视角下的休闲体育》,北京体育大学 2004 年硕士学位论文。

(二) 休闲体育与体育休闲

1. 休闲体育是体育休闲的上位概念

体育休闲暗示了自由和选择,是在文化环境和物质环境的外在压力下解脱出来的一种相对自由的休闲体育方式。也就是说,体育休闲是休闲体育发展的初级阶段,是休闲体育构建的主体成分,休闲体育是体育休闲的上位定义。①

2. 体育休闲更能描述"休闲体育"的实质

从西方现代体育产生、发展的历史来看,leisure sport 是休闲革新的伟大成果,实质上包括了全部的现代体育。从这一角度来看,如高侠所指出的,leisure sport 译作"体育休闲"更为合适,因为这揭示了它的休闲实质,同时还表明它与体育有着天然的联系和渊源。②

(三) 休闲体育与其他

1. 休闲体育是群众体育内涵的发展

休闲体育是新时期群众体育内涵的丰富和发展,是体育适应新时代发展和人类需要的应答,是人们对体育在健身价值基础上的多元潜在价值的开发。无论在西方还是在我国,竞技体育与休闲体育一直是同时存在、并行发展的。从竞技体育走向休闲体育,这是人类自我认识和自我完善的又一进步,是人类文明发展的又一标志。③

2. 休闲体育是健身产业的重要内容

人类的休闲活动是随着物质生产和社会发展而丰富起来的,是代表文明进步的一种生活方式和生活态度。人们关注生活质量的改善和提高,势必越来越重视作为休闲内容之一的休闲体育。休闲体育是全民健身的重要内容,不仅正成为生活时尚,而且被纳入国家规划,成为综合性新兴产业;不仅包含体育竞技、健身等内容,还包含旅游娱乐、竞赛表演、培训体育、影视转播、中介服务、出版发行等几乎所有与

① 周文编著:《体育与休闲》,湖南大学出版社 2007 年版,第 73 页。

② 高侠:《论大众文化视角下的休闲体育》,北京体育大学 2004 年硕士学位论文。

③ 周文:《体育与休闲》,湖南大学出版社 2007 年版,第 75 页。

休闲消费相关的产业，涉及第三产业的诸多领域。

3. 休闲体育与大众文化密不可分

人们在反观休闲体育时，对休闲体育多是从体育功能角度来分析。休闲体育是在西方工业文明产生后，在城市化的进程中，随着大众阶层、大众文化的兴起而兴起的，是资产阶级对大众阶层的大众文化领域进行休闲变革的一个成果。由此可见，休闲体育是大众文化的一个重要组成部分，二者有着密不可分的天然联系。①

我们认为，休闲体育的产生离不开休闲和体育两个要素，但其并不是两个要素的简单结合。在长期的发展过程中，人们不断地通过休闲和体育实现个人生活和社会生活的调适和改善，二者在实践中自然地融合在一起。随着这种融合的深度和广度不断拓展，休闲体育越来越符合现代人对于生活的期待。

国内现在的“休闲体育”源于西方词汇“leisure sport”，我们认为其既不是体育休闲的上位概念，亦未见得比体育休闲更能描述“休闲体育”的实质。纵观国内 30 余年休闲体育研究的发展，其概念经历了娱乐运动、余暇体育、闲暇体育、休闲运动等十余种变形方式，而休闲体育和体育休闲只是其中的两种而已。当然，从更精确的意义上说，两者是因重点不同而存在概念的质的差异。但是，随着 2011 年休闲体育进入国家发展规划，从文本上看两者只是同一事物的不同代称。

在现代社会，休闲体育不断地渗透进人们的日常生活，进而与人们的生活产生千丝万缕的联系。但是休闲体育并不是一种简单的放逐，也不是对于未来执着的追求。正如学者石振国所言：“休闲体育是人们摆脱来自感性的物质欲望和理性的道德约束而进行的自由活动。它提供的不是一条愤世嫉俗的逃避之路，而是一条回归之路，即回到人类健康、平衡的天性上来，回到一种和谐、自由的精神状态上来。它既是对生命的终极关怀，也是对生命的价值体现；既是对生命自身的一种觉醒，也是对生命意义的一次追寻。”②

① 高侠：《论大众文化视角下的休闲体育》，北京体育大学 2004 年硕士学位论文。
② 参见石振国：《课程视域中的休闲体育》，南京师范大学出版社 2011 年版。

四、休闲体育的学科界定

当前,把体育作为休闲的手段,已经成为现代文明生活方式的一种时尚和标志,并将在人类社会文化生活中发挥越来越大的作用。但对于休闲体育这一概念,由于认识角度的差异,至今没有形成一种共识性的解释。我国学者钱利安从不同学科的视角出发,总结了休闲体育的基本概念①:

人们从心理学的理论出发,认为休闲体育是一种以心理放松、减轻精神压力为主要目的的身体活动形式。

人们从哲学、文化的理论出发,认为休闲体育对完善和发展人有重要意义,是人类完善自我的文化活动。

人们从人类学的理论出发,认为休闲体育是服务于现代人幸福生活的一种有效手段,也是现代人健全自我身心的先进文化手段。

人们从社会学的理论出发,认为社会的进步使得休闲体育法制化,具有神圣性,享受休闲是现代人的一种权利。

人们从体育学的理论出发,认为休闲体育是人们以体育的形式来休闲,并达到身心健康的身体活动形式。

可见,不同学科对休闲体育的观察角度是不同的。综合多方视角,可以把休闲体育看作一种社会现象,解释休闲体育与其所在的社会文化环境之间的关系以及休闲体育中的人类行为与社会互动。

第三节　庖丁解牛:休闲体育的特征、分类、内容和作用

一、休闲体育的特征

休闲体育作为调节身心健康的重要方式,有其独有的特征:

(一) 自由的时间支配性

休闲体育得以进行的基础就是余暇时间得到有效保障,而对于时

① 参见钱利安:《休闲体育理论与实践调查研究》,浙江大学出版社 2008 年版,第 4—8 页。

间的自由支配则是休闲体育的核心要素。在自由的时间内，人们可以根据自己的意愿选择想要的体育活动方式，选择倾向性的体育活动空间，而不受外界因素的干扰和控制。

（二）个人体验的“畅”

美国心理学家契克森米哈赖提出了“畅”（flow）的概念，即“具有适当的挑战性而能让一个人深深沉浸于其中，以至忘了时间的流逝、意识不到自己存在的体验”①。人们怀着畅快的心情，把体育活动作为一种有意义的活动形式来度过自己的休闲时间，使个人在身体上和心理上得到一种独特的体验。而这种体验不仅能从亲身参与中获得，也可以来自观赏等多样化的形式。学者董进霞等进一步提出“休闲体育的‘畅快’是第一位的”，而这也是休闲体育“有别于大众体育或竞技体育的重要特点”②。

（三）身心愉悦的双重性

休闲体育追求的是身心的双重放松。当今社会的生活节奏快、竞争压力大，人的社会属性得到了极大的彰显，但同时人的自然属性受到了压抑。人们渴望返璞归真，希望借助体育这一活动形式来缓解紧张的生活状态，在进行体育活动的同时舒缓心理压力、放松时刻运转的大脑，从而达到强健体魄和欢愉心情的状态。

（四）价值的自我实现性

一方面，休闲体育是人们在自由时间，自主地选择某项体育活动，以满足愉悦身心的要求，正是在这样的自由体验中，人们感受自我、发现自我，进而实现自我；另一方面，休闲体育的形式和内容具有极大的广泛性和多样性，赋予人们充分的自主选择权，为人们实现自我提供多种方式和手段。

（五）社会交往的联接性

现代社会的高速发展，带给人们的不仅是经济的腾飞、物质的丰

---

① M. Csikszentmihalyi, *Flow: The Psychology of Optimal Experience*, Harper & Row, 1990, pp. 42-46.

② 参见董进霞、刘卫军编著：《休闲体育》，人民体育出版社 2006 年版。

富,也成了亲情淡薄、友情功利等现象滋生的肥沃土壤。体育作为人们调整和适应生活节奏的重要手段,在现代社会的被关注度和被推崇度不断提升。而休闲体育作为休闲性的体育方式,更符合人们的期待值,亦易于实现。休闲体育往往不是一人为之,而是个人通过与他人合作或竞争的方式进行,在此过程中人与人之间得到了交流,人与社会之间也架起了一座沟通的桥梁。而反过来,他人的主观意志有时也会影响休闲体育活动参与者的心态或决定。德里费的研究发现,户外体育活动的性质和意义会随环境、同伴、活动目的取向和活动类型而发生变化。①

二、休闲体育的分类

所谓“分类”,是以对象的一定属性为标准,将一个属概念分成若干个种概念,以达到明确其外延的逻辑方法。目前学界对于休闲体育存在多种分类方法,甚至不同学者的分类方法完全不同。主要原因是分类标准本身的多元化,而且也不存在类似“标准答案”的衡量方式。因此,本书主要对学者的分类方法进行阐释和分析,进而提出本书的观点。

休闲体育有多种类别,如个人活动与集体活动、室内活动与户外活动、竞赛活动与非竞赛活动、商业性活动与非商业性活动等。以活动的领域为标准,可以把休闲体育分为室内类休闲体育和户外类休闲体育;以活动中追求的目标为标准,可以把休闲体育分为竞技类休闲体育、健身健美类休闲体育、冒险类休闲体育和娱乐类休闲体育;以体育运动项目的项群为标准,可以把休闲体育分为体能类休闲体育和技能类休闲体育。

学者张启明等主张按参加者在活动中的身体状态,将休闲体育分为观赏性活动(间接参与)、相对安静状态的活动、互动性活动和运动性活动四类,而作为休闲体育主体的运动性活动又可分为眩晕类运动、命中类运动、冒险类运动、户外运动、技巧类运动、水上和冰雪类运动、游戏竞赛类运动以及歌舞类运动八类。②

① 吴贻刚:《中外休闲体育研究的现状与问题》,《上海体育学院学报》2003 年第 3 期。

② 张启明、俞金英编著:《休闲体育经营与管理》,厦门大学出版社 2008 年版,第 5—6 页。

学者钱利安认为，休闲体育不是一类具体的项目，而是体育的一种社会存在形态。他按照“人们参与体育休闲活动的动机和目的”，把众多的休闲体育活动划分为健身、娱乐、竞技、放松、消遣、社交、探新猎奇和寻求刺激等活动。①

学者李相如等更倾向于以自然环境为标准对休闲体育进行分类，把休闲体育分为水上类休闲体育、陆地类休闲体育和空中类休闲体育三类（如图 6-1）。②

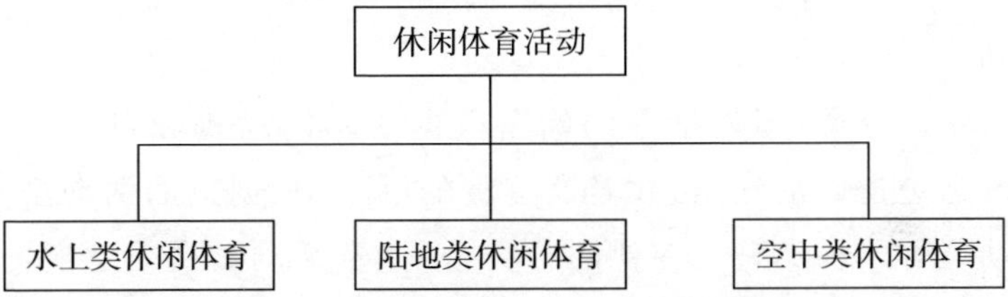

图 6-1　李相如等对休闲体育的分类

学者董进霞、刘卫军从运动场所、练习方式和手段等综合因素考虑，以图示的方式将休闲体育进行以下分类（如图 6-2）。③

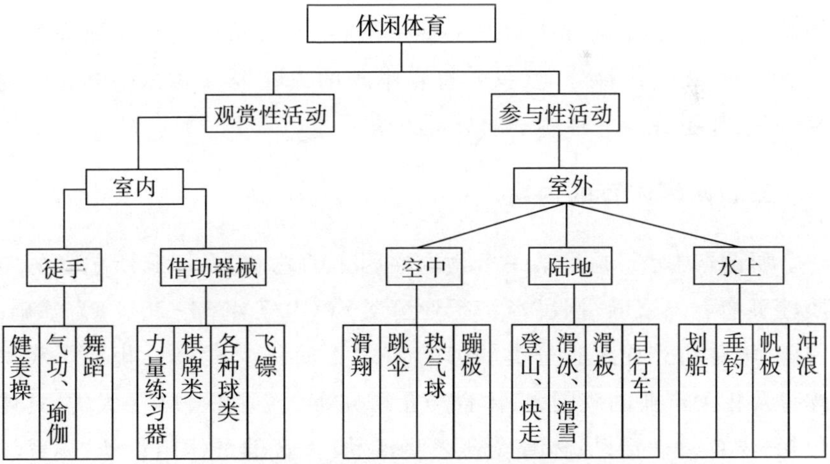

图 6-2　董进霞、刘卫军对休闲体育的分类

① 钱利安：《休闲体育理论与实践调查研究》，浙江大学出版社 2008 年版，第 31 页。

② 参见李相如等主编：《休闲体育概论》，高等教育出版社 2011 年版。

③ 参见董进霞、刘卫军编著：《休闲体育》，人民体育出版社 2006 年版。

此外,还存在具有一定影响的对休闲体育的其他分类方法。

加齐斯分类:国外学者加齐斯认为,休闲活动应该包括知识型、社会型、艺术型、身体型4种类型,在这4种类型基础上,休闲体育可分为打猎、钓鱼、远足、个人或集体的活动类型。在加齐斯的分类基础上,我国台湾学者陈彰仪提出更为详细的分类,他把休闲活动分为8类,其中又把休闲体育活动分为旅行、爬山、郊游、野餐、露营、健行、散步、慢跑、驾车、溜冰、划船、骑马、游泳、钓鱼、掷飞盘、射箭、跳绳、打高尔夫球、打保龄球、其他球类、健身术、跳风土舞、跳运动舞等23种活动。

约翰斯分类:国外学者约翰斯根据活动的动机和目的,把休闲活动分为逃避的活动型、教养及鉴赏的活动型、创造的活动型、奉公的活动型等4种类型。在他的分类中,体育活动是属于逃避的活动一类的。约翰斯认为,休闲体育是从紧张的日常劳动和工作中解脱出来,寻求摆脱其劳苦的一种活动,它包括轻松性、体疗性和趣味性的活动。

学者从各自的研究需要出发,对休闲体育做出了不同的分类。我们认为,分类的意义在于以某一标准进行衡量,从而有利于研究的开展。因而,无论何种分类,只要符合学理的内在要求和休闲体育的内涵外延,都不失为一种科学的分类方法。

三、休闲体育的内容

所谓“内容”,是指某一事物内在因素的总和,亦即其所包含的实质性事物。国家以《国民经济行业分类》(GB/T 4754-2017)为基础,制定了《体育产业统计分类(2019)》(以下简称《分类》),规定了我国体育及相关产业的范围,将体育产业划分为3个层次,11个大类,具体包括:体育管理活动;体育竞赛表演活动;体育健身休闲活动;体育场地和设施管理;体育经纪与代理、广告与会展、表演与设计服务;体育教育与培训;体育传媒与信息服务;其他体育服务;体育用品及相关产品制造;体育用品及相关产品销售、出租与贸易代理;体育场地设施建设。

而休闲体育的内容主要来源于体育健身休闲活动,包括运动休闲活动、群众体育活动和其他体育休闲活动。[①]

四、休闲体育的作用

休闲已成为21世纪世界发展的重要现象之一,而以体育方式进行休闲活动的休闲体育在其中扮演着关键性的角色。在当今社会大发展的背景下,休闲体育的作用和功能更是值得推崇。

(一)个人:身体健康和精神享受

休闲体育活动使人的身心得以健全发展,其独有的功能就是使人在自然属性得到满足的过程中,获得人格的健全。参加休闲体育活动还能增强心脏功能,矫正由疾病引起的心脏功能衰退,降低死于心血管疾病的危险;能够提高血液高密度脂蛋白含量,防止动脉硬化;减缓增龄性骨质疏松;提高人体的免疫能力,延长人的寿命。经常参加休闲体育活动,对人体的循环、消化、呼吸、运动、内分泌、生殖和免疫等七大系统的功能都有良好的促进作用。[②]

与以往的群众体育活动不同,休闲体育散发着较为浓郁的文化气息,体现出令人舒适愉悦的活动氛围。优雅的环境,先进的设备,会使人在休闲体育中真正感受到身心的彻底放松。休闲体育的娱乐性也会使人的兴趣与热情有增无减,人们在游戏和娱乐中达到强身健体的目的。另外,休闲体育的文化气息也在刺激着人们对高品位文化的追求和对精神生活的需求。可以说,在现代社会中,人们从休闲体育中不仅得到身体的健康,更重要的是得到精神上的享受。这或许就是休闲体育的魅力所在。[③]

学者石振国以精练的概括表述了休闲体育对于个人精神状态的提升作用:丰富了人们的生活方式,提升了人力资源的质量,促进了人

---

① 国家统计局:《体育产业统计分类(2019)》,2019年3月13日,http://www.gov.cn/zhengce/zhengceku/2019-09/05/content_5427548.htm,访问时间:2022年12月13日。

② 参见李相如等:《休闲体育概论》,高等教育出版社2011年版。

③ 周文编著:《体育与休闲》,湖南大学出版社2007年版,第77页。

的个性形成，增强了人的完美体验，提高了人的审美水平，促进了人的健康发展。①

（二）社会："解压阀"的现实演绎

文明、科学、健康的休闲体育生活方式所追求的是一种健康、高级、崭新的现代生活目标，它是社会成员排遣精神压力、散发心中郁闷和发泄多余精力的一种安全释放口。休闲体育文化的示范和导向作用可以调节和引导人们的社会生活，对社会的稳定和发展起到巨大的作用。世界卫生组织认为：一个热爱运动的社会其益处已超过健康本身。一个形成"积极生活"方式的社区可以降低医疗保健费用，提高劳动生产率，形成一个健康、自然，安定的社会环境，提高学校及工作单位的效率，使人们更加坚定地参加体育与休闲活动，在体育方面取得更大的成就。②

（三）文化现象：新兴的社会文化

休闲体育活动不分性别、年龄、职业、阶层，任何人都能在休闲体育中找到自己喜欢的项目。当前，许多休闲体育活动已经发展出多种亚文化现象，对某些群体来说，休闲体育已经成为一种不可或缺的生活方式。这些群体的存在和发展，使社会文化逐渐向复杂、多样的新文化体系转变，进而产生了新的文化观、价值观、世界观和人生观。对于社会而言，积极参与休闲体育活动的人群组织已经成为社会文化的重要组成部分。

推荐阅读

1.〔美〕约翰·杜威：《学校与社会·明日之学校》，赵祥麟等译，人民教育出版社 1994 年版。

2.〔美〕理查得·考克斯：《运动心理学——概念与应用》，张力为等译，清华大学出版社 2003 年版。

---

① 参见石振国：《课程视域中的休闲体育》，南京师范大学出版社 2011 年版。

② 吴雪锋：《论休闲体育的特点和功能》，《出国与就业（就业版）》2012 年第 1 期。

3.〔美〕尼霍尔·本诺克拉蒂斯:《像社会学家一样思考》,黄剑波等译,机械工业出版社 2011 年版。

4.〔美〕约翰·凯利:《走向自由——休闲社会学新论》,赵冉译,云南人民出版社 2000 年版。

5. 李仲广、卢昌崇:《基础休闲学》,社会科学文献出版社 2004 年版。

6. 马惠娣:《休闲:人类美丽的精神家园》,中国经济出版社 2004 年版。

7. 任海等编著:《国外大众体育》,北京体育大学出版社 2003 年版。

8. 王思斌主编:《社会学教程(第二版)》,北京大学出版社 2006 年版。

9. 张波涛、江雯编著:《运动无极限——休闲运动大全》,内蒙古人民出版社 2003 年版。

10. 包呼和:《休闲全球化背景下我国休闲体育面临的挑战与发展》,《广州体育学院学报》2012 年第 2 期。

11. 陈国林:《论现代休闲运动的特性及其现代性》,《四川烹饪高等专科学校学报》2012 年第 3 期。

12. 陈岳东:《休闲体育的社会价值分析》,《体育与科学》2008 年第 4 期。

13. 季红:《休闲体育与身心健康的关系》,《科技信息(学术研究)》2006 年第 11 期。

14. 江流水:《格调与体育——一种社会文化视角中的体育》,《体育文化导刊》2002 年第 6 期。

15. 姜明等:《体育强国视域下休闲体育发展对策探究》,《成都体育学院学报》2010 年第 12 期。

16. 金川江:《从文化学视角论休闲和休闲体育》,《体育与科学》2006 年第 4 期。

17. 刘华平:《21 世纪初的中国休闲体育》,《北京体育大学学报》2000 年第 1 期。

18. 刘晓潮、方舒峰:《论中国休闲产业化发展与政府政策支持》,《当代经理人》2005 年第 3 期。

19. 欧阳斌、杨嘉:《全球化背景下休闲体育的文化价值》,《新闻爱好者》2010 年第 16 期。

20. 钱利安:《国外大众休闲体育兴起的因素探析》,《浙江体育科学》2003 年第 5 期。

21. 石立江:《休闲体育与健康生活方式》,《湖北体育科技》2007 年第 3 期。

22. 石振国、田雨普:《闲 · 休闲 · 休闲体育》,《体育文化导刊》2004 年第 8 期。

23. 肖焕禹:《休闲体育的演进、价值及其未来发展取向》,《上海体育学院学报》2010 年第 1 期。

24. 朱大琴、李敏:《近三年来我国休闲体育研究进展报告(综述)》,《体育科技文献通报》2008 年第 5 期。

第七章　走进休闲体育

在上一章中,我们已经了解了休闲体育的概念、构成要素、特征、分类、内容等,初步领略了休闲体育的魅力。那么,休闲体育是一种什么样的现象?对于我们的人生历程,它有怎样的价值和意义?休闲体育在现代社会中的存在状态是怎样的呢?无论是在东方还是西方,城市还是农村,休闲体育已经成为我们时代的一张名片,足以让我们对它产生浓厚的兴趣并加以密切的关注。在本章的最后一节,我们将介绍一些我们身边的休闲体育。

第一节　休闲体育的价值

一、休闲体育的健康价值

(一) 休闲体育促进生理健康

健康是人类生存和发展的基本要素,是生活质量的首要前提。我们每个人都渴望保持健康的身心,然而在现代社会,生活节奏和工作节奏加快,社会竞争日趋激烈,这都给人们带来了巨大的生理和心理压力,导致了肥胖症的蔓延、"文明病"的高发。参与休闲体育可以让人在轻松愉快的心情中进行身体锻炼,有效地促进生理健康、心理健康和自身的全面发展。

法国思想家伏尔泰的名言“生命在于运动”不仅道出了生命活动的基本规律,同时也为我们指明了预防疾病、消除疲劳、获取健康长寿的重要途径。人们积极参与休闲体育活动,至少部分地来自现代人渴望拥有健康体魄的诉求。健康体魄是“人的全面发展”所依附的基础。一个国家的劳动者素质是决定一个国家经济发展水平高低以及综合国力强弱的重要因素,而身体素质则是劳动者全面素质的物质基础。①

体育本身具有健身的功能,对促进人体的生理健康具有非常明显的作用。适度的体育锻炼不仅可以改善人体的心肺功能和促进体内新陈代谢,增强肌肉组织的力量、弹性以及关节的牢固性,还可以提高机体免疫功能,使人拥有健康体魄,减少疾病的发生。曾有研究将癌症和艾滋病与体育运动联系起来,主要研究体育运动对免疫系统的影响。研究表明,适度强度的体育运动可刺激和加强免疫系统的功能,而高强度运动却会抑制免疫系统的功能。② 休闲体育基于自主选择,运动强度可控,对我们的身体健康极为有利。休闲体育活动,可以有效改善人的身体素质,发展人的运动能力,提高人的健康水平,有力地促进人的素质现代化。

(二)休闲体育促进心理健康

在现代社会,快节奏的生活和高科技的运用,使很多人因为对工作、生活、前程、财富的担忧而表现出一种焦虑不安、浮躁不定、紧张不已的情绪,许多人出现了心理问题。休闲体育作为一种参与者力所能及并且使其心情愉快的身体活动,可以缓和神经肌肉的紧张,宣泄和排解不良情绪,起到放松镇静的效果,对情绪抑郁、失眠、高血压等都有良好的治疗作用。体育运动追求积极向上的荣誉感和人们之间的亲和感,是一种极富感情色彩的活动。在休闲体育活动中,人与人的语言和肢体的交流,可以消除对快节奏生活的心理障碍,稳定心理情绪,缓解心理压力,增加个人在快节奏生活中的自信心。休闲体育的项目不受限制,可以满足不同人的个性发展需要。

---

① 陈岳东:《休闲体育的社会价值分析》,《体育与科学》2008 年第 4 期。

② 参见〔美〕理查得·考克斯:《运动心理学——概念与运用》,张力为等译,清华大学出版社 2003 年版。

事实上，许多休闲体育的参与者把“休闲体育”视为“玩”。“用玩来调剂生活，消除疲劳，使人能更精力充沛地工作，为达到人生的目的创造必要的条件。”“虽然它是人的本能和生理需求所赋予的，但是玩的过程会对人的精神产生重要的影响，使人在情绪上感到快乐。”[①]人们在锻炼之中或锻炼之后，都有一种“畅”的感觉。这是因为，我们的大脑中有一个通常被称为“快感中心”的区域，适量运动产生的脑电流刺激这一区域，令大脑产生一种化学物质，使我们产生兴奋的精神状态。当我们全神贯注于体育活动时，往往忘却时间的存在，即使时间一小时一小时流逝也浑然不觉，结束后才发现时间过得如此之快。[②]由于注意力高度集中，所有流畅的肢体动作完全来自心领神会和直觉的驱使，以往日常的忧虑和沮丧将会一扫而空。同时，休闲体育鼓励和产生积极向上的思想和情感，有助于培养勇敢、坚毅、果断的心理品质和团结互助、仁侠博爱的精神。[③]

（三）休闲体育促进社会适应健康

社会适应健康是现代健康观的重要维度之一。人不能离开社会而存在，而社会是社会关系的体系。社会的现代化减少了人与人之间的直接交流，加之过度的社会竞争导致人际关系的淡薄，人们格外需要通过休闲体育活动促进社会交往。休闲体育的非功利性使其可以营造出娱乐、友好、真诚、愉悦和轻松的氛围，为人与人之间进行情感交流、增进了解、产生认同架起沟通的桥梁。休闲体育活动可以缩短人们的社会距离，减少社会孤立和社会隔阂，使家庭、社区和社会和谐发展。这种社会群体间的体育活动满足了我们人际交往的需要，培养及提升了家庭成员间、朋友间的真挚感情。

休闲体育不仅是休闲娱乐、健康的载体，也是扩展交际、增进情感交流以及交友的润滑剂。经常参加休闲体育活动的人大多数热情奔放、乐观向上，很容易与他人沟通交流。并且，尽管休闲体育的环境较为宽松，不会给人们带来太大的精神压力，但许多休闲体育活动都有

---

① 马惠娣：《休闲：人类美丽的精神家园》，中国经济出版社 2004 年版，第 32 页。

② 李仲广、卢昌崇：《基础休闲学》，社会科学文献出版社 2004 年版，第 182 页。

③ 石立江：《休闲体育与健康生活方式》，《湖北体育科技》2007 年第 3 期。

“游戏规则”,特别是进行比赛的时候,虽然竞技上的胜负通常并非休闲体育所追求的,但为了确保比赛的顺利进行,我们需要在规则上达成一致。接受并逐步内化休闲体育活动中的规则,可以为我们适应社会上的各种强制性规则、接受社会规范约束打下基础。因此,休闲体育在某种程度上扩大了生活环境,丰富了生活内容,使我们不断认识他人,重新认识自己,适应变化的新环境,增强对社会的适应能力。

二、休闲体育的精神价值

(一)休闲体育可以起到娱乐消遣的作用

现代社会生活节奏加快,学习、工作紧张度不断增加,容易使人们的精神和心理产生疲劳,倘若积聚在内心的压力不能得到有效排解,会严重降低人的生活质量。休闲体育作为一种娱乐活动,强调参与的自由性、主动性和时间灵活性,一切活动都以人为本,使参与者在充分实现个人的价值与意义的同时收获健康与愉悦。休闲体育可以使人在参与后,得到一种妙不可言的心理满足和快感,达到自我价值的充分展示,会增强参与者的自尊心、自信心、自豪感,让人拥有美丽的精神家园。①

休闲体育的娱乐功能是由其自身的特点决定的。它没有竞技体育激烈的对抗性,且可以回避因失败而产生的消极心理。从事运动的人不必肩负胜负成败的压力,无论是在精神上还是体能上都不存在任何负担。休闲体育的内容丰富,形式灵活多样,如气功、钓鱼、下棋等使人精神悠闲,乐在其中;足球、篮球、橄榄球等则身体对抗激烈,充满活力。休闲体育本身的趣味性是吸引众多体育爱好者的根本所在。现代人为了消除工作快节奏带来的心理紧张和身体上的疲劳,大多数选择在野外进行休闲体育活动。这样,人们既可以欣赏大自然美丽的景色,又能体味休闲体育运动的无穷乐趣,如野外旅行、划船等。通过自身活动得到一种明快、喜悦、乐观的精神体验。因此,要感受休闲体

① 陈岳东:《休闲体育的社会价值分析》,《体育与科学》2008年第4期。

育运动的乐趣，我们就必须亲身投入运动中去。[①]

（二）休闲体育可以促进人生境界的升华

休闲体育是一种使人精神自由、心灵快乐，具有创造性的主体活动，其根本目的是促进人的身心全面发展。人们之所以在生活中忙忙碌碌，无非都是为了提高自己的生活质量。但如果没有健康的身体与愉悦的心理，纵使在物质上收获再多也不会有幸福感。体育深深地影响着人们的生命价值观、健康价值观和休闲价值观，它不仅是改造人体机能、增强人类体质的手段，同时越来越多地成为一种生活哲学。休闲体育以其特有的教育功能让参与者学会平和、乐观地看待生活中的一切，并通过对社会意识的培养和生命理念的传达，稳健理性地推动着社会的进步。休闲体育让我们在休闲中体会生命的价值和意义，“以欣然之态，做心爱之事”，享受休闲，设计生活的蓝图。[②]

休闲体育是我们提升自己人生境界的修行。人生最高境界的和谐舒畅是人类的不懈追求，社会发展的终极目标就是改善和提高人们的生活质量。经济学家凯恩斯说：“解除经济忧患之后如何利用自由，如何休闲以使自己‘理智地、舒适地和更好地’生活，如何利用闲暇时间提高生活质量，是人类面临的永久性问题。”[③]有了闲暇时间和一定的经济保障后，人们向往的生活已从“经济富裕”转变为“身心幸福”。休闲体育于是成了人们的最佳选择，因为它是一种有助于人“成为人”的体育生活方式。它不但让人们的余暇生活更充实，还促进身心的健康和自我发展。[④] 休闲体育是一种解放心智的体验，作为“人类着力建造的美丽的精神家园”，是一种健康、文明、科学的余暇生活方式，它不仅可以促进个体的生活健康，满足个体需求，而且有利于建立完善的人格。休闲体育不但可以端正人们的生活态度和道德情操，而且可

---

① 季红：《休闲体育与身心健康的关系》，《科技信息（学术研究）》2006 年第 11 期。

② 朱月双：《中国休闲文化的哲学基础及影响》，浙江大学 2010 年硕士学位论文。

③ 转引自《休闲对于个体“幸福”的社会意义》，2007 年 5 月 22 日，光明日报网页版，https://www.gmw.cn/01gmrb/2007-05/22/content_610436.htm? ivk_sa = 1024320u，访问时间：2022 年 12 月 13 日。

④ 陈岳东：《休闲体育的社会价值分析》，《体育与科学》2008 年第 4 期。

以充实人们的文化生活，提高人们的文化水准，营造良好的生活风气，使人们的生活质量得到有效的提高，在人类完善自身、促进社会文明进步的过程中具有不可取代的功能和价值。[①] 一些人将参与休闲体育视为“玩物丧志”“游手好闲”“不务正业”，实际上是对休闲体育的不了解和误读。

（三）休闲体育与实现人的自我价值密切相关

休闲是人的天性，对人自身的发展具有重要价值。人们在休闲体育活动中情感处于一种最佳状态，这种状态对于人的精神和肉体均具有重要作用。在现实生活中，人们既要承受紧张的工作、激烈的竞争和快节奏生活所带来的巨大压力，又必须严格遵守存在于特定生活情境中的价值标准和道德束缚，体力和心智都处于一种紧张状态。长此以往，这种压抑和紧张极易导致身心疲劳、郁闷和痛苦，以致心理障碍。因此，人类不断寻求释放压抑的途径，成功便是精神的转移和升华，失败便会导致抑郁阻塞、焦虑厌烦，甚至以一种暴力行为或危险的破坏行为强行释放。为了缓解压力和紧张，人们需要身心的放松、解脱和宣泄。休闲体育活动把人们从常轨故辙中解放出来，把潜在能量引向积极健康的运动和休闲娱乐状态，消除身心的紧张与拘束，使人们全身心地投入、欣赏、体验运动的乐趣，产生一种幸福感和满足感，让人们在情感的宣泄中获得补偿，在活动过程中获得快乐和愉悦，情感得到陶冶，心灵得到净化，内心世界更加丰富。休闲体育给人们心灵发展的永恒性提供了一个重要空间。人生在世不仅要维系生计，而且要拥有完美的人生，最大限度地丰富自我。人们通过休闲体育活动亲近自然、陶冶情操，塑造开朗坦荡的性格；通过休闲体育活动与人密切交往，变得真诚友善；通过休闲体育活动，人们锻炼了体魄，激发了创新的灵感，丰富了情感世界，体现了高尚气质，自我发展和自我价值得到了实现。[②]

---

① 刘华平：《21 世纪初的中国休闲体育》，《北京体育大学学报》2000 年第 1 期。

② 肖焕禹：《休闲体育的演进、价值及其未来发展取向》，《上海体育学院学报》2010 年第 1 期。

三、休闲体育的社会价值

（一）休闲体育促进人的社会化

一个人要在社会中生活就必须增强其社会性，这就是人的社会化过程。社会化就是个体要学习他将参与其中的社会的知识、规范、价值观念和生活技能，使自己能够成为一个社会人，参与社会生活。[①] 我们必须培养出按照社会期望扮演社会角色所需要的能力，才能够成为合格的社会成员。但是当我们出生的时候，我们只是一个单纯的自然人。我们是在社会化的过程中习得了社会性，即通过后天的学习获得社会的文化。“社会化是伴随人一生的社会互动过程，在这个过程中个体获得社会身份，学习对有效融入社会十分重要。”[②]通过社会化，我们学会了扮演社会角色，成为一个社会动物。

美国教育家杜威认为：“任何时代任何人，对于儿童的教育，尤其是对于年幼儿童的教育，无不在很大程度上依赖于游戏和娱乐。”[③]一方面，休闲体育活动可以提高人的运动技能、社交与处事能力以及对环境的适应能力；另一方面，休闲体育中包含着特定的地位体系，每一种地位都被赋予了特定的角色期望。在休闲体育中，扮演不同的社会角色有助于人们具体地感受社会生活，了解社会对不同角色的期待，理解角色的多样性和稳定性，锻炼扮演角色的技能，培养角色的心理习惯和社会角色感。

（二）休闲体育促进社会和谐

和谐社会是人与自然、人与人之间的和谐。休闲体育正满足了和谐社会的这两个普遍需求。休闲活动既是人的个体行为，也是社会发展不可缺少的部分，休闲娱乐可以使整个社会保持活力。休闲体育作为一种现代社会所建构起来的文化活动，对人具有普遍的功能性价

---

① 王思斌主编：《社会学教程（第二版）》，北京大学出版社 2006 年版，第 47 页。

② 〔美〕尼霍尔·本诺克拉蒂斯：《像社会学家一样思考》，黄剑波等译，机械工业出版社 2011 年版，第 61 页。

③ 〔美〕约翰·杜威：《学校与社会·明日之学校》，赵祥麟等译，人民教育出版社 1994 年版，第277 页。

值。在休闲时代即将来临的今天,人们对休闲和休闲体育有了更加深刻的认识,从更高层次把休闲体育活动与人的本质和生命价值相联系,从中发现自由、美和人生的真谛,体验到休闲活动的乐趣和意义。休闲体育还是维系社会和家庭关系、促进人性教育、给予创造能力、使人体验和传承体育文化的重要载体,并通过人的外在形式的表现而成为一种现实存在,反映着特定历史时期人们的价值取向、生活理想文化样式和生活方式。在20世纪的大多数时间里,在经济理性主义的影响下,“以物为本”的社会关系占据主导地位。当人类通过发展物质文化征服自然之后,人类一方面完全巩固了自己的主宰地位,另一方面也面临着被物化的危险,因为这种“以物为中心”的发展观,忽视了人的发展和生命的意义。这种社会发展价值取向的偏离,使社会发展和人的发展割裂与分离,导致人与自然、人与社会、人与自身的重重矛盾。面对人类被物化的危机,人们开始深刻反省并认识到社会发展的最终目的是人的全面发展,树立以人为中心的社会发展观是社会发展的客观需要和必然规律。从社会意义上看,休闲体育具有社会化功能、个人发展促进功能、社会象征功能、社会时尚传播功能和社会人群组织功能。[①] 休闲体育运动不仅是休闲娱乐、健身的载体,也是拓展交际、增进情感交流及交友的润滑剂。[②] 人们从中认识并不断校正社会发展的方向,使社会向文明、健康、和谐的方向发展。

（三）休闲体育促进产业发展

在现代社会,休闲体育的一个重要价值在于促进休闲体育产业的迅速发展。人们通过参加休闲体育活动和在闲暇时间观看体育赛事,对体育产生浓厚的兴趣,进行体育消费,从而带动休闲体育产业的发展。体育旅游消费的兴起、体育俱乐部经营的红火、体育场馆设施的充分利用、体育服装产业的方兴未艾等就是明证。休闲体育产业是国民经济收入的重要组成部分,各级政府部门在制定相关政策时应认真考虑、优先发展。休闲体育产业的发展势将引发整个社会经济产业格

① 朱大琴、李敏:《近三年来我国休闲体育研究进展报告(综述)》,《体育科技文献通报》2008年第5期。

② 石振国、田雨普:《闲·休闲·休闲体育》,《体育文化导刊》2004年第8期。

局的调整和转型，促使休闲体育产业就业人数的比重不断提高，这不仅可以解决整个社会因科学技术的高度发展而产生的社会就业问题，而且有利于提高社会整体的经济收入水平，从而增强人们的休闲体育参与动机，满足休闲体育消费需求，形成社会经济的良性循环。同时，休闲体育产业作为一种新兴产业，是 21 世纪最有前途的朝阳产业——文化产业的重要组成部分。从发展的角度看，休闲经济随着社会的发展其在第三产业中的比重将会逐步增加，而休闲体育作为休闲产业的重要组成部分之一，在今后的发展中对经济增长和社会就业等方面的作用将进一步发挥。休闲体育产业也会随着我国体育产业经济总量的不断提高而在发展规模、质量和形式方面得到提高。经济与社会的发展带来人们对休闲体育的需求增长，休闲体育产业市场潜力随之拓展，休闲体育将进一步发挥其在提高人们生活质量、促进家庭和睦、改善人际关系、降低社会医疗花费等方面的作用。它将不仅是人们生活质量的保证与体现，也是社会文明程度和社会进步的体现。①

第二节　休闲体育与人类社会

休闲体育不仅是个体参与的活动，更是一种重要的社会文化现象。在本节，我们将介绍以下四个问题：怎样理解休闲体育的兴起与社会发展的关系？为什么说休闲体育是一种全球化的现象？政府在休闲体育的发展中应扮演何种角色？休闲体育的文化属性如何体现？

一、休闲体育与社会发展

（一）休闲体育是社会发展的产物

休闲体育是探寻社会发展的一扇窗户。社会生产不同的历史阶段，决定了当时人们的生活方式。休闲体育是伴随着人类社会发展而产生的一种社会现象。它出现的历史背景是现代社会急剧转型，工业化带来巨大的物质财富和新的社会秩序，传统生活方式被现代生活方

---

① 肖焕禹：《休闲体育的演进、价值及其未来发展取向》，《上海体育学院学报》2010 年第 1 期。

式所替代。近现代工业的高度发展,一方面使人们闲暇时间增多,且在拥有优裕物质生活的同时,也开始追求精神生活的满足;而另一方面,随着工业化,社会快节奏的工作、激烈的竞争、复杂的社会关系、多重的社会角色使人们承受着强烈的心理紧张感与压抑感,人们越来越感到先进的科学技术和高度发达的生产力往往成为与人相对立的、支配人的异己力量,人类被大工业时代机器所主宰,人沦为物的附属物,竞争成为时代的主旋律,效率成为追求的目标,人沦为生产的工具和手段。[①] 此外,社会发展的进程正在不断加快,脑力劳动者在整个社会中的比例增加,长时间伏案工作造成的"运动不足""肌肉饥饿"等影响到人体的健康,也已成了一个普遍的社会问题。因此,休闲体育的兴起可以说顺应了历史发展的需要。

早在19世纪,英国新兴的资产阶级为了解决由大机械生产节奏加快及城市人口剧增等导致的一系列社会问题,就在全国积极推行发展户外运动和游戏,如狩猎、钓鱼、射箭、旅行、登山、赛艇、帆船、游泳、投石、羽毛球、板球、地滚球等。户外运动作为理想的休闲体育手段,是一种更加自由、随意的运动方式,广受英国大众的青睐,并以俱乐部的形式向大众化、组织化的方向发展。英国的休闲运动引起国际社会的关注,欧洲各国纷纷派代表到英国进行实地考察学习,休闲体育逐渐在欧洲传播。美国是近代社会休闲体育发展较早的国家,工业革命时期,就开始有了工作时间和自由时间的区分,自由时间的不当利用成为美国的一大社会问题。在美国,由于缺少相应的休闲活动场所和休闲体育项目,一些儿童少年打架斗殴和暴力现象时有发生,劳动工人赌博、酗酒等不良生活方式对社会产生负面影响,工厂装配流水线单调乏味的生产劳动令人厌烦。这些"城市问题"引起人们的广泛关注并掀起针对少年儿童和成人善度余暇的"休闲运动"。美国在19世纪50年代就建立了以休闲为目的的纽约中央公园,它为人们提供了一个愉快的休闲环境。到1902年,美国城市公园体系发展到800多个,其中有些是设有球场和运动设施等的运动公园。这些休闲体育活

① 任海等编著:《国外大众体育》,北京体育大学出版社2003年版,第8页。

动设施为人们休息、建立良好的生活方式提供了条件，解决了城市发展中出现的问题，促进了休闲体育的开展。[①]

（二）休闲体育反映了现代人的需要

需要是一个人行动的基础和积极性的来源，人的需要不同于动物的本能，人的需要是社会性的，是以社会为背景和尺度的。马斯洛的需求层次理论认为，一般说来人们都有下述需要：生理的需要、安全的需要、归属或爱的需要、自尊的需要和自我实现的需要。[②] 在马斯洛看来，人的这些需要是按照一定层次排列的。人们首先追求基本的、低层次的需要，低层次的需要得到了满足，就会去追求较高层次需要的满足。可见，在社会产品极大丰富，物质生活水平显著提高的时候，人们必将开始追求积极健康的生活方式，渴望精神生活的满足。休闲体育具有多元的价值，不但给人们带来生活上的充实和享受，而且给人们带来精神上宽松的欢欣和愉悦，故而渐渐被更多的人所认同和接受，逐步融入人们的生活，成为人们提高生活质量的重要选择。

如今，休闲体育发展正处于前所未有的黄金时期。在 20 世纪 70 年代，一些发达国家先后实行每周 5 日 40 小时工作制，再加上一些固定或不固定的假期，空闲时间占到了总时间的三分之一，这使得人们从事休闲体育有了时间上的可能。我国自 1995 年 5 月起实行每周 5 天工作制，加上现有的春节、端午、清明、中秋、国庆等法定节假日，中国人有三分之一的时间可以在闲暇中度过。高效率、快节奏、竞争激烈的现代社会，使得人们生活在紧张、空虚和缺乏安全感之中，宁静、舒适、休闲、安康的生活成为人们追求的目标。现代人喜欢休闲体育运动，是因为休闲体育能够满足现代生活的需要。它不仅可以增进健康，提高适应能力，缓解心理压力，还能帮助人们表达情感、发展个性、完善自我。所以，休闲体育已经渐渐成为现代人生活中不可或缺的生活方式。

---

① 肖焕禹：《休闲体育的演进、价值及其未来发展取向》，《上海体育学院学报》2010 年第 1 期。

② 王思斌主编：《社会学教程（第二版）》，北京大学出版社 2006 年版，第 32—33 页。

二、休闲体育与全球化

(一)休闲体育的"全球趋势"

全球化是现代社会最引人瞩目的现象和趋势,整个世界日益成为相互依存的整体。如今,我们可以清楚地看到加速发展的全球融合过程,休闲体育在世界范围内的扩展就是一个突出的例子。全球化的概念最早出现在20世纪80年代。90年代,时任联合国秘书长加利宣布"世界进入全球化时代",自此"全球化"一词开始被广泛地引用于各个领域并席卷世界的各个角落,形成全球化浪潮。在这一浪潮中,休闲是其重要的组成部分。随着经济的发展、余暇时间的增多,休闲全球化的趋势更加明显,成为世界各国关注的热点。休闲体育作为休闲的重要组成部分之一,它的全球化同样是一种必然的趋势。[①]

1932年在美国洛杉矶召开首届"世界休闲大会",这次会议作为1932年美国洛杉矶奥运会的一项活动,有25个国家700余人参加,其中美国学者约600人。1956年"国际休闲协会"成立,欧美和亚洲等各国休闲团体加入"国际休闲协会"。1973年"国际休闲协会"更名为"世界余暇·休闲协会"。1970年"国际休闲协会"发表了《休闲宪章》,该宪章共有7条。宪章规定:休闲(余暇)是每个人的权利,社会应该为人们提供合理的劳动时间、正当的有薪休假、旅行条件及相应的休闲设施、场所和设备,以及正当的休闲机会。每个人都有享受自然休闲设施的权利,如森林、山地、海洋、湖水等,并必须保护该地区的动物和植物。每个人都有参加诸如体育、游戏、野外生活、旅行、戏剧、舞蹈、绘画、音乐、科学研究、手工艺制作等休闲活动教育的权利。国际休闲组织的成立和《休闲宪章》的颁布,为休闲体育的发展提供了保障。[②]

---

① 包呼和:《休闲全球化背景下我国休闲体育面临的挑战与发展》,《广州体育学院学报》2012年第2期。

② 肖焕禹:《休闲体育的演进、价值及其未来发展取向》,《上海体育学院学报》2010年第1期。

有学者认为,在休闲全球化的背景下,休闲体育向全球化发展是必然的趋势,主要表现为如下特征:休闲相关问题的全球化,休闲活动的全球化,休闲教育的全球化。[①] 休闲全球化将有利于国内外休闲体育文化的交融,有利于我国休闲体育产业的发展,有利于吸引国外休闲体育资源,创造更多就业机会,促进我国休闲体育的发展。

(二)休闲体育的"全球眼光"

随着全球化的发展,各民族文化在相互沟通、互补和交流的同时,正在冲破地域限制和民族模式而走向世界文化整体:一方面是各个民族文化超越自身向世界文化趋近,从而不断获得文化的认同;另一方面是世界文化越来越需要各民族文化资源的支持,从而实现民族文化与世界文化、个性文化与共享文化之间的相互作用与转化。[②] 全球化带来了越来越多的跨国文化接触,这也促使人们采用全球眼光,寻找民族国家以外的自我认同感。

许多休闲体育项目能在全世界范围内被不同肤色、民族、语言和地域的人们所接受,正说明了全球眼光已成为现代人所具备的基本素质。休闲体育虽然是依据一定的民族文化观念,而且是在一定文化背景下产生的,但随着文化的全球化,各国的交往逐渐频繁起来,休闲体育乃至整个体育文化都逐渐融合。不仅国外的休闲体育项目为我们所接受,我国的一些传统的休闲体育项目也走向了世界。例如,随着我国的开放和发展,对于很多希望了解我国的外国人来说,学习和习练中国传统武术成为一个不错的选择。"中国功夫"已经成为全球化进程中的一个时尚文化符号。

三、休闲体育与社会政策

(一)休闲体育的发展离不开政府的政策支持

如今,重视健康已成为一个国家体育发展程度的重要标志,增强

① 包呼和:《休闲全球化背景下我国休闲体育面临的挑战与发展》,《广州体育学院学报》2012 年第 2 期。

② 欧阳斌、杨嘉:《全球化背景下休闲体育的文化价值》,《新闻爱好者》2010 年第 16 期。

国民的身体素质已成为许多国家政府部门的共识,追求丰富的精神生活也开始成了人们提高生活质量的一个重要内容。

美、日、欧等国家和地区从20世纪六七十年代起,在制定各项社会经济科技政策时,就将生活质量作为衡量一个国家社会经济发展水平的指标。而大众体育是衡量人民生活质量的一个方面,各国通过制订各种发展计划加以重视,于是休闲体育作为大众体育不可分割的一部分,从此蓬勃开展。如美国的"总统体质、运动和营养委员会"、联邦德国实施的两个推动大众体育发展的十年"黄金计划"、日本颁布的《体育运动振兴法》及《关于增强国民体质健康的对策》等,国家政府的干预使得休闲体育的开展有了重要的政策支持与保障。[①]

目前,世界发达国家已经逐步进入"休闲时代",而中国作为世界上最大的发展中国家,虽然离真正的"休闲时代"还有一定距离,但伴随着人们消费观念、生活方式的改变以及国家经济和产业结构的不断调整,休闲产业的发展也在迅速地向国际靠拢。有关专家呼吁,中国应抓住入世的机遇,加大力度开发潜在的休闲市场空间,调整产业结构,尽快出台与之相适应的政策法规,把休闲产业及早地提到政府的议事日程上,促使其成为我国国民经济新的增长点。[②]

（二）政府在休闲体育发展中的任务

休闲产业的发展需要全社会的支持,政府的任务是尽早完善休闲产业的社会支持系统,即政策系统、政府管理系统、产业系统、教育与科研系统,其中产业政策的制定具有至关重要的作用。对于一个产业的发展,政府负有指导、引导和协调的责任,产业政策应是能从宏观的角度出发,指导产业发展方向,规划产业发展目标,引导微观经济活动的综合政策体系。例如,中国政府十分重视全民健身运动的开展,在政策制定、宏观管理和组织大规模群众性体育活动方面作了大量卓有成效的工作。

为推动休闲体育的发展,政府应致力于构建终身休闲体育健身体

① 钱利安:《国外大众休闲体育兴起的因素探析》,《浙江体育科学》2003年第5期。

② 刘晓潮、方舒峰:《论中国休闲产业化发展与政府政策支持》,《当代经理人》2005年3期。

系，一是通过社会体育指导员指导培训，使得每一位居民都能掌握或基本掌握一种健身方法。二是加大公共服务力度，增加休闲体育设施建设，让体育公共服务惠及每一个居民。三是降低消费标准，政府加大投入，降低公共健身场所费用或者提供更多的免费体验活动。四是把休闲体育、群众体育和竞技体育结合起来，并通过提供优质的体育公共服务，推动休闲体育的长期开展，促使人们养成终身休闲体育的锻炼习惯，从而提高城乡居民的整体健康状况和生活质量。此外，还要建立科学的体育健身评价体系，进行有预见性的群众体育发展对策研究。①

四、休闲体育与文化

（一）休闲体育的文化属性

休闲体育是人类文化的一部分，具有文化的基本特征，如民族性、时代性、继承性等，它包含了物质文化、制度文化和规范文化三个主要层面。休闲体育的文化性十分特殊。一方面，休闲体育具有跨文化的特点。被用于休闲的体育活动项目众多，有现代的、传统的，有中国的、外国的。另一方面，休闲体育又具有亚文化的特点。与西方的休闲体育活动注重对抗不同，中国传统的休闲体育活动，如太极拳、围棋等都强调以静制动，以柔克刚，动静结合。这反映了一个社会的主流文化对休闲体育的重要影响。

休闲体育的文化属性突出体现在它的文化符号意义上。美国经济学家凡勃伦在《有闲阶级论》中曾指出，"休闲具有炫耀性消费的特征，是某种社会阶层展示其财富和社会地位的手段和标志"②。尽管在现代社会中，休闲活动日益大众化，但这种社会地位的象征功能并没有随着社会的进步而消失。休闲体育中的一些活动项目，例如高尔夫、网球等历来都被视为高雅的、有教养的、上层的人才会参与的活动，因为参与这些项目往往需要昂贵的器材、设施和服饰。美国学者保罗·福塞尔在其《格调——社会等级与生活品味》一书中认为"上

① 姜明等：《体育强国视域下休闲体育发展对策探究》，《成都体育学院学报》2010 年第 12 期。

② 〔美〕凡勃伦：《有闲阶级论》，蔡受百译，商务印书馆 1964 年版，第 14 页。

等阶层的体育比赛使用的球一般要比其他阶层的小”,“就地位的高下而论,高尔夫球和网球就能压倒足球、篮球、排球和棒球”。[①] 这清楚地表明了休闲体育是社会地位的象征。

(二) 休闲体育与思想文化

休闲体育是思想文化的一部分,思想文化对休闲体育的发展意义重大。例如,正是古希腊人开始了对体育运动进行思考和构造的历史,而这种思考和构造的最终结果是诞生了影响当今整个世界的“奥林匹克体育”。奥林匹克体育是典型的希腊文化发展的产物,是培养人全面发展的最佳途径,而奥林匹克运动会则是人体展示的最高形式,运动员精湛的技术、拼搏进取的精神,最大限度地挖掘自身的潜力,向自身体能生命的极限挑战,创造出一种从身体到心灵的欢快与愉悦,人们在这种运动中尽情体验其所带来的欢乐和幸福,而这种体验恰恰是休闲精神所包含的主要内容。因此,虽然古代希腊没有休闲体育这种提法,但是古希腊人显然认识到了在体育运动中表现出的休闲精神,同时也在体育运动中进一步体会到休闲精神所带来的快乐,人们在体育运动中充分放松自己,甚至放松到全裸。在大自然中、在运动赛场上,古希腊人充分展示自己的健美身体,让自己的肉体和心灵都沉浸在一种自由自在的状态之中。在这种自由自在的状态下古希腊人思考世界上的万事万物,由此开创了一个引导人类发展的文明。因此我们可以说休闲精神指引着古希腊人找到“奥林匹克体育”,并使之发展兴盛起来造福后人。[②]

第三节 我们身边的休闲体育

休闲体育活动内容形式的广泛性、多样性,为人们参与休闲体育提供了丰富的选择余地,本节将择要介绍一些我们常见的休闲体育活动,并提醒大家思考以下问题:常见的休闲体育活动各有哪些特点?

---

① 转引自江流水:《格调与体育——一种社会文化视角中的体育》,《体育文化导刊》2002 年第 6 期。

② 金川江:《从文化学视角论休闲和休闲体育》,《体育与科学》2006 年第 4 期。

不同特点的休闲体育活动在功能上有何差异？我们应该如何选择适合我们自己的休闲体育活动？

一、集体竞技类

（一）足球

足球是一项以脚支配球为主的集体球类项目，它是全世界最有影响力的体育项目，也是最流行的休闲体育活动之一。由于开展广泛、参与者众多，被公认为“世界第一运动”，深受人们的喜爱。在全世界，足球已成为许多人生活的重要组成部分，足球运动丰富了人们的业余文化活动，提高了人们的生活质量。足球运动有如此大的魅力，不仅在于足球运动有丰富的内涵，而且与足球运动自身的特点有关：

第一，与其他休闲体育活动相比，包括篮球、排球等其他集体球类项目，足球运动的参与人数要求较为灵活，少到 3—4 人，多到 20—30 人，都可以享受足球带来的快乐。

第二，足球竞赛规则比较简单，器材设备要求也不高，只要有一个球、一片空地即可。在“足球王国”巴西，常有少年在街头、沙滩赤脚踢球。

第三，足球作为一项团队项目，强调参与者之间的思想统一、密切配合。足球运动粗中有细，个人盘带讲求技术细腻到位，时机得当，有时短短的时间差或几步的距离都会造成突破、妙传甚至进球。足球运动对抗激烈，参与者不仅在球技上对抗，在心理上也在不断地较量，这能够带来非常丰富的内心体验。

第四，足球运动是全面锻炼和健全体魄的良好手段，是全民健身活动中一项行之有效的体育运动项目。经常从事足球运动，可以提高人们的力量、速度、灵敏度、耐力、柔韧度等身体素质，并能使人的高级神经活动得到改善，尤其能增强人体的心血管系统、呼吸系统中内脏器官的功能，从而促进人体的健康。

第五，参与足球运动，有利于良好的心理品质及思想品德的形成。经常从事足球运动，不仅能对良好性格的形成产生巨大的影响，而且还可以培养人的意志、自制力、责任感及勇敢顽强、机智果断、坚韧不拔、勇于克服困难、团结协作、密切配合、集体荣誉感、守纪律等思想品德。

（二）篮球

篮球运动是在特定规则的限制下，将球投入对方球篮得分，并阻止对方获球或得分的一项集体性运动项目，是当前世界上非常普遍的运动之一。篮球运动因如下特点而具有独特魅力：

第一，篮球运动是围绕着悬挂在空中的球篮而展开的空间与地面的争夺，不仅具有对抗性、拼斗性、集体性，而且还富有健身性、娱乐性、艺术性、趣味性和观赏性。

第二，篮球运动是一项高强度的对抗性运动项目，持续时间可长可短，但需要参与者快速奔跑、突然与连续起跳、敏捷反应与力量抗衡。经常从事篮球运动，能促进速度、力量、耐力、灵敏度等身体素质的全面发展，改善内脏器官和中枢神经系统的功能。

第三，篮球运动较其他球类项目技术繁多，战术形式多样，技巧性也很强，而且反映出个体作战与协同配合相结合的特点。作为一项集体性很强的运动项目，篮球运动不仅要求参与者具有一定的战术能力，以及在比赛中表现出的智慧、胆略、意志、活力与创造力，更为重要的是，参与者必须具备勇敢顽强的斗志和团结协作的精神。因此，篮球运动可以促使参与者形成良好的团队精神。

第四，篮球运动具有较好的观赏性。在篮球比赛中，我们可以欣赏到娴熟的运球、巧妙的传球、准确的投篮、机智的抢断、精彩的扣篮和出奇的封盖，再加上攻守交错、对抗变换，比赛双方斗智斗勇，球场形势变化富有戏剧性，无论是参与者还是观看者都能得到心理的满足和愉悦。

第五，篮球运动简单易行，趣味性很强，可以因人、因地、因时、因需而异。通过变换各种活动方式，篮球运动更易吸引人们的参与，以使人们达到活跃身心、健身强体的目的，进而提高社会的文明氛围，充实人们的业余生活。通过比赛的相互往来，还可以增进彼此之间的了解和友谊。

第六，篮球运动不仅可以强身健体，而且可以使个性、自信心、审美情趣、意志力、进取心、自我约束等都得到很好的发展，也有利于培养团结合作、尊重对手、公平竞争等道德品质。

（三）排球

排球是球类运动项目之一，球场为长方形，中间隔有高网，比赛双方各占球场的一方，球员把球从网上空打来打去。排球运动具有如下显著特点：

第一，排球场地设备简单，比赛规则容易掌握，运动量适中，又富于趣味性，是男女老少都适宜的室内娱乐性项目。排球运动参与者既可在球场上比赛和训练，亦可以在一般空地上活动，运动量可大可小。排球运动适合不同年龄、不同性别、不同体质、不同训练程度的人。

第二，在排球比赛中，每个队员都要进行位置轮转，既要到前排扣球与拦网，又要到后排防守与接应。队员必须全面地掌握各项技术，能在各个位置上比赛。

第三，规则规定，比赛中球不能落地，不得持球、连击。击球时间的短暂，击球空间的多变，决定了排球的高度技巧性。

第四，排球比赛中，双方的攻防转换始终是在激烈的对抗中进行的。比赛中，对抗的焦点在网上的扣拦上。在一场比赛中，夺取一分往往需要经过六七个回合的交锋。水平越高的比赛，对抗争夺也越激烈。

第五，排球比赛是集体比赛项目，除发球外，都是在集体配合中进行的。没有严密的集体配合，再好的个人技术也难以发挥，更无法发挥战术的作用。水平越高的队，集体配合就越严密。

第六，排球运动不仅能提高人们的力量、速度、灵活、耐力、弹跳、反应等身体素质和运动能力，并改善身体各器官、系统的机能状况，而且还能培养机智、果断、沉着、冷静等心理素质，也是建设精神文明的一种良好手段。排球比赛和训练，有助于培养团结战斗的集体主义精神，可以锻炼胜不骄、败不馁、勇敢顽强、克服困难、坚持到底等良好品质。

二、大众休闲类

（一）羽毛球

羽毛球是一项隔着球网,使用长柄网状球拍击打平口端扎有一圈羽毛的半球状软木的运动。羽毛球作为一项大众化的休闲体育活动受到了广泛的欢迎,是因为它具有以下特点和价值:

第一,羽毛球是一种全身运动项目。无论是进行有规则的羽毛球比赛还是将羽毛球作为一般性的健身活动,都要在场地上不停地进行脚步移动、跳跃、转体、挥拍,合理地运用各种击球技术和步法将球在场上往返对击,从而增大上肢、下肢和腰部肌肉的力量,加快锻炼者全身血液循环,增强心血管系统和呼吸系统的功能。长期进行羽毛球锻炼,可使心跳强而有力,肺活量加大,耐久力提高。此外,羽毛球运动要求练习者在短时间内对瞬息万变的球路做出判断,果断地进行反击,因此,它能提高人体神经系统的灵敏性和协调性。

第二,可调节运动量。羽毛球运动适合于男女老幼,运动量可根据个人年龄、体质、运动水平和场地环境的特点而定。青少年可将羽毛球作为促进生长发育、提高身体机能的有效手段,运动量宜为中强度,活动时间以 40—50 分钟为宜。适量的羽毛球运动能促进青少年长高,能培养青少年自信、勇敢、果断等优良的心理素质。老年人和体弱者可将其作为保健康复的方法,运动量宜小,活动时间以 20—30 分钟为宜,达到出出汗、弯弯腰、舒展关节的目的,从而增强心血管和神经系统的功能,预防和治疗老年心血管和神经系统方面的疾病。儿童可将其作为活动性游戏方法,这种运动让他们在阳光下奔跑跳跃,并要求他们能击到球,培养他们不畏困难、不怕吃苦、不甘落后的品质。

第三,不受场地的限制。羽毛球活动对设备的基本要求比较简单,只需两个球拍、一个球和一条绳索即可,平时进行羽毛球活动只要有平整的空地就可以了。在风不大的情况下,可以在户外进行活动,只要把球网架起来,就可以在一定长度和宽度的空地上画上几条线,双方对练。因此,它不仅可以在正规的室内运动场进行,也可以在公园、生活小区等处广泛地开展。当它作为户外运动时,还可使锻炼者吸入新鲜空气，受到阳光照射，改善人体的血液循环和新陈代谢，同时感受大自然的美丽，在运动中怡心健体。

第四，集体、个人皆宜。羽毛球运动既可单兵作战（两人对练），又可集体会战（双打或三人对三人对练）。单人对练时，练习者可以随心所欲地打出任何弧线、任何角度、任何力量、任何落点的球，集体会战则可以使练习者养成协调配合的习惯，培养集体主义精神。

（二）壁球

壁球是一项对墙击球的室内运动，起源于英国，近年来十分流行，它有以下几个特点：

第一，性价比高。由于壁球是一项室内项目，所以它可以不受季节、天气的限制，是一项全天候的运动，具有最佳的性价比。现代社会对人提出了越来越高的要求，现代人尤其是年轻人既要工作，又要学习，可以锻炼的时间非常少。而壁球恰恰可以满足参与者这种用时少、锻炼效果佳的高效率要求。壁球的场地小、球速快、球路变化莫测，因而要求人的反应、动作极快，所以壁球的运动强度、运动量极大。往往半小时不到，参与者就会大汗淋漓，气喘吁吁。据测算，在相同的运动时间里，壁球的运动量要超过网球许多。相比现在网球的价格，打一场壁球并不贵。花较少的钱，获得较大的锻炼效果，所以壁球拥有最佳的性价比。

第二，老少皆宜。壁球的参与年龄非常广泛，可以是几岁的儿童，也可以是花甲老人。不过，坦率地讲，由于壁球高速度、高强度的特点，所以它更适合年轻人参与。

第三，简单易学。对于初学乍练者来讲，用一两分钟了解基本规则和动作要领就可以上场练习，一试壁球的魅力了。

第四，娱乐性、趣味性、消遣性强。壁球可以单打，也可以双打，工作之余及节假日朋友聚在一起打一场壁球，可以获得许多的愉悦。

第五，有减肥的效果。打壁球不同于单纯的跑步或机械、单调的减肥运动，因其娱乐性、趣味性强，参与者易坚持，并且能在运动中得到快乐。打壁球并不需要精确地计算卡路里的消耗，每次的汗水已足以说明离健美的身材不远了。

第六,竞技性强。壁球的线路多、战术组合多,因而竞技性很强。任何一项竞技运动,只有具备了较强的竞技性,才能使参与者在不断提高技战术水平的过程中保持长久的兴趣,这也正是竞技运动的魅力所在。

(三)游泳

游泳,是在水上靠自力漂浮,借自身肢体的动作在水中运动前进的技能。游泳是最受欢迎的健身运动项目之一,具有如下特点:

第一,适当地进行游泳锻炼,不仅能给人带来心理上的愉悦,还能够增强心血管系统的机能,增强体质,提高协调性,使身体比例更加合理,从而塑造健美的体形。许多运动项目都容易给机体造成劳损或损伤,但游泳是劳损和损伤最低的体育活动。因此,游泳是一项很好的、可以终身进行的健身运动。

第二,由于水的温度一般低于气温,水的导热能力又比空气强数十倍,因此人在水中失散热量远远快于在空气中。经常游泳能改善体温调节能力,从而更能够承受外界温度的变化。特别是冬泳,对这方面的改善作用尤其明显。由于冷水的刺激,长期进行游泳锻炼能增强机体抵御寒冷、适应环境的能力,可以预防感冒等疾病,使身体日益强壮。由于游泳时身体平卧,加上浮力的作用,可以使脊柱充分伸展,对一些脊柱病人有一定的康复作用。游泳还可以作为运动处方,治疗一些慢性疾病,如慢性肠胃病或慢性支气管哮喘等。一些不适合直立锻炼的人,如过度肥胖症患者等,如果采取跑步等方式,由于重力作用,腿脚部负担过重,容易受伤。这时,游泳是很好的替代锻炼方式。

第三,磨炼意志品质,促进心理健康。学习游泳需要克服一定的困难。例如,初学游泳的人一般会有怕水心理,对水环境的陌生感使他们心生恐惧。学习游泳的过程,就是克服恐惧,克服冷、累等困难的过程,对人的意志品质是很好的锻炼,还有许多人常年坚持冬泳,这些都磨炼了人的意志,鼓舞了人的精神。

第四,游泳对智能的发育也有好处。水的流动特性对游泳技术提出了许多特殊而微妙的要求。掌握游泳技术的过程就是神经系统和肌肉之间充分协调的过程,需要体会特殊的"水感"。这些对神经系统是良性的刺激,坚持游泳锻炼的人一定能从中得到益处。

（四）骑行

骑行是一种健康自然的运动旅游方式,参与者能充分享受旅行过程之美。一辆自行车,一个背包即可出行,简单又环保。骑行能够使人在不断而来的困难当中体验挑战,在旅途的终点体验成功。

骑行可以改善记忆力。不论是对于记忆力较强还是较弱的人来说,骑自行车都具有提高记忆力的作用。骑车可以改善与运动有关的大脑区域的活动情况,缓解帕金森病。骑行也可以防癌。日常缺乏运动,就很容易致癌。长期坚持骑自行车可增强心血管功能,提高人体新陈代谢和免疫力,起到健身防癌的作用。①

区别于骑车通勤,骑行运动不单单将自行车视为一种交通工具,这更是一项体育爱好,是一种将人、运动器械和大自然三者融合的运动方式。很多骑行爱好者平日在市区内骑行,假期便会选择"4+2"方式(即"4 个轮子+2 个轮子")出行,开车到郊区或者人少的地方再骑行。

随着骑行成为一种时尚,线上线下自行车店生意火爆,甚至有些车型经常卖断货,可谓"一车难求"。而"一车难求"的背后,一方面是受疫情影响,人们远途出行有所减少,市内及郊区的户外活动受到追捧;另一方面,随着《全民健身计划(2021—2025 年)》等政策公布,各地对骑行运动的支持力度进一步加大,建车道、办赛事、为骑行组织提供相关支持等措施改善了骑行环境。更重要的是,大众健康意识增强,健身热情进一步提高,让骑行运动如乘东风。

北京大学在线下引入骑行课堂,在线上引入"骑行教育"慕课,旨在让同学们意识到:骑行不只是一门简单的体育课,更是一门倡导生活方式的教育课程,以更为广义的"教育"视野,对更广义的"学生"受众进行"人与车"的运动技能教育,"绿色出行"的环保教育,以及"安

① 《爱上骑行,让健康、美景、快乐随行》,2022 年 9 月 17 日,光明日报网页版,https://news.gmw.cn/2022-09/17/content_36030457.htm,访问时间:2022 年 12 月 13 日。

全与健康”的生活方式教育。骑行教育能够培养学生，使其既有“读万卷书，行万里路”的勇气和豪情，也有“融入自然，深入社会”的情怀与责任。此外，大学生自行车比赛近年来也在北京大学如火如荼地开展，对推广校园体育和骑行文化意义重大。

三、消遣放松类

（一）台球

台球是一项在国际上广泛流行的高雅室内体育运动，是一种用球杆在台上击球、依靠计算得分确定比赛胜负的室内娱乐体育项目，也是一项老少皆宜，适合于各文化层次的既富有消遣娱乐性又具有知识、技术性的球类活动，普及度高。台球运动的主要特点如下：

第一，台球是室内运动，所以不受季节、天气、时间等因素的影响，且运动场地小，参加人数灵活，趣味性十分强。

第二，台球的运动量不大，不会耗费较大的体力，所以适合任何人。它具有愉悦性，如果掌握了各种杆法技术，打起来得心应手，成功率日见提高，更是令人心醉的一种体验。

第三，台球是一项高智商的运动，需要有对整个局面的连续思考和预判能力，需要精确计算，需要有良好的布局，整个过程融合了数学、力学等多方面的知识，比其他的球类活动更能锻炼大脑思维。

第四，台球带来的不仅仅是身体局部的运动和锻炼，更是全身的协调能力的提高。每击打一个球，眼睛、颈椎和肩部都需要与上肢、腰部以及下肢良好地协调与配合。经常参与这项运动，不但能提高眼力，还能改善自身的协调性和对身体各关节的控制能力。台球运动需要不停地俯身、抬头、转腰、提肩，对腰、颈、肩周疾病有很好的防治作用。打台球需要不断走动，反复弯腰，同时还能起到按摩肠道的作用。

第五，作为一项“绅士运动”，台球的环境、装束、行为、礼仪无不体现着高贵儒雅之风。打台球可以培养参与者的气质，优雅推杆之间风采尽显。台球会让人克服心浮气躁，慢慢变得沉着冷静、全神贯注，更能使人控制情绪起伏，养成良好的习惯。

（二）保龄球

保龄球又叫“地滚球”，最初叫“九柱戏”，起源于德国，是一种在木板球道上用球滚击木瓶的室内体育运动，流行于欧、美、大洋洲和亚洲一些国家，比赛分个人赛和多人赛。赛前，以抽签决定道次和投球顺序。比赛时，在球道终端放置10个木瓶成三角形，参加比赛者在犯规线后轮流投球撞击木瓶；每人均连续投击两球为1轮，10轮为一局；击倒一个木瓶得1分，依此类推，得分多者为胜。保龄球的主要特点如下：

其一，保龄球具有娱乐性、趣味性、抗争性和技巧性，能消除紧张，缓解、消除工作和生活中的压力。打保龄球的过程实际上是一个高速用脑的过程。保龄球是一项要求精力高度集中的运动，打球时参与者需要全神贯注于球道上的目标点，抛开一切杂念，然后助走、出手、观察球的线路、分析击打效果，这个高度用脑的过程会使参与者将所有的精力用在打球上，忘却所有的烦恼，

其二，保龄球不仅没有性别、年龄的限制，更不受时间、气候的约束，用球可以因个人体格、重量的不同而自由变换。无论身体强弱，只要通过努力均可获得高分，因此可培养和增强人的自信心，可充分体现人与人之间的平等竞争。

其三，保龄球不是很剧烈的运动，对人体的心肺、四肢的健身功效显而易见，对喜爱健身运动的人有一种不可抗拒的魅力。它可以锻炼身体各部位的协调性，打保龄球只要姿势正确，全身200多块肌肉都能得到锻炼。更重要的是玩保龄球有一种竞技的快感，在浓厚的游戏趣味中亦可达到锻炼身体的目的，手、脚、肌肉亦可强壮结实，腹部也能得到适当的运动。只要放松肌肉去打保龄球，不但可消除身体各部位的僵硬，而且轻度的神经痛也会不治而愈。

其四，打保龄球是一个不断向高手请教以及和球友交流、切磋的过程，请教、交流、切磋可增进与他人之间的交往。人类是群居的动物，有与他人交往的需求，由于保龄球运动不受气候影响，保龄球爱好者与球友的交往可以随时随地进行，比其他的一些运动项目的频率更高，以球会友，以球怡情，增进友谊。

（三）飞镖

飞镖运动起源于英国，距今已有150多年的历史，在欧美及澳大利亚广为流行。飞镖运动具有如下特点：

第一，飞镖运动不需要专门的场地、设施，趣味性强，男女老少都可以参与，时间可长可短。飞镖运动既可作为比赛，又可作为工作、学习之余的消遣。老友或同事在家中相聚，飞镖也是很适合的运动。

第二，飞镖运动是一种集竞技、健身及娱乐于一体的"绅士运动"。飞镖运动以对场地要求低和器材价格便宜而闻名，且不论高尔夫和网球等贵族化的运动，单是与同样起源于酒吧的保龄球和台球相比，飞镖运动的消费就要低廉很多。

第三，根据飞镖比赛的规则，选手必须打中约50mm×8mm的扇形区域或直径12.7mm的圆心才能结束比赛。在双方选手都在争"Double"结束的时候，选手的心理素质往往起决定性作用，在飞镖比赛中，我们经常可以看到以弱胜强的战例，一名飞镖选手不仅要具备"指哪打哪"的技术，而且还要有很强的心态控制能力。所以，飞镖比赛给人以很大的悬念，极具竞技性、观赏性。

第四，飞镖运动要求选手在投镖前一只脚牢牢地抓住地面站稳，另一只脚用作辅助支撑，举镖的手及身体任何部位都不能晃动，排除一切杂念，凝神于目标，投镖时肩、肘、腕自然畅展运动。计算分是飞镖运动的重要环节之一，会算分，心算快的选手往往比同等技术水平的选手提前一至两轮收"Double"，并且使自己镖打得流畅，命中率高。所以，飞镖运动又是一项极佳的修身养性的健身运动。

第五，飞镖的器材简单耐用，价格便宜，且占地面积小，家庭、酒吧、公司、餐厅都可以安装飞镖。飞镖运动不受气候、年龄、性别限制，简单易学，比赛中没有任何身体对抗，是特别适合我们心灵手巧的中国人的一项运动。

（四）飞盘

飞盘1948年发明于美国，20世纪70年代风行欧美，日本是亚洲最早推展飞盘的国家，我国则是台湾地区首先传入。1994—2000年中国台湾曾四度击败日本，蝉联勇气赛世界冠军的头衔。

飞盘由于运动本身的新奇、活泼、变化、具挑战性、男女差异小、没有场地限制等诸多特点，立即吸引了男女老少各年龄层的爱好者。

历经 20 多年的变化与发展，飞盘已衍生出十余种正式的国际竞赛，其中最受玩者欢迎的有：自由花式、飞盘高尔夫、飞盘争夺赛、勇气赛等四大项目。上述四项中，飞盘争夺赛已于 2001 年被列为世界运动会（非奥运项目的国际比赛）正式项目。

飞盘运动是一种老少咸宜的健身项目，只要有一片空旷的场地就能让我们开心地锻炼与玩耍，由于投接的手法千变万化，最能吸引爱好健身及喜爱户外运动的朋友。

国内各大城市如杭州、北京、天津、上海、西安、武汉、重庆、广州、宁波、深圳、长沙、大连，皆有飞盘俱乐部的队伍，另外在国内各大高校中飞盘运动也在不断发展。[①]

除了赛事活动与校园外，飞盘器材与设备的普及，对飞盘运动的推广同样起到了重要作用。飞盘运动火了后，飞盘产业也跟着热了起来，产业规模持续高速增长，并带动了运动服、运动鞋等体育用品市场的增长。专家预计，在运动人群不断增加及运动参与度逐渐加深的带动下，中国飞盘市场还将呈现加速发展的态势。

2022 年教育部公布了《义务教育课程方案和课程标准》，极限飞盘（团队飞盘）作为“时尚运动类项目”入选“体育与健康课程标准”板块，飞盘运动被正式列入义务教育阶段课程。因为易上手、娱乐性强、需要团队合作，飞盘运动在学校一经开展便受到了学生们的喜爱。从不少学校的反馈来看，飞盘运动对青少年体育运动参与积极性、运动习惯的养成、个人品性的磨炼等方面都有非常好的帮助，受到了学校和学生们的认可。

---

① 国家体育总局：《飞盘运动掀起全民健身潮》，2022 年 8 月 15 日，https://www.sport.gov.cn/n20001280/n20001265/n20067533/c24634199/content.html，访问时间：2022 年 12 月 13 日。

四、亲近自然类

（一）登山

登山运动是一项在特定要求下，徒手或使用专门装备，从低海拔地形向高海拔山峰攀登的体育活动。登山运动有如下显著特点：

第一，登山运动在独特的大自然环境里进行，那里没有正规的场地，也没有助兴的观众，登山者所用的装备、器材涵盖生活的各个方面，包括食品、燃料、医药用品和其他生活必需品等。

第二，由于登山运动是在独特的大自然环境中进行的，主客观的艰险是始终存在的，如各种陡险的山坡、山间急流、滚石、冰崩、雪崩、明暗裂缝、暴风严寒、日光辐射、严重缺氧以及指挥不当、计划不周、组织工作不完备、技术不佳、思想麻痹等因素，不时威胁着参与者的安全。

第三，登山运动对身体很有好处，在山间行走，对于改善肺通气量、增加肺活量、提高肺的功能很有益处，同时还能增强心脏的收缩能力，有益于改善人体的平衡功能，增强四肢的协调能力。

第四，每一次登山运动，参与者所承受的运动量是相当大的，所需的时间长，生理负荷大，对参与者的身体素质要求很高，往往需要长期的锻炼乃至专门的训练。

第五，登山运动可以放松人的心理压力，具有调节紧张情绪的作用，能改善生理和心理状态，恢复体力和精力，使人精力充沛地投入学习、工作。登山锻炼可以陶冶情操，使人保持健康的心态，充分发挥个体的积极性、创造性和主动性，从而提高自信心和树立正确的价值观，使个性在融洽的氛围中获得健康、和谐的发展，另外还可以培养人的团结、协作及集体主义精神。

第六，登山运动可以很方便地结合野外生存历练、人体潜能拓展和环保意识的强化，使参与者在强身、养心、益智等多方面收到成效。

（二）滑雪

滑雪是一项既浪漫又刺激的体育运动，由于它贴近自然，并且逐渐褪去了“贵族运动”的外衣，被人们广泛接受，演变成了当今冬季最受欢迎的休闲运动方式之一。滑雪运动特点如下：

第一，滑雪运动有利于健体强魄，有利于陶冶情操，有利于增强耐寒能力，有利于锻炼坚强意志，有利于防治疾病，有利于保持健美体形，不管是男、女、老、幼，都可以在滑雪中尽享这项运动的乐趣与魅力。滑雪对人们有极大的吸引力，参与面很广，特别是高山滑雪更是如此。高山滑雪由于快速、壮观、惊险、多变等特点，已被人们视为滑雪运动的象征，是大众健身及滑雪旅游的主项。

第二，滑雪技术种类多，可在多变的环境下灵活运用，不但可以使滑雪者的全身得以均衡发展，而且有助于有效锻炼中枢神经系统、心肺功能、反应判断能力、平衡灵敏素质。

第三，低温的滑雪环境还会增强人们勇敢顽强的精神、不惧严寒的意志，并提高对外界条件的适应能力。在长时间的滑动中，体内积沉的脂肪和糖会很快变成热能而释放与消耗，这对醒脑清肺，防治心脑疾病、呼吸系统疾病、肥胖症、抑郁症、过度疲劳等疾病很有效力。

第四，滑雪运动远离城市的喧闹和污染，参与者置身于雪山峻岭间及林海雪原中与大自然紧密结合，这里白雪皑皑，空气流动清新，阳光明媚，视野开阔，可使人尽赏变幻莫测的冬景奇观。滑雪者投身在"银装素裹"之中，与山、与林、与雪融为一体，伴雪共舞，饱享冬季大自然所赋予的无限欢乐，顿时会觉得心旷神怡，积滞的烦恼与疲劳会一洗而净，在大自然中净化身体、陶冶情操。

（三）高尔夫球

高尔夫原意为"在绿地和新鲜空气中的美好生活"。这从高尔夫球的英文单词 GOLF 可以看出来：G——绿色；O——氧气；L——阳光；F——友谊。它是把享受大自然、体育锻炼和商务交际集于一体的一种休闲运动。高尔夫运动具有以下特点：

第一，高尔夫运动是人与自然结合最完美的体育运动之一。高尔夫球场本身就是大自然，或者说是经过了修整的大自然。它不仅为参与者提供了一个广阔的活动空间，也使参与者获得了宁静，获得日光浴与空气浴之利，从而可以舒缓心理压力，松弛精神，缓解身体疲劳。

从这个意义上说,高尔夫球场是回归自然的最佳去处,是最大的“氧吧”,最大的“太阳康复中心”。

第二,高尔夫运动具有很强的可参与性。高尔夫球是适合各种性别、年龄、体态、体能状况者的运动项目。它是一项可以从 3 岁进行到 80 岁的运动,运动强度小,可以培养身体柔韧性和协调性,达到强身健体的目的。

第三,打高尔夫球最早在宫廷贵族中盛行,加之高尔夫球场地设备昂贵,故有“贵族运动”之称,由此作为一种时尚因某种身份的暗示而流行。

第四,高尔夫运动具有很强的挑战性。就高尔夫球的技术本身来说,除了在正常情况下每一杆击球都应尽量精准外,还要面对地形、天气等各种挑战与意想不到的球位、球况,以及比赛中风云突变的态势造成的精神上的压力与冲击。

第五,高尔夫运动是运动创伤最少的项目。选手之间没有身体接触,更不会出现类似足球比赛中故意拉人、绊人、伤人和扯衫等粗野动作,因而打高尔夫球除了场地表面原因可能导致脚部扭伤外,几乎没有造成运动创伤的外界因素。

第六,高尔夫是一项十分强调传统性的运动,也是一项对参与者的文化素质要求较高的运动,有助于培养优雅稳重的举止和气质。

第七,高尔夫运动具有国际性、开放性和包容性,极有助于联谊,在球场上可以边打球边谈生意、家常或者叙旧。

(四) 露营

露营是一种休闲活动,通常由露营者携带帐篷、睡袋等装备,离开城市走进自然,在野外扎营,度过一个或多个夜晚。露营可分为常规露营、汽车露营和特殊露营三类。

追溯现代露营的历史,热衷自行车旅行、会亲手制作帐篷的英国裁缝托马斯·海勒姆·霍尔丁于 20 世纪初写的《露营者手册》,被视为现代露营史的开端。而霍尔丁的另一本著作《康尼马拉的自行车和露营》促成了自行车露营者协会，即第一个露营团体的成立。[1]

一战爆发使得许多人流离失所，不得不生活在帆布帐篷里。战争结束后，仍然有人喜欢这样的生活方式，认为这是低成本且可以亲近自然的好方法。20 世纪 30 年代经济大萧条时期，许多美国人发现露营既有乐趣价格又低，将其视为度假的绝佳方式。此后，为了满足人们的休闲娱乐需求，美国在许多国家公园中划定了相应的区域供人们驾车旅游时露营、休闲，这也将露营活动推向了一个新阶段。

20 世纪 80 年代中期以来，随着汽车在普通家庭的普及，自驾车露营成为家庭游、自由行的重要方式。与此同时，我国户外露营装备制造商越来越多，专业营地数量越来越多，在疫情之下，愿意走出家门亲近大自然的人也越来越多。同程旅行平台大数据显示：2022 年“十一”假期，北京、长三角和珠三角城市周边的热门露营地预订火爆，部分热门露营地在节前一周就已售罄。相比中秋假期，“十一”假期前三天平台露营热度涨幅上升 87%，订单涨幅超过 39%。[2] 全民露营时代已经到来。

推荐阅读

1. 〔美〕阿尔温·托夫勒：《未来的震荡》，任小明译，四川人民出版社 1985 年版。
2. 〔法〕罗歇·苏：《休闲》，姜依群译，商务印书馆 1996 年版。
3. 董进霞、刘卫军编著：《休闲体育》，人民体育出版社 2006 年版。
4. 李相如编：《透视中国休闲体育》，北京体育大学出版社 2012 年版。
5. 李相如等主编：《休闲体育概论》，高等教育出版社 2011 年版。
6. 林志超、季克异：《余暇体育》，成都科技大学出版社 1994 年版。
7. 卢锋主编：《休闲体育学》，人民体育出版社 2005 版。
8. 钱利安：《休闲体育理论与实践调查研究》，浙江大学出版社 2008 年版。

---

① 周洁：《百年露营简史》，《新民周刊》2022 年第 28 期。

② 《露营为户外运动拓展新空间》，2022 年 10 月 20 日，国家体育总局，https://www.sport.gov.cn/n20001280/n20067608/n20067635/c24838194/content.html，访问时间：2022 年 12 月 13 日。

9. 任海等编著:《国外大众体育》,北京体育大学出版社 2003 年版。

10. 石振国:《课程视域中的休闲体育》,南京师范大学出版社 2011 年版。

11. 关文明等编著:《体育史》,高等教育出版社 1996 年版。

12. 徐明宏编著:《休闲城市》,东南大学出版社 2004 年版。

13. 张启明、俞金英编著:《休闲体育经营与管理》,厦门大学出版社 2008 年版。

14. 周文编著:《体育与休闲》,湖南大学出版社 2007 年版。

15. 周西宽主编:《体育史》,人民体育出版社 1989 年版。

16. 陈融:《休闲体育兴起的文化意义》,《体育文化导刊》2002 年第 2 期。

17. 程志理:《余暇运动论》,《成都体育学院学报》1990 年第 3 期。

18. 胡小明:《竞技运动文化属性的皈依——从工具到玩具》,《体育文化导刊》2002 年第 4 期。

19. 胡小明:《新世纪体育的走向——娱乐与健康》,《体育与科学》2001 年第 4 期。

20. 姜德卫、邱建国:《余暇运动的社会学思考》,《体育与科学》2002 年第 5 期。

21. 刘一民:《余暇体育——一种文明、健康、科学的余暇生活方式》,《天津体育学院学报》1996 年第 1 期。

22. 卢锋:《现代人生活方式与体育运动》,《成都体育学院学报》1998 年第 4 期。

23. 卢元镇:《论消遣和娱乐》,《体育科学》1983 年第 1 期。

24. 马惠娣、刘耳:《西方休闲学研究述评》,《自然辩证法研究》2001 年第 5 期。

25. 王甡等:《开发我国休闲体育市场初探》,《沈阳体育学院学报》2001 年第 3 期。

26. 吴雪锋:《论休闲体育的特点和功能》,《出国与就业(就业版)》2012 年第 1 期。

27. 吴贻刚:《中外休闲体育研究的现状与问题》,《上海体育学院学报》2003 年第 3 期。

28. 姚晓琪:《在大学生中开展闲暇体育的思考》,《甘肃教育学院学报(自然科学版)》2001 年第 1 期。

29. 于可红、梁若雯:《从休闲的界定论休闲体育》,《中国体育科技》2003 年第 1 期。

30. 于涛:《余暇体育研究的理论框构》,《上海体育学院学报》1998 年第 3 期。

31. 张春华:《我国闲暇体育初探》,《体育文化导刊》2002 第 4 期。

32. 张明英:《我国休闲体育的发展前景》,《湖州师范学院学报》2001 年第 3 期。

33. 周颖、申萍:《中、日、韩居民闲暇体育活动倾向的比较研究》,《中国体育科技》2001 年第 11 期。

34. 邹师等:《终身体育理论视角中的休闲体育》,《体育文化导刊》2002 年第 5 期。

35. 左新荣:《学校体育教学思想的社会学认识》,《北京体育大学学报》1999 年第 2 期。

36. M. Csikszentmihalyi, *Flow: The Psychology of Optimal Experience*, Harper & Row, 1990.

第八章 休闲体育的变迁：历史学的视角

近年来，随着我国经济社会的发展，休闲产业作为现代经济第三产业的一种新形式应运而生，运动休闲作为一种高弹性的服务产品在休闲产业中占的比例越来越大，逐步成为一种社会现象和生活方式，涉及经济、交通、文化、行为特征等各方面。

追溯休闲体育发展的历史必然涉及相关学科的诸多内容，本章将主要从空间、时间两个角度分析休闲体育活动的发展轨迹，从世界和中国两个空间角度，古代、近代、现代三个时间角度分析休闲体育活动的产生、发展、高潮，目的是确定人们参与休闲体育的行为动机和主要形态，理解这些现象对历史发展的作用，探寻休闲体育的变迁，并从经济、社会、文化等层面深入理解运动休闲文化发展的规律和历史趋势；从历史发展的角度通过分析各个时期休闲体育发展的特征、原因、主要代表人物及其相互间的联系与区别，掌握今后休闲体育活动及休闲产业发展趋势的观察方法。在最后一节中，将立足当代中国，从政策、经济、健康水平等维度，来观察当今时代背景下休闲体育在我国的最新发展。

第一节　休闲之源

一、历史学的视角

历史学是一门研究人类社会的发展过程及其规律的学问。“历史”在总结经验、提供教训等方面具有无可替代的作用。在现实中，一个人所能接触到的范围毕竟有限，而从历史上来看，见于记载的人物事件、经验经过了无数人、无数年代的积累却丰富多彩，应有尽有。所以，“怎样使一个人短暂的一生，能够或多或少地在历史上留下一点痕迹，使一生不致虚度，很重要的一点就是要借鉴历史的智慧”①。

历史学研究意义重大。“了解规律最主要的办法，恐怕舍历史就别无他途。而且由于历史注重长时段，所以有时历史的作用比古代的科学技术更有效。”②注重历史的借鉴作用，从中吸取教训，更好地服务于今天的社会，这是中国史学的光荣传统。

历史学科的一个突出特点在于知识的容量特别大，并且真实的历史是历史学家永恒的追求，因为离开了真实，史学就没有任何价值，就不成为科学。从现有史料本身寻找矛盾，发现问题，是历史学家的学科态度和方法。

进行历史学视角的休闲体育研究十分必要。事实上，如今我们所熟知的休闲体育只是社会历史的一段插曲。休闲体育有其产生和发展的历史，它在每一个时代的发展变迁，都离不开那个时代特定的自然、经济、社会条件，它的每一种特定的形式都有着鲜明的时代印记。审视休闲体育的历史发展过程，把握休闲体育的历史发展规律，离不开历史学的理论与方法。休闲体育的专门史研究不仅是休闲体育研究的重要内容，在体育史学中的地位也十分重要。

以人类社会发展的过程来纵向审视，可以发现休闲体育的发展变迁与人类文明的进化息息相关，体现了休闲与工作相分离的历史过

① 葛剑雄、周筱赟：《历史学是什么》，北京大学出版社2005年版，第175页。

② 同上书，第184页。

程，传统农业社会、近代工业社会和现代信息社会的休闲体育形式有着各自的特点。从文化的角度来横向审视，中国和西方的休闲体育又有着迥异的历史特征。因此，休闲体育不仅适合历史过程研究，亦是历史比较研究的重要对象。

二、古代社会的休闲

（一）休闲体育之产生

休闲体育作为一项制度化的人类实践活动，产生于社会的某方面的需求。原始社会是休闲体育产生的萌芽时期，休闲体育的产生也伴随着当时特定的自然、经济、社会条件，根据狩猎、捕鱼、部落战争的需要，人们在实践过程中自发地锤炼人体素质和各种技能技巧。[①] 进入以农耕为主要生产方式的农业社会之后，人们的生活与四季更加紧密地交织在一起，休闲时间与休闲活动也与农耕的季节规律联系起来。当农作物喜获丰收时，人们要举行游戏、欢宴、舞蹈、交际联谊和庆典仪式等活动。在农闲季节，人们拥有和享受大量的休闲时间，在原始氏族社会后期，体育随着教育的产生而产生，人们在劳动和军事活动之余开展身体训练、竞赛、娱乐游戏和舞蹈活动，利用休闲时间进行各种游戏和休闲活动，在闲暇和娱乐的过程中休闲体育应运而生。

综上，当人类基本适应了原始生存环境，在生产力逐步提高、生活资料逐渐丰富、人们能够得到温饱的前提下，休闲时间的出现成为可能，而利用闲暇进行休闲的需求和活动也相应地从劳动中分离出来。人们在闲暇时间为寻求精神上的轻松愉悦，在社会实践中创造了反映狩猎、农耕、祭祀、祈祷和图腾崇拜的舞蹈和各种身体娱乐活动，这些带有休闲意义的娱乐活动可以理解为休闲体育的雏形。

（二）原始社会时期休闲体育之特点

从漫长的原始社会阶段进入文明时代是人类经历的第一次社会

---

① 马惠娣：《休闲问题的理论探究》，《清华大学学报（哲学社会科学版）》2001 年第 6 期。

转型，以采集渔猎和简单农耕为基础的生产方式连同以血缘为纽带的社会结构支配着以万物有灵意识和交感巫术为基础的神秘、直觉思维，以及沉淀在神话表象世界中的种种禁忌或集体意象。这些构成了原始社会人类生活的显著特色，并由此构成了原始体育的特征。[①]

（1）模糊性

原始体育具有教育、族群文化认同、习俗规范培养等多种意义，各意义相互渗透、互为影响，尚不具备清晰的形态和独立价值。

（2）神秘性

原始社会时期的人们对身体活动的认识还被笼罩在浓厚的神话色彩中，人们不能直接从身体活动与身心变化的联系中去认识问题，因而原始体育是一种尚处于自在阶段、带有宗教色彩的体育形式。

（3）朴素性

原始体育的内容和形式都还相当简单、粗糙，它在时间和空间两方面仍与劳动过程紧密相连。许多体育用品诸如弓箭、标枪、船等就是劳动工具或武器，体育技能同时又是劳动技能，如射箭、投掷、奔跑、格斗等。

（4）地域性

地理环境、气候条件等都直接影响体育活动，这使得原始体育初步显示出地域文化的差异。在游牧民族中，骑马、射箭、摔跤是主要体育活动，渔猎民族的投掷、划船和农业民族的舞蹈、球类等地位突出。

（5）主体性

这一时期是休闲体育的萌芽期，休闲体育主要存在于祭祀、农忙劳作中，参与休闲体育活动的主体数量少，社会阶层较为明显，人数有限。

（6）狭窄性

交通工具的不发达限制了人们出行，休闲体育的活动范围较为狭窄。

---

① 李晓东、彭钢：《论我国高校休闲体育》，《武汉体育学院学报》2001年第5期。

（三）古希腊时期主要休闲体育思想及代表人物

休闲活动与全民运动的概念颇为相似，二者都是竞技运动高度发展后形成的一种反制表现，休闲活动经常被视为一种文化性和社会性兼具的活动，为社会大众追求乐趣之方式。自 19 世纪开始，社会学家、心理学家及人类学家对于人类的休闲行为加以研究，学者对休闲活动的起源有娱乐宗教说、格罗塞的艺术起源论、希腊史诗之兴起说等。他们认为娱乐与宗教有关，认为娱乐是基于个人和团体的基本需要产生的一种集体行为，能够使团体产生团结与凝聚力量。部分学者则从游戏的角度看休闲活动，主张游戏能宣泄过剩的精力、调节工作情绪和体力。古希腊体育给这一时期的思想家提供了大量思索的素材与空间，这些思想家对雅典和斯巴达体育进行比较后，把古希腊体育思想推向了一个新的高度，其中也蕴含着休闲体育的思想。

1. 苏格拉底的体育思想

苏格拉底作为一个长期从事脑力劳动的哲学家，深刻体会到身体是事业成败的重要因素之一，他本人坚持锻炼，每日清晨散步并进行体育锻炼以保持身体健康和精力旺盛。他痛感当时雅典的年轻一代能言善辩、摇唇鼓舌，却对体育锻炼和军事训练并不重视。针对这种社会弊端，他反复提醒雅典人要重视体育锻炼，不断提高身体素质。他从国家利益出发，强调体育与国家存亡紧密相关，年轻人要执干戈以捍卫国家。①

苏格拉底反复强调，做任何事情都离不开强健的身体和精神，特别是极力主张经过坚忍不拔的努力去锻炼身体，使身体做好精神的奴仆。他认为人们所要做的一切都是身体起决定性作用，而凡是需要运用身体的事，都取决于健康的体格。柏拉图的《理想国》记录了苏格拉底有关终身体育的思想："体育教育与音乐教育一样，应该让他们从小开始接受，而且，体育训练应该十分小心并且终其一生。"②

---

① 参见〔英〕克里斯托弗·泰勒：《解读苏格拉底》，欧阳谦译，外语教学与研究出版社 2015 年版。

② 转引自王丽岩：《休闲体育：人性的回归》，《沈阳体育学院学报》2004 年第 2 期。

2. 柏拉图的体育思想

在体育运动实践上，柏拉图超过了他的老师。柏拉图曾是一名体育健将，做过角力手，在伊斯特摩运动会上取得过优异的成绩。柏拉图认为，人们从事身体锻炼可以净化灵魂，获得道德上的提升，在本质上也是接受教育，或者说接受体育锻炼就是受教育的过程。在柏拉图看来，人会被外部世界的各种因素所污染而丧失分辨善恶和美丑的能力，需要通过精心设计的教育程序来保持身心健康，恢复正确的审美情趣，缩短与道德美之间的距离。柏拉图说："音乐和体育的潜移默化，可以使得两者（理性与情感）和谐，因为它们以高贵的文字、榜样来强化、支持理性，并且用和谐与节奏来节制、抚慰和文明化感情的狂放不羁。"①

柏拉图提倡进行简单而朴素的身体锻炼，并且多次强调身体锻炼要适度，不必像职业运动员那样。适度而有规律的锻炼才可以起到教育的作用。同时，他具有平等的体育意识，他认为青年人无论男女，都应严格受到音乐和体育的教育，以成为优秀的卫国者。②

3. 亚里士多德的体育思想

亚里士多德是古希腊著名的哲学家之一，他明确指出体育有助于"培养人的勇敢"，认为"休闲才是一切事物环绕的中心"，并把休闲誉为"哲学、艺术和科学诞生的基本条件之一"。他认为工作与休闲之间应保持平衡状态，休闲给人们提供了心智方面发展的机会，提供了精神放松的途径，为生活增添了乐趣。他的思想已成为西方传统认识的一部分。因此，古希腊人对与文明进步和发展相联系的休闲活动非常感兴趣，从而产生游泳、射箭、投掷、赛跑、角力等各种游戏、休闲体育和竞技运动。③

① 转引自刘子众：《中西方休闲体育之差异》，《体育学刊》2003 年第 4 期。
② 卢元镇：《论消遣和娱乐》，《体育科学》1983 年第 1 期。
③ 席玉宝等：《试论休闲与休闲体育》，《中国体育科技》2004 年第 1 期。

第二节　休闲体育之发展

一、近代休闲体育的演进

（一）产业革命与近代休闲体育发展概况

从近代意义上讲，休闲及休闲研究的大发展始于工业革命，这一时期也是近代休闲体育逐步发展的时期。19世纪末20世纪初近代工业的发展，一方面使得人们余暇时间普遍增多，人们在拥有物质财富的同时开始向往并且有可能实现精神生活满足；另一方面，现代社会也给人的全面发展带来了空前的压抑，为此，部分思想理论家试图通过休闲重新思考人的生存状态和发展形式。

产业革命带来社会经济的繁荣，使得更多的人开始有了外出旅游的消费能力。工人通过不懈斗争，迫使资本家在休假上做出了让步，赢得了在某些传统节日休假的权利，余暇时间的增多为更好地参与休闲体育提供了时间。

产业革命加速了城市化的进程，使人们工作和生活的重心从农村转移到城市，改变了人们的工作性质，原先随农时变化而忙闲有序的多样性农业劳动开始被枯燥、重复的单一性大机器工业劳动所取代。这一变化导致人们需要适时逃避节奏紧张的城市生活和拥挤嘈杂的环境压力，产生了对返回自由、宁静的大自然环境的休闲需求。同时，产业革命促进了交通运输手段、科学技术的进步，蒸汽技术的运用、铁路运输网的扩大、交通工具的改进为人们的出行及休闲放松提供了条件，休闲体育也随着近代旅游业的迅速发展而发展。

（二）近代休闲体育特征

18世纪中叶发生在英国的工业革命使得整个世界经济和社会结构发生了巨大的变化，同时也改变了世界范围内休闲旅游与运动休闲的发展方向。这一阶段有如下特征：

1. 运动休闲的空间范围和活动规模扩大

科学技术的进步尤其是交通运输的快速发展使得人们的出行更

为便捷，大规模的人员流动成为可能。

2. 中产阶级逐步积累物质财富

随着生产力的迅速发展和社会财富的增加，有产阶级规模日益扩大，具备了休闲旅游和运动健身的经济条件。工业革命前，只有地主和贵族才有金钱从事非经济目的的消遣性休闲活动。产业革命后，中产阶级取代了原来的贵族，财富的不断积累促使他们产生了享乐和休闲放松的需求，从而扩大了参加休闲体育的人数。

3. 作为经济行业的休闲旅游业兴起

火车及其他交通运输工具的出现使得旅游人数增多。19 世纪中期，英国人托马斯·库克创立了世界上第一家旅行社，此后在世界范围内出现了许多类似的组织，旅馆、酒吧等为旅游者提供方便的旅游服务设施也陆续出现，旅游这项自发性的社会活动开始变成一项经济活动，旅游业的兴起为休闲体育的发展提供了契机。

4. 借助休闲体育完善人格意识

西方休闲体育活动的思想内涵强调借助休闲体育活动，寻求强烈和刺激的感官享受，通过具有极大发展潜力的活动形式，充实和完善以自我为主体的人格意识。

5. 全民娱乐的历史发展特征

休闲体育活动形式及载体来自宗教祭祀和农业庆典，但是建立在自由、乐观主义、世俗主义和理想主义的基础之上，既尊重人体也尊重心灵，对于个人价值和尊严予以高度重视，使得传统宗教祭祀活动容纳了相当多的休闲体育成分，从而形成全民娱乐的历史发展特征。

（三）近代休闲体育理论思潮

在近代，由于人们对自身价值的反思及对工作、休闲的深入思考，新的休闲观念强调休闲是生活的主要乐趣，人们通过休闲而不是工作来充分展现个性和自我价值。

近代休闲体育发展时期的休闲研究主要从哲学、社会学、伦理学的角度探索休闲与人的价值,以及休闲与社会进步、人类文明之间的相互关系。

哲学方面,20 世纪杰出的教育家、哲学家莫得默·阿德勒警告人们必须牢记亚里士多德的教导,以休闲求得幸福、宁静与美德,呼吁人们珍惜休闲、善待休闲。荷兰学者赫尔津哈的《游戏的人》进一步论述了游戏所体现的人性本真、自由和创造性本质。① 美国哲学家查理斯·波瑞特比尔在《挑战休闲》和《以休闲为中心的教育》两部著作中提出休闲伦理和休闲教育问题,主张我们应该改变价值观,普及休闲教育,使得人们都能以欣然之态做心爱之事。

1899 年凡勃伦发表的《有闲阶级论》标志着现代休闲学的诞生。作者从经济学的角度,提出休闲已经成为一种社会建制,一种生活方式和行为方式。作者分析了闲暇时间、休闲与消费、权力等的关系,并提出休闲是一种阶级的社会象征,一种具有标志性的社会制度,是对时间的一种非生产性消费。②

德国哲学家皮珀的《闲暇:文化的基础》被誉为西方休闲学研究的经典之作,皮珀阐释了休闲作为文化基础的价值意义,指出休闲的三个基本特征:其一,休闲是"一种理智的态度,是灵魂的一种状态——意味着一种静观、内在平静的、安宁的状态,意指从容不迫地允许事情的发生"。其二,休闲是一种敏锐的沉思状态,是为了使自己沉浸在整个创造过程中的机会和能力,"这是一种沉思式的庆典状态,是人们肯定上帝的劳动和自己劳动的需要"。其三,既然休闲是一种庆典,那么"它就与努力直接相反,与作为社会职责的劳动的独特观念相对立"。③《闲暇:文化的基础》自问世以来,不仅对西方休闲研究产生了深刻的影响,也成为西方哲学思想的一面旗帜,它的启示在于指出人有了休闲并不是拥有了驾驭世界的力量,而是心态平和,使自己感到生命的快乐,休闲不仅是寻找快乐,更是寻找生命的意义。

美国著名休闲学专家杰弗瑞·戈比在《你生命中的休闲》一书中

① 参见〔荷〕约翰·赫伊津哈:《游戏的人》,傅存良译,北京大学出版社 2014 年版。

② 〔美〕凡勃伦:《有闲阶级论》,蔡受百译,商务印书馆 2018 年版,第 30—54 页。

③ 〔德〕约瑟夫·皮珀:《闲暇:文化的基础》,刘森尧译,新星出版社 2005 年版,第 35 页。

认为："休闲是从文化环境和物质环境的外在压力中解脱出来的一种相对自由的生活，它使个体能够以自己所喜爱的，本能地感觉到有价值的方式，在内心之爱的驱动下行动，并为信仰提供一个基础。"①

法国著名的社会学家 J. 迪马瑞杰在《法国的闲暇社会学》中对人类休闲行为造成的巨大社会影响进行了系统分析，认为休闲使得现代社会的价值观念产生了一系列新的变化：第一，个人解放的价值观得到强化；第二，社会关系向一种更自发、更自愿的选择方向转变；第三，人与自然的关系在潜移默化中发展。人类无论是对自身、对社会或是对自然，都表现出一种更自由的生活价值，而空闲时间的重要性正是体现在这种价值中。②

二、现代休闲运动的蓬勃鼎盛

（一）现代休闲运动发展概况

人们参与旅游及休闲运动的历史悠久，但在第二次世界大战前，参与人数、参与阶层、旅游消费都受到一定限制。第二次世界大战后，世界总体处于和平与发展的环境之中，世界经济得到迅速恢复和发展，人民生活水平普遍提高，特别是发达国家，在 20 世纪五六十年代经历了经济上所谓的"黄金时期"，人们收入增加，支付能力提高，闲暇时间越来越多，加之交通的便利，战后休闲旅游发展迅速。旅游作为群体性活动使得休闲体育也逐步成为休闲旅游中广受青睐的休闲方式，在较为完整独立的旅游经济体系和体育产业的交叉部分中占据越来越多的比重，这为休闲体育的蓬勃发展提供了必要的前提和保证。现代休闲体育在其蓬勃发展的过程中也呈现出以下特征：

1. 休闲体育时间支配的自由性

休闲体育的可自由支配时间是休闲体育固有的要素，也是休闲体

① 〔美〕杰弗瑞·戈比：《你生命中的休闲》，康筝译，云南人民出版社 2000 年版，第 14 页。

② 〔法〕J. 迪马瑞杰：《法国的闲暇社会学》，商务印书馆 2003 年版，第 30 页。

育的重要特征，鲜明地体现着休闲体育中“闲”这一核心要素和主要特征。人们从事的休闲体育活动总是在满足生理需要，完成日常工作、家务劳动所需时间以外的属于自己的“闲暇时间”内进行的自由活动。休闲体育活动的时间、内容和形式完全凭个人自主决定，是一种自愿参与、兴致所至、兴趣使然、达到自己预想休闲目的的活动。可自由支配的闲暇时间及个人自主选择活动的方式和态度是休闲体育的基本要素，也是其与竞技体育等其他体育形态所不同的时间特征和主体性特征。

2. 休闲体育活动方式的创造性

惊险的活动意味着挑战自然、挑战自我、弘扬个性以求感官刺激。例如，以陆域为活动场所的登山、攀崖、探险等；以水域为活动场所的冲浪、漂流、赛艇、滑水等；以空域为活动场所的跳伞、滑翔、热气球等。

3. 活动基础的兴趣性和活动过程的娱乐性

人们在选择休闲体育活动内容形式时带有明显的兴趣性，所选择的项目往往是自己感兴趣的和有一定基础的，个人兴趣越浓厚，参与该休闲体育活动的意识便越强，参与的频率、时间都会增加。在此基础上，个人参与休闲体育的过程也能够使人在轻松和随意中得到精神上的满足和快感，从而产生积极、愉快的亲身体验，这体现了休闲体育的娱乐性特征。

4. 活动心态的非功利性和活动强度的舒缓性

休闲体育的休闲参与动机使参与者不必背负胜败得失的压力，这体现出休闲体育的非功利性特征。休闲体育所表现出的是一种“与世无争、悠然自得”的放松及愉悦情怀。休闲体育活动不追求运动成绩等运动的结果，这一动机决定了休闲体育不是通过激烈的竞争获得优异的运动效果，而且休闲体育在活动强度上有明显的舒缓性特征。休闲体育强调人们参与运动项目要强度适中，这些都体现着活动心态的非功利性和活动强度的舒缓性。

5. 活动参与的体验性和活动效果的身心一元性

从行为学的角度分析和解读休闲体育行为时，可以发现休闲体育具有体验性特征。人们在休闲体育中获得积极的心理体验，这种体验不仅包括身体参与的活动性体验，也包括观赏体育活动等多种形式的体验。休闲体育不仅是身体的活动，同时也是心理情感的积极体验活动，人们在身体参与活动的同时实现身心放松、身心交融，获得身心的愉悦，恢复体力与精力，体现了身心协调的一元性特征。

（二）休闲体育迅速发展之原因

现代休闲活动发展呈现出多姿多彩的风貌，人类社会自 20 世纪 50 年代中期进入科技与信息时代，在信息社会进程中，工业社会让位于强调创造力及信息、服务流通的新型社会经济结构，从而导致诸多领域的巨变。在从工业社会向信息社会的迈进中，许多因素对休闲体育产生了直接的影响，人们对休闲体育的需求也发生了较大的变化。

1. 丰富的物质财富让休闲体育普遍化

经济条件是促进运动休闲发展的重要因素，新的国际政治经济秩序使国家政治、经济和社会方面都得到了发展，人民的生活水准也相应提高，物质财富的丰裕程度决定了人们休闲体育的时间。物质财富的不断增加带来了便利的交通、完善的体育设施、丰富多彩的休闲体育内容、舒适的休闲体育环境，同时经济收入的不断增加会使人们有时间、有精力、有能力享受休闲体育生活。第二次世界大战后的几十年来，休闲需求与供给互为因果、相互促进，这使得旅游业及休闲体育保持着持续发展的势头，逐步成为新兴发展的朝阳产业。

2. 充裕的休闲时间使休闲体育日常化

休闲时间是不受其他条件限制，完全可根据个人意愿去被利用、享受或消磨的时间，即“可自由支配的时间”。生产力发展和社会进步的重要标志是劳动时间的缩短和休闲时间的增加。伴随着“双休日”和黄金周节假日安排的落实及社会服务系统的完善，我国居民的余暇时间正逐年递增，人们对于休闲活动的需求也大大增强。人们为了提高生活质量，充实余暇空闲时间，满足精神文化需求，开始自觉地参与到休闲体育活动中去，充裕的休闲时间使得休闲体育日常化、大众化。

3. 个人身心意识的释放

个人正确的休闲意识、自主自发的参与兴趣使得体育逐步朝着全民体育的方向发展，人们已经意识到积极休闲的重要性，在思想上认识到休闲体育的意义所在。锻炼身体、休闲娱乐、松弛身心成为人们健康娱乐的主要目的，逐步主导城市休闲观念。动作教育、休闲活动、体育舞蹈、心灵运动等运动形态各自拥有大量的运动人口，这不仅使参与者在身心方面获得了更大的自由，且推进了全民运动的发展。

（三）休闲理论与实践的大融合

进入20世纪后半叶，休闲体育进入了蓬勃发展的阶段，现代休闲理论的学术研究也随着休闲运动的发展逐步深入，研究领域不断扩展。一部分学者侧重于休闲服务的定量研究，通过一些数理模型，定性、定量地分析和考察人的休闲行为和休闲需求；另一部分学者侧重于理论研究，探讨哲学、社会学、心理学、管理学、经济学等学科与休闲体育的关系。两大部分的研究可概括为应用研究和基础理论研究，涉及休闲与经济发展的关系、休闲与产业发展的关系、休闲对于满足人们多方面需求的作用等问题，尤其是对休闲产业前景的预测和分析、休闲项目的选择等，在休闲体育研究中占很大比重。

现代休闲体育研究不仅有理论上的百家争鸣，也有实践中的不断探索，众多研究机构做出了贡献，如世界休闲组织（World Leisure Organization，全球性非政府协会，创建于1952年）、美国休闲与娱乐协会（American Association for Leisure Recreation，非政府组织，创建于1957年）、世界休闲和娱乐协会（World Leisure and Recreation Association，联合国咨询机构，创建于1962年）。1967年国际社会学会成立了休闲研究委员会，次年在捷克斯洛伐克首都布拉格建立国际休闲研究中心。1970年，在联合国的援助下，比利时首都布鲁塞尔召开了国际闲暇会议，并通过了著名的《休闲宪章》，指出："消遣和娱乐为补偿当代生活方式中人们的许多要求创造了条件，更为重要的是它通过身体放松、竞技、艺术、科学和大自然，为丰富生活提供了可能性。消遣为人们提供了激发基本才能的变化条件，使其意志、知识、责任感和创造能力等得到自由发展,消遣时间是一种自由的时间,在这个时间里,人们能掌握作为人和作为社会有意义的成员的价值。”《休闲宪章》的诞生,对于在全球范围内进一步推动休闲活动的发展,提高人类的生活质量,尊重人类追求休闲娱乐等自我发展具有重大的意义。

作为运动休闲研究的交流平台和宣传阵地,20 世纪 60 年代以来,尤其是 80 年代后期,国内外出版了众多以运动休闲为主要内容的学术刊物,相关著作越来越多,角度越来越全面,出版著作涵盖哲学、社会学、休闲史学、运动学、政治与公共政策等方面,形成了较为完整的休闲学科体系。除上述机构外,目前很多大学设有休闲专业或休闲系,为相关企业、院校、科研单位输送了大批专业人才。

第三节 休闲体育之于中国

一、中国古代休闲体育的萌芽

（一）古代中国休闲体育思潮

中国古代体育史,始于原始社会,止于 1840 年鸦片战争前。在自给自足的农耕经济与专制统一局面所提供的文化氛围中,在不断吸收外来体育形式和将自身体育形式对外传播的过程中,在长期民族冲突与交融的历史征程上,中国古代体育在原始氏族社会产生萌芽,在奴隶社会开始成形,在封建社会迅速发展。

具有悠久历史的中华民族在休闲文化方面有着独特的理解,儒、道、释各家思想以不同方式体现着民族的休闲理念。儒家主张“兴于诗,立于礼,成于乐”,这一主张体现在“礼、乐、射、御、书、数”六艺之中,其中乐、射、御都包含体育的教育内容和形式。孔子曰:“君子无所争,必也射乎！揖让而升,下而饮,其争也君子。”孔子认为体育的功用重在强身健体,修养情志,而不在于竞技格斗、争强好胜,主张身与心的共同锻炼。

道家强调“静观玄览”,天人合一的自然主义理念更注重张扬人的个性的自然和谐,重视个人身体和心理的统一、生物观上的生命与内在精神的契合，将追求完美人格作为养生体育的目标注入身体锻炼和生命发展之中，衍生出诸如导引、五禽戏、易筋经和太极拳等休闲养生术。①

释家厉行“清净心性”，从而产生有利于身心健康的气功和拳法。这些都是极高的休闲境界和审美境界。②

（二）古代休闲体育主要形式

随着生产的发展，农业社会中有闲阶级开始出现，人们参加各种休闲娱乐活动成为可能，丰富多彩的休闲体育活动项目得到了广泛的流行，如蹴鞠、秋千、飞鸢、棋类、投壶、竞渡、百戏等。根据中国古代体育活动本身的特点和活动方式，盛行于中国古代的休闲体育形式可被分为如下几类：

其一，从生产实践活动和军事战斗技能中转化而来的一系列活动形式。主要包括射箭，以跑、跳、投为主要形式的“田径”项目，以及流行于水域地区的游泳、跳水，流行于北方寒冷地域的滑冰、拖冰床和滑雪等。

其二，具有娱乐特色的球类运动。主要包括蹴鞠、击鞠、捶丸、步打球等。

其三，具有技击和保健特色的武术武艺与养生体育。主要包括传习的武艺和它后世演变的武术、角抵与摔跤，练力，举重，行气术及按摩术。

其四，春秋战国时期已普及的具有益智特点的盘上棋类活动，包括围棋、象棋、弹棋等。

其五，具有地域、民俗和时令特点的民俗民间体育。包括流行于水域地区的龙舟竞渡、古代百戏中的技巧和民族特色较浓的体育娱乐活动。

① 于光远：《论普遍有闲的社会》，中国经济出版社 2005 年版，第 112 页。

② 卢锋：《现代社会发展与体育休闲活动的未来》，《成都体育学院学报》2002 年第 5 期。

(三) 古代中国休闲体育特征

1. 体育活动与文娱融为一体

随着社会历史的发展,最初仅是为了满足人类生存需要的体育活动,其娱乐性越来越占据重要地位。尤其春秋战国以来,某些体育活动项目逐渐冲破“礼仪”的束缚,许多富有技巧表演性、游戏性、趣味性和艺术观赏性的项目出现,这一发展势头在秦汉时期得到了进一步强化。

蹴鞠就包括表演性和竞赛性两种形式,表演性的蹴鞠是在鼓乐的伴奏下进行踢控球技巧的表演,在汉画等文物资料中多以“蹴鞠舞”的形式出现,从而充分体现了其娱乐特征。

而以思维与智慧为特征的古代棋类活动及节令民俗中的某些休闲体育活动和技巧形式,无论从内容还是活动方式上都可说是古代传统体育之游戏性和趣味性的具体体现。

再如武艺中的诸多器械演练多是以舞蹈的形式表现,剑舞、刀舞、戟舞等作为一种娱乐艺术,在民间的表演与传播,为古代武艺向中华武术的脱胎演化起了很大的作用,推动了后来武术的重要分支——民间武术的发展。唐宋以后,逐渐成熟的古代武术所显示出的造型美、体态美、节奏美、和谐美和意境美更充分展现了其表演性的独特魅力。

2. 讲究精神和肉体的统一与结合

战国时期就有人提出了“形与神俱”的观点,后来养生思想进一步发展,成为中国古代哲学思想阴阳学说在体育上的折射。古代传统体育中,养生保健术与古代思想文化的结合最为密切,是东方体育文化的典型代表。数千年来,中华传统养生保健理论成为人们从事体育活动以达到防病健身、延年益寿目的的指导思想,这也是中国古代传统体育异趣于西方体育的一个显著特征。

3. 行气的理论和实践比较发达

古人认为人除了有看得见的肢体活动外,还有看不见的内在形式在活动,这种形式叫作“气”,对指导养生和武术发展有着重要的影响。

4. 重视宫廷的体育教育,轻视学校的体育教育

秦朝以前,学校教育还很常见,自秦始皇焚书坑儒后,学校体育教育逐渐衰弱。

二、近代中国休闲体育之发展

随着学校体育、社会体育的出现,近代体育的世界化趋势逐步明显,中国的体育理论与实践也在不断地发展变化,体育逐步回归到最本质的健身作用。近代中国休闲体育的发展随着新中国体育的发展而发展,经历了如下几个阶段:新中国成立—20 世纪 70 年代末,我国体育运动强调普及与经常化;70 年代末—90 年代初,举国体制提倡竞技体育优先发展;90 年代中期—2000 年初,体育运动的普及与提高双管齐下、兼收并蓄;2004 年雅典奥运会后,中国体育又逐步回归,走和谐发展之路。

当前,我国休闲体育尚处在起步阶段,近年来,我国休闲体育蓬勃发展,但与人民群众日趋增强的实际需求以及发达国家的标准相比还有很大差距,休闲体育的组织形式、场所和设施等方面发展滞后,市场化程度不高,技术含量低,服务设施不足,媒体传播的局限等因素阻碍了我国休闲体育的发展。

与此同时,我国体育投资长期偏低,尤其是体育基建投资只占国家总投资的 0.1%,用于发展群众体育的投资更少,而大多数发达国家的体育投资已超过国内生产总值(GDP)的 1%。

我国一些地方休闲体育场所少而且收费偏高,普通居民还未达到这个消费水平,因此这些场所远远满足不了广大群众娱乐、健身的需要。

我国城市居民对休闲体育虽有了初步的了解,然而大部分人对休闲体育的认识还不足,各级政府部门在实行竞技体育“超前发展”战略时,忽视了对休闲体育的投入。

三、融入现代生活的休闲体育

（一）生活化的休闲体育

人类社会自20世纪50年代中期便进入科技与信息时代，在信息社会进程中，工业社会让位于强调创造力及信息、服务分配流通的新型社会经济结构，从而导致诸多领域的巨变，一个关心人类自身肉体和心灵的安泰，焕发人类自身的潜能与智慧，倡导回归自然、寻求自我、寻找生命意义的休闲时代正在来临。

在从工业社会向信息社会的迈进中，人们生产方式和生活方式的改变，既提高了生产效率，减少了人们的体力劳动强度，又增加了休闲时间；人们在拥有物质财富的同时，又追求精神生活的满足，人们对休闲体育的需求也发生了较大的变化。人们更多地将休闲用来发展在个人生活中占核心地位的兴趣和爱好，而很少把休闲当作工作后的消遣和恢复，在此背景下，休闲漫步、游泳、慢跑、保龄球、自行车、跳舞、家庭锻炼、健身运动、休闲旅游等休闲体育成为当今社会人们生活中的重要内容，进而提高人们的生活质量。

另外，社会的现代化促使人们长时间地进行人机对话，减少了人与人之间的直接交流，加之过度的社会竞争导致人际关系的淡薄，对机械的过度使用致使身体发生病变，"文明病""精神疲劳症"等不断蔓延，人类健康问题已引起社会的普遍关注。休闲体育将在人类社会休闲时代被赋予重要使命，休闲体育的发展对于人的自我实现、生活方式的改进、生命质量的提高具有重要价值。人们可以通过对休闲体育的系统教育和对休闲体育文化的重构，建造人类美丽的精神家园，提高生命价值和生命质量。

（二）融入现代生活的休闲体育的功能与价值

逐步融入我国社会生活的休闲体育也将成为衡量社会文明进步的标志，随着休闲体育研究的不断深入，休闲体育对于促进社会和谐发展的价值也会越发被人们接受，人们将从更高的层面认识休闲体育对于社会和谐发展的意义。

1. 休闲体育的经济价值

其一,为国家建设积累资金;

其二,提供更多的就业机会;

其三,优化国民经济产业结构。

2. 休闲体育的文化价值

休闲体育活动本身的技术规格、形式,以及休闲体育设备的品种、款式、装饰、商标等诸方面承载和传递了人们精神文化观念和心理等信息。休闲体育的社会文化价值成为社会发展的亮点。

3. 休闲体育的生理价值

其一,减少疾病的发生;

其二,延缓衰老;

其三,增强脑力。

4. 休闲体育的社会心理价值

其一,形成积极良好的社会态度;

其二,构建积极和谐的人际关系;

其三,增强团队意识,推动社会文明进步。

5. 休闲体育的功能

其一,满足人类高质量生活需要的自我实现功能;

其二,丰富生活、促进物质文明和精神文明建设的文化功能;

其三,强身健体、构筑终身体育坚实依托的健身功能;

其四,愉悦身心、自我发展的教育功能。

综上,在未来休闲体育发展中,人们将更多地从社会发展角度衡量休闲体育,如倡导"绿色休闲""生态休闲"理念,避免以破坏自然环境为代价,并更好地促进社会与人类的可持续发展,构建和谐社会。

休闲体育将进一步发挥其在提高人们生活质量、促进家庭和睦、改善人际关系、降低社会医疗花费等方面的作用。它将不仅是人们生活质量的保证与体现,也是社会文明程度和社会进步的体现。

休闲体育将促进消费阶层的分化。人们在选择、参与休闲体育活动的过程中,必然会表现出不同阶层的文化品位。当前,社会阶层分化已成为明显的社会现象，有针对性地为不同社会阶层提供与其阶层地位相符合的休闲体育服务是十分必要的。

休闲体育活动与人们的生活环境文化背景息息相关，中国民间游戏内涵丰富，各民族的娱乐活动特点鲜明，民俗休闲体育历久不衰，这些游戏娱乐和休闲活动经过整合，就会形成具有特色的休闲体育文化。随着休闲体育文化与地域文化的结合，休闲体育项目的本土化更加鲜明。

（三）与时俱进的理论探究

我国在休闲体育领域的研究起步较晚，但关于休闲与体育的关系问题，我国体育界学者卢元镇在 20 世纪 80 年代初期就指出："长期以来，我们习惯于把'体育运动'概念的范畴划作'学校体育''运动训练与竞赛'和'身体锻炼'这样三个比较严肃的成分，然而在现实生活中还存在着一种大量的社会现象：人们怀着轻松愉快的心情自愿参加各种体育活动和娱乐活动，他们既不受限于体育教学的种种严格规定，也不追求高水平的运动成绩，甚至有的也并不把体育的强身祛病作用放在首位，而是把体育运动作为一种有意义的活动形式度过自己的闲暇时间，使得个人在精神和身体上都得到休息、放松和享受。我们通常称这类活动为游戏（play）、体育娱乐（physical reaction），国外则把这类活动归为消遣（leisure）。"①

1992 年王雅林等编了《闲暇社会学》一书，从社会学角度对闲暇问题进行了研究。同年，任海教授在《娱乐体育——中国群众体育的一个重要形式》一文中，认为娱乐体育是人们在余暇时间进行的，以寻求放松愉快的情感体验为主要目标，从而在心理上得到满足的身体活动形式，其最突出的特点就是活动内容的趣味性和形式上不拘一格的多样性。②

1993 年，著名经济学家于光远提出："玩是人生的根本需求之一，要玩得有文化，要有玩的文化，要研究玩的学术，掌握玩的技术，发展

① 卢元镇：《论消遣和娱乐》，《体育科学》1983 年第 1 期。

② 任海：《娱乐体育——中国群众体育的一个重要形式》，《体育科学》1992 年第 5 期。

玩的艺术。”[①]他认为我国对于体育竞技十分重视，但对竞技之外的体育活动和休闲娱乐研究得还不够，他以敏锐的眼光注意到经济的发展势必会影响到人们生活方式的转变。[②] 1995 年中国成立了北京六合休闲文化策划中心，其成为中国最早从文化哲学角度研究休闲的民间学术机构。1996 年于光远以《论普遍有闲的社会》为题发表谈话，论述了闲是生产目的之一，闲暇时间的长短与人类文明的发展是同步的等观点。从现在看将来，闲的时间能够随着生产力的发展进一步增加，地位进一步升高，这是未来社会高速发展的必由之路。

1996 年，由于光远、马惠娣等学者主编，云南人民出版社推出的“休闲研究译丛”5 本译著，是我国首次较为集中和全面地引进、译介的休闲研究著作。《人类思想史中的休闲》《你生命中的休闲》《女性休闲——女性主义的视角》《走向自由——休闲社会学新论》《21 世纪的休闲与休闲服务》等 5 部译著初步引进和介绍了美国休闲学研究的最新成果。

梅峰、王守峰考察了现代社会发展与休闲活动的未来，指出体育的娱乐化无论是在国外还是国内都已经成为一种趋势，在高度发达的现代社会，寻求愉快感觉、消磨打发闲暇时间是人们参与体育活动的主要目的。他们认为，休闲体育活动是人们在相对闲散的时间里进行的自由、自愿，令人身心愉悦，并在一段被视为轻松、悠闲、可任意选择的时间里，从繁重的义务活动或者工作中恢复过来的活动。[③]

从最初草莽的本性、英雄的偶像到公平的竞争，从一种敬天的态度、英雄的崇拜到竞技的游戏，漫漫历史长河中体育逐步衍生出竞技运动、体育教育、礼乐娱乐等人类活动，推动着人类的发展与进步。

在体育发展的过程中，休闲体育是一种影响深远的社会文化，休闲经济随着社会的发展将会逐步增加其在第三产业中的比重，而休闲体育作为休闲产业的重要组成部分之一，在今后的发展中将在经济增

① 于光远：《论普遍有闲的社会》，中国经济出版社 2005 年版，第 40 页。

② 同上书，第 112 页。

③ 梅峰、王守峰：《我国休闲体育发展状况及发展对策研究》，《宁夏大学学报（人文社会科学版）》2004 年第 6 期。

长和社会就业等方面进一步发挥作用。休闲体育产业作为一种新兴产业，是21世纪最有前途的朝阳产业之一，将会随着我国体育产业经济总量的不断提高而在发展规模、质量和形式方面得到提高。经济与社会的发展促进人们休闲体育需求的增长，休闲体育产业市场潜力随之拓展。我国未来休闲体育产业的发展将在丰富休闲体育产品的同时，更好地满足人们不断增长的休闲体育需求。

第四节　时代背景下的休闲体育新发展

一、时代背景

在2004年第二届“社会体育国际论坛”上，来自美、英、日等发达国家的专家学者和体育界、商界的精英一致认为：休闲体育的时代已经来临。

（一）社会发展背景

从国际发展经验来看，人均GDP达到一定高度，消费结构将向发展型、享受型升级。过去的奢侈品将转化为居民的必需品，休闲方式也开始由物质形态向精神形态转变。当人均GDP达到中等收入国家和地区的平均水平时，普通百姓能够成为中等收入群体的一员。而普通民众将更加重视精神性、享受性消费，更加注重生活质量的提升和完善。根据国家统计局2021年第七次全国人口普查公报的普查数据，全国总人口约为14.43亿人。另据国家统计局的统计数据，2021年我国国内生产总值约为1143670亿元。目前我国整体人均GDP已经超过5000美元的门槛，已经超过了消费结构转折性水平，达到中等收入国家的收入水平，而这为休闲体育的发展提供了强大的社会经济基础，奠定了休闲体育产业腾飞的物质基础。

（二）政策支持背景

2011年，《中华人民共和国国民经济和社会发展第十二个五年（2011—2015年）规划纲要》提出了“发展健身休闲体育”，休闲体育概念第一次进入国家发展规划。2012年,由国家体育总局、浙江省体育局、舟山市人民政府共同主办的全国休闲体育大会在浙江舟山成功举行。2012年10月3日,世界休闲组织主席德雷克·卡塞在意大利里米尼市举行的第十二届世界休闲大会上宣布,中国青岛获得2015年世界休闲体育大会的主办权。2019年,国务院出台的《体育强国建设纲要》提出,到2050年,全面建成社会主义现代化体育强国,人民身体素养和健康水平、体育综合实力和国际影响力居于世界前列。体育成为中华民族伟大复兴的标志性事业。

通过对近几年休闲体育发展的梳理不难看出,国家政策的支持起到了不可或缺的作用。当下,休闲体育逐渐成为我国体育产业的重要组成部分,在国家大力发展体育产业的背景下,休闲体育必将成为国家重点关注和支持的领域。

(三)消费结构背景

学者马惠娣、刘耳的研究表明,改革开放以来,我国居民经历了3次消费革命:第一次,20世纪80年代,是人们满足生理欲望的时期,特征是人们对衣食及最简单的基本生活资料的追求;第二次,1993—2005年,是人们满足物质欲望的时期,特征是人们对耐用消费品,尤其是与住宅有关的物质资料及环境设施的需求;第三次,2006年至今,我国居民进入自我实现欲望的时期,特征是人们对自我设计和自我价值实现的追求。

随着我国经济的快速发展,居民消费水平不断提高,2021年我国社会消费品零售总额超过44万亿元,相比2020年增长24.6%。在消费水平不断提高的基础上,居民的消费结构也出现了显著的变化。消费结构由生存型消费向发展型消费转变,在生存需要满足程度显著提高的基础上,广大居民逐渐注重有利于身体健康、美化生活、提高素质的享受和发展资料的消费。现代型的消费观逐步树立,健身意识不断提高,用于文体活动的开支日益增加。消费结构的变化和调整为休闲体育的发展创造了可能性,同时也使休闲体育的发展具有必要性。

（四）健康水平背景

2020年，国家体育总局在全国开展了第五次国民体质监测工作。监测结果显示，在国民体质整体稳中有升的前提下仍然存在较多问题，成年人（包括老年人）中超重率与肥胖率持续增长，最大肌肉力量持续下降的趋势依然明显。

提高全民身体素质、健康水平和生活质量是一项社会系统工程，体育健身是最积极、有效、重要的措施和手段。国民身体素质停滞不前甚至有所降低的问题亟待解决。休闲体育作为当今社会人们实现身心双重放松和享受的活动之一，对于人们身体的解放和心情的愉悦有着不可低估的作用。而且，休闲体育的时间成本低，并不占用人们的劳动时间，可以说是性价比较高的一项体育活动。在未来的发展中，居民健康水平的提高离不开休闲体育，两者相辅相成，为国家人口质量提供坚实的保障。

（五）产业发展背景

休闲时代的来临，使休闲体育产业成为发达国家第三产业中的重要经济支柱。在美国，1988年体育产业总产值为630多亿美元，而石油和汽车两者总产值为1000多亿美元，参加健身活动的体育人口超过60%。在日本，20世纪80年代后期，体育产业居10大产业中第6位，政府将体育产业列为一项重大的内需型产业，给予大力扶持。

我国休闲体育产业起步相对较晚，但发展速度较快，各种高尔夫球场、健身俱乐部、保龄球馆遍地开花，随着经济的持续增长，生活条件的显著提高，人们对健康的观念有了很大的转变，“花钱买健康”的观念深入人心，休闲体育产业将成为我国第三产业中的领头羊。休闲体育产业的发展不仅可以带动整个第三产业的发展，优化第三产业的内部结构，而且可以通过很强的关联效应，带动第一、第二产业的发展，从而推动产业结构的优化升级。它还能带动传媒业、旅游业、娱乐业等相关产业，乃至带动一个国家的国民经济持续、稳定地增长，未来休闲体育的发展将成为我国新的经济增长点。①

① 吴雪锋：《论休闲体育的特点和功能》，《出国与就业（就业版）》2012年第1期。

二、新发展

（一）与全民健身结合

1995年6月，国务院公布《全民健身计划纲要》，同年8月，全国人大常委会通过《中华人民共和国体育法》，此后又有一系列法规和规章相继出台，群众体育和全民健身运动得以沿着健康的轨迹发展。截至2008年底，全国已有20多个省（自治区、直辖市）先后制定并由相应人民代表大会通过了《全民健身条例》，这些条例的出台进一步激发了群众体育和休闲体育的热潮，为群众体育和休闲体育的可持续发展提供了政策保障。2009年国务院正式批准将每年的8月8日设立为“全民健身日”，同年10月1日，我国第一部全面系统地规范全民健身事业发展的行政法规《全民健身条例》正式实施，这标志着我国群众体育和休闲体育进入了一个全新的发展阶段。

2021年8月，国务院印发了《全民健身计划（2021—2025年）》，提出新时代的全民健身工作要以习近平新时代中国特色社会主义思想为指导，贯彻落实党的十九大和十九届二中、三中、四中、五中全会精神，坚持以人民为中心，坚持新发展理念，深入实施健康中国战略和全民健身国家战略，加快体育强国建设，构建更高水平的全民健身公共服务体系，充分发挥全民健身在提高人民健康水平、促进人的全面发展、推动经济社会发展、展示国家文化软实力等方面的综合价值与多元功能。《全民健身计划（2021—2025年）》明确提出到2025年，全民健身公共服务体系更加完善，人民群众体育健身更加便利，健身热情进一步提高，各运动项目参与人数持续提升，经常参加体育锻炼人数比例达到38.5%，县（市、区）、乡镇（街道）、行政村（社区）三级公共健身设施和社区15分钟健身圈实现全覆盖，每千人拥有社会体育指导员2.16名，带动全国体育产业总规模达到5万亿元。

从群众体育活动的类型上看，近年来开展的群众体育活动不仅包括传统型的群众性体育活动，也不断地融入了休闲体育的创新元素，包括围绕奥运会开展的各类群众性创新活动、群众性体育品牌活动等，在实践中探索形成了既有传统项目又有时代特征、特色鲜明、突出创新的休闲体育活动。社会的发展需要物质文明和精神文明的全面丰富，而群众体育作为未来体育领域的发展重点，必然要融入更多的文化元素。休闲体育在实践中所体现出的与时俱进和特色鲜明正与其不谋而合，两者的有机结合和相互映衬将成为未来发展的一大看点。

（二）与社会主义新农村建设结合

2005 年底，中国总人口已达到 13.07 亿，这当中有 7 亿多是农村居民。广泛开展农村体育活动对于增强广大农村居民体质、提高健康水平、丰富业余文化生活、形成科学健康的生活方式起着重要的作用。2006 年，国家体育总局会同国家发改委、财政部实施“农民体育健身工程”，截至 2010 年底，全国共投入资金 118 亿多元，建成 23 万多个“农民体育健身工程”，使全国三分之一的行政村拥有了公共体育场地设施，体育场地面积共增加 2 亿多平方米。2011 年又新建 4550 个“农民体育健身工程”。2010 年，国家体育总局、文化部、农业部三部委联合公布《关于发挥乡镇综合文化站的功能进一步加强农村体育工作的意见》，要求综合站要利用全民健身日、传统节日和农闲季节，坚持业余、自愿、小型、多样和因人、因时、因地制宜的原则，坚持与农业生产、文化活动和地方风俗相结合，动员农民开展丰富多彩的体育竞赛和表演展示活动，突出参与性、健身性、趣味性和多样性。

农村体育在综合文化站的组织、引导、带动和辐射下，更好地将体育与文化相结合，创造出更多契合农民休闲生活的体育活动。农村和农业是社会发展的基础，多次成为中央一号文件的核心内容，在“建设社会主义新农村”提出之后更是引起举国关注。党中央、国务院从农村的切实情况出发，不断丰富农民的农余生活，休闲体育在农村的扎根发芽是历史的必然。在未来的发展中，占有全国多数人口和土地的农村的休闲体育发展将更得各方关注。

（三）与学校体育结合

2006 年，教育部、国家体育总局、共青团中央联合公布了《关于开展全国亿万学生阳光体育运动的通知》，要求“85%以上的学生能做到每天锻炼一小时”；2007 年中共中央、国务院公布的《关于加强青少年体育增强青少年体质的意见》和2010年公布实施的《国家中长期教育改革和发展规划纲要(2010—2020年)》都明确规定“保证学生每天锻炼一小时”;2011年十一届全国人大四次会议批准的《政府工作报告》再次强调“保证中小学生每天一小时校园体育活动”;同年教育部又出台了《切实保证中小学生每天一小时校园体育活动的规定》,要求严格执行“一小时体育活动”的规定,建立有效的工作机制、专项督导机制、社会监督机制和科学评价机制;2012年,国务院办公厅公布《关于进一步加强学校体育工作的若干意见》,着重强调了“青少年身心健康、体魄强健、意志坚强、充满活力”的重要性,要求组织开展“丰富多彩的学生群众性体育活动”,“增强体育活动的趣味性和吸引力”。

2020年“体教融合”体育活动多次出现在国家文件中,充分说明了国家对于青少年身心健康的重视程度和学校体育在青少年成长道路上的重要作用。“少年强则国强”,国家各大机关部门以此为出发点,结合当今学校体育发展实际,不断要求创新学校体育的形式和内容,而休闲体育集放松身心和锻炼体魄于一体的功能正是与这一要求高度契合,应成为学校体育在未来的发展中不可或缺的形式之一。

(四)与体育教育结合

2007年,教育部正式将“休闲体育”纳入普通高等教育本科专业目录,引起了媒体的广泛关注。当年即有武汉体育学院、广州体育学院、首都体育学院、上海体育学院和沈阳体育学院等5所高校进入教育部具有招收休闲体育本科专业学生资格的名单。截至2022年,已有北京体育大学等60余所高校开设了休闲体育专业,休闲体育专业逐渐走进人们的视野,成为广大考生选择报考的重点意愿之一。

休闲体育专业旨在培养德智体全面发展,适应新世纪社会发展需要,具有休闲体育的基本理论、知识与技能,能够从事休闲体育研究、休闲体育产品策划与设计的高素质、应用型专门人才。但是就目前的发展状况而言,休闲体育学科体系和课程设置并不完善,需要优化。如何优化培养方案、优化课程结构、强化专业教材建设、强化社会实践成为休闲体育专业必须解决的难题。无论如何,休闲体育进入高校的专业设置标志着休闲体育进入了全新的发展阶段，如何实现休闲体育专业人才和休闲体育事业发展的接轨和融合也将成为一大热点。

（五）与旅游结合

体育旅游作为休闲度假和特种旅游、商务会展中的一个重要因素，以其独特的健身性、娱乐性、挑战性、刺激性、广泛的群众性等成为人们旅游中的首选活动，越来越受人们的青睐。它符合人们新的休闲旅游理念，即从单一到复合，从疗养到健身，从欣赏到参与体验，从赏心悦目到挑战刺激，从历史古迹到探索发现。①

国家体育总局正在打造体育旅游与休闲健身融于一体的国家级全民健身基地。例如，国家级全民健身基地“环太湖体育圈”积极融入休闲体育元素，修建多样化的休闲体育设施，其基本模式是以“太湖山水、桥岛风光、旅游度假、休闲健身”为特色，既能够满足不同群众的多样性健身需要，又能吸引各方游客前来度假休闲。

随着人民生活水平的不断提高，越来越多的人加入旅游大军。休闲体育不仅可以为旅游生活增添色彩，也为想要通过旅游实现身心放松的人们提供了更多的选择。休闲体育与旅游的结合是时代发展的必然结果，将休闲体育打造成旅游的标志和招牌逐渐成为发展的潮流和方向，未来旅游和休闲体育的融合发展让人期待。

（六）与体育产业结合

中国体育用品业联合会与市场监测和数据分析公司尼尔森 IQ 合作公布的《2021 年大众健身行为与消费研究报告》显示：2021 年大众健身年平均总消费为 5670 元，相比 2020 年提升 35%；体育消费意愿进一步加强，近 98%的受访者有体育相关消费。

2010 年 3 月，国务院办公厅公布《关于加快发展体育产业的指导意见》（以下简称《意见》），明确了体育产业发展的主要目标，例如：到 2020 年，培育一批具有国际竞争力的体育骨干企业和企业集团，形成一批有中国特色和国际影响力的体育产品品牌；居民人均体育消费显著增加，体育服务贸易较快发展；形成体育公共服务与市场服务相互

---

① 参见李相如编：《透视中国休闲体育》，北京体育大学出版社 2012 年版。

结合的良好局面。《意见》同时提出体育产业发展的重要目标之一是协调推进体育产业与相关产业互动发展,推动体育产业与文化、旅游等相关产业的复合经营,促进相关业态的发展。

体育产业获得国家的大力支持,从而为休闲体育的发展提供了新的契机。休闲体育产业逐渐兴起,且发展势头迅猛,成为体育产业中不可缺少的一部分。在休闲体育与人们生活加速融合的背景下,休闲体育产业将拥有广阔的市场,成为新兴的朝阳产业。

推荐阅读

1.〔美〕托马斯·古德尔、杰弗瑞·戈比:《人类思想史中的休闲》,成素梅等译,云南人民出版社 1999 年版。

2.〔美〕杰弗瑞·戈比:《你生命中的休闲》,康筝译,云南人民出版社 2000 年版。

3. 柳斌杰主编:《灿烂的中华文明·体育卷》,贵州人民出版社 2006 年版。

4. 程文广、薛宏波:《近代我国学习西方体育思想探究》,《体育文化导刊》2009 年第 11 期。

第九章 休闲体育的“自由”之辨：社会学的视角

“休闲是一个国家生产力水平高低的标志，是衡量社会文明的标尺，是人类物质文明与精神文明的结晶，是人的一种崭新的生活方式、生命状态，是与每个人的生存质量息息相关的领域。”①人类社会每跨入一个新时代，休闲时间就会延长。一组数据表明，“约在一万年前，人们只能腾出10%的时间用于休闲；在公元前6000年到公元1500年期间，工匠和手工艺人担负了艰苦劳作，使部分人分出17%的闲暇时间；到18世纪初，机器化革命使闲暇时间增至23%；而到20世纪90年代，电力机械使闲暇时间增到41%”②。“在21世纪，由于新技术的发展，人们的余暇时间有可能增加到50%。”③由于生产力的不断发展，人们的闲暇时间不断延长并将继续延长，休闲需求日益普遍并将更加普遍，未来社会将是一个以休闲为主题的社会。

事实上，如今我们所熟知的休闲只是社会历史的一段插曲。在不同的时代，休闲的形式和内容有着相当大的差异。在前工业社会，工作

---

① 参见〔美〕杰弗瑞·戈比：《21世纪的休闲与休闲服务》，张春波等译，云南人民出版社2000年版。

② 参见〔法〕罗歇·苏：《休闲》，姜依群译，商务印书馆1996年版。

③ 参见〔美〕杰弗瑞·戈比：《21世纪的休闲与休闲服务》，张春波等译，云南人民出版社2000年版。

与休闲之间并没有明确的界限,休闲是工作的一部分。只是当工作必须在特定的地点,在特别划分出的时间,在一定的条件下完成时,人们才会把休闲作为一种社会权利提出来。正是工业化的进程使工作和休闲得以分离,从而加速了现代休闲的产生。在前工业社会和工业社会早期,休闲是有闲阶级所享有的特权。然而,在后工业社会,休闲开始由精英走向大众,休闲已经真正成为一个广泛的社会话题和普遍的社会现实。

自从休闲兴起以来,体育运动就以其自身的价值而成为人们休闲的重要选择,是社会中休闲活动的主流方式之一。随着时代的发展,休闲体育在社会生活中的地位将会越来越重要。休闲体育正成为国内外学术界密切关注的重大理论性与实践性课题。不但许多哲学家、心理学家、经济学家、人类学家和历史学家都将休闲体育纳入了自身学科的研究视野,休闲体育也已经渗透到了社会生活的各个方面,成为社会学研究的重要内容。本章将从社会学的视角出发,把休闲体育视为我们生活于其中的社会和文化世界整体的一部分,对其进行分析和解释,从而实现对休闲体育认识上的升华。

第一节　休闲体育:一种社会现象

一、休闲体育的社会学意义

(一)休闲体育是社会进步的产物

对社会学家来说,研究休闲体育是一件合乎逻辑的事情。因为休闲体育是伴随着人类社会发展而产生的一种社会现象,是人类文明进步的标志,也是社会发展的重要课题。如今,休闲体育已经逐渐进入人们的日常世界,成为社会生活的重要领域。

1. 休闲体育的兴起离不开社会生产力的迅速发展

尽管休闲体育在传统社会早已有之,但直到近代,它才广泛地进入普通人的生活世界。两次工业革命使人类的物质生产方式发生了质的转变,资本主义的快速发展加快了城市化的进程,人类社会从此由农业文明步入工业文明。20 世纪中后期开始的第三次科技革命又带来了科学技术的新一轮迅猛发展，使人类社会开始步入科技与信息时代，引发诸多领域的巨变。生产的机械化、电气化和自动化程度不断提高，一方面使人们有了越来越多的闲暇时间，从而有了参加各种休闲娱乐活动的可能，另一方面使人们的劳动方式发生质的改变，从事体力劳动的比重减少，脑力劳动的比重增加。此外，现代社会交通工具的日益普及使人们的出行更加便捷，信息技术的高速发展和以互联网为代表的新媒介的诞生使人们足不出户便可以与别人交流联系、浏览信息，家务劳动也更加自动化和社会化。然而，生产方式和生活方式的深刻变化在为人们带来更多闲暇时间之余，也大量减少了人们进行身体活动的机会和时间，这有悖于人类作为生物个体发展的自然规律，势必会对人们的身心健康产生不利影响；再加上现代社会饮食结构的变化、环境污染的加剧、生活压力的增大等对人体健康的负面效应，“现代文明病”已经成为普遍的社会问题。因此，人们需要利用闲暇时间进行体育运动，弥补工作和生活中身体活动的不足，这是休闲体育得以迅速兴起的重要前提。

2. 休闲体育的兴起反映了人们需要层次的提高

我们在社会中的行动不是没有规律的，而是受到我们自身需要的影响。马斯洛的需求层次理论认为，一般说来人们都有下述需要：生理的需要、安全的需要、归属或爱的需要、自尊的需要和自我实现的需要。在马斯洛看来，人的这些需要是按照一定层次排列的。人们首先追求基本的、低层次的需要，低层次的需要得到了满足，就会去追求较高层次需要的满足。[①] 可见，在社会产品极大丰富、物质生活水平显著提高的时候，人们必将开始追求积极健康的生活方式，渴望精神生活的满足。休闲体育具有多元的价值，不但给人们带来生活上的充实和享受，而且也给人们带来精神上的欢欣和愉悦，故而渐渐被更多的人所认同和接受，逐步融入人们的生活，成为人们提高生活质量的重要选择。21 世纪，人类社会逐渐由工业文明步入生态文明，生态文明包括自然生态文明和社会生态文明。社会生态文明的一个重要标志便

---

① 王思斌主编：《社会学教程(第二版)》，北京大学出版社 2006 年版，第 32—33 页。

是追求充实的精神生活以建立良好的生活方式，提高生活和生命质量，促进人与社会、人与自然的和谐发展。休闲体育在社会生态文明的发展进程中愈加显示出其重要的文化价值，是社会生态文明进程中具有校正和平衡功能的一种精神动力，满足了人们随着社会发展而不断增强的文化需求，是人们追求美好生活和身心健康发展的一种行为方式。[①] 丰富多彩的休闲体育活动项目因此广泛流行。

（二）休闲体育具有重要的社会价值

把休闲体育当作一种社会现象去研究还有一个原因，那就是休闲体育具有重要的社会价值。我们将在随后的章节中详细讨论这种价值。

1. 实现人的自由全面发展

休闲体育体现了人类自由全面发展的客观要求，反映了人类追求文明健康的生活方式的积极态度，是彰显人自由性质的舞台。一方面，休闲体育实践的主客体同一性以及其目的与手段的同一性，是它区别于人类一切其他实践的显著特征。只有人类明确地把自身作为客体加以改造和认识时，人类才进入了自由全面发展的时代。休闲体育不仅可以促进个体的生活健康，满足个体需求，帮助建立完善的人格，端正人们的生活态度和培养道德情操，而且可以充实人们的文化生活，提高人们的文化水准，营造良好的生活风气，使人们的生活质量得到有效的提高。[②]

2. 促进人的社会化

我们自出生以来，就以各种方式学习如何在社会中生活，增强自己的社会性。社会化就是个体学习他将参与其中的社会的知识、规范、价值观念和生活技能，使自己能够成为一个社会人，参与社会生活。[③] 休闲体育是社会化的有效途径之一，通过参与休闲体育活动，我们可以提高自己的运动技能、社交与处事能力以及对环境的适应能

① 肖焕禹：《休闲体育的演进、价值及其未来发展取向》，《上海体育学院学报》2010 年第 1 期。

② 刘华平：《21 世纪初的中国休闲体育》，《北京体育大学学报》2000 年第 1 期。

③ 王思斌主编：《社会学教程（第二版）》，北京大学出版社 2006 年版，第 47 页。

力。与此同时，在休闲体育中，通过扮演不同的社会角色，我们可以具体地感受社会生活，了解社会对不同角色的期待，理解角色的多样性和稳定性，锻炼扮演角色的技能，培养角色的心理习惯和社会角色感。

3. 满足社会交往的需要

人不能离开社会而存在，而社会是社会关系的体系。我们在从事休闲体育活动时，常常是和家庭成员、同学、朋友、同事或俱乐部会员等一起进行的。甚至有的时候，休闲体育活动正是为了社会交往而特意安排的。休闲体育的非功利性使其可以营造出娱乐性强、友好、真诚、愉悦和轻松的氛围，为人与人之间进行情感交流、增进了解、产生认同架起了沟通的桥梁。休闲体育可以缩短人们的社会距离，减少社会孤立和社会隔阂，使家庭、社区和社会和谐发展。

4. 作为社会地位的象征

美国经济学家凡勃伦在《有闲阶级论》中曾指出，休闲具有炫耀性消费的特征，是某种社会阶层展示其财富和社会地位的手段和标志。尽管在现代社会中，休闲活动日益大众化，但这种社会地位的象征功能并没有随着社会的进步而消失。休闲体育活动具有显著的社会阶层分化的意味，其中的一些活动项目，例如高尔夫、网球等历来都被视为高雅的、有教养的、上层的人才会参与的活动，因为参与这些项目往往需要以昂贵的器材、设施和服饰为前提。美国学者保罗·福塞尔在其《格调——社会等级与生活品味》一书中认为，"上等阶层的体育比赛使用的球一般要比其他阶层的小"，"就地位的高下而论，高尔夫球和网球就能压倒足球、篮球、排球和棒球"。[①] 这清楚地表明了休闲体育仍然是社会地位的象征。

二、休闲体育研究的社会学工具

（一）"社会学的想象力"

把休闲体育作为一种社会现象来研究时，需要使用社会学的工

① 转引自江流水：《格调与体育——一种社会文化视角中的体育》，《体育文化导刊》2002年第6期。

具。杰·科克利指出:"社会学为我们考察社会情境中的社会生活提供了必需的工具。这些工具使我们能'看到'行为与历史、政治、经济和文化生活之间的联系。"①赖特·米尔斯将"社会学的想象力"看作以社会学眼光了解世界的首要工具,这是一种分析作为个体的我们与塑造我们生活的更大的社会和历史力量之间的关系的意愿和能力。"社会学的想象力"使我们看到,许多现象看似只与个体有关,其实反映的是更大的问题,而休闲体育就是这样的现象。在理解这一现象的过程中,"社会学的想象力"大有助益。即使我们认定休闲体育是人们的自由行动,它也不可能完全脱离社会结构的约束。人们在从事休闲体育活动时,只是暂时性地从外在压力和社会控制中解脱出来,并且解脱的程度也是因人而异的。"社会学的想象力"为我们架起一座桥梁,将我们对休闲体育"行动"层面的关注和对休闲体育"结构"层面的关注联系起来。

事实上,社会学不仅属于专业人士,人人都需要社会学。因为社会学是一门能够把个人情趣与追求事实的科学精神、专业智慧与人文关怀结合为一体的学科,它能够发现社会现象的无比丰富性,能够围绕常人不以为奇的现象展现专业洞见。社会学鼓励我们既要后退一步,从一个更宽广的视角完整地审视我们所想所做的模式,又要走近一步,观察我们日常生活中的具体经验,从而使我们得以了解全局。活用"社会学的想象力"不仅对我们获得有关休闲体育这种社会现象的深入认识大有裨益,而且也有助于我们提高休闲体育实践的质量。

(二)社会学的理论框架

本节的论述表明了一个事实,那就是,物质环境、社会状况、活动种类及文化形态上明显的多样性根本不允许我们将休闲体育看作一种简单的、关于单一主题的现象。因此,在理解休闲体育的过程中,社会学理论就会非常有用,它有助于我们超越有限的个人视角。

---

① 〔美〕杰·科克利:《体育社会学——议题与争议》,管兵等译,清华大学出版社 2003 年版,第 3 页。

社会学提供了许多理论框架，每一种理论框架都有自己对社会秩序基础的不同假设，都有各自不同的研究问题和研究结论。社会学理论的多样性反映了社会生活本身的复杂性和多样性。“社会是错综复杂的现象。它们有自己的历史、动力学和文化，可以从许多不同的角度加以看待。今天社会学理论方法的多样性源于这种认识，即任何单一的角度都无法揭示我们想了解的全部社会生活。”①

不过，如何对社会学的理论框架进行划分，社会学界并没有一致的看法。英国学者克里斯·布尔、杰恩·胡思和迈克·韦德在长期研究的基础上，分析了社会学理论对休闲问题的“二元论”或极端化观点的研究视角。“二元论”是指社会学家争论的焦点是“休闲应该被看成是一种自由，还是应该被看成是一种控制，换句话说，就是人们做出行动选择的自由程度与他们受社会制度的制约程度的两种观点的对立”②。以下就将借助这一二元化的分类框架，探索受到社会约束的我们如何从休闲体育中获得相对的自由，从而使我们对休闲体育的自由属性的认识更深刻。

第二节　休闲体育：走向自由

一、工作与休闲

（一）工作与休闲的关系类型

认识休闲就不得不讨论工作与休闲的关系。如前文所述，现代化的进程带来了工作和休闲的分离。休闲的本质就是这一活动的主要意义在于其本身，在于体验以及基于体验的结果，而工作却包含生产这一层面。工作生成商品或服务，它是经济性的，休闲也能产生社会效益，但休闲的社会效益与休闲活动本身相比是从属的、次要的，而工作则是以创造有价值的产品为目的而组织起来的活动。工作是不得

① 〔美〕杰·科克利：《体育社会学——议题与争议》，管兵等译，清华大学出版社2003年版，第37—38页。

② 〔英〕克里斯·布尔等：《休闲研究引论》，田里、董建新译，云南大学出版社2006年版，第22—36页。

不做的，是社会存在与发展的必要因素，休闲则是我们在工作之余的消遣，是一个自我发展的选择。

从以上的阐述中，我们可以看出工作与休闲之间存在显著的差异。关于工作与休闲的关系，学者们已经提出了好几种模式。斯坦利·帕克在《工作与休闲的未来》中勾画出一个可能性框架。帕克提出了三种关系类型：

同一，即工作到休闲的延伸。

对比，即工作与休闲的两极对照；休闲成为工作的逃避和补偿。

分离，即两者之间没有持续一贯的关系，它们大体上都被包含在各自的社会空间内。①

以上三种模式表现了工作与休闲关系的复杂性，并且任何一种单一的模式都不足以占据主导地位。工作对休闲的影响通常集中在延伸或补偿的可能性上。在延伸模式中，休闲不过是工作心境和工作心态的延续，这种渗透关系的关键特征是工作和休闲这两种活动之间起码的相似，工作和休闲没有严格的界限。而补偿的基本特征则是有意使工作和休闲有所区别，并且两者之间有着截然分明的界限，这种类型的代表就是那些干体力活的人。在帕克的后期著作中，他还提到了另外一种可能性，即在某种情况下，休闲也可能会影响工作。可见，休闲并非只是工作的附属品或奖赏，它对社会和人的发展同样具有重要的价值。

（二）“工作—休闲”的未来趋势

理解工作与休闲的关系是十分必要的，因为工作是休闲的基础。这不仅因为休闲的经济支撑主要为工作收入，并且工作的地点以及体力、脑力要求都会影响休闲的倾向。例如，炼钢工人在八小时重体力劳动之后，可能会没有什么兴趣和精力再打一小时的网球。

休闲在工业社会兴起的时候，主要被视为在紧张的工作之余恢复精力的一种方法，个体参与休闲体育是从社会价值的角度来衡量，是

---

① 转引自〔美〕约翰·凯利：《走向自由——休闲社会学新论》，赵冉译，云南人民出版社 2000 年版，第 175—176 页。

为社会服务的。而进入信息时代以来，个体参与休闲体育本身日益被看作一种目的，是生活中的一项重要内容，强调自我实现、精神满足和生活满意度。

当今社会已是工作和休闲并重的社会，二者的积极作用和意义都不容忽视，而此时工作与休闲之间的界限相对以往将变得模糊，功能与活动空间有所重叠。工作与休闲不是对立的领域，而是人类行动的不同环境。把工作和休闲作为两极对立是一种错误的社会学构造，它暗示人们的工作与休闲之间总存在根本的选择问题，而工作往往是第一位的，休闲则是一个从属的领域。

实际上，我们不能武断地认为人们的工作方式决定了人们的休闲行为，也不能简单地将人类的行为划分为纯粹的工作和休闲两部分。不过应该指出的是，一个人的经济地位的确对其如何支配自己的资源，即时间和金钱起着根本作用。

很多学者推测，随着社会的发展，工作与休闲之间的界限在不久的将来会消失，休闲即工作，工作即休闲。随着这一潮流的发展，人们将不能凭一个人正在从事什么活动来确定这个人是在工作还是休闲，休闲与工作的区别在于个人对这种活动的态度以及活动对个人的意义。因此，工作和休闲之间的差别不再是一个概念性的差别，也不在于所涉及的具体活动和具体人员的不同。二者之间的根本差异是社会性的。与工作相比，休闲体现出了更多的自由。

二、推崇休闲体育的原因

（一）休闲体育的基本特征

可供人们选择的休闲活动方式有许多种，然而不同的休闲活动也有等级之分。在纳什的休闲等级体系中，最高级的休闲是创造性参与，其后依次是积极性参与、欣赏性参与、娱乐、寻求刺激、摆脱单调、消磨时间、伤害自我、反社会行为。[①] 可见，并非所有的休闲活动方式都对个体和社会有益。休闲体育能够成为主流的休闲活动，是因为休

① 参见〔美〕杰弗瑞·戈比：《21世纪的休闲与休闲服务》，张春波等译，云南人民出版社2000年版。

闲体育具有一些重要的基本特征。

1. 休闲体育的人文性

休闲体育是人类改造自身的活动，拥有独特的人文意涵。人类在漫长的历史中一直致力于改造客观世界，而休闲的兴起则表明人类开始改造自身的主观世界。因此，体育的特性使其在促进人的自我完善、体现人的价值上具有不可替代的功能和价值。休闲体育之所以与竞技体育、职业体育、精英体育等其他体育形式不同，关键就在于它是一项以人为本的体育活动，而不是以追求竞技成绩或商业价值为目的，休闲体育的休闲参与动机决定参与者不必背负胜败得失的压力，表现出的是一种“与世无争、悠然自得”的放松及愉悦情怀。它最大限度地体现了对人的关怀、对人之存在的肯定和对生命意义的寻找。对于休闲体育的发展来说，其本质也是回归人文关怀。

2. 休闲体育的文化性

休闲体育是人类文化的一部分，具有文化的基本特征，如民族性、时代性、继承性等，它包含了物质文化、制度文化和规范文化三个主要层面。休闲体育的文化性十分特殊。一方面，休闲体育具有跨文化的特点。被用于休闲的体育活动项目众多，有现代的、传统的、中国的、外国的。另一方面，休闲体育又具有亚文化的特点。与西方的休闲体育活动注重对抗不同，中国传统的休闲体育活动，如太极拳、围棋等都强调以静制动，以柔克刚，动静结合。这反映了一个社会的主流文化对休闲体育存在形式的重要影响。

3. 休闲体育的娱乐性

休闲体育的基本构成素材之一是人类特有的游戏活动，它是人的想象力和创造性的体现，不再具有实用目的，而是审美与自由的体现。换言之，休闲体育已经升华到了娱乐的境界。休闲体育活动是一种体验性的娱乐活动，人们选择休闲体育活动内容形式的前提带有明显的兴趣性特征，所选择的项目往往是自己感兴趣的和有一定基础的，个人兴趣越浓厚，参与该休闲体育活动的意识便越强，参与的频率、时间都会增加，其主要目的就在于愉悦身心，它的具体形式可以多种多样，但强调心理的愉悦感受更甚于身体上的舒适感。在参与休闲体育的过程中，人能够在轻松和随意中忘却现代都市生活形成的生理和精神的疲劳、烦恼、忧郁等种种不良情绪，产生积极、愉快的体验。

4. 休闲体育的社会性

休闲体育是社会性的活动，它的主体是具有社会性的人。人处在社会群体之中，时时刻刻都在与外界环境进行着物质、能量、信息的交流。纵观人生历程中的休闲体育，从儿童的游戏到老年的太极拳，都体现着社会赋予的主体角色的变换。而不同社会的休闲体育也总是与该社会的政治、经济、社会状况紧密相连。休闲体育的“自由”是在社会契约达成下的自由，是“公共精神”指引下的产物。对自我价值的肯定，对本真的体验和享受，也是以社会为参照系的。① 在多人参与的休闲体育活动中，从个人意识的形成到活动过程中各种互动的建立，无不渗透着广泛的社会学意义。特别是在人际交往、关系协调等方面，休闲体育对于提高人的社会适应能力均有积极作用。

（二）回归游戏

体育能满足人们需要的根本原因在于体育本质上是一种游戏。现代的体育项目多起源于游戏，而如今体育却主要表现为一种商业和政治现象。“金钱使体育运动丧失了它原有的功能，改变了体育事业在大众心目中的崇高形象，并把体育竞技推到了如履薄冰的危险境地。”②体育已经脱离了游戏的本质，成为追逐外部利益的一种工具。

当人们逐渐淡化体育的竞技色彩，将其作为提高生活质量，满足休闲、娱乐、发泄、放松、追求刺激、寻求另类生活体验目的的一种生活方式时，便产生了人类今天为了自己的发展而推崇的休闲体育。罗歇·苏认为，休闲体育与传统意义上的体育运动或者竞技体育是有区别的，“它既不是通过比赛追求成绩，也不是以崇拜力量为目的；它既不要求遵守刻板的规则，也不要求有规律的强烈练习，而是通过非形

---

① 周文编著：《体育与休闲》，湖南大学出版社 2007 年版，第 8 页。

② 同上书，第 74 页。

式的、自发的身体活动,追求身体的放松或舒适”①。可见,休闲体育包含着自由和选择,是在文化环境和物质环境的外在压力下解脱出来的一种相对自由的体育形式,它摆脱了功利性和实用主义,具有非竞赛性、娱乐性等特征。游戏的终极目的是改造自身,不产生有社会意义的产物,行为由内部动机激发,即主要源于直接的兴趣,具有主动性。② 休闲体育之所以是创造性的,恰恰是因为它是一种游戏,没有特定的目的。

体育回归游戏具有重要的意义。这意味着体育将直接为个体服务,为个体的自由全面发展提供基础和条件。当竞技赛场上的兴奋剂、欺诈和暴力侵犯事件损害着体育在大众心目中的形象时,休闲体育的迅速兴起是社会的一大进步。它使人的精神世界得到更多的关怀,对于防止精神匮乏、缓解精神贫困、避免精神家园的荒芜具有重要的精神导向价值。

三、“畅”的体验

(一)体验是休闲体育的核心

把休闲体育看作参与者的心理体验,是众多休闲体育理论中一个重要学派的观点。该学派认为,休闲体育是“人们主动地、愉快地从事某种身体活动,以达到自我实现、满足个人愿望等目的的一种休闲形式”③。休闲体育同一般的体育形式相比更加强调参与者自身的积极参与和自由体验。卢元镇对休闲体育的描述恰如其分地体现了这一点,他说:“人们怀着轻松愉快的心情自愿参加各种体育活动和娱乐活动。他们既不受限于体育教学的种种严格规定,也不追求高水平的运动成绩,甚至有的也并不把体育的强身祛病放在首位,而是把体育运动作为一种有意义的活动形式度过自己的闲暇时间,使得个人

---

① 参见〔法〕罗歇·苏:《休闲》,姜依群译,商务印书馆 1996 年版。

② 朱慧芳:《体育游戏:休闲体育的主要内容和最佳形式》,《福建体育科技》2010 年第 2 期。

③ 卢锋主编:《休闲体育学》,人民体育出版社 2005 年版,第 94 页。

在精神和身体上都得到休息、放松和享受。"[①]可见，休闲体育是一种有益于人的身心健康的内心体验，而不是需要用外界标准界定的具体活动。

参与者在享受休闲体育过程中的良好体验是各个瞬时的精神状态依次排列起来而构成的，正是这种由各个瞬时的精神状态依次排列起来而构成的体验，产生了持续的精神状态。所以从体验的角度来看，休闲体育是一种"处于人们意识之中的精神状态"[②]。休闲体育蕴含着丰富的挑战性、刺激性、冒险性、新颖性、趣味性和艺术表现性，能给参与者在活动过程中提供各种各样的体验。参与休闲体育，就是在个人认知、感觉、价值观和过去生活经历基础上的体验，毫无疑问，体验即为休闲体育的核心。

（二）"畅"

1990年，契克森米哈赖在1982年发表的论文《建立最佳体验的心理学》的基础上，发表了对休闲心理学影响深远的专著《畅：最佳体验的心理学》。此书从心理学的角度对休闲体验的性质做了深入的研究，提出了"flow"的概念，中文译作"畅"。"畅"是指"人在进入自我实现状态时所感受到的一种极度兴奋的喜悦心情"[③]。契克森米哈赖根据不同的活动状况，设计出了不同的任务或具有挑战性的活动。任务如果过于繁难，就会令人焦虑，做不好，甚至放弃，而任务过于简单则又会令行为者感到乏味。只有当任务的难易程度恰好与行为者的技能相匹配的时候，行为者才会全身心地投入，从而忘记时间与周围环境的存在，至少在一段时间内完全沉浸在这种体验当中，这种介于焦虑感与厌烦感之间的最佳体验便是"畅"。契克森米哈赖还根据调查研究的结果列出了"畅"的八个特征，即挑战性、目标的明确性、反馈的即时性、专注性、参与者轻易地就可以深度沉浸其中、控制感、浑然忘

---

① 卢元镇：《论消遣和娱乐》，《体育科学》1983年第1期。

② 参见〔美〕约翰·凯利：《走向自由——休闲社会学新论》，赵冉译，云南人民出版社2000年版。

③ 参见〔美〕杰弗瑞·戈比：《你生命中的休闲》，康筝译，云南人民出版社2000年版，第1页。

我、意识不到时间的存在。

休闲体育是一个体验的过程，为人们获得“畅”的体验提供了绝佳机会。虽然这种“畅”的体验无论是在科学和文艺的创作活动中，还是在日常活动和平凡的劳动中都可能出现，但休闲体育的相对自由可能为自身投入从而获得“畅”的体验提供了更为有利的场景。“在群情激昂的球场上拼抢、呐喊，在挥洒汗水的健身房中伸展肢体，在风驰电掣的滑板上腾跃旋转，在碧波荡漾的水池里尽情嬉戏，在背负行囊的野外生存中体验孤独或惊险……这是有别于大众体育或竞技体育的重要特点。”①休闲体育的核心是体验，它通常是和营造一种氛围、制造一种环境、设计一种场景、完成一个过程、做出一项承诺紧密结合在一起的，要求人们积极主动地参与。因此，对休闲体育的社会性质的强调，不应该令我们放弃作为休闲体育的根本基础的体验，它是我们理解休闲体育的自由属性的直接途径。

第三节　休闲体育：社会结构的约束

一、社会角色

（一）地位与角色

作为一项有名的“绅士运动”，高尔夫在参与者的着装方面有着特别的规定。例如，男子应穿袖领俱全的运动衫、长裤（在非正式比赛场合可以穿短裤），禁止穿圆领T恤衫、无领无袖背心、普通硬领衬衣、牛仔裤、紧口运动裤、运动短裤。女子上衣和下装要分开，上衣可无袖，但须有领子；下身可着长裤、过膝的短裤、裙裤。不管你同意不同意高尔夫运动在着装方面的规定，这些规定是社会结构的一部分，即管理人与人之间关系的组织化的方式。社会结构制约和指导人的行为，使我们感觉到生活是有规律的。平时我们不太注意社会结构的作用，因为我们早已对社会对我们的约束习以为常，但如果我们发现了这种约束，可能会担心因此失去自由，特别是无法接受本应该是自由的休闲

① 董进霞、刘卫军编著：《休闲体育》，人民体育出版社2006年版，第20页。

体育也处于社会结构的约束之下。但我们必须正视，社会结构塑造着我们的日常生活，也塑造着我们参与休闲体育的方式。

对个体而言，社会结构中最重要的因素是地位和角色。地位指的是“人们在社会关系或社会结构中所处的位置”①。老师、医生、律师、运动员等都是一种社会地位。社会地位非常重要，因为“我们在社会结构中所处的地位，决定了我们对资源的获取，也决定着我们能否作出切实可行的选择。一句话，我们所处的地位决定了我们是谁”②。具体表现地位的因素是角色，它是指“人们在社会生活中形成的、与人们在社会关系体系中所处的地位相一致、社会所期望的一套行为模式”③。角色是社会对处于某种地位的人的行为期待。例如，足球运动员是一种地位，而足球运动员这一角色又包含着一些具体的行为要求，例如认真训练、科学膳食、在比赛中为胜利而拼搏、服从教练、对球迷友善等。

我们在一生中，会拥有很多地位，同时扮演着与地位相对应的许多角色。我们生活中的多重角色，有的伴随我们一生，有的则只限于特定的环境和活动。同时扮演许多角色可能会导致角色冲突和角色紧张，角色冲突是指“两种或多种角色对承担者的期待发生矛盾、难以协调，从而使角色扮演者左右为难”④，例如执教外国代表队的教练在奥运会赛场上遭遇祖国代表队时，执教国的球迷期望他体现出自己的职业精神，带队全力战胜祖国球队，而祖国球迷却要求他表现出爱国主义情怀，放祖国球队一马。角色紧张则是指“有的人参加了大量不同的社会活动，承担了许多社会角色，以致出现没有基本的时间和精力去扮演某些角色而疲于应付的现象”⑤。例如许多运动员在赛场上十分出色，却因此没有余力照顾好家庭，被认为是一个失败的丈夫、父亲。

---

① 王思斌主编：《社会学教程（第二版）》，北京大学出版社 2006 年版，第 83 页。

② 〔美〕乔恩·威特：《社会学的邀请》，林聚任等译，北京大学出版社 2008 年版，第 5 页。

③ 王思斌主编：《社会学教程（第二版）》，北京大学出版社 2006 年版，第 83 页。

④ 同上书，第 89 页。

⑤ 同上书，第 88 页。

为了处理角色冲突和角色紧张，我们往往要做出一些牺牲，退出某些角色。相对于我们在工作和生活中的角色，休闲体育中的角色往往不那么重要。一个年轻母亲为了满足为人母的角色期望而放弃每天下午打羽毛球是因为角色冲突，一个大学生毕业之后因为工作繁忙不再踢足球则是为了应对角色紧张。

（二）休闲体育与社会化

角色理论表明，我们必须习得按照社会期望扮演社会角色所需要的能力，才能够成为合格的社会成员。但是当我们出生的时候，我们只是一个单纯的生物人。我们是在社会化的过程中习得了社会性，即通过后天的学习获得了社会文化。“社会化是伴随人一生的社会互动过程，在这个过程中个体获得社会身份，学习对有效融入社会十分重要的思维、情感和行为的方式。”[①]通过社会化，我们学会了扮演社会角色，成为一种社会动物。

为了理解休闲体育与社会化的关系，我们需要采取两种层次的视角。首先，休闲体育本身就是我们在社会化的过程中习得的，通过掌握与休闲体育活动相关的知识、态度、技能、交流和理解能力，我们成为合格的休闲体育实践者。其次，休闲体育亦是一种社会化的机制，能为人们学习社会角色提供优越的环境与适宜的条件。这一点体现在如下几个方面：其一，休闲体育中包含着特定的地位体系，每一种地位都被赋予了特定的角色期望。例如在一场篮球比赛中，就存在着控球后卫、得分后卫、小前锋、大前锋、中锋等不同的位置，承担某一个位置就意味着要对该位置的角色期望做出恰当的回应。通过休闲体育活动，我们可以学习如何在特定的社会情境中扮演好自己的角色，为我们在休闲以外的场景中扮演角色积累经验。其二，所有的地位和角色都是相对应而存在的，例如教练和运动员、后卫和前锋等，角色的基础是双方的责任。在休闲体育活动中，我们要跟同伴发生频繁的互动，从中我们可以学习如何根据自身的角色处理与其他角色的关系。

---

① 〔美〕尼霍尔·本诺克拉蒂斯：《像社会学家一样思考》，黄剑波等译，机械工业出版社2011年版，第61页。

可见，休闲体育拓展了人际交往，发展了交流、情感和社交方面的技能。其三，尽管休闲体育的环境较为宽松，不会给人们带来太大的精神压力，但许多休闲体育活动都有“游戏规则”，特别是进行比赛的时候，虽然竞技上的胜负通常并非休闲体育所追求的，但为了确保比赛的顺利进行，我们需要在规则上达成一致。接受并逐步内化休闲体育活动中的规则，也可以为我们适应社会上的各种强制性规则、接受社会规范约束打下基础。

二、等级之差

（一）休闲体育与社会阶层

无论我们承认不承认，喜欢不喜欢，这个世界是由财富、声望、权力和地位各异的人组成的。社会学使用社会分层这一概念来表示“根据不同的社会标准把社会成员分成若干个高低有序的等级层次”①。不同的社会有着不同的分层制度，在现代工业社会，我们常常根据社会阶层对人们进行划分。社会阶层指的是“由于经济、政治、社会等多种原因而形成的，在社会的层次结构中处于不同地位的社会群体”②。社会阶层表明社会中不同人群之间存在着结构化的不平等，人们的生活体验严重依赖于他们的社会范畴。由此可见，人们在休闲体育参与上存在的差异不仅仅是个人品位和偏好的问题，也是资源与机会的问题。不同的社会阶层由于职业、收入、受教育程度等方面的差异，从而产生不同的社会态度、价值观念、生活方式及不同的精神文化、生理与心理需求，进而导致不同的社会阶层在参与休闲体育时所选择的活动内容、方式和场所也存在差异。③

在塑造个体休闲体育参与的诸多结构性因素中，经济地位是首要的。各阶层可用于投入休闲体育的经济资源存在明显差异。由于不同的休闲体育活动方式的经济消费水平不同，一些休闲体育活动方式例如高尔夫、网球、马术、帆船等属于高消费，对参与者的经济能力有

① 卢锋主编：《休闲体育学》，人民体育出版社 2005 年版，第 235 页。
② 王思斌主编：《社会学教程（第二版）》，北京大学出版社 2006 年版，第 145 页。
③ 卢锋主编：《休闲体育学》，人民体育出版社 2005 年版，第 208 页。

一定的要求，对于那些经济能力一般的人来说，他们没有多少钱可以投入休闲体育，一般不会光顾那些高档的休闲体育场所，而是倾向于选择成本低、耗时少、简单易行的如跑步、篮球、乒乓球、游泳等大众化的休闲体育活动。并且，由于各阶层工作性质的差异，他们可投入休闲体育的时间资源也是不同的。社会的中上阶层以脑力劳动为主，相对于其他阶层拥有更多的闲暇时间，而那些从事体力劳动的阶层工作较为繁重，没有足够的时间和精力投入休闲体育。

需要注意的是，在强调现代社会中我们用以休闲的时间与金钱增加的同时，还必须意识到仍有相当数量的社会成员在为满足基本的生活需求而挣扎。只要休闲体育对交通、入场费、器材和服装以及学习技能存在费用要求，那些贫困的人就可能根本得不到多少参与机会。特别对于那些失业者来说，尽管他们有着大把的闲暇时间，但由于缺少生活资源，他们没有积极的心境去参与休闲体育，根本不可能从中得到愉快的休闲体验和自由的感受。

（二）休闲体育与社会性别

除了阶层以外，另一个显著影响休闲体育参与的因素是性别。在几乎所有的社会中，性别都是人们用来划分社会成员类群的最重要的人口统计因素之一，两性通常构成了婚姻和家庭的基础。一个基本的社会事实是，人们惯于通过“二元性别分类体系”简单地区分男性和女性。这一体系假定两性之间存在着明确的结构和生理方面的差异。然而，生物学的证据却表明，两性之间并不那么泾渭分明。2009 年至今体育界关于南非田径运动员塞蒙娅的性别争议，表明根据一个人的生理特征并不能明确判定其性别的情况的存在。由此可见，人们所强调的二元性别其实并非生理上的不同，而是在生理性别差异之上，由文化习俗和期望所决定的男女不同的角色、责任和活动，即通常所说的社会性别。社会性别是一个社会塑造的概念，它赋予男性和女性不同的社会角色和认同。相对于女性的角色，男性的角色通常被赋予更高的价值，会获得更多的回报。几乎在所有文化中，都是女性承担生儿育女和家务劳动的主要责任，而男性则传统上负有挣钱养家的责任。社会性别之间普遍的劳动分工导致男性和女性在权力、声望和财富等方面的结构化不平等，女性的生活机会明显少于男性。

可见，在我们出生时，我们的生物性别早已确定，但我们是通过学习而成为了男性或者女性。由于社会赋予男女不同的角色期待，女性在许多领域处于不利地位。现实社会中休闲的差距依然存在于两性之中：女性在休闲时间和休闲场所的拥有上仍受到很多限制，女性与男性在休闲活动与机会上依然存在不平等。[①] 例如，为了遵循社会对女性提出的价值观和行为模式的要求，女性不被鼓励参加那些激烈的、危险的、强调力量的体育活动，例如足球、拳击等，而被提倡参加那些能展示女性身体美的运动，例如健美操、瑜伽等。此外，已婚女性往往被要求承担家庭责任，她们难以摆脱没有报酬的家务劳动和照顾老人、孩子、丈夫的义务，缺少时间和机会去参与休闲体育活动。即使是那些希望多参与休闲体育的女性，也往往难以找到共同活动的女伴。从这一点来看，女性休闲受到限制的根本原因在于社会对女性价值的不重视。

三、自由的失窃

（一）炫耀性消费

如今，我们正在经历传统的以“生产”为中心的社会向以“消费”为中心的社会的转变。在从事休闲体育活动的过程中，我们需要消费一定的物品。休闲体育消费是指人们利用闲暇时间参与体育活动、观赏体育竞赛和对体育服务产品、实物产品、精神产品的直接消费，以及其他相关活动中的间接消费行为。[②] 通过休闲体育消费，我们不仅是在从事一项活动，也是在告诉别人自己是谁。这是因为参与特定的休闲体育活动经常是属于某个社会地位的象征或者与众不同的个人显示的符号。

---

① 〔美〕卡尔·亨德森等：《女性休闲——女性主义的视角》，刘耳等译，云南人民出版社 2000 年版，第 26—27 页。

② 汪凤高：《有关休闲体育消费异化问题的几点思考》，《消费导刊》2008 年第 10 期。

早在《有闲阶级论》中,凡勃伦就指出休闲是一种阶级的象征。与凡勃伦认为资产阶级通过炫耀性消费或者炫耀性休闲来获得贵族般的阶级地位的观点相似,法国社会学家布希亚(鲍德里亚)认为,人们在消费的过程中界定着自己在社会中的位置。“通过各种物品,每个个体和每个群体都在寻找着他或她自己在一种秩序中的位置,始终在尝试着根据一个人的生活轨迹竞争这种秩序。通过各种物品,一种分层化的社会开口说话……为了将每个人都保持在一个确定的位置里。”①通过这一点,我们能够更加容易地理解炫耀性消费和炫耀性休闲背后的意义。如今,商品消费已经突破了物质形态的局限,渗透到了人们日常生活方式和生活内容之中,甚至诸如某种休闲体育活动也可以作为生活方式和生活风格的象征。当我们打高尔夫或者滑雪时,我们主要购买的不是这种休闲体育活动,而是在向他人表明我们拥有打高尔夫或滑雪的品位和资源,这是一种上层社会身份的象征。我们通过休闲体育消费来标识自己的社会地位、身份和品位,获得与之相联的归属感以及自鸣得意等心理体验。

(二)异化的休闲体育

西方马克思主义学者弗洛姆认为,20 世纪西方资本主义社会的各个领域都发生了异化,特别是消费领域。消费不再仅仅是人们满足自身需要的手段,而是更多地变成目的,人成为欲望的奴隶,人生的意义似乎只有在不断的消费中才能实现,消费已与人的真正需要失去了联系,人不再控制消费,消费却统治了人。② 弗洛姆的这一观点具有警醒意义。

如今,随着社会和经济的飞速发展,休闲体育成为人们主要的休闲生活方式之一。休闲体育消费在影响人们生活方式的同时,也带动了整个社会消费水平的提高。当人们习惯于将各式的体育运动作为日常生活的休闲消费选择的时候,休闲便产生了异化,这种异化消费

① 转引自〔美〕乔治·瑞泽尔:《后现代社会理论》,谢立中等译,华夏出版社 2003 年版,第 110 页。

② 沈克印等:《弗洛姆的消费异化论与休闲体育消费》,《体育学刊》2008 年第 2 期。

的动力往往是较富有阶层之间在消费领域的相互竞赛。“随着消费社会的到来，休闲体育运动也被裹挟进大众消费之中，人们在自由支配自己的财产、享受消费快乐的同时，却浑然不觉地沦为消费的奴隶，人的存在与本质发生了背离。”①

在消费主义盛行的时代里，人们追求炫耀性消费，根本不考虑自身的实际需要，甚至不顾自身的经济能力进行超前消费，不再是为了休闲而休闲，而是为了自己的面子而休闲。这使休闲体育最本质的自由性和创造性正在消失。人在消费中应该是实在的、有感觉和判断力的，并进行着有意义和创造性的消费。而消费发生异化后，消费是在外在目的和力量的支配下进行的，由“自律”变为“他律”。休闲体育的本质在于休闲的自由体验，而异化的休闲在单一性、机械性和重复性的运作方式中，一切都是例行公事，丧失了体育活动原本应有的情趣。休闲体育被塑造成了由“消费”来加以组织的享受形式，成为必须依赖“消费”才能存在的过程。② 休闲体育不再是一种自由的体验，而成为一种沉重的负担。人们在尽情享受休闲体育的同时，不仅产生了惰性，而且在大众媒体和商业机构的操纵下，连休闲的动机也被商业化了，休闲体育成了商品经济的附庸。休闲体育的异化是休闲体育可持续发展的障碍，为了避免这种异化的休闲体育带给人的痛苦，我们必须树立人本主义的休闲观，即为实现自我的全面发展、幸福和自由而休闲。

第四节　休闲体育：人是主体

一、我思故我做

（一）休闲体育的主动性

进行社会学分析时最忌讳的错误就是只注重辩证的一方而忽视

---

① 沈克印等：《弗洛姆的消费异化论与休闲体育消费》，《体育学刊》2008 年第 2 期。

② 王深：《从人的发展观论休闲体育》，《福建师范大学学报（哲学社会科学版）》2006 年第 3 期。

了另一方。尽管社会结构无时无刻不在约束着我们的一言一行，但如果我们因此而臣服于社会结构的强大力量，忽略了“人”这个社会的主体，没有意识到我们在被社会制约的同时也通过社会行动作用于社会，就会产生过于悲观的认识，误解人与社会的实际关系。著名的德国社会学家马克斯·韦伯为了弥合传统的实证主义社会学的缺陷而开创了一项重要的社会学传统，即理解社会学的传统。他认为社会学是一门致力于解释性地理解社会行动，并通过理解对社会行动的过程和影响做出因果说明的科学。“社会行动是指人们有意识的、注入了某种社会意义的、并与他人发生关联的行动。”①韦伯开创的传统强调了社会生活主观性的一面。人是社会最基本的构成要素，是一定的社会结构中的社会行动者，根据自己的需要而做出选择，休闲体育的兴起就源于人的需要层次的提高。在进入物质财富快速积累时代的同时，我们也正步入为取得高级享受而放弃低级享受的新的历史时期。现代文明的内涵意味着，人类需要和渴求有意义的幸福生活。

休闲体育之所以是自由的，就在于它不是一种规定性的活动，不是人们在外力的逼迫下不得不去做的事情，而是我们的主动选择。个人之所以去休闲主要并不是为了满足自己或社会的需求，而是为了休闲而休闲，不一定要有什么结果或产品。正是这种外在要求的缺席，将游戏，即开放与新奇的可能性注入了休闲体育。

与工作等制度化的活动相比，休闲体育受到的社会约束较少，为人们个性化的追求与表现提供了广阔的场景。休闲体育的兴起实现了体育从政治功利性向休闲娱乐性的转变，也促使人们转变了对体育的态度，即从被动接受逐渐转向主动创造。实践中人们通过对体育的深刻认识，把体育与个人的幸福生活联系起来，根据自己的爱好和自身的条件，自主选择休闲运动项目。② 人们通过自由地选择符合自己内心感受的、符合自己需要的、有意义的休闲体育活动，使自己成为实践的主体。

休闲学的核心观点是，休闲是人生命的一种状态，是一种“成为

---

① 王思斌主编：《社会学教程（第二版）》，北京大学出版社 2006 年版，第 12 页。

② 周文编著：《体育与休闲》，湖南大学出版社 2007 年版，第 184 页。

人”的过程，是一个人完成个人与社会发展任务的主要存在空间；休闲不仅是在寻找快乐，也是在寻找生命的意义。休闲体育活动具有游戏的性质和属性，人们参与休闲体育从这一角度上也可以说是融入游戏中去体验生活，体验人存在的意义，更体验到“成为完整人”的价值所在。当人们日益追求精神方面的满足感时，休闲体育可能会较少围绕消费和炫耀地位展开，而是更多地围绕自我价值实现、建立良好的生活方式、提高生活质量和生命质量这些主题展开。

（二）休闲体育的创造性

人作为休闲体育的主体，不仅是自觉能动的，而且是富于创造性的。休闲体育最突出的特点就在于不断创新，人们不断地用新颖、独特的方式来阐释人与自然的关系、人与社会的关系、人与自身的关系，并从中确认人作为主体的力量。现代人在休闲体育活动中的目的不只是生存，而更多的是享受和发展；人们不再是考虑“是否去运动”，而是考虑“如何运动”才能带来更多的快乐；人们不再是享受运动的结果，而是享受运动的过程；人们不再是满足于简单重复别人或自己已经做过的一切，而是设计自己与众不同的活动。因此，休闲体育给人们带来了自主创造的空间。①

在各种休闲活动中，休闲体育可以给人更大的想象空间和自由空间，人们只有通过最适合自己的休闲体育活动方式才能充分享受休闲体育所带来的乐趣。休闲体育之所以具有创造性，是因为它淡化规则性、强化游戏性、淡化技术性、强化活动性的特点。人们在参与休闲体育活动时，往往并不依照一定运动项目的动作规范和技术要求进行，而是根据自身的条件和兴趣爱好主动地选择、创造活动方案和资源分配方式，充分表现休闲体育个性化的风格和特点。人们即使参与的是竞技体育的项目，例如篮球，也不用受该运动项目规则的严格约束和限制，在运动形式、动作技术、参与人数、活动方法上都有较大的灵活性。休闲体育的创造性使人们能够从工作的紧张和生活环境的严格约束中游离片刻，它是人们生活中一段美好的插曲。

① 周文编著：《体育与休闲》，湖南大学出版社 2007 年版，第 184 页。

此外,休闲体育的创造性还表现在它可以满足人们探新求异的需要上。探新求异是人的一种普遍的心理倾向。工作与日常生活往往按部就班,缺乏新意,人们探新求异的需要只能在休闲时间得到满足,而休闲体育中就有许多探寻自然的活动方式,例如洞穴探险、背包徒步旅行、野营等,这些方式能够使人们远离熟悉而枯燥的环境,获得极大的新鲜感。①

二、社会关系

(一)休闲体育与初级群体

休闲体育既是个人的体验和行动,也是一个社会性的过程。从社会互动的角度来看,这一特征体现得最为明显。人们各有各的社会行动,但当他们之间发生联系时,互动就产生了。社会互动是"人们对他人采取社会行动和对方做出反应性社会行动的过程,是发生于个体之间、群体之间、个体与群体之间的相互的社会行动的过程"②。

大部分的休闲体育活动都是发生在一个社会性的场景中,他人不仅在场,而且会与我们进行面对面的互动。这些人我们可能熟悉,也可能完全不认识,但是当我们和他们共同进行一项休闲体育活动时,我们便构成了一个社群。人的本质属性是社会性,而群体作为个体与社会的中介,对于个体的发展和社会的运行都有重要意义。"社会群体是指人们通过社会互动而形成的、由某种社会关系连结起来的共同体,在这个共同体中,成员具有共同身份和某种团结感以及共同的期待。"③

对休闲体育而言,最重要的社群是初级群体。初级群体是情感黏合剂,在初级群体中,成员之间表现出一种亲密的关系。最重要的初级群体有家庭和朋友圈子,休闲体育很少是与朋友和家庭分离开来的。有时候,一个朋友圈子就是围绕着特定的休闲体育活动而发展起来的。从这一角度来看,休闲体育是表达与发展亲密关系的社会空

---

① 卢锋主编:《休闲体育学》,人民体育出版社 2005 年版,第 106 页。
② 王思斌主编:《社会学教程(第二版)》,北京大学出版社 2006 年版,第 69 页。
③ 同上书,第 92 页。

间。人们常常和自己的亲朋好友一起进行某项休闲体育活动，在这种情境下，休闲体育活动的过程并不是主要的，人与人之间的交流、分享才是主要的。它产生的最重要结果并不在于运动本身进行得如何，而在于两个人或一个集体的感情可能在这一过程中得到了表达或增进。班级内部进行一场足球赛并不是为了比出个高低，而是为了给同学提供一个表达感情、增进了解、发展关系的好时机。

（二）休闲体育与社会互动

休闲体育是一个社会互动的场景，而不是争取成就的竞技场，它为人们提供了各种交往的机会。在工作环境中，人们的相互关系是由组织的规章制度限定的，因此，社会互动缺乏一定的自由度和灵活性。而在休闲体育的环境中，人们可以较为自由地进行交往，社会互动的过程可以给人带来较大的愉悦感。游戏的隐喻本身暗示了休闲体育的非严肃性。例如一个乒乓球运动员在教练的指导下训练与跟几个朋友一起打球相比，其互动模式是完全不同的，在训练中他必须履行运动员这一角色所赋予的责任与义务，在教练安排下为提高竞技能力而打球，他与教练的互动是目的导向的。而在休闲体育的环境下，提高竞技能力不再是打球的目的，他可以在轻松愉快的气氛下打球，与朋友谈笑风生，这种互动是即兴和玩乐性质的，并不取决于他作为运动员的角色和任务。

休闲体育中的社会互动有着自身的特点。街头篮球场是一个典型的休闲体育场景，在共同活动的过程中，没有高低贵贱之分，没有职业的差异，休闲体育活动以外的身份在这个过程中被暂时性地悬置，平等使人们很容易地消除了彼此之间的隔阂，使彼此之间的交流也没有障碍。可见，休闲体育为人们提供了一个极好的发展社会关系的机会。利用休闲体育中轻松、愉快的互动方式也可以实现某些严肃的目的，例如，人们在进行商业谈判或其他会谈时有时也会采用休闲体育的方式。有人举证说，在高尔夫球场与人进行商业谈判比在茶楼或者其他场所更加有效，因为在一杆打击后留下了足够的时间让双方去思考一个最好的回应方案，不会像在其他地方那样，因为思考而显得冷场、尴尬和窘迫。这使得互动的双方既保持了自己的独立性，又能够卓有成效地实现交流和沟通。人们喜欢选择休闲体育活动作为交际手段，其原因正在于此。[①]

三、“镜中自我”

（一）休闲体育与自我认同

休闲体育不只是我们的活动，它包含着丰富的意义。休闲体育的互动性为我们打开了一扇理解休闲体育对我们的意义的窗户。通过社会互动，我们不仅能够建立各种各样的社会关系，还能够发展自我，了解我们是谁。自我认同是指个人对自己角色的一种自我确认，它是个人一系列个性的统一，是一个人区别于另一个人的整体性标识。“它是个人依据其个人经历所形成的，作为反思性理解的自我。”[②]

社会学家库利认为，自我是一个人对自己的看法，即他意识到自己是一个什么样的人。库利指出，一个人的自我意识是在社会互动中形成的。为此，他提出了“镜中自我”的概念。他认为，人们都是以他人为镜来认识自己的。在社会互动中人们通过他人对自己行为的态度和反应来反观自己，认识自己，就像从镜子里发现自己那样。“镜中自我”的概念包含三个主要因素：一个人要能够想象得出自己在别人眼中的形象；他要能够想象得出别人对这一形象所做的判断和评价；他能对别人的判断及评价做出相应的反应。[③] 可见，自我认同不是凭空得来的，而是社会互动的产物。在扮演角色、评价表现和理解他人反应的过程中，我们在不断地认识和重新认识我们是谁。

休闲体育作为一种自我选择与自我实现的生活方式，是自我认同的一种重要机制。休闲体育为人们提供了广阔的自由选择的环境，通过参与休闲体育活动，人们容易尝试新的角色；休闲体育中的失败通常不会带来严重的后果，这使我们有条件去冒险和创新。例如在参加一场朋友间的足球比赛的时候，我们可以踢一会儿前锋，踢一会儿后

---

① 卢锋主编：《休闲体育学》，人民体育出版社2005年版，第106页。

② 〔英〕安东尼·吉登斯：《社会的构成：结构化理论大纲》，李康、李猛译，生活·读书·新知三联书店1998年版，第58页。

③ 转引自王思斌主编：《社会学教程（第二版）》，北京大学出版社2006年版，第74页。

卫，再守一会儿门，甚至再当一会儿裁判，而这在职业足球比赛中几乎不可能发生，因为职业球员必须严格执行教练的战术要求，扮演好自己的角色。此外，休闲体育的交往环境允许更大的灵活性，我们可以释放个性中被压抑的一面，并且很容易从别人那里得到反馈，及时对其进行诠释与理解，从而寻求人生意义之所在，来更完整、全面、健康地认识自我、塑造自我。我们和朋友打球的时候，总会带有玩闹的一面，彼此间常开玩笑，这在以胜负为目的并受到严格规则约束的职业体育中是不被允许的。

（二）休闲体育与社会认同

与自我认同不同，社会认同指的是别人对我们的定义。通过戈夫曼的拟剧论可以很好地理解这种不同。在该理论中，戈夫曼将社会生活喻为一部戏剧。“社会和人生是一个大舞台，社会成员作为这个大舞台上的表演者都十分关心自己如何在众多的观众（即参与互动的他人）面前塑造能被人接受的形象。”①戈夫曼将人们运用各种技巧和方法在他人那里建立良好形象的过程称为“印象管理”。由此可见，社会认同是指别人如何评价我们的表演，而自我认同是指我们如何定义自己的表演。人是社会性的动物，这决定了自我认同和社会认同往往来自同一过程。自我认同和社会认同是一枚硬币的正反面，我们总是努力地展示自我，使别人对我们的看法和我们的自我定义相符合。

许多休闲体育活动都包含“印象管理”的过程。例如人们之所以愿意遵循高尔夫运动复杂的礼仪和服饰要求，就是因为人们希望在他人面前展示出良好的自我形象，得到他人的认可。最突出“印象管理”的场景是在比赛中，人们总是努力展示出自己最好的水平以获取他人的赞叹。如果我们所认同的自我形象遭到了他人的拒绝和嘲讽，这种自我形象就很可能消解。在休闲体育活动中，为了避免这种情况发生，我们可能会采取一些策略，例如在一场羽毛球比赛前声称自己今天不在状态，这样即使自己当众输得很惨，也不会遭到过多的嘲讽。在打比赛的过程中，我们也可以运用某些信号，例如故意打丢一个十

① 转引自王思斌主编：《社会学教程（第二版）》，北京大学出版社2006年版，第78页。

分简单的球来表明我们并不十分认真，所以这场球赛没有反映我们的真实水平。

总之，休闲体育是人们主动选择的、具有创造性的、在社会互动中进行的社会性过程，从中我们可以了解我们是谁并塑造我们在他人心目中的形象。理解这一过程的关键术语是社会角色，事实上，这一词语十分明确地表达出本章的主要观点，即休闲体育虽然受到社会结构的制约，但也具有相对的开放性，允许我们自由地进行角色扮演和自我呈现。

推荐阅读

1.〔法〕罗歇·苏：《休闲》，姜依群译，商务印书馆 1996 年版。

2.〔美〕彼得·L. 伯格：《与社会学同游：人文主义的视角》，何道宽译，北京大学出版社 2014 年版。

3.〔美〕杰·科克利：《体育社会学——议题与争议》，管兵等译，清华大学出版社 2003 年版。

4.〔美〕杰弗瑞·戈比：《你生命中的休闲》，康筝译，云南人民出版社 2000 年版。

5.〔美〕杰弗瑞·戈比：《21 世纪的休闲与休闲服务》，张春波等译，云南人民出版社 2000 年版。

6.〔美〕卡尔·亨德森等：《女性休闲——女性主义的视角》，刘耳等译，云南人民出版社 2000 年版。

7.〔美〕尼霍尔·本诺克拉蒂斯：《像社会学家一样思考》，黄剑波等译，机械工业出版社 2011 年版。

8.〔美〕乔恩·威特：《社会学的邀请》，林聚任等译，北京大学出版社 2008 年版。

9.〔美〕乔治·瑞泽尔：《后现代社会理论》，谢立中等译，华夏出版社 2003 年版。

10.〔美〕约翰·凯利：《走向自由——休闲社会学新论》，赵冉译，云南人民出版社 2000 年版。

11.〔英〕安东尼·吉登斯：《社会的构成：结构化理论大纲》，李康、李猛译，生活·读书·新知三联书店 1998 年版。

12.〔英〕克里斯·布尔等：《休闲研究引论》，田里、董建新译，云南大学出版社 2006 年版。

13. 周文编著:《体育与休闲》,湖南大学出版社 2007 年版。

14. 王思斌主编:《社会学教程(第二版)》,北京大学出版社 2006 年版。

15. 董进霞、刘卫军编著:《休闲体育》,人民体育出版社 2006 年版。

16. 卢锋主编:《休闲体育学》,人民体育出版社 2005 年版。

17. 卢元镇:《中国体育社会学(修订本)》,北京体育大学出版社 2000 年版。

18. 钱利安:《休闲体育理论与实践调查研究》,浙江大学出版社 2008 年版。

19. 江流水:《格调与体育——一种社会文化视角中的体育》,《体育文化导刊》2002 年第 6 期。

20. 刘华平:《21 世纪初的中国休闲体育》,《北京体育大学学报》2000 年第 1 期。

21. 沈克印等:《弗洛姆的消费异化论与休闲体育消费》,《体育学刊》2008 年第 2 期。

22. 江凤高:《有关休闲体育消费异化问题的几点思考》,《消费导刊》2008 年第 10 期。

23. 王深:《从人的发展观论休闲体育》,《福建师范大学学报(哲学社会科学版)》2006 年第 3 期。

24. 王雅林:《信息化与文明休闲时代》,《学习与探索》2000 年第 6 期。

25. 肖焕禹:《休闲体育的演进、价值及其未来发展取向》,《上海体育学院学报》2010 年第 1 期。

26. 朱慧芳:《体育游戏:休闲体育的主要内容和最佳形式》,《福建体育科技》2010 年第 2 期。

第十章　休闲体育的精神与追求：哲学的视角

德国著名哲学家弗里德里希·席勒认为，人只有在游戏的时候才能成为人，而人只有成为人的时候才游戏。因此，一个人乃至一个民族缺乏“游戏精神”是非常可怕的。休闲体育的产生就是对这种“游戏精神”最好的诠释。

在对各文明古国进行分析时，马克思将希腊文明比喻成发育正常的小孩[①]，这除了其特殊的经济、政治和生产关系等原因外，自然还与希腊人那种天真烂漫、酷爱运动、尚武卫邦、敬畏力量的体育精神不无关系。如果说古代希腊是发育正常的孩子，那么古代中国呢？我国著名体育学者卢元镇认为：古代中国应该属于那种早熟的小孩。这种早熟不仅表现在沉闷、保守的封建小农经济和高度专制的政治制度上，也表现在严重缺乏“游戏精神”的文化态度上。[②]

自古以来，不同民族不同地域之间就存在着文化的冲突与融合，并在冲突与融合中实现文化的交流与传播。世界文化史的研究表明，在人类文明史上，举世公认最完整、最发达、影响最大的两大文化巨流是以中国文化为主流的东方文明和以古希腊文化为源头的西方文明。

---

① 参见〔德〕卡尔·马克思：《政治经济学批判》，人民出版社 1976 年版，第 173 页。

② 参见杨弢、姜付高：《中西方体育文化比较》，社会科学文献出版社 2008 年版，序言第 2 页。

在数千年的发展历程中，不同的发展道路形成了它们各具风采的文化模式，也形成了它们各自特有的休闲体育精神文化。精神文化是一切文化体系的核心，要深层次地认知休闲体育，必须先了解其精神文化。而哲学作为“一切科学的科学”，为我们探索不同文化背景下休闲体育精神文化的差异提供了最根本的思考。

第一节　休闲体育精神文化概述

一、休闲体育文化

休闲体育文化是人们在运动健身实践中创造的精神财富与物质财富的总和。它是人类文化的重要组成部分，是人类健身实践向更高层次发展的需要，是国际社会由政治主导型到经济主导型，再到文化主导型发展的必然产物。按照文化的三个层次划分，休闲体育文化包括物质文化层（对应前文所说的器物层，包括休闲体育的形式及所使用的场地、器材等）、制度文化层（对应前文所说的制度层，包括休闲体育活动的组织机构、法律法规等）以及精神文化层（对应前文所说的观念层，包括休闲体育的价值观、思维方式以及审美观念等）三个方面。

二、休闲体育精神文化

休闲体育精神文化是指在人们休闲体育物质文化基础上衍生出的人类共有的意识形态和文化观念集合，主要包括人们的休闲体育价值观、审美观、教育观等方面。本章之所以选择从精神文化这一视角探讨休闲体育，原因有三点：第一，在整个文化的自我系统中，物质文化和制度文化反映并受制于精神文化，是一定精神文化的折射，是它的表面化和具体表现，是它的附属品，其中物质文化要靠精神文化去推动，制度文化也要靠精神文化去建构、去评价。第二，精神文化体现着不同文化独特的心理结构，是系统中最深层、最具稳定性和最有决定力的东西，是整个文化系统的核心。第三，如果简单地在物质和制度层次上谈休闲体育文化，则许多休闲体育文化是相近的，正是深层的精神文化使休闲体育展示了其特色。因此,我们认为:休闲体育的精神文化决定着整个休闲体育文化的特质,并且代表着休闲体育文化所处的层次,只有将其个性特征充分揭示出来,才能充分展现一个民族休闲体育文化的永久魅力。图 10-1 展示了文化的三个层次。

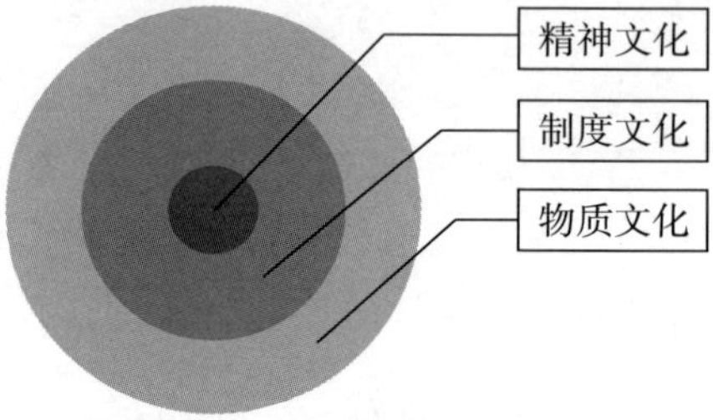

图 10-1 文化的三个层次

三、目前关于休闲体育精神文化的研究

(一)体育精神文化的研究

目前关于体育精神文化的研究,从讨论的问题来看,主要涉及以下两个问题:一是中国传统体育精神文化与西方体育精神文化的比较,二是西方体育精神文化与中国体育精神文化的彼此交融与相互影响。

在中国传统体育精神文化与西方体育精神文化的比较中,大多数研究者都从中西方哲学精神的不同及其对体育精神文化的渗透和影响入手,分析比较中国传统体育精神文化与西方体育精神文化的异同。比如岳游松在其硕士论文中分别从道家、儒家、佛家这三种文化流派对中国传统体育精神文化形成的影响入手,归纳出中国传统体育精神文化具有十分明显的重人格特征。同时从古希腊文化与雅典民主制对西方传统体育精神文化形成的影响入手,归纳出西方体育追求人的力量、速度、耐力、灵敏、柔韧等身体素质的特征。[①] 在对中西方体育精神文化整体性质的总结上,姜钊指出:“中西体育文化是沿着两个不同的逻辑方向发展的。”“中国传统理论型体育文化的文化本质是和

① 岳游松:《关于中国体育文化研究的现状分析》,华中师范大学 2004 年硕士学位论文。

谐，而西方传统法理型体育文化的文化本质是竞争。”[①]除了关于中西方体育精神文化整体性质的比较外，也有部分研究从一些特殊的角度对中西方体育精神文化的某些方面进行了单一比较，如惠蜀从价值观出发认为，中国传统体育精神文化讲究通过身体锻炼来以外达内、由表及里，由形而下的身体有形的活动来促成形而上的无形精神的升华，实现理想人格的塑造；而古代希腊体育精神文化则重人体胜于重人格，注重人体本身的价值，更讲究从人体的培养上来考虑体育的价值，追求在肌肉的运动中、在各种力的交汇中去实现完美人体的塑造，进而实现理想的人生。[②] 也有研究者从宗教形态来看中西体育精神文化的差异，认为古代中国一神和多神的矛盾不明显，而希腊则十分激烈，正是这不同的宗教特点导致“中国的宗教没能提供竞技体育独立发展需要借助的条件，而古希腊的宗教则具备了实现这一过程的条件”[③]。另外，还有从思维方式、审美观念等角度对中西方体育精神文化进行比较的相关研究，这里不再一一列举，这些对中西体育精神文化不同角度的研究，有利于在分析基础上达成对中西体育精神文化的综合和整体认识，它对于全面、细致地了解中西体育精神文化的异同具有积极意义。

从文化传播的视角，采用历史的方法，对中国传统体育精神文化和西方体育精神文化之间相互交流、碰撞、融合的过程进行描述和分析，是目前体育精神文化研究的一个重点，体育精神文化发展中民族性与世界性的关系更是这类议题讨论的重中之重。研究表明，世界性与民族性，将成为本世纪中国体育发展的主流方向，中国体育精神文化必将成为在当代世界产生重大影响的世界体育精神文化的组成部分。[④] 这一观点为中国体育精神文化的发展提出了新的要求，中国体育要面向未来，就要以民族传统体育精神文化的现在为基点，对自身

---

① 姜钊：《中国体育文化与西方体育文化的比较》，《广西民族学院学报（自然科学版）》2002 年第 2 期。

② 惠蜀：《中西体育价值散论》，《成都体育学院学报》1991 年第 1 期。

③ 罗湘林：《村落体育：乡土上的生命关照》，中南大学出版社 2009 年版，第 73 页。

④ 田祖国等：《民族传统体育文化现代变迁与发展研究》，《体育文化导刊》2003 年第 4 期。

精华和西方体育精神文化的优秀成果进行创造性吸收与借鉴,特别是要立足于时代视野对两者的不足进行自觉的反思与批判,将到目前为止已经取得的成果作为进一步发展的台基,构建一种超越现代体育精神文化的新型体育精神文化体系。

（二）休闲体育文化的研究

关于休闲体育文化的研究,目前主要有以下几个方面:中西方休闲体育文化历史背景的研究,中西方休闲体育性质与内容的研究,中西方休闲体育功能的研究,以及中西方休闲体育教育的研究。

在中西方休闲体育文化历史背景的比较方面,有研究表明,中西方社会的历史背景差异,使休闲体育文化的发展形成了不同的历史脉络,主要表现在:西方的休闲体育文化发展呈现出两头高中间低的“U”形曲线,西方社会的享乐消闲之流发展到近代工业革命后终于形成了巨大洪流,著名的学者和政府机构对休闲体育给予了合法、合理的地位。中国的休闲体育发展表现出的是直线型特征,虽然在封建社会时期受到农本经济和专制政治的压制,但在民间静态的休闲活动却是几千年一脉相承,从未间断过。①

在中西方休闲体育性质与内容的比较方面,大多数的研究认为:起源于中国传统文化和小农经济的休闲体育,是以修身养性为目标,以个体、娱乐、技艺、表演的健身和养生为主体的休闲体育方式。这一休闲体育方式在运动形式上呈现出上下相随、左右相依、内外结合的整体性;在运动负荷方面强调动作的节制性,主张不破坏或冲击人体的内部平衡;在具体内容选择方面以静态为主,喜欢平和、悠闲、修身养性的项目,而且这些项目具有简便易行、经济投入少的特点。而西方人由于受海洋文明和动态的工商社会影响,形成了崇尚进取、争斗和冒险,喜爱以动态为主的运动项目的特点。

在中西方休闲体育功能的比较方面,相关研究指出,中国传统的休闲体育文化重在内省,注重发掘心灵世界,追求修身养性,追求心灵

① 陈思诗:《中西方休闲体育文化研究述评》,《山西师大体育学院学报》2009 年第 24 期。

平静，追求内心世界丰富多彩并与大自然融为一体。中国人认为自然界与人本来就是一体的，是与人类共呼吸的。所以，中国人一直认为休闲体育的最高境界在于投身于自然，认同于自然并在自然中调适自己的心灵世界。西方传统的休闲体育文化则重在外向的个性张扬，喜欢活动筋骨，追求感官刺激，西方人愿意不顾生命危险从事漂流、极地探险、极限运动等项目来与大自然抗争，以此来张扬人的个性。①

在中西方休闲体育教育的比较方面，有研究表明，西方发达国家由于对休闲体育比较重视，所以在休闲体育教育研究领域取得了很大成绩。目前，美国、英国等国家很多高等院校的体育系纷纷改名，把休闲纳入体育研究的人才培养。而在我国，休闲体育教育问题既没有引起学校及教育行政部门的足够重视，也没有引起家庭和社会的充分关注，在学术研究方面也基本上处于刚刚起步状态，相对而言，我国的休闲体育教育状况是亟待改进的。②

（三）从哲学视角看体育精神文化

哲学作为人类思想的最高统帅，对人类文化的各个领域都产生着深刻的影响。作为中国传统文化思想源泉的古代哲学，已深深地渗透到中国体育精神文化的各个枝节，形成了其独具特色的文化基底。目前的研究认为，传统哲学的“阴阳理论”“八卦学说”“五行学说”等深刻地影响着中国传统理论与实践活动，因此，在这些哲学思想的启发下，人们领悟到，只有与天地保持协调、顺应自然，才能维持健康、延年益寿，于是先人创造了模仿动物活动的养生体育，如“五禽戏”“八段锦”“鹤翔桩”“大雁功”等。在宋明理学发展的高峰时期——明清之际出现的太极拳，则是“天人合一”哲学思想的人格化演绎。拳法中的“挤、捋、挒、肘、掤、按、靠、采”即“坎、离、震、兑、乾、坤、艮、巽”八卦的外化；步法上的“进、退、顾、盼、定”即“火、水、木、金、土”五行的潜移，太极拳因此又被称为“哲拳”。③ 晚清时期，传统武术的发展更是融入了中国朴素唯物主义哲学及导引养生的思想内涵，因而在技术结构、

① 宫新清、尹军：《中西方休闲体育文化的比较》，《首都体育学院学报》2009 年第 5 期。

② 王必琪：《城市小学生休闲体育教育研究》，上海体育学院 2009 年博士学位论文。

③ 秦华：《中西方体育文化之比较研究》，《博击 · 武术科学》2007 年第 9 期。

基本套路及招式各方面富有民族特色，如“八卦掌”“形意拳”等。此外，中国传统哲学中的“阴阳理论”也渗透到了中国体育项目的技战术体系之中，指导着动静、虚实、攻守、进退等一系列的战术理论与方法。由此可见，中国古代哲学思想对传统体育的影响是深刻而持久的，它形成了中国体育追求和谐平衡和顺应自然的主体化精神文化。

同时，研究表明，在西方体育中存在着与中国体育思想截然相反的哲学观点。早在古希腊，人与自然不可分割的概念就被打破，人们在与大自然的搏斗中，清楚地认识到自身与自然的差异、对立与矛盾，并力求征服自然，而不是直接依赖于自然。他们所追求的精神世界使人们勇敢开拓，探索未知，以发展人的能力和体力。这种追求发挥人体极限能力在时间和空间上对抗自然的民族文化对西方体育产生了深刻的影响，成为西方体育文化的思想渊源。随之产生了赛跑、体操、标枪、拳击等极具竞争性的项目，从中我们能清晰地看到速度、高度、远度、力量等物理性质和征服自然、表现自我的文化积淀，这些形成了西方体育追求个性解放、挑战生理极限的对象化思维方式。

总而言之，中国传统哲学注重人与自然的和谐统一，讲求“中庸之道”；西方哲学则注重人与自然的对立抗争，讲求“进取开拓”。中国人重内、重合、重礼识，西方人重外、重分、重挑战，不同的传统文化酿造了不同的体育形态。①

（四）目前研究的不足

通过以上的研究综述，我们可以发现，虽然部分研究者已经开始关注休闲体育精神文化这一领域，但是研究水平及研究成果仍然处于起步阶段。

首先，目前的研究普遍还没有对休闲体育精神文化这一专门领域进行完整、系统的分析。如何理解休闲体育精神文化、如何去比较休闲体育精神文化的异同等问题还没有得到深入研究。

其次，目前的研究虽然有从哲学角度解析休闲体育精神文化，但是对于不同的哲学体系具体哪些方面的差异导致了休闲体育精神文

① 秦华：《中西方体育文化之比较研究》，《搏击·武术科学》2007 年第 9 期。

化的差异还未有细致、翔实的比较，比较的对象还不够清晰、明确。

最后，目前的研究中鲜有关于不同休闲体育精神文化在当今时代中各自优劣势的分析，同时也缺少关于休闲体育精神文化如何相互交流与促进的研究。

总而言之，休闲体育精神文化是整个休闲体育文化系统的核心，要真实、全面地理解休闲体育文化，必须首先从根本上认识休闲体育精神文化。目前学术界已经认识到其重要性，与之相关的研究也已出现，但是研究水平及研究成果仍然处于起步阶段，如何去完整、系统地研究休闲体育精神文化是个亟待解决的问题，同时也是研究休闲体育的精神与追求所要回答的主要问题。

第二节　休闲体育精神文化的比较

休闲体育精神文化涉及价值观、思维方式、审美观、宗教信仰等众多方面，本节主要选取具有典型代表的价值观、审美观、教育思路作为主要的比较对象，对不同文化背景下的休闲体育精神文化进行比较（见图 10-2）。

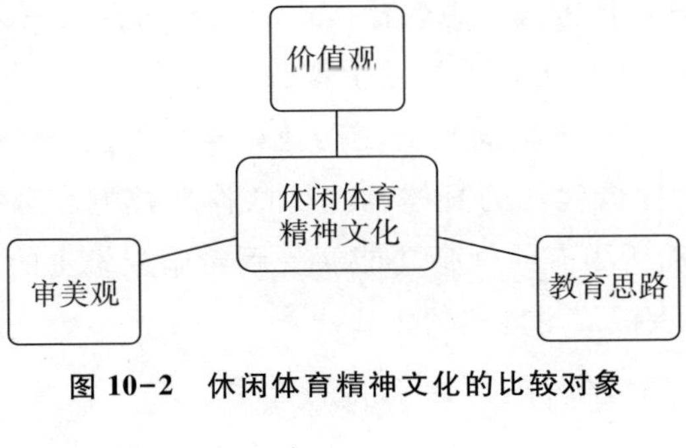

图 10-2　休闲体育精神文化的比较对象

一、休闲体育价值观的比较

（一）注重娱乐价值与注重健身价值

由于中国传统文化的影响，体育在中国一直不是作为社会的主流出现并发展的，它只是社会发展中的一个衍生物，是社会发展中的配角,而不是使人们获得社会承认的正途,这就直接导致它在社会中的角色完全不同于西方体育。这种社会中的非主流地位,使得中国体育尤其是休闲体育一直强调其本身所具有的娱乐价值。如中国传统的休闲体育——武术,虽然它的发展与军事有着相当密切的关联,但它最终也没有成为如同西方拳击、摔跤等一样激烈对抗的运动,而是在更大程度上成为娱乐形式的一种。唐代公孙大娘剑器舞不仅使杜甫留下了传世的诗篇,也让张旭的草书得以精进,成为一代书圣。从"项庄舞剑"这一典故,也可以看出当时武术的表演性与娱乐性。而拔河、围棋等中华民族具有代表性的休闲体育项目更是具有娱乐的特质。唐史中曾载有唐中宗李显时的一场拔河比赛,拔河队伍成员竟有宰相和大将军,当时的七名宰相都参加了比赛,包括当时已高龄的唐休璟和韦巨源,从中我们不难发现拔河的娱乐性之强。[①] 因此,中国的休闲体育价值观更注重休闲体育的娱乐价值。

相比之下,西方的休闲体育价值观更注重休闲体育的健身价值。著名哲学家苏格拉底认为,运动能增强食欲和促进睡眠,故而是一种最好的健身方法。杰出的医学家希波克拉底也提到过体育运动的医疗保健作用。著名思想家柏拉图主张用体育来锻炼身体,用音乐来陶冶心灵,并把这看作构成理想教育模式的重要内容之一。博学多才的亚里士多德进一步指出智力的健全依赖于身体的健全[②]。另外,古希腊各城邦纷争频繁,同时又要时刻防范奴隶们的反抗,这就需要所有的公民都成为凭借健壮的身体和熟练的搏斗技能克敌制胜的战士。因此,体育运动所固有的健身功能便受到希腊奴隶主的重视,即使是休闲体育也强调锻炼出健美的体魄。

(二)注重道德价值与注重宣泄价值

我国体育文化中,道德被认为是最具价值的,这使得传统体育无一例外地被纳入了道德的节制之下。远在远古时代,神话中的身体活

---

① 王岗:《体育的文化真实》,北京体育大学出版社 2007 年版,第 28 页。

② 刘欣然等:《古希腊体育中的教育思想和实践》,《成都体育学院学报》2015 年第 2 期。

动就已经表现出比较强烈的道德倾向。例如射日、猎杀毒蛇猛兽的后羿，逐日竞走的夸父，化熊疏浚水道的大禹……无一不表现出舍身为民的大贤风格。古代部分运动以“仁、义、礼、智、信、温、良、恭、俭、让”作为胜利的标准，实际上成为了道德教化的手段。直到现在，这种道德教化演变成的“友谊第一，比赛第二”的信条仍然为人们所尊崇，也更强调人的内在品格、精神、道德的修养，以及通过休闲体育这种身体锻炼以外达内、由表及里，以形而下的身体有形活动来促成形而上的无形精神的升华。因此，中国文化注重的是休闲体育的道德价值，强调在体育中进行道德伦理的教育，开展休闲体育活动也多是借其形式达到教化人的目的。

同样是精神、心理层面的价值，西方休闲体育更注重其心理宣泄的价值。西方人在进行休闲体育活动的过程中偏爱采用宣泄的方式来释放内心的情绪，或通过狂热地观赏竞技运动比赛的方式把积聚的不良精神能量尽情地宣泄出去，或通过精疲力竭的身体活动使之发散一尽。因此，不少西方体育社会学家都将休闲体育比喻成社会的“安全阀”。弗洛伊德也认为，每个人都有一个不良精神能量的储存器，储存到一定程度后，人就会表现出侵犯行为。因此，为了减少侵犯行为，可以通过更积极的手段来使这种储存的能量释放出来，例如球赛、打拳、游泳等。可见，西方的休闲体育价值观非常注重休闲体育的宣泄功能。

（三）注重人际交往价值与注重个人实现价值

传统的农耕社会与血缘宗法制度使中国人形成了注重节制、追求和谐的文化性格。正如梁启超所说，“中国哲学专注重人与人的关系”，而“希腊及现代欧洲，专注重人与物的关系”。[①] 在传统观念影响下，中国休闲体育把协调人际关系放在了非常重要的位置，尤其是注重“家”的观念，要求以家庭的模式组织社会，实现“四海之内皆兄弟，天下一家”的理想境界，因此中国人非常注重在进行休闲体育

① 参见梁启超：《饮冰室合集 · 专集》第2册，中华书局2015年版。

活动的过程中实现其人际交往的价值。如当代的中国休闲体育,以家庭、朋友聚会结伴的组织形式为主,通过这种社会群体性的体育活动,满足人们人际交往的需要,培养及提升家庭成员间、朋友间的真挚感情。

与农耕文明不同,由于自然环境及生存条件的恶劣,古希腊的海洋文明从一开始就强调个人本位的原则,在休闲体育中也比较注重个人价值,强调在参与休闲体育的过程中对自己的运动技能、肌肉力量进行锻炼与展示,并以此来证明个体的存在与价值。比如,在西方的街头篮球场上,常常有独自运球全场飞奔连过数人、高难度传球、杂耍般扣篮、强打强攻、单打独斗的场景。甚至参与者还常常做出各种作秀表演,有奇特的打扮、发型、文身,每一点都似乎在向人们传达这样一个信息:“请记住我!我是与众不同的。”在西方人看来,运动场上的结果直接影响到做人的价值以及人本身的尊严。因此,体育包括休闲体育的首要任务是要完成自我实现的使命。

二、休闲体育审美观的比较

人之所以需要审美,是因为世界上存在着许多的东西,需要我们去取舍,找到适合我们需要的那部分,即美的事物。审美是人们对一切事物的美丑做出评判的一个过程,审美观念涉及人们认为什么样的审美对象是美的这一主观心理活动过程。审美观念是中西方休闲体育精神文化比较中非常重要但却尚未引起足够重视的参考系,与其他参考系(如价值取向、思维方式等)相比更具感性化、直观化的特点。

(一)休闲体育审美观念的差异

1. 形体美

休闲体育的一个重要目的就是练形。所谓形,就是身体,是相对于精神、心理、意识而言的感性肉体。[①] 在西方人眼中,体育这种休闲

① 林志刚:《关于武术与西方体育审美方式特征的比较研究》,山东师范大学 2002 年硕士学位论文。

方式形成的形体美是一种体格强壮、四肢发达、线条分明、阳刚硬朗的美，因此，西方人注重在严格的指导下对自己的身体进行一种形体上的“雕塑”，喜欢以健美、塑形为目的的运动休闲项目，从而获得结实的肌肉与刚硬的身体线条。因此，健硕的肉体、灵活而有力的臂膀、宽阔而厚实的胸膛、粗壮而发达的躯体、能跑又善跳的双腿，成为西方人眼中最美的事物。① 相比之下，中国的休闲体育文化不仅注重形体的阳刚美，还注重形体的阴柔美，强调的是一种阴阳调和之美，对于身体形态，中国人以体格匀称、四肢协调、线条柔和、刚柔相济为美，对发达的四肢、明显的肌肉线条不做过多要求。因此，在这样的一种形体审美观念下，中国人的休闲体育较少强调对身体形态的刻意追求，在享受休闲的过程中，只对身体肌肉进行适当的锻炼，并同时关注身体柔韧性与协调性的锻炼。

2. 动作美

从审美的角度看，运动中的动作美主要取决于完成动作的姿势、轨迹、时间、速度、力量、节奏等因素。② 从“更高、更快、更强”的奥林匹克格言中，我们可以看出，西方体育文化所体现的是对“速度”与“力量”的崇拜，所以其休闲体育文化必然也是以“速度”与“力量”作为评判动作美的基本标准。西方的审美观念认为，休闲体育追求的是一种拥有惊人速度、超人力量以及动感节奏的动作美。这与西方人喜欢的休闲体育项目多为训练速度、力量的器械类健身，以及动作激烈、比赛节奏强的篮球、橄榄球等项目有密切关系。相对而言，中国人由于长期受到“中庸之道”“不偏不倚，无过不及”以及“点到为止”等传统思想的影响，不强求达到“速度”与“力量”的极限，其追求的是一种快慢适宜、力道平和、节奏连贯的动作美。这就是中国人多选择散步、太极拳以及体育舞蹈等作为休闲体育项目的主要原因。

---

① 宋恒茂等：《审美追求：中西体育文化发展中的共同诉求》，《沈阳体育学院学报》2010 年第 4 期。

② 刘慕梧编著：《体育美学》，科学普及出版社 1992 年版，第 82—83 页。

3. 内在美

内在美体现的是一个人的思想品质与道德情操,不同的文化背景对内在美的内涵界定不同。西方文化哲学强调矛盾双方的对立、冲突、竞争,在竞争和相互否定中达到新的平衡,这样的哲学思想深刻地影响着西方的休闲体育文化。在西方人眼中,要通过休闲体育培养的内在美是一种勇敢对抗、顽强拼搏、永不言败的内心之美,所以西方的休闲体育常常带有竞技运动的色彩,在项目的选择上也以对抗性运动项目为主。而中国文化是一种伦理型文化,中国的休闲体育文化深受其影响,长期以来,中国人一直将休闲体育视作一种培养人遵从礼仪、修养、情操的手段,其强调的内在美是一种以重礼仪、重伦理、重道德为主要特征的内心之美。中国的休闲体育不关注对坚毅品质的追求,它关注的是在运动过程中遵从礼的规范,实现道德的升华,提倡的是"君子之争",中国最古老的休闲体育项目如射箭、角力等就被纳入了"礼"的范畴。①

4. 关系美

休闲体育中的关系美主要涉及人与人在休闲体育的交往过程中所形成的人际关系。西方文化是以斗争和战争为本位的,竞争是西方文化的灵魂。赫拉克利特曾说"斗争是万物之义,战争是万物之舟",西方文明在开始阶段就表现出了对现实功利的积极追求,讲究在公平的基础上与他人开展竞争,努力获得个人的最大利益和幸福。因此,这种竞争之美体现在休闲体育文化中,就是一种勇于竞争、敢于挑战、追求战胜对手的关系美。而中国文化提倡"礼之用,和为贵",因此,在休闲体育文化中,把协调人际关系放在首位,认为人与人之间应建立一种待人和睦、礼让有序、相处和谐的关系。这也是中国的休闲体育项目"轻竞技、重和谐"的原因。

表 10-1 总结了中西方休闲体育文化中审美观念的差异。

---

① 郭志禹:《论武术的整体思维与传统健身理论的有机结合》,《上海体育学院学报》1996 年第 1 期。

表 10-1　中西方休闲体育文化中审美观念的差异

	中国(汉族文化)	西方(古希腊文化)
形体美	体格匀称、四肢协调、线条柔和、刚柔相济之美	体格强壮、四肢发达、线条分明、阳刚硬朗之美
动作美	快慢适宜、力道平和、节奏连贯之美	惊人速度、超人力量、动感节奏之美
内在美	重礼仪、重伦理、重道德之美	勇敢对抗、顽强拼搏、永不言败之美
关系美	待人和睦、礼让有序、相处和谐之美	勇于竞争、敢于挑战、战胜对手之美

(二) 休闲体育审美观念的特征

1. 强调"形美"与强调"心美"

西方的休闲体育之美,是显示于外的"形美",强调体格健壮,注重对人体外形的称颂。亚里士多德曾描写道:"美丽对于一个青年人来说,是把身体训练得能经得住跑和大强度练习所产生的疲劳,同时还要体形健美。"①如新兴的健美运动,将人体的整体与局部的外形美淋漓尽致地展现出来;当前,风靡世界的健美操运动,就是西方追求和崇尚人体美外在表现力的又一例证。自古以来,中国的休闲体育就是一种注重修身养性、培养道德情操的礼数教育,这 过程主要是塑造人的品性,讲究的是含蓄、高尚的"心美",认为"形美"是初级的、肤浅的,而"心美"是高级的、深奥的,由"形美"到"心美"是由量的积累而来的质的飞跃。比如礼射的主要目的是"明君臣之义""明长幼之序"。

2. 强调"极限之美"与强调"中庸之美"

西方人把人体视为严格遵循自然法则运动的"身体机器",即将其作为一种客观的自然物来开发,在西方休闲体育中仍围绕速度、力量来开发这一自然躯体(人体)的潜能,追求用最快的速度和最大的力量

① 转引自林志刚:《关于武术与西方体育审美方式特征的比较研究》,山东师范大学 2002 年硕士学位论文。

运动,尽可能地达到自己的生理极限,并不断地朝着"更高、更快、更强"的方向发展,追求这种"极限之美"。而中国文化认为万物皆有度,凡事过犹不及,所以在休闲体育中不论是对于速度还是力量都讲究一种"中庸之美",如我国的太极拳讲究刚中有柔、柔中带刚,这种对速度与力量的度的准确把握体现的就是"中庸之美"。

3. 强调"竞争之美"与强调"和谐之美"

竞争是西方体育文化的灵魂和核心,在休闲体育中也是如此。西方人认为只有通过人与自然、人与人之间的竞争才能建立起新的平衡,获得新的发展,所以他们欣赏公平比赛、优胜劣汰的"竞争之美",主张发挥人的主体能动作用。而在中国,道家哲学对中国人的思想有着极其深刻的影响。老子说:"无名,万物之始也;有名,万物之母也。"把"无"看成了一切的来源,这种自然无为思想对中国人的思想价值观念的形成有着极其重要的影响,一种不争的观念逐渐在传统中国人的思想中确立起来。这种思想对于休闲体育文化也有着巨大的影响,诸多运动休闲项目大大弱化了运动过程中的竞争性。[①]中国的休闲体育文化看重的是人与自然、人与社会、人与人之间的"和谐之美"。

4. 追求"真"与"美"的统一与追求"善"与"美"的统一

西方的休闲体育追求"真"与"美"的统一,强调思维、理智和认识的作用,这与西方古典美学追求美的渊源是分不开的。在西方美学中,"只有真才是美,只有真可爱,真统治一切","一切虚构中的不折不扣的虚假,也只为使真格外显眼,只有把美和真融成一体,才能在审美中获得妙谛真知"。[②] 这就是西方休闲体育不断地强化对运动技术的分解与量化研究,将运动这种生命现象还原为一般的物理现象、化学现象来研究的原因。追求"善"与"美"的统一是中国休闲体育文化中审美观在人与人、人与社会关系上表现出来的重要特征。中国美

① 宋恒茂等:《审美追求:中西体育文化发展中的共同诉求》,《沈阳体育学院学报》2010年第4期。

② 〔法〕布瓦洛:《诗简》第九章,载北京大学哲学系美学教研室编:《西方美学家论美和美感》,商务印书馆1980年版,第81页。

学经常把审美同人的精神品质和道德情操联系在一起，认为真就包含在善之中，善必定同时是真，离善而求真是错误的，离善而求美也是得不到赞许的。

三、休闲体育教育思路的比较

“休闲本身是一种后天习得的行为、态度和意义。我们通过体验和选择的历史渐渐社会化并学会了休闲。”①因此，正如通过受教育而获得工作技能的人将有更好的人生前景一样，通过受教育而获得休闲能力的人能够感受到更多的快乐和幸福。休闲体育教育就是为了达到人们的休闲目标，以体育锻炼为手段，帮助人们掌握休闲体育知识、技能和技巧，使人们确立科学的休闲体育价值观，并有效地利用休闲时间提高休闲生活质量，促进个性全面发展的教育过程。② 而休闲体育教育思路则是指对休闲体育教学价值、内容、方法的认识和见解，对休闲体育教育起着方向指导的作用。不同的文化背景与教育体系，形成了不同的休闲体育教育思路。

（一）“身心共育”与“健康第一”

相传中国在尧舜时代就已有学校，当时的教育内容中就有射箭、乐舞等体育内容。但是，中国的体育教育思想认为，体育如果只是“对身体的教育”，是一种片面的身体训练，并不能真正促进人们的健康发展，而应将体育理解为“通过身体活动的教育”，即体育是通过身体的运动来教育人，以谋求教育目的的实现。所以，“首先应是培养人们的品格，其次才是发达人们的身体”③。中国的休闲体育教育主张通过身体的锻炼以外达内、由表及里，且高度重视对心理状态的训练，一切肢体活动与心要紧密结合，并服务于调心练意，强调的是“澄心如镜”“守志如一”，极少有单纯为了身体健康的休闲运动。同时，休闲体育教育既不是单为身体，也不是单为精神，而是要发展由教育活动培养

① 〔美〕约翰·凯利：《走向自由——休闲社会学新论》，赵冉译，云南人民出版社 2000 年版，第 74 页。

② 王必琪：《城市小学生休闲体育教育研究》，上海体育学院 2009 年博士学位论文。

③ 周登嵩主编：《学校体育学》，人民体育出版社 2004 年版，第 19 页。

出的人类的一切能力,实现"身心共育"的目标。

西方的古希腊非常注重培养具有健康体魄的人才。在雅典的教育体系中,体育有了一套成熟的体系。学校均为国立,儿童经过初级学校的教育,到13岁进入斗争学校,学习三年。小孩在这里学习游戏、舞蹈、作战、掷球、投枪、赛跑、射击、骑马、游泳、野营技巧等,主要是体育训练,目的是锻炼强健的体魄。这种全面和系统的教育是和古希腊的教育思想密切相关的,古希腊思想家柏拉图认为"幸福中最高的要素:第一为健康;第二为美;第三为体格的强壮与活泼"①。他的学生亚里士多德则认为,生命和世界都在运动,没有运动就没有时间、空间和物质。正是在这些观点的影响下,亚里士多德才能够客观地认识体育。他在雅典办学时,首先提出了对青年学生必须进行"智育、德育、体育"三方面的教育,认为"关心身体应该先于关心精神"。他明确地指出:"体力教育应该先于智力教育。"②由此,我们可以看出,以古希腊文化为主的西方休闲体育教育思路认为,休闲体育教育应该使人们掌握基本的运动技能,拥有强健的身体,实现"健康第一"的目标。

(二)"礼数教育"与"游戏教育"

中国文化是一种伦理型文化,长期以来,中国人一直将体育视作一种培养人遵从礼仪、修养、情操的手段,因而中国的休闲体育教育更类似于一种"礼数教育",教育人们在参与休闲体育的过程中要遵从礼的规范,实现道德的升华,提倡"君子之争"。例如,孔子本人力气很大,跑得也很快,还喜欢登山和渔猎,但他"不肯以力闻",强调以"仁"和"礼"为准绳,否定一切非仁、非礼的体育活动。孔子主张"射不主皮,为力不同科"。意思是射箭时不一定要射中靶子,因为射箭只是形式,主要目的是在射"礼"。大教育家蔡元培也认为体育能够培养学生的组织纪律性,通过体育活动中的规则和秩序,培养学生的道德自制

---

① 参见〔古希腊〕柏拉图:《理想国》,郭斌和、张竹明译,广西师范大学出版社1986年版,第28页。

② 〔古希腊〕亚里士多德:《政治学》,吴寿彭译,商务印书馆1965年版,第413页。

力，“养成自重急公的习惯”，培养学生“宁正直而败，毋诡诈而胜”的道德情操。

而古希腊的“游戏精神”则一直深刻地影响着西方主流教育思路，以至于西方的休闲体育教育将“游戏教育”作为其核心。美国教育家杜威认为，任何时代任何人，对于教育，尤其是对于幼年儿童的教育，无不在很大程度上依赖于游戏和娱乐。[①] 休闲体育是人的本性活动，西方休闲体育思想主张人们个性的自然发展，在教学方法上主张从人的天性和兴趣出发，到大自然的环境中去从事自己所爱好的各种活动，以发展个性。例如，19 世纪风行德国、瑞典的体操，被西方休闲体育教育思想看作违反人性的“非自然的”或“人工的”东西，该思想主张学校体育教育应尽量采用符合人本性的游戏、舞蹈、野外活动等休闲体育活动，认为这些自然的活动是体验社会生活的一种良好形式，同时学生也可以在这些“游戏”中发展自己的个性。

表 10-2 总结了中西休闲体育精神文化的不同。

表 10-2　休闲体育精神文化比较

	中国（汉族文化）	西方（古希腊文化）
价值观	注重娱乐价值、道德价值、人际交往价值	注重健身价值、宣泄价值、个人实现价值
审美观	强调“心美”“中庸之美”“和谐之美”，追求“善”与“美”的统一	强调“形美”“极限之美”“竞争之美”，追求“真”与“美”的统一
教育思路	身心共育、礼数教育	健康第一、游戏教育

总结而言，不同的文化体系对休闲体育有着不同的诠释，通过对中西休闲体育价值观、审美观以及教育思路这三个方面的比较，我们清楚地认识到中国传统文化影响下的休闲体育精神文化与古希腊文化影响下的休闲体育精神文化存在明显差异。正是这种差

① 〔美〕约翰·杜威：《学校与社会·明日之学校》，赵祥麟等译，人民教育出版社 1994 年版，第 277 页。

异让不同的休闲体育精神文化独具魅力，但是仅仅了解差异是远远不够的，如何去寻找这种差异的根源，是值得我们进一步深入研究的问题。

第三节 哲学视角下的休闲体育

一、哲学与休闲体育

哲学是古代精神的精华，也是民族精神的精华。它对人类任何的生产、生活行为都具有指导作用。休闲体育起源于人们对生活的美好追求，自产生之日起就与人们的日常生活息息相关。从哲学的角度去思考休闲体育是对其最根本的理解与诠释。

哲学作为一种关于世界观的学说，是对自然科学知识和人文科学知识的总结和概括，是“一切科学的科学”。从其本质意义上看，哲学是对人的生存问题最终极、最根本的思考，它可以为人在生存中所遇到的任何问题提供终极答案。因此，只有从哲学的角度去思考休闲体育，才能运用哲学的思维范式从根源上看到中国传统文化及古希腊文化影响下的休闲体育的差异，尤其是精神文化方面存在的差异，并且为寻求造成差异的终极答案提供一条有效的途径。

另外，在不断地寻找答案、解决问题的过程中，哲学也在不断地改变着它自己，从它关注的中心问题到哲学思维的范式都在改变着。随着哲学研究范式的改变，哲学对人类生活的质量和品质的影响也在发生着改变，而且哲学发展越来越接近人的生活。哲学影响人类生活的方方面面，对人类生活具有指导作用，其中也包含与生活息息相关的休闲体育。因此，中国传统文化及古希腊文化影响下的休闲体育之所以有着如此的差异，其根源应该是古代中国与古希腊哲学体系的差异。

二、休闲体育精神文化差异的哲学根源

从哲学的观点来看，所谓文化就是人与自然、人与世界全部复杂关系的总和。当然，也包括人对于自身的一些思考，如关于“人性”与“人生”的思考。因此，要分析休闲体育精神文化差异的哲学根源，就

必须以人与自然的关系——“天人关系”、个人与其他社会成员的关系——“人人关系”、人对自身的看法——“身心关系”以及人们“对人性的认识”和“对人生的定位”这五个方面作为研究主线(见图 10-3)。

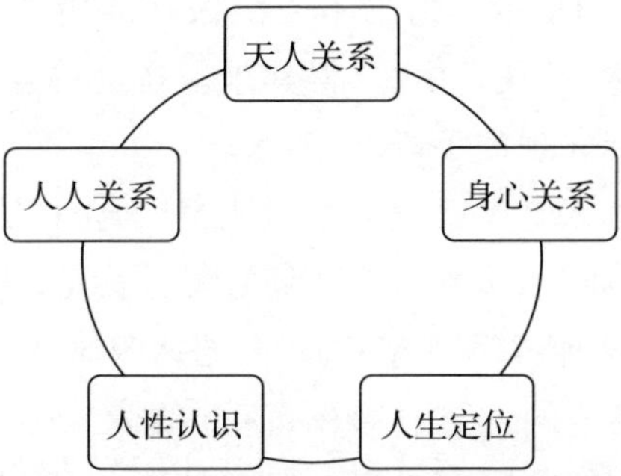

图 10-3　休闲体育精神文化差异的研究主线

(一)“天人合一”与“天人对立”：对“天人关系”认识的差异

传统文化影响下的中国哲学认为人的身体活动统一于天道,从而得出“天人合一”的认识规律,认为人与自然在本质上是同构的共生体,一切人事活动只有顺乎自然,遵循其运行规律,生命才能存在和健康发展。“天人合一”的哲学理念全方位地影响着中国文化,即中国文化是围绕着“天人关系”问题而发展其基本内容和论证方式的,追求天人之间的和谐统一是中国古人观察问题、思考问题和认识问题的出发点和归宿。在“天人合一”哲学思想的影响和熏陶下,中国的休闲体育逐渐形成了融养生健体、道德教育、娱乐竞技于一体的独特风格。[①] 首先,“天人合一”理念代表的是“天”与“人”之间的关系,因此,中国的休闲体育素以个人的身体养护和修炼为主,主要靠个体的修炼领悟来完成,目的是实现自身对“天”之规律的适应,而不借外力之功,更不是通过与人较力较量来实现,追求的是个体的修炼和升华,强调自身的苦练和个体顿悟能力的培养。其次,“天人合一”的观念解释了中国人休闲体育活动中出现的仿生性特征。如模仿山水的动作名称有“泰山压顶”“顺水推舟”等;模仿风云的动作名称有“来风复雨”“浮云起落”

---

① 司婷婷:《“天人合一”和“身心二元论”哲学思想对中西方体育影响的分析研究》,苏州大学 2009 年硕士学位论文。

等;模仿日月的动作名称有"日绕山尖""半月沉江"等;模仿动物的传统休闲体育项目有五禽戏、大雁功、猴拳、螳螂拳、蛇拳、鹰拳以及二十四式太极拳中的"白鹤亮翅"和"野马分鬃"等。这些表明人们在"天人合一"哲学思想的暗示下追求不受阶级社会中任何礼法的约束,在天地之中顺其自然、听任自由、自得其乐。在这一点上,休闲体育健身活动成为哲学目标实现的手段。

古希腊文化体系下的西方哲学则认为人与自然是对立的,是征服与被征服的关系,而"天人对立"的深刻寓意就是,人类必须有知识才能战胜"天"。在这种哲学观念下,西方的休闲体育就带着一种企图征服自然、与"天"竞争的气息。第一,西方的休闲体育更强调力量、对抗,追求发达的肌肉和超人的耐力。超越成为休闲体育中最大的乐趣,先是超越自我,超越他人,然后以超强的体格和体力征服自然,征服外界。对于自然,古希腊人没有"中国式"的模仿,他们那种超越的理想是对"天人对立"哲学观最好的诠释。第二,"天人对立"中人类必须有知识才能战胜"天"的哲学理念还体现在运用数学、物理、医学等学科知识去进一步地挖掘躯体潜能这一方面。用最快的速度和最大的力量运动,并遵循笛卡尔"物理的一切运动由物理定律决定"①,最终出现了那种以物理量的变化为表现形式和以物理量为最终成材标准的西方休闲体育,因此,西方的休闲体育成为了一种用身体改造来表现的文化。

(二)"和谐"与"竞争":对"人人关系"认识的差异

中国传统哲学观念重视集体与整体的力量,凡事"和为贵",人与人之间是种礼让、和谐的关系。所以中国的休闲体育把竞争与取胜看得很轻,注重的是在运动中人际关系的协调。中国的传统哲学实质上是一种保身、实用主义的哲学。其中最有代表性的是儒家学派的"中庸"思想。"中者,天下之正道,庸者,天下之定理。"这种"中庸"之道反映在体育领域人际关系的处理上,则主张"和",反对"争",主张清心寡欲、淡泊名利。与此对应,生活中产生了一系列格言,"树大招风"

---

① 参见〔英〕罗素:《西方哲学史》下卷,何兆武、李约瑟译,商务印书馆 1963 年版。

"枪打出头鸟""人怕出名猪怕壮"，这些都是中庸思想的体现。这些明哲保身的思想与那些讲求竞争、催人奋发、力求进取、令人热血沸腾追求胜利的体育场面，是格格不入的。[①] 中国的休闲体育即使是竞争，其竞争任务也不是争取胜利，而是要在竞争中遵从礼的规范，实现道德的升华。中国最古老的运动如射箭、角力等项目就被纳入了"礼"的范畴。中国传统体育的规则也不是针对该项目本身而定的公平竞争原则，而更多是从道德修养角度，主张竞技中的胜负无足轻重，提倡"君子之争"。[②]

古希腊文化影响下的西方哲学观重视个体的力量，强调对个体发展的尊重和宣扬，认为人与人之间应该严格遵守"个体为本，优胜劣汰"这一自然规律，在公平的基础上，通过竞争来实现自己的利益，人与人之间是相互冲突、相互竞争的关系。所以西方的哲学观总是带有很强的竞技色彩，除了与"天"争以外，还要不断地与其他社会成员竞争，努力获得最大的利益。西方这种哲学观孕育的西方休闲体育是一种以"竞争"为灵魂的休闲体育。这种"竞争"是人的力量、速度、耐力、灵敏、柔韧等身体素质和专门的运动技术及心理因素在极度发挥状态下的激烈对抗与冲突，参与者都竭尽全力追求"更高、更快、更强"。竞争对抗越激烈，生命潜能发挥越大，人的精神追求也越得到满足。这种体育并不把增强体质、提高健康水平作为最后的落脚点和最终的追求目标，而是人类自身的机体能力、意志品质等的一种证明过程，是一种以追求个体优越感为目的的活动。

（三）"形神合一"与"身心分离"：对"身心关系"认识的差异

中国传统哲学把生命的两个主要标志"形"与"神"视作一个整体，强调"形神合一"。范缜指出："形者神之质，神者形之用，是则形称其质，神言其用；形之与神，不得相异也。"[③]范缜认为精神现象是形

---

① 刘建刚、连桂红：《古代中国与西方哲学思想对体育的影响》，《山东体育学院学报》1995年第4期。

② 郭志禹：《论武术的整体思维与传统健身理论的有机结合》，《上海体育学院学报》1996年第1期。

③ 转引自（唐）姚思廉：《梁书》，中华书局1973年版，第665—666页。

体自身所固有的功能，形神不是两个不同的独立存在，而是一个统一体的两个方面。因此，中国的休闲体育主张通过身体锻炼来以外达内、由表及里，高度重视心理状态的训练，一切肢体活动与心要紧密结合，并服务于调心练意，强调的是“澄心如镜”“守志如一”，极少有单纯锻炼人体外形的休闲体育活动。由于注意内在世界的深化，在休闲体育文化的目的上，中国传统哲学便偏重内在人格的塑造。因而中国休闲体育的价值表现也是通过锻炼身体、培养道德以达到心灵的升华，最终不仅仅是为了“健”，还为了“寿”和“道”。可以说中国的休闲体育是一种“以心为本”的体育。这种“形神合一”的整体自然观与生命观在保健性、康复性的休闲体育活动中表现得尤为明显。① 在传统的气功、武术和养生活动中，随处可见整体生命观的影响。它强调的是人的生理和心理的统一，从而建立了性命双修、身心并育的整体优化生命的养生休闲体育体系。

而古希腊文化下的西方哲学身心观以“身心二元论”为认识基础，认为身与心是分离的，身体决定精神，主张既要发展身体，又要发展精神。而要发展精神，就要优先发展身体。在许多古希腊哲人看来，身体是第一位的，如柏拉图认为人应该以体操锻炼身体，以音乐陶冶心灵；尤维纳利斯认为健全的精神寓于健全的身体，肉体是灵魂活动的必要条件；等等。这些名言警句都表达了体育有助于培养健全身体的思想，旨在突出体育在身体发展中的作用。“身心分离”的哲学思想认为运动就是身体的活动，与思想的参与无关，即体育是对肉体部分的教育，将人的身体看作某种机械的物体进行研究、实验，最大限度地发挥出人体的运动能力。因此，在“身心分离”哲学思想的影响下，西方的休闲体育是一种“以身为本”的体育，类似于一种技能教育，强调的是其对身体发展的作用。另外，“身心分离”的哲学思想还衍生出了“肉体是机器”的人体观，对肉体的开发要借助物理学和化学的科学研究，运用机械力学的原理去考察人体运动，把人体看成服从于机械运动规律的物体。如西方休闲体育运动过程中常用的运动量、强度、密

---

① 王磊：《中国民族传统体育与西方体育的文化理念比较研究》，山东大学 2008 年硕士学位论文。

度、负荷、频率、速率、节奏、幅度、力量、弹性等都是物理学概念。

（四）“人性本善”与“人性本恶”：对人性认识的差异

在春秋战国时期，中国哲学家对人性认知的总体趋向为人性本善。如家喻户晓的《三字经》，起首四句就是：“人之初，性本善。性相近，习相远。”在这四句话中，后两句为孔子原话，前两句则是孟子的思想。这四句话几乎注入了每个中国人的血液，“人性本善”近乎成了中国人从小就信奉的真理。既然认为“人性本善”，那么人生的全部要义就在于“扬善”。既然善是人之本性，那么“扬善”则无须外求于他人，外求于社会，而应内求于自己，即借助自觉的修身养性即可。正是源于这种“人性本善”的认识，中国休闲体育形成了只注重个人自身锻炼、不借助外力、不与人竞争的特性。因此，中国的休闲体育具有明显的个性化特征，没有具体的规则限定，所倡导的是通过身体有形的外在活动来延年益寿，实现对人生、人性的顿悟，以达成“扬善”的终极目标。

而古希腊哲学家在人性善恶问题上的观点总体趋向于人性本恶。苏格拉底认为智慧是唯一的善，无知是唯一的恶。人生而无知，因此，人性本恶。柏拉图说：凡进入存在者，定要腐败。这一说法，具有明显的人性恶的倾向。亚里士多德认为，人更近于野兽而远离神灵，多数人生而愚昧、懒惰、贪婪、残忍，这具有明显的人性恶的倾向。既然认为人性本恶，生来有罪，那么人生的全部要义就在于抑恶，就在于赎罪。抑恶赎罪的途径自然不能内求，而应在本我之外寻求，即外求。正因为如此，深信人性本恶的西方人以规则作为对人性进行制约、监督的外在武器。西方大多数体育项目甚至是休闲体育项目都对规则、场地、器材做出了严格的规定，以求在这种严格规则的限制下，实现公平与公正，实现对人性的“赎罪”。

（五）“理想人格”与“利益竞争”：对人生定位的差异

中国人的人生定位可以用一句话来概括，即“修身、齐家、治国、平天下”。修身、齐家、治国、平天下，主体相同，而主体对客体的作用对象不同。“修身、齐家、治国、平天下”都要求主体做一个“仁、义、礼、智、信”皆具备的完人、贤人，时时、处处、事事以仁为思想的核心，以义为道德的准绳，以礼为行为的规范，以智为认知的手段，以信为最终的目标。① 在这样的人生定位的影响下，中国的休闲体育强调对道德品性的培养，注重由形而下的身体有形活动来促成形而上的无形精神的升华，从而实现对理想人格的塑造。

而西方人的人生定位与中国人的则截然不同。西方哲学观认为，人生而有罪，而赎罪的途径就是做事，所做的事既要有益于自己，也不能有害于别人、有弊于社会，至于这个具体的事是什么事，则因人而异、不求统一。而即使与别人做的是相同的事，也要比别人做得更好。因此，西方人的人生定位强调"利"与"竞"，即尊重个人的正当利益，认为个人应当在与他人的公平竞争中取胜，从而实现自己的人生价值。在此影响下，西方的休闲体育也带有"利"与"竞"的色彩，休闲体育这种"做事"方式也需要参与者通过与他人的公平竞争来实现自己的利益，并以此来进一步实现自己的人生价值。从表 10-3 中，可以更直观地感受到中国和西方休闲体育精神文化差异的哲学根源。

表 10-3　休闲体育精神文化差异的哲学根源

	中国哲学(汉族文化)	西方哲学(古希腊文化)
天人关系	天人合一	天人对立
人人关系	和谐	竞争
身心关系	形神合一	身心分离
人性认识	人性本善	人性本恶
人生定位	理想人格	利益竞争

总结而言，哲学的思考方式不仅为寻求中国传统文化及古希腊文化影响下的休闲体育的差异提供了参考，更为寻求精神文化方面的差异的终极答案提供了一条有效途径，而且哲学体系的差别本身也是造成这种的差异的根源。本节以"天人关系""人人关系""身心关系""对人性的认识""对人生的定位"这几个哲学范畴作为研究主线，对

① 石建社：《中西方的文化认知差异及对社会发展的影响》，《山西财经大学学报(高等教育版)》2005 年第 1 期。

古代中国哲学体系与古希腊哲学体系进行了比较，分析出休闲体育文化尤其是休闲体育精神文化差异的哲学根源，从而加深了我们对不同文化背景下休闲体育各自特点及差异的理解。

第四节　休闲体育精神文化的交流与融合

一、休闲体育精神文化面临的机遇与挑战

以汉族文化为代表的中华民族休闲体育与以古希腊文化为源头的西方休闲体育在各自的文化圈形成了不同的文化特征与表现形态，它们的发展过程中，都存在对外来文化的吸收。这个过程逐渐从表层的项目交流深入精神文化层次的全面交流，对现代休闲体育和未来休闲体育的发展都会产生重要的影响。

由于西方发达国家在经济领域的巨大优势，今日的全球化在相当程度上已表现为西方化，中国的民族文化出现了发展危机。但是，随着全球化进程的加快，在日益增长的西方文化压力的作用下，中国人的民族意识和对自己传统文化的认同感也得到了强化，不同特征的文化在发展的同时面临着机遇与挑战。英国历史学家汤因比认为，只有当中国文明的精髓引导人类文化前进时，世界历史才找到它真正的归宿。这使得世界目光由仅关注西方，转变为既注意西方又观察东方。在这种情况下，国际跨文化的相互了解和理解日渐重要，而休闲体育作为民族文化的载体，是实现跨文化交流的良好工具。在这个机遇与挑战并存的时代，我们唯有把握住各自休闲体育文化中精神文化的核心部分，借鉴异质文化中的可取之处，扬长避短，抵制单一的文化扩张，加强各民族间的文化沟通，实现休闲体育精神文化的交流与融合，构建一个多元而和谐的世界休闲体育文化体系，才能使世界上大多数国家获得利益，这也是人类社会长远利益之所在。

二、休闲体育精神文化的交流与融合

（一）“以心为本”与“以身为本”的融合

中国的休闲体育是一种“以心为本”的体育，强调人的生理和心理

的统一，从而建立了性命双修、身心并育的整体生命观的休闲体育体系。相对而言，古希腊文化影响下的休闲体育是一种“以身为本”的体育，仅仅强调休闲体育对身体发展的作用，是一种强身健体、身心分离的具有局部健身观的休闲体育体系。“以心为本”的整体观是中国文化“大一统”倾向的表现形式，其目的是实现人的全面发展，相对于“以身为本”的局部观念，它更适合当代社会发展的需要。“以身为本”强调对身体技术及技能的锻炼，容易忽视对休闲体育精神的心灵解读，使人盲目地追求与信仰身体速度与力量的强大，而忘记休闲体育的本质是追求心灵的“畅”，使人沦为自己身体的“奴隶”。因此，“以心为本”更能完整地诠释休闲体育的本质。但是，我们同样不能忽视“以心为本”所带来了一些弊端，如过分地追求心灵体验，休闲体育会仅表现出“静”的特征，而远离了休闲体育基本的实现方式——“动”，这也是有悖于休闲体育精神的，只有牢牢把握休闲体育精神的本质追求，通过“动静结合”，实现“以心为本”与“以身为本”的有效融合，休闲体育才能走上一条坚持初衷、健康发展的道路。

（二）“和谐”与“竞争”的融合

中国哲学“天人合一”的理想使“和谐”成为中国休闲体育的主旋律，这种“和谐”不仅表现在身心发展的和谐上，还表现在人际关系的和谐上，中国的休闲体育处处以“礼”为先，以“和”为贵，从原则上讲是排斥“竞争”的，因此，中国的休闲体育呈现出“重和谐，轻竞技”的特征。古希腊文化的“天人对立”则完全相反，“竞争”成为西方休闲体育文化的突出特征，竞争性强的项目成了休闲体育的主要形式。当今休闲体育的发展，“和谐”与“竞争”各有利弊，我们必须辩证看待。正如《西洋体育史》一书的作者哈肯·史密斯认为的那样：儒家学说强调理想的德性，重视默想、自制、安静的价值，排斥竞争运动和户外运动，与推崇感性生命、宣泄生命活力、尚力竞争的体育精神相抵触，致使群众性体育运动未能在古代中国生存和发展。[①] 只讲“和谐”不求

① 转引自杨弢、姜付高：《中西方体育文化比较》，社会科学文献出版社 2008 年版，第 121 页。

“竞争”的休闲体育，满足不了人们宣泄内心情感的需要，也使体育失去了其本身具有的独特魅力。但“永远争第一，争取超过别人”的竞争精神，常常导致身体的透支，人际关系的破裂，个人或社会道德的衰败，反而会对人的身心健康造成消极影响。因此，休闲体育中的“和谐”与“竞争”必须相互补充，从而实现有效融合。

（三）“分散”与“规则”的融合

“分散性”与“规则性”是中国休闲体育与西方休闲体育的一个明显区别。中国的休闲体育注重个人身体的养护与修炼，强调自身的苦练和个体顿悟能力的培养，再加上“人性本善”的人性认识，认为“扬善”不需借助外力，仅凭个人的自觉即可，因此中国的休闲体育具有明显的个性化特征，对于休闲体育的方式、方法没有具体严格的规定，不讲求规则，具有相对分散的特征。而西方哲学“人性本恶”的人性认识，认为“赎罪”就需要外力的约束，因此，西方的休闲体育运动重视严格而准确的检验标准，尊重规则，强调通过规则对人性之“恶”进行约束。“分散性”的休闲体育更尊重个人的选择，能激发人们的创造力与参与热情。同样，正是由于这种个性化特征，“分散性”的休闲体育缺乏统一标准，推广难度大，这也是具有中国民族特色的休闲体育在世界范围内影响力较小的原因之一。相对而言，“规则性”的休闲体育更适合当今社会的发展，因为“规则”意味着统一标准，意味着公平竞争。在这种规则制约下的休闲体育中，人们社会地位、收入水平和认知的差距消失了，心理距离也缩短了。严格的规则，积极的竞争，以及公平的执法，正是现代体育的基本精神。但是休闲体育毕竟不是竞技体育，过多的规则约束会降低休闲特有的乐趣，只有实现“分散性”和“规则性”的有效融合，休闲体育才能具有更强的吸引力，休闲体育项目才能得到人们的喜爱。

（四）“经验”与“科学”的融合

中国休闲体育的“经验性”更为突出。心身结合的内向性锻炼是中国休闲体育的基本内容，内在的生理与心理变化是锻炼的根本目的，而这些变化是隐含的和依赖于个人的感知的，因而在自我锻炼的过程中，每一个锻炼阶段的完成状况都需要锻炼者自身对照书籍或师傅的经验进行自我评价，如太极、武术等都是把“内在体验”作为标准，精气神的转化程度、人体力的蓄积与运用水平，都是凭借自我体验循序渐进。[①] 而西方的休闲体育更具有“科学性”的特征，所有的项目都需要一定的速度、力量和各种专门技巧，各个项目的区分也相当严格，尽量采用科学的量化来检验运动成绩，如速度、长度、高度和准确度等。注重“经验”的中国休闲体育，由于缺乏准确的描述与量化的数据，因此不易流传，这也是众多具有中国民族特色的休闲体育项目逐渐失传的原因。而过度地强调“科学”，则容易导致对身体速度、力量等物理数据的片面追求，忽视休闲体育对个人品质、道德的培养，因为这些数据是无法用“科学”的方式进行测量的，只能靠“经验”来加以评判。所以，“经验”与“科学”都有可取之处，休闲体育在未来的发展中必须协调好两者的关系，使两者在相互的对比和融合中发挥最大的作用。

总结而言，休闲体育作为民族文化的载体，是实现跨文化交流的良好工具。在这个机遇与挑战并存的时代，我们必须把握住不同休闲体育文化中精神文化的核心部分，并充分借鉴异质文化中的可取之处，扬长避短，从而实现中西休闲体育精神文化的交流与融合，构建一个多元而和谐的世界休闲体育文化体系。以汉族文化为代表的中华民族休闲体育与以古希腊文化为源头的西方休闲体育在各自的文化圈形成了不同的文化特征与表现形态，“以心为本”与“以身为本”、“和谐”与“竞争”、“分散”与“规则”以及“经验”与“科学”的相互补充，是实现两种休闲体育精神文化交流与融合的关键所在。

推荐阅读

1.〔美〕托马斯·古德尔、杰弗瑞·戈比：《人类思想史中的休闲》，成素梅等译，云南人民出版社 1999 年版。

2.〔美〕杰弗瑞·戈比：《你生命中的休闲》，康筝译，云南人民出版社 2000 年版。

---

① 李鸿江主编：《中国传统体育导论》，中国书籍出版社 2000 年版，第 41 页。

3. 卢锋主编:《休闲体育学》,人民体育出版社2005年版。

4. 杨弢、姜付高:《中西方体育文化比较》,社会科学文献出版社2008年版。

5. 王岗:《体育的文化真实》,北京体育大学出版社2007年版。

6. 刘慕梧编著:《体育美学》,科学普及出版社1992年版。

7. 潘知常:《中西比较美学论稿》,百花洲文艺出版社2000年版。

8. 〔美〕约翰·凯利:《走向自由——休闲社会学新论》,赵冉译,云南人民出版社2000年版。

9. 〔英〕罗素:《西方哲学史》上、下卷,何兆武、李约瑟译,商务印书馆1963年版。

10. 李鸿江主编:《中国传统体育导论》,中国书籍出版社2000年版。

11. 于涛等:《体育哲学研究》,北京体育大学出版社2009年版。

第十一章　从“钱”看休闲体育：经济学的视角

西方发达国家的历史表明，休闲与经济密不可分。一方面，生产力水平提高，人们有了闲暇时间，经济增长使“休闲”成为可能；另一方面，休闲可以关联到娱乐、消费，新消费需求促进了经济的进一步增长，正是这种消费的“再创造性”使得休闲变成一种新的社会经济形式。

2010 年 3 月 24 日，国务院办公厅公布了《关于加快发展体育产业的指导意见》，这是国家第一次从产业角度确认体育产业发展规划，为体育产业发展定下基调。国家领导人曾不止一次在公开场合表达了要振兴我国体育产业的决心，在自上而下的政策推动下，我国体育产业将迎来高速发展的黄金时期，可以说体育产业是一个待开发的“金矿”。随着体育作为一种生活方式的观念被越来越多的人接受，休闲体育更是成为一种时尚，逐渐形成了休闲体育经济。

健身休闲产业是体育产业的重要组成部分，是以体育运动为载体、以参与体验为主要形式、以促进身心健康为目的，向大众提供相关产品和服务的一系列经济活动，涵盖健身服务、设施建设、器材装备制造等业态。当前，我国已全面建成小康社会，人民群众多样化体育需求日益增长，消费方式逐渐从实物型消费向参与型消费转变，健身休闲产业面临重大发展机遇。但目前健身休闲产业总体规模不大、产业结构失衡，还存在有效供给不足、大众消费激发不够、基础设施建设滞后、器材装备制造落后、体制机制不活等问题。加快发展健身休闲产业是推动体育产业向纵深发展的强劲引擎，是增强人民体质、实现全民健身和全民健康深度融合的必然要求，是建设"健康中国"的重要内容，对挖掘和释放消费潜力、保障和改善民生、培育新的经济增长点、增强经济增长新动能具有重要意义。2016 年 10 月，国务院办公厅印发了《关于加快发展健身休闲产业的指导意见》，提出到 2025 年，基本形成布局合理、功能完善、门类齐全的健身休闲产业发展格局，市场机制日益完善，消费需求愈加旺盛，产业环境不断优化，产业结构日趋合理，产品和服务供给更加丰富，服务质量和水平明显提高，同其他产业融合发展更为紧密，健身休闲产业总规模达到 3 万亿元。

本章将从经济学的视角，剖析我国的休闲体育经济和休闲体育产业，借鉴发达国家休闲体育经济的发展经验，观察我国休闲体育市场，根据我国休闲体育经济的特点找到未来发展的方向。

第一节　休闲体育经济概述

一、经济学的视角

近年来，休闲与经济的关系越来越紧密，其经济意义日益显著。根据《中华人民共和国 2020 年国民经济和社会发展统计公报》初步核算，2020 年，中国的 GDP 约为 1015986 亿元，城镇居民人均可支配收入 43834 元，比上年增长 3.5%，扣除价格因素，实际增长 1.2%。其中，城镇居民人均可支配收入中位数 40378 元，增长2.9%；农村居民人均可支配收入中位数 15204 元，增长 5.7%。2020 年，全国居民人均消费支出 21210 元，其中，城镇居民人均消费支出 27007 元，农村居民人均消费支出 13713 元。[①] 一些发达地区已经达到了富裕城市的行列，例

---

① 国家统计局：《中华人民共和国 2020 年国民经济和社会发展统计公报》，2021 年 2 月 28 日，http://www.stats.gov.cn/tjsj/zxfb/202102/t20210227_1814154.html，访问时间：2023 年 2 月 22 日。

如北京市,2020年,北京市居民人均可支配收入为69434元,比上年增长2.5%。随着收入的增加,人们在健康和精神方面的消费支出显著提高,运动休闲市场发展迅速。随着休闲的普及,休闲消费将转变成经济发展的重要力量。此时系统地进行休闲生活方式的梳理和研究,具有前瞻性的经济价值。

就休闲经济的发展来看,运用经济学理论分析休闲体育的发展具有理论和现实的双重意义。经济学研究现代市场经济下的选择或资源配置问题,人类社会的资源总是有限的,始终面临着资源稀缺性的问题,因此必须回答用既定的资源生产什么、如何生产和为谁生产这三个基本问题。经济学产生于稀缺性,它要解决的是任何一个国家和个人都面临的选择或资源配置问题,因此,经济学是一门与我们每个人都密切相关的科学。① 经济学并不直接告诉人们如何进行资源配置,它所提供的是一套解决问题的工具和方法。约翰·凯恩斯说:"经济学理论并没有提供一套立即可用的完整结论。它不是一种教条,只是一种方法、一种心灵的器官、一种思维的技巧,帮助拥有它的人得出正确结论。"②

从经济现象来看,已有研究表明,随着社会整体的发展,国家政治体制的发展,社会和谐稳定的产生,经济发展水平的提高,人类的需求就不仅仅是对于安全和温饱的需求,而会出现更多的跳跃,产生更高层次的需求,这些需求就包含了大量闲暇休闲活动。人本主义心理学家马斯洛提出的需要层次理论系统地阐述了人类需求的规律,即,人类的多种需要可归纳为五类——生理需要、安全需要、社交需要、尊重需要和自我实现需要,这些需要按照其重要程度和发生发展的先后顺序形成五个层次。人的需要像阶梯一样从低级到高级逐级上升,低层次的需求满足以后就会产生更高一级的需求。一个国家多数人的需要层次结构,同这个国家的经济发展水平、文化和人民的受教育程度直接相关。在不发达的国家,生理和安全需要占主导的人占总人数的比例比较大,而高级别需要占主导的人占总人数的比例

---

① 梁小民:《经济学是什么》,北京大学出版社2001年版,第5页。

② 同上书,第1页。

比较小；发达国家刚好相反。美国心理学家戴维斯曾就美国的情况做过研究，如表11-1所示：

表11-1　美国工人需要结构的变化[①]

收入变化及需求种类权重	1935年(%)	1995年(%)
生理需要	35	5
安全需要	45	15
社交需要	10	24
尊重需要	7	30
自我实现需要	3	26

这一部分的研究将会从经济学的视角将休闲体育作为一种经济活动进行分析，考察经济交易中上游的生产者供给和下游的消费者需求的不同选择的原因和休闲体育市场的整体走向。同时借助供给理论、需求理论进行分析，从多个视角来探索休闲体育的发展规律，加深人们的认识，为体育管理决策提供依据。

二、休闲体育产业

著名经济学家于光远在《论普遍有闲的社会》一文中，阐述了闲、休闲活动、休闲产业的内在关系：闲是生产的根本目的之一，休闲时间的增加与人类文明的发展是同步的。休闲需求大量出现，活动的另一方——休闲供给，就会形成休闲产业。[②]

休闲体育产业的形成，也经历了一般市场的形成历程，即首先出现孕育休闲体育的土壤——以闲暇时间和金钱为基础的休闲体育需求。需求的产生促成了休闲体育供给市场的出现。从第一家提供休闲服务的商家的出现，到供给相同或者相似产品或服务的企业的激增，再到各种商家的汇集、产业集聚，休闲产业市场也逐渐成形。如

① 转引自蒋雪湘、胡久刚：《基于马斯洛需求层次论对企业员工激励的探讨》，《湖南师范大学教育科学学报》2008年第5期。

② 于光远：《论普遍有闲的社会》，《自然辩证法研究》2002年第1期。

今,休闲体育在发达国家已经逐渐发展成熟,为国民经济贡献了自己的力量。同时,随着经济的不断发展,根据杜森贝利的理论,消费者易于随收入的提高而增加消费,但不易随收入的降低而减少消费,以致产生有正截距的短期消费函数,这种特点被称为"棘轮效应",即上去容易下来难。杜森贝利短期消费函数之所以有正截距,是由于消费者当期消费不能摆脱过去的消费习惯,从而使当期消费决定于当期收入及过去的消费支出水平。① 有了这样的认识基础,将其运用于经济活动中,我们就不难解释消费者的消费行为——随着经济的不断发展,休闲体育经历了一个从无到有、从有到多、从多到精的过程。同时,经济的进步促进科学的发展和社会生产力的提高。在未来,消费者对于休闲体育的需求必然会不断增强,休闲体育会在社会生活中扮演越来越重要的角色。我们有理由相信休闲体育产业的发展壮大势不可挡。

20 世纪 90 年代中期,澳大利亚体育与休闲委员会下属的数据委员会经过两年研究,向澳大利亚统计局提交了《澳大利亚体育与休闲产业统计框架》,从而界定了"体育与休闲产业"这一产业分类,将其分为主体产业和相关产业。休闲体育产业这个概念的提出,其实是一个观察角度的问题,即不是从企业供给方面谈问题,而是从市场需求方面,从"顾客能获得什么"这样的视角观察问题并得出结论,力求给予顾客最佳的"个人体验"以博取市场。澳大利亚体育与休闲主体产业包括有组织的体育、主动休闲运动、娱乐与被动休闲、博彩、体育与休闲服务;体育与休闲相关产业则包括建筑业、零售贸易、批发贸易、制造业、金融业、文化服务业、农业、畜牧业与渔业。

参照国外发达国家对休闲体育产业的定义以及我国《文化及相关产业分类》标准,休闲体育产业可以被界定为:社会各部门提供的与休闲体育活动有关的一切产品和服务,以及与这些产品和服务相关的所有的经营活动的总和。②

---

① 参见高鸿业:《西方经济学(宏观部分)(第 5 版)》,中国人民大学出版社 2011 年版。

② 崔冬冬等:《浅析休闲体育产业的概念和功能》,《新西部(下半月)》2010 年第 3 期。

三、休闲体育经济

休闲体育经济是指与人们的休闲体育生活、休闲体育行为、休闲体育需求(物质的、精神的)密切相关的领域,尤指以体育制造业、体育旅游业、体育娱乐业和体育服装业为主的经济形态和产业系统。[①] 总的来说,所有与休闲体育相关的产业都是休闲体育产业,其含义非常广泛。休闲体育市场不但是体育市场的一部分,而且与体育市场的概念也有很多重叠的地方。胡爱木认为我国的体育市场可以分为体育健身娱乐市场、体育竞赛表演市场、体育人才市场、体育培训服务市场、体育金融保险市场、体育信息市场和体育用品市场等。[②] 以上各个方面都有休闲体育市场的成分。甚至从某种意义上说,竞技体育也与休闲活动密切相关,因为从观众的角度讲,他们能够从观赏竞赛中获得娱乐和享受。[③] 因此,休闲体育经济所涵盖的范围十分广泛,横跨国民经济的各个层次。

四、休闲体育经济价值的衡量体系

虽然休闲体育在经济社会中的作用越来越明显,但是对休闲体育的界定却一直没有一个共识性的定论,这也导致在衡量休闲体育对于经济的推动作用大小上容易出现偏差。尤其在对休闲体育的分类和统计上,各国、各地区分类和统计标准不同,容易造成比较数据的差异和偏差。

休闲体育对于经济的作用,在很多国家已经得到量化。但是,由于统计口径的不同,各个国家和地区之间的统计数据存在较大差距。这也是在对休闲体育与经济关系的比较研究中发现的最大问题。在此,我们不对各国界定准确与否进行探讨,只希望从对各国休闲体育经济发展现状的比较中学习经验,进一步促进我国休闲体

① 石振国、孙冰川:《近年来我国休闲体育领域的研究成果评述》,《山东体育学院学报》2008 年第 1 期。

② 曹可强、胡爱本:《我国体育市场开发对策研究》,《天津体育学院学报》2000 年第 4 期。

③ 付卫国:《论我国休闲体育产业市场的可持续发展》,《中国商贸》2010 年第 6 期。

育经济的发展。

在我国,对体育产业的分类也经历了多次变化。2008 年 6 月 18 日,国家统计局和国家体育总局正式公布了《体育及相关产业分类(试行)》,这是我国体育行业首个具有约束力的国家统计标准,也是继旅游、文化和海洋等产业后,第三产业部门出台的又一个重要的国家统计标准。

2014 年国务院公布《关于加快发展体育产业促进体育消费的若干意见》提到,要将促进体育消费、发展体育产业纳入国民经济和社会发展规划,建立多个部门合作的体育产业发展工作协调机制。在《意见》的指导下,结合我国基本国情和体育产业的发展现状,国家体育总局分别于 2015 年和 2019 年颁布了《国家体育产业统计分类》和《体育产业统计分类(2019)》,进一步为科学界定体育产业边界提供了理论依据,有助于逐步完善我国体育产业统计分类。

《体育产业统计分类(2019)》(以下简称《分类》)结合国内外体育及相关产业理论和实践经验,并以体育管理部门关于体育及相关产业的政策及改革思路为指导,以我国现阶段体育产业发展状况和发展方向为依据,以国民经济行业分类为基础,以活动的同质性和体育自身特征为原则,从统计工作的角度出发,将体育产业的概念界定为"为社会提供各种体育产品(货物和服务)和体育相关产品的生产活动的集合"。该标准根据其概念和活动范围,将体育产业划分为 3 个层次,11 个大类,具体包括:体育管理活动;体育竞赛表演活动;体育健身休闲活动;体育场地和设施管理;体育经纪与代理、广告与会展、表演与设计服务;体育教育与培训;体育传媒与信息服务;其他体育服务;体育用品及相关产品制造;体育用品及相关产品销售、出租与贸易代理;体育场地设施建设。《分类》还将这 11 个大类进一步细分为 31 个中类,71 个小类。

休闲体育在国外的发展早于国内。受到宏观经济背景的影响,西方发达国家的休闲体育发展得比较早,现在已经趋向成熟。下文将选取几个国家和地区进行案例研究,探析休闲体育发展的地域区别。

第二节　我国体育产业发展概述

最近几年，我国体育产业快速发展，在国民经济中扮演的角色愈发重要，也为我国经济实现升级和转型提供了重要的支持。目前，我国已经形成了体育竞赛表演业、体育健身休闲业、体育教育与培训业、体育传媒与信息服务业、体育用品业等多元业态同步发展的体育产业体系。但与此同时，我国体育产业仍然存在结构发展不均衡的现象，主要体现在区域产业结构趋同、核心产业发展滞后、有效供需严重不足、产业关联效应不强、区域布局失调、产业附加值低、体育用品层次及标准化程度低等。导致以上现象的原因不胜枚举，最核心的原因是中国体育产业不平衡的问题，这是中国现代化过程中无法规避的一个问题。因此，不平衡的问题不是通过简单的结构调整、转换就能解决的，该问题会伴随中国体制不断完善逐步破解。

一、中国体育产业规模概述

（一）中国体育产业规模历年情况

《体育产业发展“十三五”规划》称，目前我国体育产业初步形成了以竞赛表演和健身休闲为驱动，体育用品为支撑，体育场馆、体育培训、体育中介、体育传媒等业态快速发展的良好态势。[①] 近年来，国家大力支持体育产业的发展。《体育产业发展“十三五”规划》中指出，到2020年，产业总量进一步增长，中国体育产业总规模要超过3万亿元，从业人员数超过600万人，产业增加值在国内生产总值中的比重达1.0%；产业体系进一步完善，体育服务业增加值占比超过30%；产业基础进一步夯实，体育消费额占人均居民可支配收入比例超过2.5%。

经国家统计局核算，2016年，国家体育产业总规模（总产出）为1.9万亿元，增加值为6474.8亿元，占同期国内生产总值的比重为

① 国家体育总局：《体育产业发展“十三五”规划》，2016年5月5日，https://www.sport.gov.cn/n10503/c722960/content.html，访问时间：2022年12月14日。

0.9%。体育产业总产出比2015年增长了11.1%,增加值增长了17.8%。[①] 数据显示,2012—2016年我国体育行业产值和增加值都在不断增长,五年年均复合增长率分别为18.94%和19.87%,增长十分迅速。[②]

经国家统计局核算,2017年,全国体育产业总规模(总产出)为2.2万亿元,增加值为7811亿元。从名义增长看,总产出比2016年增长15.7%,增加值增长了20.6%。[③]

经国家统计局核算,2018年,全国体育产业总规模(总产出)为26579亿元,增加值为10078亿元;总规模与上一年度相比名义增长20.88%,增加值比上一年度名义增长29.02%;体育产业增加值占国内生产总值的比重为1.1%。[④]

经国家统计局核算,2019年,全国体育产业总规模(总产出)为29483亿元,增加值为11248亿元。从名义增长看,总产出比2018年增长10.9%,增加值增长11.6%。[⑤]

总体来看,2016—2019年体育产业总量、增加值和增长率都在稳步快速上升,2019年在增长速度上略有下降,但整体来看体育产业总规模及增加值仍处平稳上升态势。

2016年至2019年,我国体育产业总产值增长迅速,无论产业总量,还是增长率与增加值,都有了快速的提高。2019年,全国体育产业

---

① 国家统计局、国家体育总局:《2016年国家体育产业总规模与增加值数据公告》,2018年1月13日,http://www.stats.gov.cn/tjsj/zxfb/201801/t20180113_1573014.html,访问时间:2022年12月14日。

② 中商产业研究院:《2018年中国体育产业市场前景研究报告》,2018年7月3日,https://wk.askci.com/details/1043/,访问时间:2022年12月13日。

③ 国家统计局、国家体育总局:《2017年全国体育产业总规模与增加值数据公告》,2019年1月8日,http://www.gov.cn/xinwen/2019-01/09/content_5356052.htm,访问时间:2022年12月13日。

④ 国家统计局、国家体育总局:《2018年全国体育产业总规模和增加值数据公告》,2020年1月20日,https://www.sport.gov.cn/n315/n329/c941611/content.html,访问时间:2022年12月13日。

⑤ 国家统计局、国家体育总局:《2019年全国体育产业总规模与增加值数据公告》,2020年12月31日,http://www.stats.gov.cn/tjsj/zxfb/202012/t20201231_1811943.html,访问时间:2022年12月13日。

在增长速度上虽有所回落，但产业总规模和增加值仍保持着稳定的上升态势，具体见图 11-1：

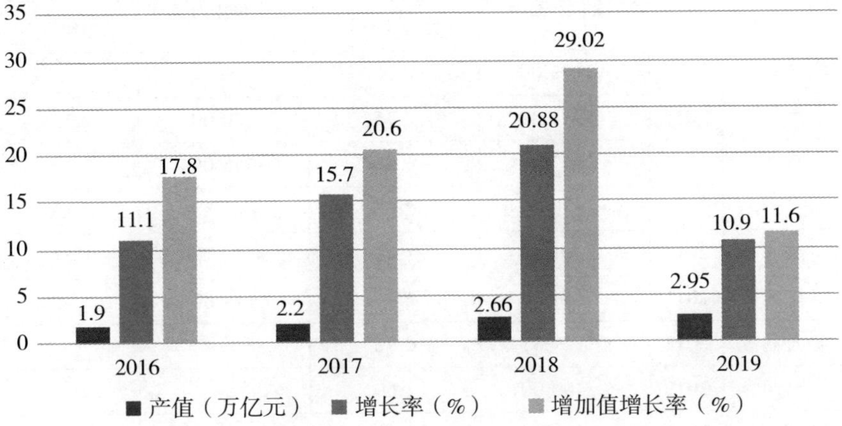

图 11-1　2016—2019 年中国体育产业总值及增长情况①

2020 年，国家统计局官网发文披露，2019 年，我国人均国民总收入（GNI）首次突破 1 万美元大关，高于平均 9074 美元的中等偏上收入国家标准。② 一方面，根据国际发展经验，该时期公民体育文化需求将大大提高；另一方面，中国具有体育人口基数大、政府推动能力强、互联网渗透率高等有利于体育产业发展的特有优点。可见，中国已经进入体育产业高速发展的黄金时期，同时逐步向高质量发展进发。

（二）中国体育产业与多国体育产业数据比较

2019 年伊始，国家体育总局印发文件指出，到 2020 年，全国体育消费总规模要达到 1.5 万亿元。目前，我国体育产业总规模已占到 GDP 的 2%，说明近几年体育产业发展成效显著，但与发达国家的体育产业比起来，这个比例还是偏低的。由表 11-2 可见，我国和其他发达国家相比，体育产业增加值占 GDP 的比重及体育就业占劳动力的比重数值较低，这说明我国体育产业的发展空间是很大的。

① 图表根据国家体育总局和国家统计局联合公布数据整理。

② 张军：《从民生指标国际比较看全面建成小康社会成就》，2020 年 8 月 7 日，人民网，http://society.people.com.cn/n1/2020/0807/c1008-31813383.htm，访问时间：2022 年 12 月 13 日。

表 11-2　全球及多国体育产业数据表①

	年份	体育产业增加值(亿美元)	体育产业增加值占 GDP 比重(%)	体育产业就业人数(万人)	体育就业占劳动力比重(%)
全球	2013	12105.00	2.00	—	—
美国	2015	4984.00	2.75	320.00	2.13
欧盟	2011	2427.00	1.80	446.00	2.12
英国	2011	530.26	2.33	61.88	2.16
法国	2011	301.63	1.40	41.70	1.67
德国	2011	651.56	2.31	114.60	3.15
澳大利亚	2011	129.31	0.96	—	—
巴西	2012	400.00	1.60	—	—
日本	2012	1241.00	2.00	49.50	0.90
韩国	2015	380.00	2.75	—	—
中国	2016	975.00	0.90	440.00	0.56

资料来源:汇率、GDP、劳动力数据来自世界银行。

(三)中国体育产业规模趋势

2014 年是我国体育产业黄金时代的开启之年,国务院《关于加快发展体育产业促进体育消费的若干意见》(简称《意见》)正式出台。《意见》明确提出要遵循产业发展规律,完善市场机制,积极培育多元市场主体,吸引社会资本参与,鼓励社会资本进入体育产业领域。《意见》还提出目标,到 2025 年,体育产业总规模超过 5 万亿元,成为推动经济社会持续发展的重要力量。照此进行推算,自 2013 年起,我国十年内的体育产业年均增长率将远高于我国 GDP 的年增长率,需达到 15% 以上。然而,根据著名经济学家江小涓的数据统计分析推算,2013 年到 2016 年,我国体育产业产值平均增长率是 25.8%;产业增加值占 GDP 比重从 2012 年的 0.6%上涨至 2016 年的 0.9%;2016 年全国体育

① 参见江小涓等:《体育产业的经济学分析:国际经验及中国案例》,中信出版社 2018 年版。

产业增加值 6475 亿元，比 2012 年增加 3339.05 亿元。[①] 可见，体育产业实际增长率比预期增长更快。根据国家统计局和国家体育总局公布的数据，从全国体育产业统计数据看，2015—2019 年我国体育产业增加值实现跳跃式上升，年均增长率为 19.6%，远高于同期 GDP 增速。此外，相较于 2015 年，2019 年体育产业总规模涨幅达到 72.5%，2015—2019 年平均增长率为 14.6%（未扣除价格因素）。可见，体育产业已逐渐成为我国经济转型和高质量发展的重要引擎。[②]

2021 年，国家体育总局公布了《“十四五”体育发展规划》。该文件明确指出，体育产业高质量发展要取得显著进展，产品和服务供给要适应个性化、差异化、品质化消费需求，基本形成消费引领、创新驱动、主体活跃、结构更优的发展格局。体育产业总规模要达到 5 万亿元，增加值占国内生产总值比重达到 2%，居民体育消费总规模超过 2.8 万亿元，从业人员超过 800 万人。打造“竞赛表演产业升级工程”“户外运动产业培育工程”“体育项目标准化建设工程”三大工程。[③] 在未来，我国体育消费潜力将进一步被激发，我国体育产业也定将持续稳定发展。

（四）相关指标解释

1. 体育产业总规模（也称总产出）

指一个国家（或地区）所有常住单位在一定时期内生产的所有体育货物和服务的价值，反映常住单位从事体育生产活动的总规模。

2. 常住单位

指在我国经济领土范围内具有经济利益中心的经济单位。

3. 体育产业增加值

指一个国家（或地区）所有常住单位一定时期内进行体育产业生产活动的最终成果。

---

① 参见江小涓等：《体育产业的经济学分析：国际经验及中国案例》，中信出版社 2018 年版。

② 黄海燕：《2019—2020 年中国体育产业发展报告》，载李颖川主编：《中国体育产业发展报告（2020）》，社会科学文献出版社 2021 年版，第 1—22 页。

③ 国家体育总局：《“十四五”体育发展规划》，2021 年 10 月 25 日，http://www.gov.cn/zhengce/zhengceku/2021-10/26/5644891/files/ab4fdbb2ec0c47d693f28554994649eb.pdf，访问时间：2022 年 12 月 13 日。

4. 生产

指在机构单位负责、控制和管理下，利用劳动和资本等要素，创造新的货物和服务产出的活动。①

二、中国体育产业结构概述

（一）体育产业结构定义

体育产业结构是指体育产业内各生产部门的技术经济联系和数量比例关系。它既反映各体育用品和体育服务生产部门之间在生产技术上相互依赖、相互制约的关系，也反映各经济资源（含体育资源）在各部门的配置情况和体育产业总产值在各部门的分布情况。②

（二）2019年体育产业结构概述

国家统计局、国家体育总局公布的《2019年全国体育产业总规模与增加值数据公告》显示，从内部结构看，体育服务业发展势头增强，增加值为7615亿元，在体育产业中所占比重增加到67.7%，比上年提高2.9个百分点。其中，体育用品及相关产品销售、出租与贸易代理规模最大，增加值为2562亿元，占全部体育产业增加值的比重为22.8%；体育健身休闲活动发展最快，保持了近年来的高位增长，增加值现价增长速度达到74.4%。体育相关基础设施建设蓬勃发展，体育场地设施建设实现增加值212亿元，现价增长速度达41.7%，占全部体育产业增加值比重为1.9%。③

如表11-3所示，2019年我国健身休闲产业总产值为1796.6亿元，增加值为831.9亿元；健身休闲产业总产值占体育产业总产值6.1%，增加值占体育产业增加值的7.4%。可见，我国健身休闲产业的总体规模较其他体育产业类别增速较快，但其总体规模仍与发达国家

① 国家统计局、国家体育总局：《2016年国家体育产业总规模与增加值数据公告》，2018年1月13日，http://www.gov.cn/xinwen/2018-01/14/content_5256472.htm，访问时间：2022年12月13日。

② 参见曹可强：《体育产业概论》，复旦大学出版社2004年版。

③ 国家统计局、国家体育总局：《2019年全国体育产业总规模与增加值数据公告》，2020年12月31日，http://www.stats.gov.cn/tjsj/zxfb/202012/t20201231_1811943.html，访问时间：2022年12月13日。

有一定距离。健身休闲产业是其他类别体育产业的助推器，其发展将带动体育场地设施建设、场馆服务、体育用品、体育中介等业态发展。

表 11-3　2019 年全国体育产业状况

体育产业类别名称	总量(亿元)		结构(%)	
	总产出	增加值	总产出	增加值
体育产业	29483.4	11248.1	100.0	100.0
体育服务业	14929.5	7615.1	50.6	67.7
体育管理活动	866.1	451.9	2.9	4.0
体育竞赛表演活动	308.5	122.3	1.0	1.1
体育健身休闲活动	1796.6	831.9	6.1	7.4
体育场地和设施管理	2748.9	1012.2	9.3	9.0
体育经纪与代理、广告与会展、表演与设计服务	392.9	117.8	1.3	1.0
体育教育与培训	1909.4	1524.9	6.5	13.6
体育传媒与信息服务	705.6	285.1	2.4	2.5
其他体育服务	1700.2	707.0	5.8	6.3
体育用品及相关产品制造	13614.1	3421.0	46.2	30.4
体育用品及相关产品销售、出租与贸易代理	4501.2	2562.0	15.3	22.8
体育场地设施建设	939.8	211.9	3.2	1.9

注 1：①体育产业核算分类依据《体育产业统计分类(2019)》。《体育产业统计分类(2019)》是《国民经济行业分类》(GB/T 4754—2017)的派生分类，是对《国民经济行业分类》(GB/T 4754—2017)中符合体育产业特征的有关活动的再分类。体育产业核算采用两级核算分类。第一级分类按照活动特点分为体育用品和相关产品制造业、体育场地设施建筑业和体育服务业三大类。第二级分类是在第一级分类的基础上，细化为 178 个国民经济行业小类。②核算方法及数据来源：体育产业总产出和增加值采用生产法和收入法核算。核算所需的数据主要来源于三大部分。一是普查资料和专项调查资料，包括全国经济普查资料、全国体育产业专项调查资料等；二是国家统计局统计资料，包括国民经济核算资料、有关专业统计年报资料等；三是行政管理资料，如国家体育总局的部门统计资料。

注 2：若数据分项合计与总值不等，是数值修约误差所致。

第三节 我国健身休闲产业概述——以健身产业为例

近年来,随着人们生活水平的提高,人民群众体育需求日益增加和多样化,我国健身休闲产业取得了很大发展。2016 年 10 月,继中共中央、国务院印发的《"健康中国 2030"规划纲要》中明确提出了"积极发展健身休闲运动产业"后,国务院办公厅又公布了《关于加快发展健身休闲产业的指导意见》(以下简称《意见》),部署推动健身休闲产业全面健康可持续发展。

一、我国健身休闲产业概述

(一)健身休闲产业含义

《意见》指出,健身休闲产业是体育产业的重要组成部分,是以体育运动为载体、以参与体验为主要形式、以促进身心健康为目的,向大众提供相关产品和服务的一系列经济活动,涵盖健身服务、设施建设、器材装备制造等业态。[①]

(二)我国健身休闲产业现状、掣肘及发展目标

当前我国健身休闲产业市场规模小,在体育产业中占比总体较小。我国体育消费方式以实物型体育消费为主,体育用品、服装制造产业和销售业占据着主体地位,尽管国民体育消费正在向参与型、服务型消费转变,健身休闲产业有着巨大的发展机遇,但是仍然存在很多问题。比如存在着运动场、健身房等基础建设落后、有效供给不足的问题;存在着大众消费动力不足、体制机制不适合等问题。

二、我国体育健身市场概述

健身市场是健身休闲市场中的重要组成部分,接下来主要以健身

---

① 国务院办公厅:《关于加快发展健身休闲产业的指导意见》,2016 年 10 月 28 日,http://www.gov.cn/zhengce/content/2016-10/28/content_5125475.htm,访问时间:2022 年 12 月 13 日。

休闲市场中的健身市场为例，对我国体育健身业的构成、现状、特征、市场规模及经济地位等方面进行分析。

（一）体育健身业的构成

体育健身业是汇集器械、培训、健身机构、用户端等细分领域的行业。当前，我国体育健身业的上、中、下游分工日渐清晰，行业发展核心链路也逐步成形，这促进了体育健身业多维度发展，同时也使行业受众更加广泛、深入、多元，从而促进相关业务、服务与底层用户相关联。

（二）我国体育健身业现状

我国体育健身业在过去的时间里发展速度快，成果显著。根据华经产业研究院公布的《2019—2025 年中国健身行业市场运营现状及投资规划研究建议报告》中的数据分析，2015 年，中国的健身俱乐部仅有 4425 家，健身人口约 664 万。三年之后，2018 年，中国拥有健身俱乐部 46050 家，健身人口 4327 万，占总人口比例约为 3.1%。三年之间，中国健身俱乐部的数量翻了十倍之多，这足以说明中国健身业发展速度之快（见图 11-2）。

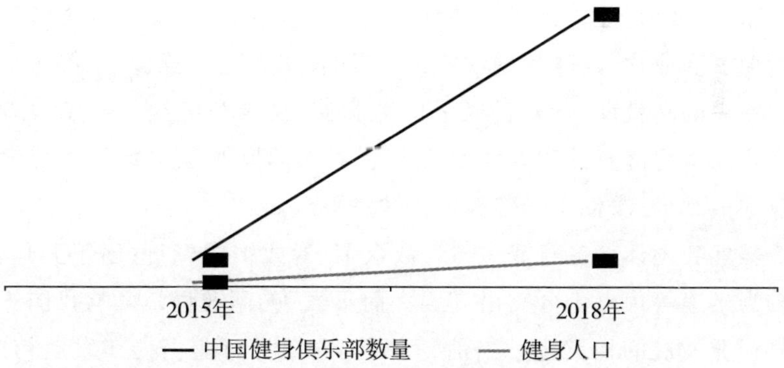

图 11-2　2015—2018 年中国健身俱乐部及人口变化趋势

体育健身业的飞速发展，原因有二：一方面，我国参与体育锻炼人数逐年上升，体育锻炼已经成为人们的生活方式。国家统计局公布的《2020 年国民经济和社会发展统计公报》以及三体云动数据中心发布的《2020 中国健身行业数据报告》显示，2020 年全国 7 岁及以上人口中经常参加体育锻炼人数比例已达 37.2%；中国整个健身行业的健身会员数约为 7029 万(不含港澳台),健身人口渗透率为 5.02%,环比 2019 年增长 3.19%。可以说,参与体育锻炼人数的增长,为体育健身行业带来了需求,刺激了消费。另一方面,我国经济平稳运行,这也为体育健身业的发展提供了良好环境。

(三)体育健身业的特征

1. 形式广泛但“大而不强”

我国庞大的人口为体育健身业的发展带来了无限可能,当前,我国参与体育健身的人数已经数以亿计。广发证券发布的《2022 年 Keep 发展现状分析》表明,截至 2020 年 12 月 31 日,中国为全球健身人群最多的国家。中国的健身人群(即每周参与两次以上健身活动的人士)于 2021 年为 3.03 亿,预计到 2026 年将达到 4.16 亿,2021 年至 2026 年的预计复合年增长率为 6.5%,2015 年至 2021 年的复合年增长率为 11.3%。[①] 可见,我国体育健身人口多,行业产值增长率高,这就代表着体育健身市场发展有较大活力,体育健身参与者需求多样性强。为了迎合市场需求,满足参与者体育健身需求,体育健身业除了布局跑步、登山、健身操舞等基础的大众健身项目外,更为各类健身项目增加了商业化、趣味性的形式,比如团体参与的团操课程、提升个人运动能力的私教课、针对性较强的减脂课、易参与的线上教学等。这些形式的体育健身课程在满足参与者需求的同时也丰富了体育健身行业的活动形式,催生了各类体育健身平台。

虽然我国体育健身业参与人数众多、形式多样、产值逐年上升、发展较为迅速等优点十分突出,但“大而不强”的问题仍是影响我国体育健身行业发展的拦路虎。当前,我国体育健身行业仍处在发展初期,因此在器械制造、培训、服务保障等方面还存在“不强”的问题。首先,体育健身业上游领域的器械制造及培训教学以国外引入为主,国产器械品牌、教学培训系统才初露锋芒,发展之路比较坎坷、漫长。其次,

---

① 广发证券:《2022 年 Keep 发展现状分析:Keep 线上健身内容丰富》,2022 年 4 月 27 日,https://www.vzkoo.com/read/202204276ae8216a7d2ab01f59c2512a.html,访问时间:2022 年 12 月 13 日。

中游健身房规模虽大，但抗风险能力却较弱。最后，由于体育人口不断增加，体育健身业后端需求可谓蓄势待发，未来将迎来需求上升期，行业各类服务的提质升级是重中之重。

2. 起步较晚但进步较快

自1995年《体育法》出台至今，我国体育健身业仅仅发展了二十余年，作为新生事物，其在发展中难免会出现一些问题，需要在不断的摸索中探究正确的发展路径。当前，我国体育健身业仍处于发展的初级阶段，与发达国家相比有着较大的差距和不足。但起步晚也有其优势，正因为起步较晚，我国体育健身业可以充分借鉴体育健身业发达国家的经验，取其精华去其糟粕，因地制宜地走适合我国体育健身业发展的道路。

通过借鉴发达国家经验以及自身的努力，我国体育健身业目前的发展速度较快，可以说，在政府的支持以及行业自身的努力之下，我国体育健身业进入了发展快车道。其原因有两点：其一，随着经济发展，人均GDP逐年提升，我国居民消费水平逐渐提高，有相当一部分居民的消费已经从生存资料消费升级为发展资料和享受资料消费，而体育健身消费正是发展和享受资料消费之一。三体云动数据中心发布的《2020中国健身行业数据报告》的数据显示，会员在健身周边平均每年投入的费用主要集中在3000元以内，占比为83.26%。相比2019年，2020年花费在1000元以内的会员增加，环比增长了35.88%。[①] 其二，我国人口基数较大，解决就业问题的任务繁重、艰巨、紧迫。体育健身行业作为新兴行业，能够极大地缓解人口与就业的矛盾，为解决就业这个民生问题贡献力量。此外，体育健身是健康产业，能够极大地增强国民体质，提升国民健康水平。基于以上原因，政府必然会对体育健身业进行鼓励与提供支持。我国体育健身业在拥有资金、场地、政策等资源的大环境下，其快速发展可谓大势所趋。

---

① 三体云动数据中心：《2020中国健身行业数据报告》，2021年6月1日，https://www.sport-expo.com.cn/press/info/100，访问时间：2022年12月13日。

3. 移动互联网支持

移动互联网是移动和互联网融合的产物，继承了移动随时、随地、随身和互联网开放、分享、互动的优势。移动互联网的发展在为体育健身业提供了新形式的同时，也为健身参与者提供了获取知识的平台，拓宽了体育健身的受众范围。可以说，“互联网+健身”的形式为体育健身业带来了更多可能性，人们开始探索健身新模式：“互联网+健身”为运动手环、智能鞋垫等新型健身设备带来了市场；通过网络交互，更多的人开始关注“健身社交”，这催生了 keep、悦跑圈等健身社交 APP；通过线上线下融合，“云”健身已经成了时尚，越来越多的运动爱好者选择“云端”健身方式……“互联网+健身”使得专业的健身内容能更简便地走进千家万户，释放健康经济新动能。

（四）我国体育健身业的市场规模及经济地位

1. 我国体育健身业的市场规模

中国在 20 世纪末开始出现健身房，到今天已经有二十余年。在这段时间中，健身行业呈现出了极大的变化以及爆发性的增长，也出现了众多大型连锁健身品牌。但健身俱乐部、品牌的爆发式增长也导致了一系列问题，包括快速的扩张导致内容同质化、运营成本上涨，一些健身机构因此倒闭或者面临倒闭风险。2014 年前，我国健身市场一直处在初级发展阶段，没有核心内容的创新，消费者也处在随波逐流的状态。直到 2014 年，新的健身模式的出现才为我国健身行业带来了新生机。智研咨询发布的《2018—2024 年中国移动运动健身市场研究及投资前景预测报告》显示，2017 年我国体育健身业总产值约为 1500 亿元。2012—2017 年这五年间，我国体育健身业产值年均复合增长率为 6.7%。

体育健身业市场规模的扩大体现在两大方面，一方面是健身房数量及营业额的增加，另一方面是健身房会员数量的增加及健身人群的多样化。图 11-3 展示了 2012—2022 年中国健身产业市场规模。

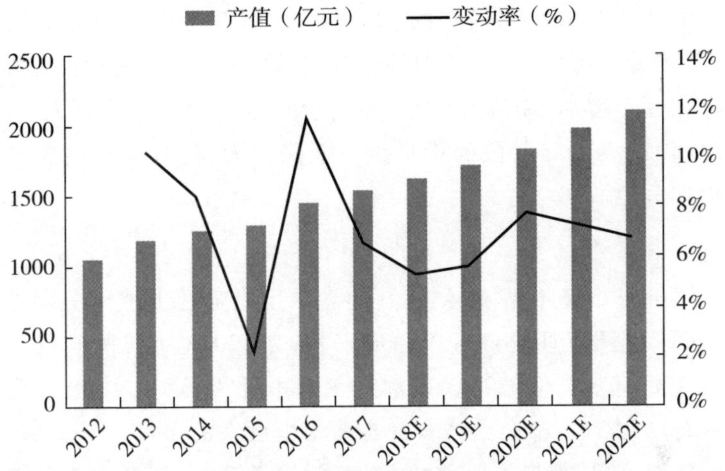

图 11-3　2012—2022 年中国健身产业市场规模

来源：智研咨询：《2020 年中国健身行业发展现状、市场发展前景及未来发展趋势分析》，2020 年 5 月 8 日，https://www.chyxx.com/industry/202005/860014.html，访问时间：2022 年 12 月 13 日。

门店数量方面，美团点评发布的《2018 美团点评健身行业白皮书》的分析数据显示，北京、上海等一线城市的健身机构总数远超其他城市，总数达到了 4225 家；同时，一线城市的私教工作室也非常火爆，达到了 9411 家，约为健身俱乐部数量的 2 倍。① 三体云动数据中心发布的《健身房生存白皮书：2018 健身行业数据报告》数据分析显示，据不完全统计，全国门店数量最多的是金吉鸟健身，金吉鸟健身在 2018 年并购浙江美日健身后，美日健身旗下 4 个品牌的 50 个门面全部归金吉鸟健身，这更加巩固了其门店数量全国第一的地位。营业额方面，《健身房生存白皮书：2018 健身行业数据报告》数据分析显示，据不完全统计，中国 2018 年健身俱乐部 TOP10 总营业额为 100 亿—110 亿元，一兆韦德以年营业额近 20 亿元排名第一。②

① 美团点评：《2018 美团点评健身行业白皮书》，2018 年 11 月 27 日，http://www.199it.com/archives/800859.html，访问时间：2022 年 12 月 13 日。

② 三体云动数据中心：《健身房生存白皮书：2018 健身行业数据报告》，2019 年 4 月 4 日，https://www.dydata.io/datastore/detail/1725500677578428416/，访问时间：2022 年 12 月 13 日。

从中商产业研究院发布的《2018 年中国健身产业市场前景研究报告》数据分析可以看出,我国健身人群的年龄段正在扩大,健身人群数量也在逐年增加,2017 年,全国健身会员数量约为 900 万人,25—29 岁、36—40 岁两个年龄段的用户数量上涨较大,健身会员的整体年龄分布更加分散。①

2. 我国体育健身业的经济地位

我国健身市场不断发展,对其的需求量也随之上涨。美团点评发布的《2018 美团点评健身行业白皮书》显示,2018 年我国健身市场容量接近 1000 亿元,但健身人口渗透率却不及 1%。事实上,健身人口渗透率每增加 1%,都会给体育健身业带来巨大的市场。在此背景下,我国的体育产品制造业、服务业,甚至健身装备、拓展活动等行业也将快速发展,各类丰富的产业配套也会让"全民健身"开展得更加广泛。因此,国家将体育健身业摆在了重要的经济地位上。

1995 年,国务院公布了《全民健身计划纲要》(以下简称《纲要》),《纲要》的实施不但推动了体育健身设施的完善,更扩大了参与体育健身的人口。2009 年,国务院将每年的 8 月 8 日定为"全民健身日",这进一步激励了体育健身业发展。

2013 年 10 月,国务院公布《关于促进健康服务业发展的若干意见》,提出要进一步开展全民健身运动,宣传、普及科学健身知识,提高人民群众体育健身意识,引导体育健身消费;加强基层多功能群众健身设施建设,到 2020 年,80%以上的市(地)、县(市、区)建有"全民健身活动中心",70%以上的街道(乡镇)、社区(行政村)建有便捷、实用的体育健身设施;采取措施推动体育场馆、学校体育设施等向社会开放;支持和引导社会力量参与体育场馆的建设和运营管理;鼓励发展多种形式的体育健身俱乐部和体育健身组织,以及运动健身培训、健身指导咨询等服务;大力支持青少年、儿童体育健身,鼓励发展适合其

① 中商产业研究院:《2018 年中国健身产业市场前景研究报告》,2018 年 7 月 9 日,https://www.askci.com/news/chanye/20180709/0913111125721.shtml,访问时间:2022 年 12 月 13 日。

成长特点的体育健身服务。[①]

2014年10月，国务院公布了《关于加快体育健身产业促进体育消费的若干意见》，提出要大力培育健身休闲等体育服务业；健身休闲与其他体育门类需协同发展；鼓励保险公司围绕健身休闲等需求推出多样化保险产品；鼓励大型健身俱乐部跨区域连锁经营。[②]

2016年5月，国家体育总局公布了《体育发展“十三五”规划》，提出将“全民健身”上升为国家战略。同年6月，国务院又公布了《全民健身计划（2016—2020年）》。

这些政策的公布，足以体现政府部门对体育健身业的期待之高，也足以体现国家对体育健身业的重视，这表明体育健身业在我国的经济地位越来越重要。在各类政策的支持下，我国逐渐形成了由健身运动、民族体育、健美运动、医疗体育等形式构成体系的体育健身行业[③]，极大丰富了体育健身市场。除了政策之外，国家的法定假期制度也让人们在学习工作之余有更多时间投身到体育健身活动中。可以说，作为一种享受资料消费，健身已经成为带动消费转型升级的重要指标。

三、我国体育健身业消费群体需求及从业人员概述

（一）我国体育健身业消费群体需求

1. 我国体育健身业消费背景

20世纪末，中国开始出现健身房，健身刚刚进入大家的视野。当时，大众对健身的接受程度比较低，只有小部分人进行健身运动，年轻人更多是举办“健身健美大赛”，从而达到强身健体、满足好奇心、追赶潮流、宣传健身的简单目的，健身的减肥减脂、增肌塑形以及防治疾病等功能尚未被发掘。

随着经济持续稳定发展，政策日渐完善，我国体育健身业迎来了

---

① 国务院：《关于促进健康服务业发展的若干意见》，2013年10月18日，http://www.gov.cn/zhengce/content/2013-10/18/content_6067.htm，访问时间：2022年12月13日。

② 国务院：《关于加快发展体育产业促进体育消费的若干意见》，2014年10月20日，http://www.gov.cn/xinwen/2014-10/20/content_2767791.htm，访问时间：2022年3月30日。

③ 王寅、姜宇：《体育健身业在我国的发展简析》，《现代商业》2019年第12期。

崭新的发展机遇和空间。体育健身逐渐走入中国的家家户户，成为人们生活的一部分，这促使参与健身的人进行多种多样的体育消费，为体育健身业带来了新动能。进入21世纪，大众消费水平持续提高，生活品质逐步提升，居民的肥胖率也随之上升。中国疾病预防控制中心营养与健康所公布的数据显示，我国18岁及以上居民中心型肥胖率为25.7%，男性中心型肥胖率为26.0%，各年龄组男性中心型肥胖率均未超过30%；女性中心型肥胖率为25.3%，但女性在50岁以后，中心型肥胖率都超过了35%，60—69岁女性中心型肥胖率更是达到了41.2%。① 因此，"减脂""减肥"进入人们的视野，成为健身人群的主要目标。当前，人们的健身需求不再像20世纪那么单一，人们开始根据自己的身体需求进行以强身健体、减肥减脂、增肌塑形、防治疾病等为目的的健身活动。

2. 我国体育健身业不同消费群体需求分析

针对健身时长、不同健身水平人群及不同年龄段健身人群进行分析，可以得出以下结论。

健身时长方面，由中国旅游研究院公布的《中国休闲发展年度报告(2021)》可知，我国国民休闲时间仅3.8—4.4小时/天，这远远不能满足健身人群的需求，健身人群需要更多闲暇时间。

不同健身水平人群方面，部分有健身经验的人会选择单独训练，其训练时间也较为灵活；部分没有健身经验的人和有较高健身要求的人则会在特定场所进行私教"一对一"训练。因此，健身市场应针对不同健身水平的人开辟不同的健身场所、健身服务，如24小时健身房、健身舱、智能健身设施，培养经验丰富、水平高的健身教练。同时，根据实际需要，也应开辟线上服务，以便健身人群预约场地、课程，或者在特殊情况下进行线上"云健身"。

不同年龄段健身人群方面，不同年龄阶段有不同健身诉求，35岁及以下人群健身需求以社交、娱乐、健身健美、减肥塑形为主，而40—50岁人群以缓解压力、防治疾病为主。

---

① 翟屹等：《2010—2012年中国成年人腰围水平与中心型肥胖流行特征》，《中华预防医学杂志》2017年第6期。

可见，从不同角度出发，健身需求各不相同，因此要根据消费者的不同需求有的放矢地推出各类产品和服务。

（二）我国体育健身业从业人员分析

当前，我国健身机构数量持续增长，体育健身业从业人员数量也逐渐上升。但 2020 年受疫情影响，全国健身场馆都经历了不同时长的暂停营业，少则 2 个月，多则长达半年之久，这期间不少经营状态欠佳的健身场馆被淘汰。根据三体云动数据中心发布的《2020 中国健身行业数据报告》可知，截至 2020 年 12 月，中国健身俱乐部门店数量约 44305 家（不含港澳台，不含所有类型的工作室），尽管这一数据比 2019 年的 49860 家下滑了 11.1%，但中国的健身市场仍然是全球最大的健身市场。2020 年，中国健身教练从业者数量约为 90 万（其中俱乐部教练 61.2 万，工作室教练 28.8 万）。本部分将从健身教练薪资、流动性等方面入手进行分析，探究健身教练的从业现状。

1. 专业人才缺口较大

健身教练是健身房的核心资产，教练的专业性是健身房取得长久良好发展的基石。当前，中国的健身俱乐部市场是全球最大的健身市场，这意味着中国需要大量健身教练来填充岗位空缺，但目前健身市场上的健身教练的质量多因填鸭式教学、流水线授课而良莠不齐，消费者难免会为其不专业“买单”。真正优秀的教练往往有专业的理论知识和实操能力，能够为不同类型的消费者提供个性化健身服务，这也是当前健身市场最紧缺的专业型人才。另一方面，58 同城数据显示，2019 年 1—5 月，健身教练招聘的供求比为 1.84，这意味着健身教练招聘是买方市场，而对于健身房和工作室，专业的健身教练人员相对不足。①

2. 市场薪资变动较大

根据三体云动数据中心发布的《2020 中国健身行业数据报告》，2020 年教练的月均收入为 7300 元，相较上一年降幅达到 20%，有副业

① 58 同城：《数说健身行业人才吸引与发展》，2019 年 8 月 22 日，http://www.199it.com/archives/894890.html，访问时间：2022 年 12 月 13 日。

教练占比31.2%,其主要原因是疫情严重时教练几乎没有收入。当前,各大健身房为了吸引专业人才,往往以高薪诱惑应聘者,但多数健身机构经营不顺,倒闭、欠薪、拖薪情况频出。为维持经营,保障市场平稳发展,压缩成本成为行业共识。通过新的技能评估,行业也大浪淘沙淘出了一众优秀健身教练,以往的高薪教练因为专业技能较差也被"打回原形",需要深造。可以说,虽然目前市场薪资变动较大,但健身教练的规范性越来越强,健身行业也朝着更加理性、专业的方向发展。

3. 健身教练以男性为主

根据调查可知,我国健身教练以90后大专学历男性为主,从业时间大多为1—3年,多数健身教练为体育院校毕业生,具备基本的体育健身知识。健身教练以90后男性为主的原因有二:一是年轻男性多给人以阳光、健康的印象,符合大众对健身、健美的审美标准;二是健身教练工作时间相对自由,更符合年轻人的工作需求与就业心态。[①]

4. 行业要求日趋升高

如今,健身行业竞争非常激烈,没有竞争力的健身房、俱乐部陆续关闭。健身教练是健身房的核心,如果健身教练的核心竞争力强,那么健身房的专业水平也是有保障的。健身行业刚刚开始发展时,许多健身教练滥竽充数,败坏了行业风气。之后,健身教练国家职业资格证书制度出台,健身行业的规章制度越来越完善,对从业者的要求也越来越高。现在,健身教练不仅要报考职业资格证书,学习使用各种器械,学习运动生理学、运动解剖学、健康体适能等课程,甚至还要学习孕后康复以及普拉提等课程,更要懂得销售和管理。教练不再只是单纯的"训练者",也是"服务者""管理者",健身教练这个职业对专业的要求正在日益提升。我们相信,在国家的大力推动下,健身教练的专业水平将日渐提高。

5. 就业趋于热门城市

为了制作中国主流城市健身产业景气指数榜单,三体云动数据中

---

① 58同城:《数说健身行业人才吸引与发展》,2019年8月22日,http://www.199it.com/archives/894890.html,访问时间:2022年12月13日。

心对 2020 年 19 个一线及新一线城市健身行业的宏观环境、行业供给、行业需求以及经营效益四个方面的因素进行调查与分析，综合评分显示，上海以 76.32 分居首位，北京、深圳、广州分列 2—4 位（具体见图 11-4）。可见，上海、北京、深圳等一线城市健身行业评分较高，这说明一线城市健身需求、经营状况、市场情况较好。从健身教练职业发展热门城市来看，上海市健身教练招聘需求最旺盛，这说明居民消费意愿、消费能力是健身教练选择城市的关键因素。[①]

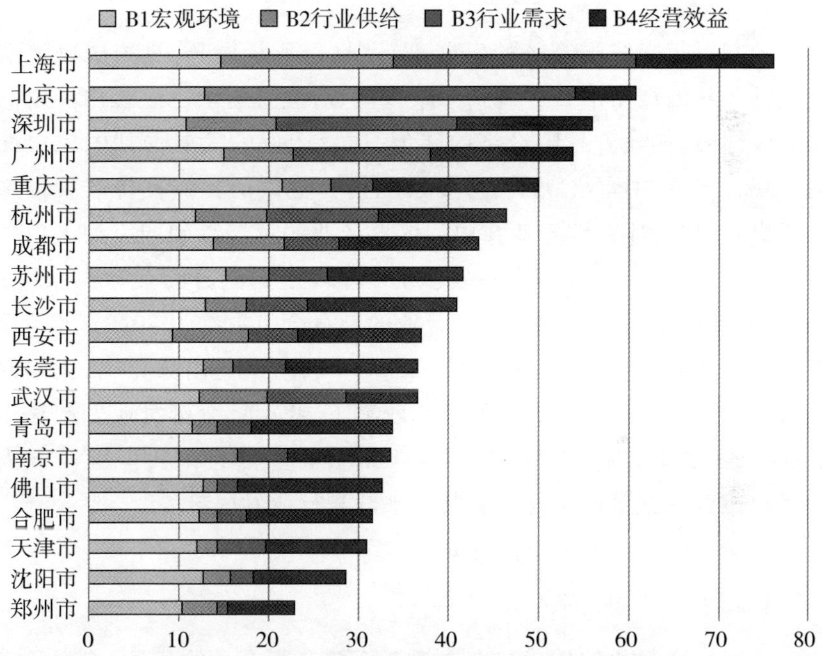

图 11-4　中国主流城市健身产业景气指数榜单

数据来源：三体云动数据中心：《2020 中国健身行业数据报告》，2021 年 6 月 1 日，https://www.sport-expo.com.cn/press/info/100，访问时间：2022 年 12 月 13 日。

此外，数据显示，相较北方，南方消费者对健身的需求更为强烈，这也直接影响了健身教练的城市分布，分布热门城市有南京、杭州与郑州等。可以看出，人口较多的一线城市健身需求较大，市场也较大，

① 三体云动数据中心：《2020 中国健身行业数据报告》，2021 年 6 月 1 日，https://www.sport-expo.com.cn/press/info/100，访问时间：2022 年 12 月 13 日。

是健身教练偏爱的地方。

无论哪种行业，人才都是核心竞争力。通过对体育健身业从业人员现状进行分析可知，不管是健身教练，还是健身机构管理人员，抑或是整个行业，都应不断提升自己的专业水平，提高企业管理能力，加强行业自律，促进中国体育健身行业向好发展，这样才能避免出现健身教练流动性大、区域发展不平衡、职业素养低等问题。

四、体育健身业问题与发展趋势

随着近年来我国经济的发展，国民收入不断提升，我国居民消费模式已经从温饱型消费过渡到小康型消费，健身需求也呈现出一定的增长。同时，伴随着我国经济的转型，体育产业的发展受到国家层面的重视，“健康中国”上升为国家战略，健身健康的保障扶持政策措施陆续出台，包括体育健身业在内的体育产业的发展得到国家的大力扶持。但是，三体云动数据中心发布的《2020 中国健身行业数据报告》显示，截至 2020 年底，我国健身行业的健身会员数约为 7029 万（不含港澳台），中国的健身人口渗透率为 5.02%，与发达国家相比，我国健身人口渗透率仍有不小的差距。相较之下，我国体育健身业发展还不够成熟，发展中也存在诸多问题。本部分将重点讨论我国健身业人才、健身意识、健身成本等问题与未来健身行业发展趋势。

（一）体育健身业问题分析

1. 专业人才缺口大

任何一个行业的成功与发展都离不开专业人才的建设、管理与指导，体育健身业作为服务行业更是如此。然而，由于我国体育健身业发展时间短、速度快、需求旺盛，国内还没有形成一套健全的人才培养管理体系，这导致体育健身行业内服务人员良莠不齐，行业严重缺少专业人才。目前，国内健身俱乐部内的教练多是由退伍军人、健身爱好者或专业经验较少的院校毕业生等特定人群组成的，他们仅仅经过简单培训就上岗就业，大多缺乏专业的理论知识、科学合理的健身方法和必需的运动急救常识。从我国高校人才培养方面来看，国内大多院校在体育健身的人才培养方面仍沿用较为陈旧的教学体系，缺乏创新性与实用性，且高校都是近些年才陆续开展健身专业课程，因此专业知识的普及度还较低，健身市场上还有较多“浑水摸鱼”的教练。

体育健身业的发展最关键的一点就是专业人才的引进与培养，健身房、俱乐部、工作室要定期对从业人员进行专业培训，更新从业人员专业知识库；高校要创新教学方式、更新教材、采用理论与实际相结合的方式培养学生，同时积极向社会输送专业人才；政府要加强对健身业的扶持，出台相应政策法规整顿行业不良风气。

2. 国民健身意识薄弱

虽然我国设立了“全民健身日”，制定了《全民健身计划纲要》等政策法规，但由于健身进入我国的时间较短，加之我国人口基数较大，健身的普及力度还远远不够，我国居民的健身意识还很薄弱，消费者的观念与习惯仍需要培养。另外，我国中年人群因家庭、工作压力而无暇顾及体育健身；我国义务教育阶段学生课业繁重，缺乏科学、系统的锻炼时间，对体育和健身的了解也非常匮乏。

对此，要减轻青少年学习压力，并鼓励他们学习 1—2 项体育项目，普及健身、运动的好处；同时，鼓励企事业单位开展“工间操”等活动，普及健身知识，让更多人了解运动健身的益处。可以说，通过提升国民健身意识推动体育健身业发展是需要坚持的民生工程，任重而道远。

3. 健身成本较高

当前，我国健身成本居高不下，2015 年，美国线下健身人均消费为 466 元，占其人均收入不到 1%。反观我国，目前国内健身机构大多为通过预售会员卡及课程来获取盈利，年卡价格在 5000 元左右。[①] 2019 年，我国居民人均可支配收入为 30733 元，如按办理年卡价格 5000 元计算，健身消费占人均收入约 16%。可见，我国居民体育健身消费成本较高。

对此，建议健身机构采取多种售卡方式，可以采取次卡、时长卡、家庭通用卡等方式进行售卖。这样一来，既能丰富俱乐部的售卡模式，也能满足不同消费者的健身需求，使消费者有效控制自身健身成本。

---

① 韩振勇：《透过东、西方体育文化史谈体育奢侈品属性》，《大众文艺》2020 年第 7 期。

4. 健身业态较为单一

虽然我国健身机构如雨后春笋般涌现,但由于缺乏经验和创新性,国内健身行业业态还较为单一。供给上,美国健身房业态更为丰富,拥有面向大众阶层的平价连锁健身房、面向中产阶级的高端连锁健身房以及面向专业运动员或对某专项运动领域感兴趣的健身人士的小型健身工作室,丰富的业态吸引了更为广泛的消费者群体走进健身房。反观中国,目前国内健身机构的盈利模式较为单一,大部分健身机构都是将年卡和私教捆绑售卖,其客户群体多锁定在一、二线城市中的高收入人群,提供服务内容同质化较为严重。

对此,国家应出台相应政策措施对行业进行规范,鼓励行业进行创新、多元发展。

5. 健身行业城乡差距大

区域贫富差距及城乡基本公共服务供给差距是我国面临的两大难题。在中国,在体育意识的普及和体育设施的供给两方面都存在着较大的城乡差距。一线、新一线城市消费者普遍注重身体健康,参与运动健身的占比较大,且健身消费需求旺盛;落后的城市及乡村往往只有老旧过时的健身设备,且受生活水平限制,健身意识薄弱,健身消费需求接近于无。可以说区域贫富差距及城乡基本公共服务供给差距是阻碍我国体育健身业发展的"拦路虎"。

对此,要加强对农民的健身宣传力度,增强农民的体育健身意识,促使他们树立健身观念。同时,对落后地区、偏远山区给予一定的经济支持,帮助修建基础健身娱乐场所,为他们的健身活动提供必要的物质条件。

(二) 体育健身业发展趋势分析

1. 健身市场规模将持续扩大

当今,我国社会已经从温饱型转向了小康型,部分地区甚至进入了富裕型社会,发展型消费和享受型消费不断增加。在此背景下,对于一线、新一线城市和东南部沿海地区,健身业将持续升级发力,满足不同健身爱好者的个性化发展需求,同时,健身业的业态也将更加丰富多彩。总的来说，中小型健身业态的规模逐渐扩大、传统健身房洗牌、市场下沉是大趋势，也是行业正处于优化阶段的表现。另一方面，2013 年国务院印发的《关于促进健康服务业发展的若干意见》，2014 年国务院印发的《关于加快发展体育产业促进体育消费的若干意见》，2016 年印发的《全民健身计划(2016—2020 年)》《"健康中国 2030"规划纲要》等，均为我国体育健身业的发展提供了政策上的保障和支持，促进了社会资本进入健身业，极大地丰富了健身市场的产品供给，也在全社会营造出了健身健康的社会氛围，提升了居民的健身意识，激发了居民的健身需求，因此，健身市场规模持续扩大是大势所趋。

2."线上+线下""健身+"将成为健身业发展的潮流

自 2014 年起，我国体育健身业稳步发展，"线上+线下"健身方式成为潮流。"线上+线下"的健身方式使消费者既能在线上享受健身快乐，随时随地学习健身专业知识，也能在体验感强、社交性强的线下健身俱乐部进行锻炼。线上线下联动发展一方面满足了消费者的多种需求，另一方面也培养了居民的消费习惯。跨界方面，"健身+教育""健身+旅游""健身+医疗"等是行业跨界的大势，不同的跨界能够吸引不同需求的客户，能为多个行业带来巨大流量。

3. 多元化经营模式成为新秀

当前，我国健身产业链已经初步形成，上、中、下游的健身配套服务都已具备一定市场，消费者的健身消费需求也越来越趋于多元化，简单的健身运动已经不能满足他们的需求，因此，多元化的经营模式符合行业发展要求。"健康餐吧+健身房""咖啡馆+健身房""图书吧+健身房"等经营模式是大势所趋，只有不断更新经营模式，为消费者提供配套产品、高质量个性化服务，健身机构才能实现多元化盈利，也才能够拥有独具特色的健身产业链，降低成本，达到利润最大化。

4. 健身健康成为时尚热点

随着居民健康意识的提升，健身健康成为社会时尚热点，A4 腰、马甲线、人鱼线等词热度越来越大，充斥着社交圈，健身甚至成了一种身份、阶层的象征。时尚服装圈纷纷融入"体育""健身""健美"元素，最明显的变化是,各大功能性专业运动产品的需求量持续变大,而且更加注重产品本身的品质以及不同场景下的不同需求。近年来,上海市静安区还在小区附近配备了居民“共享健身房”,这受到居民一致欢迎。受此启发,许多地产商将健身机构配备到高档住宅区中,一些健身房也开始转移到离居民住宅区更近的地方,健身房逐渐成为新建住宅区的标准配套项目。健身健康逐渐成为主流话题,可见,健身健康在未来很长的一段时间中都将会是时尚热点。

5. 健身市场划分将更加精细

由于我国经济发展不均衡,健身消费者的需求层次也有较大区别。对于一线、新一线以及沿海城市来说,消费者的消费层次较高,健身市场也较为成熟,他们更倾向于高端健身品牌。对于中青年群体,他们的塑形、减脂、健美、社交需求较强,在品牌选择上偏向于潮流健身工作室。对于新一代女性消费者来说,健美增肌(2021 年以来,女性消费者增肌类产品的购买量是男性消费者的 5 倍)、搏击操、空中瑜伽、普拉提等塑形锻炼是最新潮流。上面三类人群的健身需求大,健身意识强,消费需求旺盛,消费水平也相对较高,他们会倾向于请私人教练来进行专业健身指导,三体云动数据中心发布的《2020 中国健身行业数据报告》显示,截至 2020 年底,我国健身教练从业人数约为 90 万人,其中健身俱乐部教练 61.2 万人,工作室教练 28.8 万人,中国健身俱乐部门店数量约为 44305 家,其数量已经超过美国。长远来看,私人教练这份职业一定会成为最热门、薪资最理想的职业之一。同时,对于中国中西部城市及发展水平较低的城市而言,低成本健身活动和功能较为单一的健身俱乐部则更符合市场需求。可见,随着健身行业的发展,健身市场划分也会更加精细,因此要精准定位客户群体,为不同类型客户提供不同健身服务。

总而言之,政府和行业需要通过努力,完善健身专业人才培养制度、优化场馆的锻炼环境、优化用户健身体验、挖掘群众深层次的锻炼需求,树立创新意识,注意规范行为、规避风险,同时借鉴发达国家的优秀经验,促进我国健身业的健康可持续发展。

体育健身业正处于初级发展阶段,在其发展过程中必然会存在一些困难与问题，但通过国家和行业志士的努力，相信中国健身业的未来定将是光明的！

推荐阅读

1. 窦胜功等编著：《组织行为学教程》，清华大学出版社 2005 年版。

2. 马惠娣：《休闲：人类美丽的精神家园》，中国经济出版社 2004 年版。

3.〔美〕杰弗瑞 · 戈比：《你生命中的休闲》，康筝译，云南人民出版社 2000 年版。

4. 高鸿业主编：《西方经济学（宏观部分）（第 5 版）》，中国人民大学出版社 2011 年版。

5. 国家体育总局职业技能鉴定指导中心组编：《体育经纪人（基础理论篇）》，高等教育出版社 2010 年版。

6. 卢文云、王志华：《多重需求叠加下我国全民健身发展战略思考》，《上海体育学院学报》2022 年第 1 期。

7. 邱希、杜振巍：《“健康中国 2030”背景下全民健身与全民健康深度融合发展的基本态势及发展策略》，《武汉体育学院学报》2021 年第 11 期。

8. 黄红媛等：《物质主义与全民健身运动项目消费行为：社会比较、心理授权多重中介效应》，《沈阳体育学院学报》2021 年第 4 期。

第十二章　休闲体育舞台的“指挥棒”：公共政策学的视角

有什么样的指挥棒，就有什么样的演奏；有什么样的政策，就有什么样的社会。休闲体育政策就是休闲体育舞台上的“指挥棒”，它将休闲体育资源合理配置，从而引导整个社会休闲体育的健康发展。

进入 21 世纪，世界范围内的休闲化进程已成为全球发展的必然趋势，“休闲体育”作为一种健康、积极、科学的生活方式，已逐渐成为人们现代生活的重要组成部分，其开展程度如何也与千百万社会公众的日常生活和利益息息相关。正是由于“休闲体育”在现代社会中的普遍性与重要性，国家政府就需要承担起更多保障、促进、服务公众休闲体育的责任，如配置更多的休闲体育设施，组织更多的休闲体育活动，努力创造一个良好的休闲体育社会氛围并保证公众参与休闲体育的基本权利等。

众所周知，国家政策在保证社会正常运作，指引社会稳定发展方面发挥着至关重要的作用，因此，休闲体育的发展必然受到国家政策的深刻影响。与休闲体育发展相关的国家政策，我们可以称之为休闲体育政策。国外休闲体育的发展有逾百年的历史，在其发展过程中，各国政府针对实际情况，在不同时期都制定了不同的休闲体育政策法规，使之与当时的社会环境相适应。与国外发达国家相比，我国休闲体育发展较晚，休闲体育政策还存在诸多问题，因此，借鉴发达国家休闲体育政策的成功经验有助于解决目前我国休闲体育政策存在的问题,促进我国休闲体育政策的完善,为我国休闲体育的健康发展提供指导与政策保障。

第一节　休闲体育政策概述

一、休闲体育政策的概念

“政策”是人们在现代社会生活中广泛使用的概念之一,作为一种国家政府层面的管理手段,它与国民的生活、生产息息相关。按照更加精准的解释,我们常说的“政策”其全称应为“公共政策”,“公共”两字的增加使其成为涉及大多数社会公众利益,以规范社会成员行为、解决社会公共事务中的各种问题为目的的特定规则。基于不同的研究角度,国内外学者对于“公共政策”这一概念的界定众说纷纭,还未达成一致:持“分配论”观点的学者认为,“公共政策”是指特定主体对社会公共资源进行权威性分配的过程,强调公共政策的价值分配功能;持“选择论”的学者认为,“公共政策”就是政府选择做什么或不做什么,突出了公共政策的行为特征,同时也说明公共政策是在比较基础上的一种选择;另一种“特定时期论”的观点认为,“公共政策”是政府或社会公共权威在特定历史时期为达到一定目标而采取的行动方案或行为依据,强调其应随着政策环境的变化而不断地做出调整或修改。虽然关于“公共政策”的概念界定还存在其他不同观点,如“计划论”“均衡论”等,但它们都揭示了公共政策的一般要素:第一,制定主体。公共政策的制定主体可以是国家机关、政党以及其他各类社会团体,公共政策是它们意志的体现。第二,政策目标。“公共政策”涉及公众利益,是为解决社会公共问题、满足公共需求而制定并执行的。第三,政策过程。“公共政策”绝不是狭义的一纸文本,而是一个动态而完整的过程,包括前期酝酿、制定、执行、评估、修正等。第四,政策表现形式。公共政策表现为一系列为达成目标而制定的法律、法规、法令、计划、指示报告、文件决议等。

在众多的国家政策中,与休闲体育发展相关的公共政策,我们可以称之为休闲体育政策。基于公共政策的一般要素，本书将其界定为：政府或其他相关社会团体在特定时期以实现发展休闲体育活动、满足公众休闲体育需要为目的制定并执行的一种行为准则或行为规范，是一系列谋略、法令、措施、办法、方法和条例的总称。

二、休闲体育政策的特征

（一）休闲体育政策具有公共政策的一般特征

休闲体育政策是国家政府在休闲体育领域制定并执行的总的行动原则，因此，它具有公共政策的一般特征。首先，休闲体育政策具有公共政策的权威性与强制性，是政府意志的体现，通过法律法规等一系列政策表现形式，明确地表明国家政府在休闲体育领域提倡什么与反对什么，做什么与不做什么。其次，休闲体育政策具有一般公共政策的特定价值取向。公平、公正并且合理有效地分配各种社会和自然资源，是公共政策的使命所在。同样，休闲体育政策的使命就是对社会休闲体育资源的有效分配，在其制定和执行的过程中需要处处体现公平、公正的原则，尽管由于资源的短缺性，现实生活中的绝对公平难以实现。最后，休闲体育政策的制定主体与一般公共政策相同，主要是国家政府及公众部门。虽然休闲体育组织体系中存在政府类、企业类以及第三方休闲体育机构，但在目前我国的社会体制下，政府及其相关部门在政策的制定上仍旧发挥着主导作用。

（二）休闲体育政策区别于其他公共政策的特征

休闲体育政策是整个公共政策系统的一个组成部分，具有公共政策的一般特征，但与其他公共政策相比，它仍具有一定的特殊性。

1. 政策目标：解决社会休闲体育问题，维护公众休闲体育利益

休闲体育政策是以国家政府为主的公共机构为解决社会公众休闲体育问题而采取的具体行动，其实质在于解决对休闲体育发展、休闲体育质量提高造成阻碍甚至威胁的社会普遍性休闲体育问题。而解决问题的根本目的就在于对社会公众的休闲体育利益进行协调与平衡。尤其在我国，国家政府是人民利益的代表者，一切休闲体育政

策的制定都应以社会公众的休闲体育利益作为出发点与归属点。

2. 政策内容：国家意志在休闲体育领域的体现

休闲体育政策内容反映的是政府在休闲体育领域的意志、愿望和要求，通过出台相应措施和办法、制定休闲体育发展规划，将政府在这一领域的政治态度、立场、观点转化为明确的休闲体育行动纲领，并进一步将其变为可落实、可操作的具体行动方案。这是休闲体育政策区别于其他公共政策的重要特征。

3. 政策地位：国家公共政策系统中的“弱势政策”

相对于经济政策、教育政策、科技政策、卫生政策以及社会保障政策等公共政策而言，休闲体育政策的经济效益很难直接体现出来，其政策效果也难以被社会公众直接感知。休闲体育政策的作用往往需要在较长的时期以间接的方式发挥出来，这导致它在国家的整个公共政策体系中地位不高，排序靠后，一般都是居于末位。再加上休闲体育的发展需要建立在特定的经济、教育、社会福利保障基础之上，所以从这一意义上讲，休闲体育政策属于一种“弱势政策”。

三、休闲体育政策的功能

影响休闲体育发展的因素众多，既有国家经济、政治、文化、教育等因素的影响，也有地理、环境、气候等因素的影响，但不可否认，休闲体育政策在休闲体育的发展中起着不可替代的作用，它的制定更是在综合考虑以上各因素之后所做的最终决策。毛泽东曾说：“政策和策略是党的生命。”[①]就休闲体育而言，政策虽不是影响其发展的唯一力量，但却有着至关重要的作用。

（一）导向功能：引导休闲体育健康发展

休闲体育的发展应以保障社会公众的休闲体育权利、满足群众日益增长的休闲体育需求为出发点和根本宗旨。为解决社会中出现的休闲体育问题，政府根据特定时期的休闲体育目标，通过政策对人们

---

① 《毛泽东文集》第5卷，人民出版社1996年版，第84页。

的行为和休闲体育发展进行引导。按照确定的目标方向规范人们的休闲体育行为，从而使整个社会生活中复杂多面、漫无目的的个人休闲体育行为，能够被有效纳入明确的统一目标，使之朝向既定的休闲体育目标有序、健康发展。休闲体育政策的导向功能既是对于公众休闲体育行为的引导，更是对于公众休闲体育观念的引导。在休闲体育发展的关键时期，观念导向往往发挥着根本性作用。

（二）调控功能：调控休闲体育利益关系

现实社会中，各方利益的差别、摩擦以至冲突是不可避免的。作为一项政治措施的休闲体育政策，需要对社会公众在休闲体育活动或发展中出现的各种利益矛盾进行调节与控制，尤其是休闲体育的物质利益关系。休闲体育政策作为国家政府用以管理休闲体育的手段，其发挥调控功能的出发点必须是在维护国家政府的利益与需要上，发挥巨大的政策作用。在我国，国家政府代表了最广大人民的根本利益，因此，休闲体育政策发挥调控功能的出发点也可理解为是维护广大人民的休闲体育利益。但是，任何政策的调控功能都会具有特定的倾斜性，休闲体育政策也不例外，这就决定了休闲体育政策会围绕目标的侧重点，鲜明地倾向国家休闲体育工作的某些方面。

（三）分配功能：合理配置休闲体育资源

每一项具体的公共政策，都有一个“谁受益”的问题，即把利益分配给谁。这既是一个重要的理论问题，也是一个严肃的实践问题。休闲体育政策本身不能增加休闲体育资源，但是却可以对不同地区、不同部门、不同群体之间的休闲体育资源进行合理配置，从而在实践上促使休闲体育利益的分配发生变化，改变休闲体育发展的社会环境，降低休闲体育发展所消耗的社会成本，最终影响休闲体育的发展方向、速度和效率。

总体而言，休闲时代的来临，使休闲体育成为社会公众现代生活的重要组成部分。在众多的影响因素中，休闲体育政策发挥着至关重要的作用。它是国家机关、政党或其他相关社会团体在特定时期为发展休闲体育活动、满足公众休闲体育需要而制定并执行的一种行为准则或行为规范，具有引导休闲体育健康发展、调控休闲体育利益关系、合理配置休闲体育资源的功能。休闲体育政策的制定，受到社会、经济、文化以及政治等各方面因素的影响，不同国家的休闲体育政策具有明显区别，同一国家不同时期的休闲体育政策也不尽相同。

第二节　国外休闲体育政策的历史演变及特点

国外休闲体育的发展有逾百年的历史，自工业革命以后，休闲体育活动迅速在欧洲国家兴起。如今，发达国家的休闲体育已成为一种工业文明时代的社会大众文化，休闲体育已随着社会整体的发展，自发地朝着覆盖全社会的方向发展，逐渐成为一种组织化的社会实践。[①] 在此发展过程中，各国政府针对实际情况在不同时期制定的与休闲体育发展相关的各项政策法规，对于休闲体育的发展演变起到了至关重要的作用。本节选择英国、美国、日本三国作为典型代表来阐释发达国家休闲体育政策的历史演变过程及发展特征。

一、英国休闲体育政策的历史演变与特征

（一）英国休闲体育政策的历史演变

英国是现代体育的发源地之一，同时也是世界上最早进行资产阶级革命与工业革命的国家，有着浓厚的休闲体育传统。英国政府对于社会公众的休闲体育管理有着一系列独特的思想理念，其相关政策也随着时代的发展而不断改变。整体而言，随着社会发展和人们生活方式的改变，尤其是工业革命后，英国政府逐渐认识到休闲体育在解决社会问题和维护公共秩序等方面的积极作用，政府开始主动介入休闲体育政策的制定和服务供给中来，采取了支持民众休闲体育活动开展的积极政策。[②] 因此，保障社会公众的休闲体育参与成为英国休闲体育政策和核心和重点。

① 朱寒笑：《中国城市体育休闲服务组织体系研究》，北京体育大学出版社 2009 年版，第 48 页。

② 厉新建：《中国旅游经济发展创新研究》，旅游教育出版社 2009 年版，第 79—80 页。

1."福利国家"模式建成前的休闲体育政策(20世纪40年代末以前)

在工业革命之前的英国,以休闲为目的的体育活动诸如足球、板球、赛马等往往是人们酒后聚会消遣的主要内容。由于这一时期对于工作时间和闲暇时间没有清晰划分,因此饮酒和体育活动即使是在安息日也常常发生,这就导致参加体育活动的人群与清教徒时常爆发冲突。英国政府担心各种暴力事件发生,于是出台相关政策,对人们的体育活动加以限制。[①] 这一时期,英国政府对人们的休闲和体育活动持一种抵制、消极的态度。

直到工业革命的开展,人们原有的生活方式才被彻底改变。蒸汽机的发明应用使大规模生产成为可能,社会生产力水平也大幅度提高,人们有了专门的闲暇时间,社会公众休闲需求相应增加。而休闲体育作为一种重要的休闲方式,也吸引越来越多的公众参与其中。但由于之前政府对公众的体育活动内容加以限制,适合大众开展休闲体育活动的场所、设施严重匮乏。为解决这一社会问题,满足人们的休闲体育需要,1894年和1906年,英国政府相继颁布和实施了《地方政府条例》与《公共场地开放条例》[②],要求各地方政府为体育和休闲活动提供一切室内外体育场地设施。政策刺激英国各级政府投资兴建体育场地设施,至1914年,英国已有500多个游泳池向公众开放。

随着科学技术和社会经济的快速发展,劳动力进一步得到解放,社会公众的闲暇时间得到延长,对休闲体育的需求也不断增加。此时,尽管英国仍然没有全国性的体育管理机构负责公布休闲政策、体育政策以及管理赛场运动,但这并不妨碍英国政府对休闲体育活动持积极肯定态度,因此,英国于1939年通过了《登山法案》[③],倡导大众到户外、森林地区进行休闲体育活动。

总体来说,英国这一阶段的休闲体育政策经历了从高压限制到提

① 曹可强、刘新兰:《英国体育政策的变迁》,《西安体育学院学报》1998年第1期。

② Chris Grattan and Peter Taylor, *Government and the Economics of Sport*, Longman Group UK Limited, 1991, pp. 2-20.

③ 刘锋:《中国休闲经济发展与政策研究》,清华大学2003年博士后论文,第109页。

供体育场地设施、财政补贴和拓展休闲体育活动项目的转变，是以满足社会公众的休闲体育需求为根本出发点，为社会公众休闲体育活动的开展提供了物质保障，这为后期休闲体育政策的全面发展奠定了良好基础。

2.“福利国家”模式下的休闲体育政策（20 世纪 40 年代末——70 年代末）

“福利国家”是二战后西方发达国家普遍出现的一种影响极大的社会现象，它是对传统资本主义制度的重大改良。英国作为老牌的资本主义国家于 1948 年第一个宣布建成了“福利国家”。“福利国家”制度的建立在一定程度上缓和了英国国内的阶级矛盾，保障了公民的平等权利，从而促进了社会的稳定与发展。正是在这种契机下，这一时期的休闲体育政策强调休闲与体育是公民普遍拥有的基本权利，国家福利系统承担着满足大众休闲体育需求、提供休闲体育设施的责任。1965 年，英国成立了体育理事会（Sport Council）[①]，专门为政府提供体育政策、建议、报告以及组织活动推行计划。1972 年，体育理事会正式成为国家体育事务主管部门。自此英国政府有了专门的全国性体育管理机构，直接负责对包括休闲体育政策在内的国家体育政策的制定工作。

1975 年，英国政府公布了《体育运动和娱乐白皮书》，白皮书强调了休闲体育在提高国民健康水平和维护社会安定等方面的作用，并明确表示了休闲体育是公众福利的一个部分。由于这一时期英国奉行不断提高社会福利、不断增加公共开支的政策，在休闲体育发展方面，国家政府尤其是各地方政府对休闲体育服务的投入力度不断加大，其中，对休闲与体育设施的投资兴建是当时政府的主要任务。资料统计，当时英国政府兴建的体育和娱乐中心由 1970 年的 4 处上升到 1979 年末的 1000 处。[②]

在这一时期，政府主要通过体育组织机构的建立、相关法律政策

① 汤际澜：《英国公共服务改革和体育政策变迁》，《南京体育学院学报》2010 年第 2 期。

② 〔英〕凯文·希尔顿等：《体育发展：政策、过程与实践》，吴玉伦等译，北京体育大学出版社 2007 年版，第 71—73 页。

的制定以及财政补贴等手段来保证国家休闲体育政策的全面实施。这些在一定程度上保证了公民进行休闲体育活动的基本权利。

3."新自由主义"模式下的休闲体育政策(20世纪80——90年代初)

20世纪80年代起,英国"福利国家"制度的弊端逐渐暴露,"福利国家"发展模式陷入困境:社会福利支出日益攀升,政府难以承受;政府机构日益臃肿,公共服务质量让人失望;公民滋长懒惰情绪,丧失工作积极性,整个国民经济缺乏发展动力。在此背景下,以撒切尔夫人为首的英国保守党开始摒弃战后一直奉行的以扩大政府开支和刺激消费带动经济增长为特点的凯恩斯主义经济政策,转而推行以货币主义和供应学派为指导的新自由主义经济政策,其核心是促进经济体制的私有化、社会运行的市场化、缩减公共服务开支、提高公共服务效率和质量,强调充分发挥市场经济作用,减少国家干预。经济政策变革所引起的福利制度的改变也给休闲体育政策带来了变化。在撒切尔政府看来,"参与体育的人需要为此而付费"[①]。1982年和1988年,英国体育理事会相继公布有关体育发展策略的文件,即《未来十年体育规划》和《90年代的社区体育》[②]。两个文件开始对社会不同群体的体育发展提出了规划,特别强调针对13—24岁的青少年群体、45—49岁的中年群体、女性群体以及低收入者、失业者等特殊群体提供休闲体育服务,这预示着在这一时期体育理事会的主要任务已经从狂热建设体育设施转移到提高公众的体育参与程度上来。

这一阶段,新自由主义经济政策最重要的影响是强制性竞标方式被引入休闲体育服务。从20世纪80年代开始,只要是达到强制性竞标规模的体育设施都应当通过该方式来确定管理者,政府期望能够通过强制性竞标减少20%的开支。强制性竞标方式将企业精神和管理方式引入体育管理部门,促使地方体育设施的管理必须通过市场的方

① Barrie Houlihan, "Sporting Excellence, Schools and Sports Development: The Politics of Crowded Policy Spaces," *European Physical Education Review*, 2000, 6(2).

② 曹可强、刘新兰:《英国体育政策的变迁》,《西安体育学院学报》1998年第1期。

式来决定。1992年，英国保守党政府体育大臣公开声明，“大众的休闲与体育”不再是中央政府的义务，但是如果地方政府愿意提供服务，它可以成为地方政策。1995年保守党政府颁布《体育：发展游戏》，再次强调将促进大众参与的任务转交给地方负责，地方政府在大众休闲与体育发展中的重要地位被进一步确立。同时，在这一时期，政府还施行了体育彩票制度，将销售彩票所得的资金投入到了国家的体育发展中。彩票对于英国公众的休闲和体育具有巨大意义，因为它不仅使保守党政府降低了补助金税，而且增加了体育、艺术等资金的投入。但是，彩票的获利依旧不能完全覆盖政府在体育方面的福利支出。

总体来说，撒切尔夫人时期的公众休闲体育处于边缘状态，政府不再承担满足大众休闲体育需求的费用。商家可以参与竞标获得公众体育设施管理权，商业主义的引入造成公众体育设施管理者们利益第一的观念，这从根本上破坏了原有的大众休闲体育政策理念。不富裕的民众既无法享用昂贵的私人体育设施，也无法享用政府补贴的大众体育设施。“新自由主义”模式虽然遏止了“福利国家”模式的弊病，但它也带来了休闲体育领域更严重的社会不平等。

4.“社会投资型国家”模式下的休闲体育政策（20世纪90年代末—21世纪初）

为了解决“新自由主义”模式带来的社会问题，1997年工党在大选胜利之后正式提出“第三条道路”的口号，其核心是改革英国以往的福利政策，建立“社会投资型国家”的福利政策。[①] 这种政策既不同于传统“福利国家”模式时期政府对公众福利的大包大揽，又区别于“新自由主义”模式所造成的政府对公共福利事务的放任自流。首先，它强调在公共福利上的人力投资，而非直接提供经济资助。其次，它提倡“不承担责任就没有权力”，政府不直接给公民提供福利服务，而是为他们充分创造享受福利的机会，公民需要主动争取福利。最后，这

① 徐通等：《英国“社会投资型国家”体育政策研究》，《沈阳体育学院学报》2008年第5期。

一政策扩展了社会关注对象，认为若福利只具有消极内涵并主要面向穷人，则必然会导致社会分化。

在“社会投资型国家”理念的指导下，英国政府分别于 2000 年和 2002 年颁布了《大众的体育未来》和《游戏计划》两个重要的体育政策。这两项政策都积极倡导不同年龄、不同阶层的人参与体育运动，尤其关注青少年儿童、青年人、妇女、低收入者等群体的参与程度，重视提高人们参与运动的主动性与积极性。这一时期，英国政府对公民的休闲与体育投资巨大，2002—2005 年四年间的休闲与体育财政支出达到了 20 亿英镑。这样巨大的投资在英国政府历史上是罕见的，因为“社会投资型国家”福利政策的原则是在可能的情况下尽量不提供直接经济资助，但巨大的投资同样换来了丰厚的“回报”。据估算，英国人口每年由于缺少运动而产生的疾病、死亡费用至少需要 20 亿英镑。政府通过投资扩大了休闲体育的参与人口，引导公众培养了健康的生活方式，增强了大众的身体素质。这不仅减轻了医疗等福利系统的负担，也通过对民众休闲方式的正确引导，减少了社会犯罪率，增强了社会凝聚力，促进了社会稳定发展，真正体现了“社会投资型国家”的理念——由事后补救型福利转变为事前预防型福利。[①] 表 12-1 总结了英国休闲体育政策的历史演变。

表 12-1　英国休闲体育政策的历史演变

时间	政策目标	政策措施	政策结果
“福利国家”模式建成前（20 世纪 40 年代末以前）	①工业革命前，对休闲体育活动进行高压管制 ②工业革命后，满足社会公众的休闲体育需求	①各级政府投资兴建休闲体育场地设施 ②拓展休闲体育项目，倡导大众到户外、森林地区进行休闲体育活动	场地设施的增加为社会公众的休闲体育活动提供了物质保障，也为后期休闲体育政策的全面发展奠定了良好基础

① 参见 Espying Andersen G, et al., *Why We Need A New Welfare State*, Oxford University Press, 2002.

（续表）

时间	政策目标	政策措施	政策结果
“福利国家”模式（20世纪40年代末—70年代末）	保障公民具有平等的休闲体育权利，将休闲体育纳入国家福利系统	①成立体育理事会，主管国家体育事务 ②加大对体育场地设施的投资力度	休闲体育场地设施增多，保证了公民进行休闲体育活动的基本权利，但“福利国家”弊病开始逐渐暴露
“新自由主义”模式（20世纪80年代—90年代初）	缩减休闲体育公共服务开支、提高服务效率和质量，充分发挥市场经济作用，减少国家干预	①提高公众的体育参与程度 ②强制性竞标方式被引入休闲体育服务 ③体育彩票制度	虽然遏止了“福利国家”模式的弊病，但带来了休闲体育领域的社会不平等
“社会投资型国家”模式（20世纪90年代末—21世纪初）	不直接给公民提供休闲体育服务，而是为他们充分创造参与休闲体育的机会，公民需要主动争取	①提高人们参与运动的主动性与积极性 ②休闲体育领域增加财政支出	扩大休闲体育的参与人口，引导公众培养健康的生活方式，增强大众的身体素质，同时减少社会犯罪率，增强社会凝聚力，促进社会稳定发展

（二）英国休闲体育政策整体特征

1. 强调不同阶层的大众参与

休闲体育活动的开展需要“时间”和“金钱”两大要素的保障，因此，作为一种社会文化现象，休闲体育最初在英国是“有钱有闲”阶级的一种特权。随着社会的变革与发展，尤其是工业革命以后，休闲体育开始不断地向其他社会阶层、群体扩散。使不同阶层的民众有公平的机会参与休闲体育成为国家和政府的政策重点。例如，1975年英国政府出台《体育运动和娱乐白皮书》提出：休闲体育娱乐是社区日常必备的服务，是社会服务体系中的一个基本构成要素。2000年的《大众的体育未来》强调将“使更多不同年龄、不同社会阶层的人参与体育运动”列为政策的主要目标。政府在休闲体育领域的介入有助于防止休闲体育走向商业化的极端，损害休闲体育的社会效益。政府必要的政策引导，不但有利于充分发挥休闲体育的社会功能，更能防止休闲体育沦为纯粹的商业工具。

2. 重视休闲体育场地设施保障

英国政府为吸引更多的社会公众参与休闲体育活动，一直将休闲与体育场地设施的投资兴建作为政策的主要任务。尤其是“福利国家”建成前期和“福利国家”时期，为了满足社会公众的休闲体育需求，政府承担了休闲体育场地设施的全部修建费用，为社会公众休闲体育活动的开展提供了物质保障。虽然“福利国家”在后期暴露出重大的社会问题和危机，但是英国政府依旧重视公众休闲体育场地设施的保障，只是将政策导向从重视场地设施的兴建转移到了对其利用率的提高上。“新自由主义”时期，体育设施的经营管理权由政府授予私营机构或非营利性组织，给予经营者自主权，以公共体育设施的产出和实际效果为评价基础，重点考察公共体育设施的开放时间、接待人数、提供的服务项目以及在多大程度上促进了目标人群参与体育活动等，从而使得经营者可以根据不同地域、不同人群的需要来经营，提高了公共体育设施服务大众的效率。[①]

3. 采取以宏观间接调控为主的管理方式

英国在休闲体育管理过程中主要采取了宏观间接调控模式：首先，通过立法干预来保障涉及民众休闲体育领域的事务有法可依；其次，运用经济杠杆对休闲体育的发展进行调控；最后，政府还注重发挥社会组织的积极作用。“新自由主义”经济政策实施后，政府在休闲体育管理中从过去的直接提供福利者逐步变成了支持者，但其在福利制度中的主导角色并没有改变。政府需要对休闲体育服务提供者的服务质量进行调控和评估。1997年，布莱尔政府执政后提出建立“社会投资型国家”，其核心是：削弱国家对社会事务的过多直接干预，政府需要与企业、社区、非政府组织等建立新型的伙伴关系，以充分发挥社会的作用。这种理念指导英国政府相继颁布了《大众的体育未来》和

① 张秀丽：《英意西大众体育政策特点及其启示》，《体育文化导刊》2008年第8期。

《游戏计划》。《游戏计划》指出了体育政策实施中存在的一些问题，如政府与社会组织间缺乏共同目标、实施的效率需要提高等。同时指出政府不可以也不应该过多干涉体育事务，地方政府、体育俱乐部、体育协会等应该共同发挥重要作用。不难看出，政府改变了对公众休闲体育事务全包的态度。政府与其他社会组织之间的协调合作促进了统一目标的形成，也共同促进了休闲体育政策的顺利实施。

二、美国休闲体育政策的历史演变

（一）美国休闲体育政策的历史演变

资本主义的发展、自由国度下人人平等的观念以及对个人价值的重视等，催生了强大的美国体育。如果说英国是休闲体育的发源地，那么美国就是当今世界休闲体育产业发展的头号大国。美国的体育产业共分为19个大类，而其中属于体育健身、休闲、娱乐、培训等服务性体育产业的产值占体育产业总值的46%[①]，足以见得，与休闲体育有关的产业是美国体育产业中最重要的组成部分。尽管美国政府并没有设立一个专门的休闲体育管理机构，但美国联邦政府中有七十多个部门在各自的领域中承担着对休闲体育的管理职能，为休闲体育的发展提供政策保障。从最初对公众休闲体育的“放任自流”到现在政府的“伟大社会”计划，美国已经逐渐将休闲体育政策与国计民生紧密地融为一体。

1.“放任时期”的美国休闲体育政策（20世纪30年代以前）

美国的国体、政体和宪法是美国一切政策法规的逻辑起点。美国最初的宪法（1787宪法）既不涉及教育，也不可能直接涉及体育。正如当代美国最有影响力的历史学家之一埃里克·方纳概括的一样，“美国的历史”可以总结为“给我自由”[②]。具体考察美国的体育，会发现其更是具有明显的自由或“放任”的特征。20世纪30年代以前的

① 朱寒笑：《中国城市体育休闲服务组织体系研究》，北京体育大学出版社2009年版，第58页。

② 参见〔美〕埃里克·方纳：《给我自由！一部美国的历史》上卷，王希译，商务印书馆2010年版。

美国体育虽然将一切与体育有关的行动纳入美国宪法的框架与建国基本精神中，但是却一直缺乏明确、统一的法律规范。美国作为一个新兴的移民国家，对公民休闲体育的"放任"让各类移民可以任意地将母邦的休闲体育加以引进和改造。这一时期，人们开展了种类丰富的体育与娱乐活动，尤其是一些户外项目，更是深受人们喜爱。从19世纪70年代到20世纪20年代，尽管美国政府依旧没有制定明确的发展公众休闲体育的相关政策，但是内战后开始的工业化和城市化，使人们大量的闲暇时间得到合理填充，并使其呈现越来越多的消费趋向，美国人开始更多将自己的收入花费在度假、看电影和观摩体育比赛等休闲活动上，体育成了标准的美国生活及消费文化的核心内容之一。[①]

2. "自觉发展时期"的美国休闲体育政策(20世纪30—60年代初)

虽然美国"放任"的体育政策契合当时美国政治、经济与社会发展节奏，并日趋成熟，但是，1929年经济危机爆发及随之而来的经济大萧条，使整个美国社会发展断裂，这一时期美国休闲体育的相关政策也发生了新的重大转折。自此美国公众的休闲体育事务受到了政府越来越多的政策干预，实现了由"放任发展"向"自觉发展"的转型：联邦政府、地方政府以及相关机构开始为人们提供休闲与体育设施，为人们合理利用休闲体育的时间制定标准、提供建议，以迎合并适应不同群体的需求。[②] 20世纪30—40年代的罗斯福新政，建立了民间自然资源保护队(CCC)、公共事业振新署(WPA)，并通过了《社会保障法》(SSA)等法律，提出联邦政府负有保障普通美国人享有物质上的小康生活的责任的执政理念，极大地推动了体育行业(组织、活动项目、基础设备条件等)的标准化建设与发展。在此期间，政府对公众休闲体育的关注主要体现在两个方面。一是投资兴建休闲体育设施，如运动场、游泳池和森林公园等，即使是经济大萧条时期，美国政府仍然投资15亿美元用于社区体育设施建设；二是提供高质量的体育与娱乐活动

---

① 参见〔美〕埃里克·方纳：《给我自由！一部美国的历史》上卷，王希译，商务印书馆2010年版。

② 〔美〕克里斯多弗·R. 埃廷顿等：《休闲与生活满意度》，杜永明译，中国经济出版社2009年版，第81页。

服务，以满足人们对休闲体育的需求。二战后的婴儿潮，使得美国开始面对未来国民健康、终身体育等综合性挑战。面对挑战，美国政府成立了联邦政府机构“青年体适能总统委员会”，即后来的“体适和体育运动总统委员会”（PCPFS），领导解决美国国民体质健康问题。1960年，美国总统肯尼迪在《体育画报》发表题为“柔弱的美国人”的文章，发出国家对国民体质健康下降的忧虑。以此为契机，参与提升国民体质和提供身体活动服务的联邦机构稳步增加。

3.“伟大社会”计划时期的美国休闲体育政策（20世纪60年代中期至今）

二战后的经济发展与技术革新，为休闲体育的进一步发展注入了新的活力。20世纪60年代中后期美国政府开始实施“伟大社会”计划，投入6.5亿美元用于修建城市公园与娱乐设施，各市政府在城市内以及居民小区陆续修建小型公园并配备简单的健身设施，以满足居民进行休闲体育活动的需求①，并且通过并颁发了一系列法案，如《土地和水资源保护基金法》《联邦水上娱乐法案》《野生景区河流及全国道路系统法案》，促进了公园、游泳池、高尔夫球、滑雪坡道、运动场、网球场、溜冰场等休闲体育场所的建设与发展，对休闲体育服务的进一步深化发展起到了重要的作用。

进入90年代，美国社会处于从工业社会迈入信息社会的社会转型期，这间接导致城市现代文明病的加剧。美国政府出于对国民健康问题的高度关注，于1990年颁布并实施《健康公民2000》计划，该计划提出两大战略性目标。一是延长国民的健康生活年限并提高国民的生活质量，二是消除健康中由种族、民族、性别、受教育程度及其他种种不利因素造成的不平等现象。为有效改善公民的健康状况，《健康公民2000》把增加社区体育中心数量作为重要指标之一，规定美国社区每1000人要建1610米野营、自行车或健身路径，每25000人要建设一个公共游泳池，每1000人要建2667平方米开放的休闲公园。② 目

---

① 周兰君：《美国政府参与体育管理方式之研究》，《西安体育学院学报》2009年第1期。

② 何文璐、张文亮：《“健康公民”的美国社区体育设施》，《环球体育市场》2009年第4期。

前该计划已经进入第四个十年，即《健康公民2030年》。表12-2总结了美国休闲体育政策的历史演变。

表12-2 美国休闲体育政策的历史演变

时间	政策目标	政策措施	政策结果
“放任时期”（20世纪30年代以前）	对公民休闲体育采取“放任”态度，让各类移民可以任意地将母邦的休闲体育加以引进和改造	没有制定明确的发展公众休闲体育的相关政策	休闲体育成了标准的美国生活及消费文化的核心内容之一
“自觉发展时期”（20世纪30年代—60年代初期）	政府开始对公众的休闲体育事务进行政策干预	①兴建休闲体育设施 ②成立联邦政府机构“青年体适能总统委员会”，领导解决美国国民体质健康问题	①推动了休闲体育行业（组织、活动项目、基础设备条件等）的标准化建设与发展 ②参与提升国民体质和提供身体活动服务的联邦机构稳步增加
“‘伟大社会’计划时期”（20世纪60年代中期至今）	①深化休闲体育公共服务 ②延长国民的健康生活年限并提高国民的生活质量 ③消除休闲体育领域的不平等现象	①通过一系列法案，加大力度兴建休闲体育场地设施 ②制订“健康公民”计划 ③增加社区体育中心数量	休闲体育服务进一步深化发展，充分满足了公众的休闲体育需求

（二）美国休闲体育政策整体特征

1. 政策制定部门的分散化

美国联邦政府并没有设立专门的体育管理职能部门，国家的公共体育事务由多个部门进行分散化管理，最重要的两个机构是内政部国家公园服务处和国家森林服务处。因此，美国的休闲体育政策往往是由多部门共同制定或单个部门的某些政策会涉及公众的休闲体育事务。联邦政府中设有“总统体质、运动和营养委员会”，但这一机构只为促进公众体育发展提供咨询服务，不为联邦政府制定休闲体育政策。必须注意的是，联邦政府与地方政府还存在区别，在地方政府中制定政策并管理公众休闲与休闲体育的部门是娱乐与公园部，其负责人由市长任命，直接对市长负责。它的职能是负责全市娱乐，体育和公园等公共设施的规划、设计、建设、使用和维护。[①] 这种政策制定部门的分散化，有利于从更多的角度分析如何对公众的休闲体育活动进行合理规划，也有利于不同地区根据自身的实际情况制定休闲体育的发展政策。

2. 政府与市场共同提供休闲体育服务

休闲体育的公共服务涉及公众切身利益，与社会经济文化的发展密切相关，单纯的政府供给满足不了公众的多元需求，但是单一的市场化手段配置会因市场失灵而产生相应问题，因此美国的休闲体育政策强调政府与市场的合作。美国在第二次世界大战以后，国家拨出专款投资社区体育中心，保证公民基本的休闲体育锻炼需要，同时在每一个社区体育活动中心如高尔夫球场、钓鱼池都引入市场化的运营方式，并面向社会收取管理费用。同时，为弥补公共体育设施的不足，政府不仅投资兴建新的体育场地、设施，而且倡导多地提高各种学校的体育场地设施使用率。学校体育设施的开放时间一般为放学以后、学校的假期以及周末等。美国的中小学拥有约 3 万个体育馆，近 2 万套综合性体育设施。为了促进社区休闲体育活动的开展，政府与校方联合制订计划，使学校的体育设施尽可能向社区居民开放，从而促进公众休闲体育活动的顺利开展。

3. 休闲体育的法律法规保障与激励政策

美国虽然是典型的判例法国家，但在体育方面还是制定了全国性的法律并且为其不断地完善而颁布了相关的法令、条例、规章等配套法律法规。这样就为民众参与休闲体育活动提供了法律法规保障。如美国于 1919 年提出了第一个全国性的体育法即《体育法案》，这是美国历史上的第一部全国性的体育立法。此后，为了完善大众休闲体

① 刘子华：《大众体育宏观调控法律问题研究》，知识产权出版社 2018 年版，第 96 页。

育的法律体系，美国又制定和修改了一系列的法律法规，如于1973年颁布了《残障人保护法》以及于1978年出台了关于妇女参加休闲体育活动的有关法规等。同时，美国在大众的休闲体育的发展中，还制定了相应的奖励制度来激发国民参与休闲体育的热情，如制定了鼓励公众休闲体育发展的“体育总统奖”奖励制度等。[①]

三、日本休闲体育政策的历史演变

（一）日本不同时期的休闲体育政策

第二次世界大战后，日本在战争的废墟上迅速崛起。作为战败国，回归国际社会一直是战后日本的最大心愿。战后经济的恢复和发展，加快了日本回归国际社会的步伐。为此，日本开始申请1964年第十八届奥运会的主办权。1958年，日本文部省体育局因申奥成功而被再次恢复，并提出了出台体育振兴法的必要性。1961年，日本正式颁布了带有基本法特点的《体育振兴法》。该法的目的在于“明确有关振兴体育政策措施的基本内容，促进国民身心的健全发展，形成明朗而充实的国民生活”。由于《体育振兴法》出台的背景之一是东京奥运会的举办，其在实施初期，对提高日本竞技体育水平起到了立竿见影的效果。然而，随着奥运会的落幕，日本政府对体育的注意力开始向其健身、娱乐功能转移，陆续出台了一系列普及公众休闲体育的措施性政策。

1.“增强国民体力”时期的日本休闲体育政策（20世纪60年代中后期）

1964年东京奥运会结束一个月后，日本政府发表了《关于增进国民健康和体力的对策》（以下简称《对策》），决定发起增强体力的国民运动。《对策》提出通过改善营养和保健、组织体育活动，增进国民健康和体力的方针，尤其强调需要通过加强场地设施的完善、指导者的培养以及活动组织的培育等措施来开展体育活动。1965年3月，日本

① 江亮：《对国外大众体育与我国社会体育有关法制的比较研究》，《湖北体育科技》2005年第4期。

政府成立由政府机构和民间团体组成的“增强体力国民会议”，负责落实《对策》，推动增强体力的国民运动。十几个省厅每年都拨出专款，用于建设场地设施、培养指导者以及开展活动等。在地方，市町（相当于我国的镇）村一级都设置了推动增强体力国民运动的组织，分别从体育、营养、卫生、保健方面，推动增强体力的国民运动。在开展活动方面，增强体力国民会议在 1965 年提出将每月的 7 日作为健康日，在每年的春秋各举行 1 次全国性的纪念活动，唤起国民的健康意识；1969 年又提出将 10 月作为增强体力强调月，在这个月中，中央和地方的增强体力组织负责开展各种增强体力的活动。为了推动增强体力的国民运动，日本从 1968 年开始对年度优秀的市町村一级地方增强体力团体进行表彰，颁发内阁总理大臣奖、总务厅长官奖和增强体力国民会议议长奖。①

2. “发展社会体育”时期的日本休闲体育政策（20 世纪 60 年代末至 90 年代）

1968 年，日本的国民生产总值超过当时的联邦德国，成为资本主义国家中仅次于美国的第二经济大国。但是，经济的高速增长也带来了国民的健康危机：运动不足、营养过剩、生存环境恶化导致国民的体质与健康水平持续下降，患病率上升，国民医疗总费用不断上升。同时，由于经济发展，国民收入增加、余暇时间增多，国民对休闲的需求日益增强。为了满足国民对健康与休闲的需求，日本政府开始着手制订发展社会体育的中长期计划。

经过 4 年的精心筹备，1972 年 12 月日本正式出台发展社会体育的第一个中长期计划——《关于普及振兴体育的基本方策》（以下简称《方策》），其目的是通过完善国民能够实践休闲与体育的环境，即完善国民参加日常体育活动需要的场地设施、活动组织、指导者等条件，促进国民参加休闲体育活动。与 1964 年出台的《对策》相比，《方策》是专门针对国民休闲体育领域的发展政策，在措施上更加清晰、

① 崔颖波等：《日本发展大众体育的特点及趋势——“社会体育”政策稿，《体育与科学》2003 年第 1 期。

具体。《方策》制定了公共体育设施的完善标准：根据社区规模（划分为 1 万人、3 万人、5 万人和 10 万人四个等级）提出需要完善的体育设施的种类、数量及可供运动面积的大小。以 1 万人社区为例，需要完善的公共体育设施就包括运动广场（面积 10000 平方米、1 处）、室外球场（球场面积 1560 平方米、2 处）、体育馆（球场面积 720 平方米、1 处）、室内柔道剑道场（200 平方米、1 处）和游泳池（水面面积 400 平方米）。① 同时，《方策》规定由市町村一级地方政府负责建设所辖范围内的社区公共体育设施，并强调对于公共体育设施的建设，地方政府要从社会福利的高度给予充分重视。国家要按照《体育振兴法》中的有关条文，在财政上对地方政府建设公共体育设施给予充分的补助。《方策》还提出在加大建设公共体育设施力度的同时，采取措施，增加对学校和企业的体育设施的利用率。

日本从 1973 年开始实施发展社会体育的中长期计划，经过十几年的努力，国民开展休闲体育活动的环境得到了很大改善。在公共体育设施的方面，在实施《方策》前的 1969 年，日本全国仅有 10193 处公共体育设施，在实施《方策》后的 1975 年、1980 年和 1985 年，公共体育设施的数量分别增加到 19835 处、29566 处和 60777 处，16 年间增长了近 6 倍。学校体育设施开放方面，在《方策》实施前，仅有 8% 的学校向社会开放体育设施，而 1989 年向社会的开放比例为：室外运动场 82.1%、体育馆 84.7%、游泳池 38.9%、室外网球场 25.6%。国民参加休闲体育活动环境的改善，有效地促进了参加休闲体育活动人口的增加。根据总理府的调查结果推算，成年人每周参加一次以上体育活动的人口比例在 20 世纪 80 年代期间保持在了 26.3%—27.9%。②

3. “实现终身体育”时期的日本休闲体育政策（21 世纪开始至今）

进入 21 世纪，日本文部科学省在 2000 年推出了《体育振兴基本计划》（以下简称《基本计划》），至此早在《体育振兴法》第四条就已规定的“基本计划”经过近 40 年的酝酿终于制定完成。《基本计划》的

---

① 崔颖波等：《日本发展大众体育的特点及趋势——“社会体育”政策稿，《体育与科学》2003 年第 1 期。

② 同上。

政策目标是实现终身体育社会，使每个国民根据自身的体力、年龄、技术、兴趣、目的，在任何时候任何地点都能进行体育活动。

《基本计划》首先指出了近40年来日本社会发生的巨大变化。如，实施5天作息制度以来，国民由以工作为中心转向以生活为中心；科学技术带来的体力、运动能力的下降以及人际关系淡漠、精神压力增大；老龄化社会的到来；等等。《基本计划》在此基础上做了如下表述：“在这种状况下，当我们考虑到体育在现代社会中具有的意义和作用时，应以国民自主参与体育为基础，切实回应国民的需要和期待，不断营造使每个国民都可以参与体育活动的环境”。《基本计划》中明确规定，“到2010年全国各市町村至少建立一个综合型区域体育俱乐部。到2010年全国各都道府县（相当于我国的省级行政区）至少建立一个泛区域体育中心”①。综合型区域体育俱乐部是一种由区域居民自主组织的体育俱乐部。与以往的单一型体育俱乐部不同，综合型区域体育俱乐部的主要特点如下：第一，备有多种多样的运动项目，满足人们不同的运动需求。第二，从儿童到老年人，从初学者到高水平运动员，区域内的任何人都可以根据自身的年龄、兴趣、技术、技能水平参与不同项目。第三，具备作为运动基地的体育设施和活动场所，可定期或不定期开展体育活动。第四，有高素质的体育指导员，并可根据每个人的具体需要进行体育指导。第五，上述各项由区域居民自主组织运营。泛区域体育中心是指在几个市町村构成的区域圈内建立的体育中心。该体育中心不隶属于某个市町村，具有跨市町村的特点，因此称之为泛区域体育中心。该体育中心的主要功能是在更大的区域内，协调解决单个综合型区域体育俱乐部难以解决的问题，支持综合型区域体育俱乐部发展。截至2008年7月，日本1046个市町村中已创立了2768个综合型地域体育俱乐部。② 表12-3总结了日本休闲体育政策的历史演变。

---

① 周爱光：《日本体育政策的新动向——〈体育振兴基本计划〉解析》，《体育学刊》2007年第2期。

② 胥万兵、金银日：《日本大众休闲和体育的政策导向及其对中国的启示》，《体育学刊》2011年第4期。

表 12-3 日本休闲体育政策的历史演变

时间	政策目标	政策措施	政策结果
“增强国民体力”时期(20 世纪 60 年代中后期)	通过改善营养和保健、组织体育活动,增进国民健康和体力	①完善场地设施、培养指导者以及培育活动组织 ②设置推动增强体力国民运动的组织,组织“健康日”“增强体力强调月”等活动 ③实施奖励制度	唤起了国民的健康意识
“发展社会体育”时期(20 世纪 60 年代末至 90 年代)	通过完善国民能够实践休闲与体育的环境,即完善国民参加日常体育活动需要的场地设施、活动组织、指导者等条件,促进国民参加休闲体育活动	①制定了公共体育设施的完善标准 ②地方政府要从社会福利的高度对公共体育设施的建设给予充分重视 ③促进对学校和企业的体育设施的利用	国民参加休闲体育活动环境的改善,有效促进了参加休闲体育活动人口的增加
“实现终身体育”时期(21 世纪开始至今)	实现终身体育社会,使每个国民在任何时候任何地点都能进行休闲体育活动	营造使每个国民都可以参与体育活动的环境。到 2010 年全国各市町村至少建立一个综合型区域体育俱乐部;各都道府县至少建立一个泛区域体育中心	发展建设了大量综合型区域体育俱乐部和泛区域体育中心,基本实现预期目标

(二) 日本休闲体育政策整体特征

1. 围绕改善国民休闲体育环境制定相应政策

日本的休闲体育政策都提出了将完善公共休闲体育环境(包括场地设施、活动组织、指导者等)作为改善国民体育事务的重点,尤其是在《关于普及振兴体育的基本方策》中制定了内容比较细致的《日常生活圈体育设施配备标准》和《广域生活圈野外活动设施配备注意事项》。20世纪90年代以后，日本对大众休闲体育环境改善的重心从场地设施转移到了培育体育活动组织方面。2000年的《体育振兴基本计划》将培育综合型区域体育俱乐部作为此后十年改善休闲体育环境的重点。与此同时，日本比较重视社会体育指导员的建设，而且起步比较早。早在1965年日本就开始了对社会体育指导员的培养，这一工作主要由各体育协会承担。1971年文部省开始资助体育协会培养社会体育指导员，这迅速促进了日本社会体育指导员的发展。日本通过制定相应的政策使得大众休闲体育的环境有了明显改善，这主要体现在：公共体育设施数量有了明显增加的同时，利用率也大大提高了，并且以之为依托的大众体育俱乐部得到迅速发展，有力地改变了大众休闲体育的组织形式，同时也提高了社会体育指导员的指导率。①

2. 制定大众休闲体育发展规划

制定规划是宏观调控的重要手段，日本在通过立法推动大众休闲体育发展的同时，还制定了相应的具有可操作性的规划来促进休闲体育的发展。如先后制定颁布了《关于增进国民健康和体力的对策》《关于普及振兴体育的基本方策》《体育振兴基本计划》等。这些规划各有侧重，并且具有较强的针对性和可操作性。由于大众休闲体育事务涉及的内容相当繁杂且随着社会的发展而不断变化，规划这种手段可以比较灵活地适应实际情形从而促进大众休闲体育的发展。

3. 政府与社团结合的管理模式

按照《体育振兴法》的规定，日本体育管理采取的是政府与社团相结合的方式，具体表现为以文部科学省及地方自治体的教育委员会等行政机构为中心的管理体制。政府对体育的管理方式以制定政策法规、对体育的发展进行监督为主，在不同的体育组织之间起信息沟通与联络的作用。而日本体育管理的事务性工作主要由以日本体育协

① 刘子华：《大众体育宏观调控法律问题研究》，知识产权出版社2018年版，第117—118页。

会和日本奥委会为主的体育社团承担。[①] 1998 年日本众议院全会一致通过了以增进社会福利与环境保护为目的的市民自主性公益活动的《特定非营利活动促进法》(NPO 法),并在同年 12 月开始实施。所谓 NPO 法,是以追求非特定人群的利益(政治与宗教除外)为主要目的的市民组织,它可以更加快捷方便地申请法人资格。NPO 涉及体育在内的十几个社会领域,NPO 法的实施使普通市民也可作为主体承担社会责任,而不仅仅单纯地依靠政府或企业的支撑。值得一提的是,《体育振兴基本计划》中推行的综合地域型体育俱乐部计划基本上是以 NPO 团体法人的方式施行的。

四、国外休闲体育政策的启示

发达国家的休闲体育已通过渗透经济、文化等方面来影响整个社会,成为人们生活中的重要组成部分,这在很大程度上得益于国家休闲体育政策的不断发展与完善。梳理发达国家休闲体育政策的历史演变,可以为我国休闲体育政策的发展重点提供一定的启示和借鉴。

(一)重视改善休闲体育环境

发达国家的休闲体育政策都非常重视对休闲体育环境的完善,包括对公共体育场地设施的兴建与开放、对休闲体育活动的组织与管理以及对休闲体育指导者的培训等。休闲体育环境是公众进行休闲体育活动的基础保障,是休闲体育政策的重点内容。同时,发达国家还根据实际情况,制定了休闲体育环境的具体标准,如体育设施的种类、数量,体育场地的面积大小等。这些可量化的指标可以清楚地反映最终的政策效果,为休闲体育政策的监控与评估提供了方便。

(二)强调政府与其他社会部门的合作

虽然休闲体育涉及公众的切身利益,但政府由于资源的有限性,不可能对公众的休闲体育事务采取全包态度,这就要求在制定休闲体育政策过程中充分调动社会其他部门的资源,与政府部门协调合作,

① 尹晓峰:《日本体育法规及政策制度的发展动向》,《体育科研》2009 年第 5 期。

共同促进休闲体育的蓬勃发展，这些社会部门包括各类体育企业、体育俱乐部、体育社团等。发达国家的休闲体育政策强调政府发挥宏观间接调控作用，与市场合作为社会公众提供休闲体育服务，同时也鼓励各种体育社团承担起社会责任，与政府协作管理公众的休闲体育事务。

（三）制定发展规划与激励政策

公众参与休闲体育活动，除了需要法律法规的保障外，还需要制定具有可操作性的发展规划进行指导。发达国家为了有效保障大众休闲体育活动的开展，纷纷制定了一系列的发展规划，这些发展规划的突出特点就是：目的明确，层次分明，可操作性、科学性、系统性强。[①]另外，社会大众由各种各样的群体组成，一般性计划难以奏效，因此，很多国家的大众体育计划具有明确的群体针对性。为了发挥民众的主观能动性，有的国家还制定了相应的奖励制度来激发国民参与休闲体育的热情，并达到了良好的激励效果。

总而言之，随着社会的发展，休闲体育已成为文明时代的一种社会大众文化标志。在其发展过程中，各国政府针对实际情况，在不同时期都制定了不同的休闲体育政策法规，使之与当时的社会环境相适应。英国、美国、日本三国作为具有代表性的发达国家，在社会公众的休闲体育管理方面有着一系列独特的思想理念，其政策也随着时代的发展而不断改变。从政策的历史演变中，我们可以把握发达国家休闲体育政策的发展规律，总结在政策制定与实施过程中的成功经验与失败教训，从而为我国休闲体育政策的发展及完善提供参考。

第三节　我国休闲体育政策的历史演变

一、我国不同时期的休闲体育政策

改革开放后，我国经济开始腾飞，社会发展加速，人民的生活水平也大幅度提高。稳定的政治经济环境，促使人民的休闲需求增加。20世纪90年代，以上海、北京、深圳为代表的少数城市开始陆续跨入休

① 周晓东：《国际大众体育发展对我们的启示》，《体育科学研究》2000年第2期。

闲时代,休闲时代的特征是居民的消费结构从物质产品向精神产品转移[①],于是,传统的体育生活方式开始向现代休闲体育生活方式演进,“休闲体育”这一概念也逐渐被大众所熟知。而在改革开放前,基本不存在“休闲体育”这一说法,与社会大众息息相关的是以提高国民身体健康水平为目的的“群众体育”。从参与目的来探讨群众体育和休闲体育的关系,可以认为休闲体育是群众体育发展的高级形式,是人们在满足了增强体质的基本需求之后才会出现的对于心理与精神层面的放松和闲适的追求。[②] 因此,这两者是事物发展的先后阶段,是彼此紧密相连的,从某种程度上讲,在特定时期可以认为两者表述的是同一问题,尤其是在“休闲体育”概念出现前,某些有关群众体育的政策法规直接影响了休闲体育在我国的早期发展。以下将从新中国成立开始,对有关“群众体育”“休闲体育”的政策法规进行梳理,探讨我国休闲体育政策的历史演变。

(一)我国休闲体育政策的产生与曲折发展阶段(1949—1977)

1949 年 9 月 29 日通过的《中国人民政治协商会议共同纲领》第 48 条规定:“提倡国民体育”。显然,新中国体育事业的基本政策是面向广大人民,致力于体育运动的普及。1952 年 6 月,中华全国体育总会成立,同年,《为国民体育运动的普及和经常化而奋斗》提出了“在现有的基础上,从实际出发并与实际相结合,使体育运动普及和经常化,积极地‘发展体育运动,增强人民体质’,为加强生产建设和国防建设而服务”的口号。1954 年 1 月中央政府在《关于加强人民体育运动工作的报告》中进一步明确指出,“人民的体育运动还是国家的一项新的事业,各级党委必须予以充分的重视,加强领导”[③]。因此,各有关部门重视群众性体育运动的开展,并强调要把体育运动从过去由少数运动员表演、竞技和社会休闲人士在有限时间和空间开展的娱乐,改

---

① 李向民:《精神经济》,新华出版社 1999 年版,第 16 页。

② 刘国永、彭程:《政府主导下的我国休闲体育发展举措与实施效果》,《北京体育大学学报》2012 年第 6 期。

③ 国家体委政策研究室主编:《体育运动文件选编(1949—1981)》,人民体育出版社 1982 年版,第 3 页。

变成以增进人民健康为目的，普及性强且经常开展的运动。总体来说，新中国成立初期制定的体育政策以提高人民健康水平为出发点，并没有特别强调体育的休闲娱乐功能，这与当时的经济政治环境有关：年轻的共和国内忧外患、百废待兴，需要人民的强健体魄和旺盛精力，摆脱“弱国弱民”的危机。

1956年之后的二十年，我国经历了“大跃进”“文化大革命”等政治运动，体育政策要求在群众体育的基础上，加快发展竞技体育。这一时期，我国的群众体育政策在政治的风云变幻中经历了曲折的发展历程。“大跃进”时期，国家体委于1958年制定了《体育运动十年规划》，提出大力开展群众性体育运动，在体育运动广泛开展的基础上，加速提高运动技术水平。但由于《体育运动十年规划》是全国“大跃进”背景下的产物，带有明显的脱离实际的浮夸痕迹，制定的目标难以实现。“文化大革命”时期严格说来也没有明确、具体的群众体育政策。这一时期体育的健身、娱乐、休闲功能都让位给了政治功能。

总体说来，改革开放前我国的体育政策强调大众的全面参与，重视提高人民的身体健康水平。正因如此，休闲时间开展的体育运动呈现出全民共同参与的特点，“全国城乡一时间都搭上了成千上万张球台……每天放学、下班后，无数身影挥动着球拍，直到夜幕降临，看不见乒乓球的来去，乃止”[①]。但是，这一时期，我国的体育政策政治色彩过浓，目标也过于理想化。

（二）我国休闲体育政策的探索与创新阶段（1978—1994）

1979年，国家体委提出“国家体委和省一级体委要在普及和提高相结合的前提下，侧重抓提高”[②]。这是新中国成立以来，首次在体育工作方针中提出要“侧重抓提高”，这标志着我国体育工作由以群众体育为重点向以竞技体育为重点转变。对于群众体育，1980年体委主任王猛提出了“依靠大家办体育”的政策设想。体育方针变化的原因主要有两点，首先，1979年中国重返奥运会大家庭，竞技体育可成为国家

---

① 刘新平：《休闲中国》，中国工人出版社2002年版，第164页。

② 伍绍祖主编：《中华人民共和国体育史（1949～1998）综合卷》，中国书籍出版社1999年版，第268页。

对外宣传的重要工具和有力手段；其次，由于资源的有限性，国家对体育事业投入总量不足，于是采取集中使用、重点突破的策略。尽管如此，对于群众体育，国家还是力所能及地去推动，在政策上予以支持和重视。王猛同志在1980年全国体育工作会议上的工作报告中总结了三十年体育工作的基本经验教训，指出体育关系到亿万人民的健康，各行各业人人都需要体育，而人民的要求又因身体条件、兴趣爱好而不同，不能强求一律。要充分运用报刊、广播等宣传工具和利用各种机会，大力宣传体育的意义和作用，造成整个社会范围的强大舆论，最广泛地动员、吸引广大群众自觉参加各色各样的体育活动。

随着改革开放的进一步深化，政府更加注重人民物质文化生活水平、消费水平的提高与改善，注重各项事业的发展。[①] 具体到体育事业发展，政府重新定位发展目标，强调满足群众日益增长的体育需求。尤其是1982年党的十二大以后，政府将体育正式列为精神文明建设的内容，不仅强调体育对国民的健康作用，而且强调体育对提高国民素质和促进社会化发展的作用。[②] 基于这一导向，政府的政策开始倾向于引导国民开展健身活动，强调体育有助于增强人民体质，培养人们勇敢顽强的品质，也有助于改善人际关系，建立健康合理的生活方式，创造文明、和谐的社会环境。这一方面体现出政府在体育发展观念上的转变，即由单纯的强身健体向建立健康生活方式的转变；另一方面表明政府开始把人民的体育利益作为政策的出发点，重视人民的休闲娱乐需要，体育的社会化功能逐步得到体现。20世纪90年代之后，尤其是1992年确立市场经济体制改革目标后，我国经济实力不断增强，人民生活水平显著提升，这就为居民的休闲体育需求提供了经济保障，促进了休闲体育在我国的蓬勃发展。

（三）我国休闲体育政策的法制化与系统化阶段（1995年至今）

1995年，世界卫生组织和国际体育医学联合会体育运动健康委员

---

① 陆学艺、李培林主编：《中国社会发展报告》，社会科学文献出版社2007年版，第74—78页。

② 来德淳、董晓春：《建国后中国政府发展国民体育侧重点的社会学初探》，《沈阳体育学院学报》2001年第4期。

会共同发表“为健康而运动”的声明，呼吁各国政府将体育运动和促进公共健康作为公共政策的一个重要方面加以考虑。[①] 同年，我国开始实行双休日制度，人民有了更多的休闲时间，对休闲的需求日益增长。在此背景下，当年的《政府工作报告》明确指出：“体育工作要坚持群众体育和竞技体育协调发展的方针，把发展群众体育，推行全民健身计划，普遍增强国民体质作为重点。”1995 年 6 月，《全民健身计划纲要》正式公布，确定用 15 年时间将全民健身工作提高到一个新的水平，基本建成具有中国特色的全民健身体系。[②] 同年 10 月，《中华人民共和国体育法》（以下简称《体育法》）正式施行，标志着中国体育全面正式进入法律化轨道。《体育法》的颁布确定了发展体育事业，增强人民体质，提高运动技术水平，促进社会主义物质文明和精神文明建设的目标，提出要推行全民健身计划，实施体育锻炼标准，进行体质监测。

《体育法》与《全民健身计划纲要》的出台，一方面推动了“全民健身宣传周”活动在全国范围内的广泛开展，从 1995 年开始到 2000 年，国家体育总局每年都要确定“全民健身宣传周”活动的主题、方案、时间，“全民健身活动周”成了一个制度化活动，并产生了广泛的社会影响，有效增强了大众居民的体育健身意识；另一方面积极促进了各地方政府围绕“建设群众身边健身场地”“健全群众身边体育组织”“举办群众身边经常性体育活动”三个环节，构建覆盖全社会的全民健身体系。北京奥运会的举办，掀起了全民健身热潮，在此基础上，2009 年国务院批准设立“全民健身日”，公布实施《全民健身条例》（以下简称《条例》），突出政府发展全民健身事业的责任，这进一步为我国休闲体育的发展提供了政策支持。比如，《条例》规定，由体育主管部门分配使用的彩票公益金，应当根据国家有关规定用于全民健身事业。对于休闲体育活动的硬件环境，不仅要求财政对于体育健身设施建设的

---

① 胡小明编著：《体育休闲论》，四川科学技术出版社 2008 年版，第 224 页。

② 苗大培：《“第三部门”与全民健身服务体系——国家与社会共建的理论研究》，北京体育大学出版社 2009 年版，第 25 页。

投入力度进一步加大，而且规定“公办学校应当积极创造条件向公众开放体育设施”，建设与开放并重。2011 年，国务院正式公布《全民健身计划（2011—2015 年）》。同时，在国家“十二五”规划“全面发展体育事业和体育产业”的部署下，国家体育总局制定下发了《体育事业发展“十二五”规划》，要求各级体育部门着力加强政策引导，采取有效措施进一步强化政府履行体育公共服务的职责，不断完善体育公共支撑体系，同时积极发挥示范引导作用，努力营造推动休闲体育发展的大环境，引导公众树立休闲化、娱乐化的体育理念。这一时期，我国的休闲体育政策相对稳定，以《体育法》以及《全民健身计划纲要》《全民健身计划（2011—2015 年）》作为政策中心，构建了我国休闲体育的政策体系，尤其是《体育法》的颁布，标志我国的休闲体育管理工作正式纳入法制化轨道。

2021 年 8 月，国务院印发了《全民健身计划（2021—2025 年）》（以下简称《计划》）。就促进全民健身更高水平发展、更好满足人民群众的健身和健康需求，《计划》明确，到 2025 年，全民健身公共服务体系更加完善，人民群众体育健身更加便利，健身热情进一步提高，各运动项目参与人数持续提升，经常参加体育锻炼人数比例达到 38.5%，县（市、区）、乡镇（街道）、行政村（社区）三级公共健身设施和社区 15 分钟健身圈实现全覆盖，每千人拥有社会体育指导员 2.16 名，带动全国体育产业总规模达到 5 万亿元。《计划》还提出了包括加大全民健身场地设施供给、广泛开展全民健身赛事活动、提升科学健身指导服务水平等 8 个方面的主要任务。

二、我国休闲体育政策整体特征

（一）政策制定与国家政治紧密相连

休闲体育政策作为国家公共政策的一个组成部分，属于上层建筑的范畴，必然与国家政治紧密相关。自新中国成立以来，我国政府极其重视社会发展过程中的政治动因。正因为如此，政治因素对我国休闲体育发展的推动力和制约力都极大，不同时期的政治氛围对休闲体育政策的制定具有很大影响，不同阶段休闲体育政策的特点，也体现了同时期我国的政治特质。我国休闲体育政策的历史演变与政治变迁轨迹几近吻合。如新中国成立初期，我国的群众体育政策以“一切从实际出发，实事求是”的思想路线为指导，在对新中国基本国情的深入分析的基础上，强调从国家需要和人民的切身利益着手，建立组织，加强宣传发动，实事求是地开展群众体育。而“大跃进”时期，群众体育政策受政治路线影响，也出现了“偏向”：没有考虑资源供给的不足，不切实际地片面追求“高指标”，追求群众体育活动的形式，忽视其实际效果，违背了人民群众的内心需求，带来了不良的影响。因此，国家政治路线直接影响到我国的休闲体育政策。

（二）以“增强人民体质”为政策总体目标

我国的体育政策，包括休闲体育政策在内，尽管在不同时期，从内容到形式都有不同变化，但是，只要关乎全体国民的切身利益，“增强人民体质”这一核心目标就没有动摇，始终贯穿政策演变的各个阶段，成为我国体育政策、休闲体育政策的一条主线。新中国成立初期，内忧外患，百废待兴，需要人民具备强健的体魄，毛泽东主席发出“发展体育运动，增强人民体质”的纲领性号召，并以此为目标，形成了我国制定体育政策的指导思想。改革开放后，人民生活水平整体提高，体育出现了休闲化、娱乐化的趋势，尽管国家政府开始积极倡导休闲体育这一健康的生活方式，但是在一些纲领性体育政策法规中，依旧以“增强人民体质”作为发展休闲体育的总体目的。《全民健身计划纲要》中指明：“为了更广泛地开展群众性体育活动，增强人民体质，推动我国社会主义现代化建设事业的发展，特制定本纲要。”这与我国当前经济建设和社会发展对人民的身体素质提出了更高要求的国情是分不开的，因此，在满足个人娱乐休闲需求的同时，国家层面更注重以休闲体育的方式增强国民体质。

三、我国休闲体育政策存在的问题及原因分析

休闲体育旧政策问题的存在是新政策制定过程的起点，找出当前休闲体育政策存在的问题及原因，是完善休闲体育政策的重要环节。

公共政策制定的目的就是通过解决存在的问题而适应、协调或者分配相关利益者的价值和权益，从而实现政策目标群体价值的最大化。因此，从这个层面讲，认清和把握好我国休闲体育政策存在的问题及原因就显得尤为重要。

（一）政策制定过程中民主参与不够

改革开放以前，我国社会结构分化程度较低，只能靠政治系统内部的权力精英通过调查、分析和研究将他们所认定的社会大众利益输入到公共政策中，因此，政策往往是片面的，而不是广泛、全方位的，政策客体只能被动地接受相关政策。休闲与体育方面政策的制定也不例外，例如1954年《关于加强人民体育运动工作的报告》，在制定过程中缺乏广泛的民意调查与民主听证，与财政、卫生、文化等相关部门也缺少应有的沟通，因此政策客体缺乏对政策的理解，属于典型的供给型政策，在执行过程中难以得到其他部门的协调与配合，只能依靠行政强制性手段来实施。改革开放以来，我国公众参与公共政策制定过程的方式有了明显的变化，由单一的官方参与渠道向多样化民间参与渠道发展，由被动参与向主动参与发展，实践中表现为专家咨询、人大提案、民主听证等等。但事实上，政策信息的封闭致使信息不对称，因此政策制定中公众参与程度不高，政策更多还是一种政府意志。根据1996年国家体委组织的第一次中国群众体育现状调查与研究结果，直到1996年底，有65%的人从来没有听说过《全民健身计划纲要》。显而易见，《全民健身计划纲要》尽管经过了广泛的论证和宣传，但政策呈现为单主体决策，而非多方案的择优，民众参与政策的程度仍旧偏低。

（二）政策执行机制不完善

我国休闲体育政策涉及面广，需要社会各部门沟通协作，因此，从制定到执行较为复杂。《全民健身计划纲要》中规定：《全民健身计划纲要》由国家体委负责组织实施，由国家体委会同有关部门、各群众组织和社会团体共同推行。这一规定确立了政府体育行政部门的主导地位和绝对的执行权力。但是，《全民健身计划纲要》的实施对象是全体国民，实施工作涉及多个行政部门和组织，这些部门和组织之间的执行权力配置关系并不清晰，因此在具体实施过程中，没有形成良好的领导、协作和沟通机制，这导致一些跨部门执行和管理问题成为盲区，使得政策不能有效执行或政策执行中断。另外，由于我国旧体制遗留的工作方式和人们已形成的思维方式根深蒂固，所以尽管休闲体育政策执行机制开始由单纯行政化向政府领导、社会运作的方式转变，但在一定程度上还是以单一的行政执行为主。一方面，这使得在体育行政层级组织自上而下的执行中，最接近服务对象的基层执行者没有决策权，只能机械或照搬执行上级的指令，因此，有些执行者敷衍了事、拖拉执行，导致政策执行效率不高。另一方面，体育行政部门虽然被赋予了群众体育政策执行的主导权力，但是，在实际的执行和实施工作中，体育行政部门对其他和体育行政部门平行的部门和组织，不存在指挥和监督的权力，因此，即使这些部门和组织不努力执行、不作为，体育行政部门也无能为力。尽管休闲体育的发展关乎民生与社会稳定，但其作用是潜在的，很难量化。所以休闲体育政策一直处于我国公共政策体系中的“弱势地位”，从而易导致权力部门口头重视，思想轻视；或热衷于休闲体育政策的制定而疏于执行，使休闲体育政策成为空头支票和装饰品。

（三）政策监控和评估的力度不够

众所周知，只有通过政策监控和评估，政策制定主体才能够判断一项政策是否收到了预期效果，从而决定这项政策是应该继续、调整还是终结；同时，通过政策评估，还可以总结政策执行的经验教训。[①]目前，我国还没有对某项休闲体育政策甚至是某项体育政策做过系统的评估，也未有相应的政策评估报告。原因是多方面的，首先是休闲体育政策评估本身的困难。休闲体育政策执行后产生的影响涉及生活的方方面面，既有显性的影响，如场地设施数量的增加、参与人口比例的上升等，也有隐形的影响，如国民休闲体育观念的转变等，效应难以量化。其次是休闲体育政策评估主体的问题。一般来说，我国休闲体育政策的制定者也是政策评估的组织者和实施者，总会产生“自己打自己嘴巴”的忧虑，尤其是当评估主体来自政府体制之外时，这种担

---

① 陈振明主编：《政策科学——公共政策分析导论（第二版）》，中国人民大学出版社2003年版，第307页。

忧往往会阻碍或者抵制休闲体育政策评估的进行。因此,在我国,休闲体育政策的评估一直未受到足够重视。制定政策、宣传政策与评估政策效果受到的关注并不相同,这客观上助长了决策的随意性,给经济以及社会发展带来了一定的不良后果。

(四) 政策投入相对不足

在我国现有的国情体制与经济环境下,既要重视和鼓励社会力量兴办休闲体育,也不能忽视休闲体育事业的公共性。我国地区发展较为不平衡,一方面要看到经济发达的大城市里相当数量的家庭有足够的经济能力支付休闲体育产品,另一方面也要看到在一些贫困落后地区以及城市低收入阶层中,休闲体育消费依旧是一种奢侈品。这在一定程度上与我国政府在政策上对休闲体育的投资严重不足密切相关。尽管国家动用体育彩票基金兴建了一批全民健身路径,但其主要还是停留在城市社区,对于广袤的农村,休闲体育的场地设施建设严重匮乏。此外,在有限的休闲体育投入中,投入的地区结构也不甚合理,东西部地区间人均体育经费差异每年都在继续增大,这不利于整个中国体育事业的可持续发展,也与构建和谐社会的理念不相吻合。

四、我国休闲体育政策的未来展望

目前,我国已进入贯彻落实国家"十四五"规划以及《"十四五"体育发展规划》,建设体育强国的关键时期,这同时也是推进休闲体育事业、产业快速发展的关键时期。依托已经取得的成果和经验,并结合发达国家休闲体育政策的特点与启示,我们可以对我国休闲体育政策的未来发展进行展望,从而深化对我国休闲体育的系统研究。

(一) 制定休闲体育产业发展政策

休闲体育的系统规划与发展离不开产业政策的扶持。休闲体育的产业发展政策是国家政府以休闲体育产业为直接对象,通过对全产业的保护、扶植、调整和完善,积极参与产业的生产、经营、交易活动,以及直接或间接干预商品、服务、金融等市场和市场机制的政策总和。产业发展政策对产业的保护、扶植、调整和倾斜作用,能促进休闲体育产业健康发展和壮大。第一,在休闲体育产业的开发方面,政府要充分考虑区域的整体布局，对城市、农村、公园、绿地等加强规划建设，促进休闲体育产业的均衡发展。第二，政府要解决好休闲体育产业开发和市场对接的问题，既要保证休闲体育产业的产出能力，也要保证市场的需求能力，两者平衡才能确保休闲体育产业规划的科学性。

（二）制定休闲体育设施投入和运行保护政策

休闲体育的设施投入和运行保护问题要通过制定相应政策加以解决。在休闲体育场馆设施的兴建、利用上，政策要把握布局合理、高效利用的原则。既要有适应于大型体育竞赛的综合体育场馆，也要有居民日常健身休闲所需的社区体育设施；既要满足大众需求，建造新兴的公共休闲体育设施，也要为社会大众充分开放利用学校、企业等已有的场馆资源。同时，在休闲体育场馆设施的运营模式上，政策导向应实现由事业型向企业型逐步转变，通过市场手段多渠道融资、筹资，吸引社会资金融资控股，从而为休闲体育场馆设施的建设、运行、维护提供足够的资金支持。

（三）完善休闲体育服务组织体系政策

目前社会正处于转型期，原来的政府集中统一组织的社会生活，正逐步向由政府、市场和社会共同组织过渡，单一的行政模式已经不能适应社会的发展。这就决定了休闲体育服务组织体系的发展必须突破单一发展模式。我们要结合社会发展特征以及国外休闲体育组织体系发展经验，对已有的政策进行完善，最终建立以政府为主导，以非营利性组织为主体，以市场化、产业化为方向，以政策法规制度为保障，科学合理、联手服务的多元化的休闲体育服务组织体系。

（四）完善休闲体育政策的制定、执行、宣传与评估过程

政策制定是政策过程的起始阶段，是政策科学的核心主题。在对休闲体育政策的制定过程中，需要建立规范的制定程序和制度，既要保证政府的主导地位，又要保证各利益主体在充分参与下的利益表达，提升公众的民主参与性。政策执行是政策成败的关键环节，政策执行的好坏决定政策目标是否能实现。休闲体育政策的各级执行者不可能像政策制定者那样了解政策，因此组织好相关的休闲体育政策

执行主体在政策公布后马上进行政策学习，达到对所推行政策的认识理解，是非常有必要的。同时，在政策执行过程中还要做好相应的政策信息宣传工作，利用多角度使广大公众认识到休闲体育政策与他们的紧密关系，从而自觉地、积极地接受和执行休闲体育政策。目前，政府部门多偏重休闲体育政策的制定，而淡于政策评估。我们应积极推进休闲体育政策评估的制度化、法制化，建立休闲体育政策评估指标体系，将内部评估和外部评估相结合，从而提高休闲体育政策的评估水平。

总结而言，我国休闲体育政策的历史演变可分为产生与曲折发展、探索与创新、法制化与系统化三个阶段，尽管每个阶段的政策内容有所不同，但在政策制定上都将“增强人民体质”作为总体目标，并与国家的政治路线紧密相连。目前，我国休闲体育政策在政策制定、执行、宣传和评估以及政策投入上还存在相应的问题，这就需要借鉴发达国家的成功经验，并结合自身国情，对我国的休闲体育政策体系进行调整与完善，充分发挥休闲体育政策的“指挥棒”作用。

推荐阅读

1.〔英〕凯文·希尔顿等:《体育发展:政策、过程与实践》,吴玉伦等译,北京体育大学出版社 2007 年版。

2. 朱寒笑:《中国城市体育休闲服务组织体系研究》,北京体育大学出版社 2009 年版。

3.〔美〕克里斯多弗·R. 埃廷顿等:《休闲与生活满意度》,杜永明译,中国经济出版社 2009 年版。

4. 胡小明编著:《体育休闲论》,四川科学技术出版社 2008 年版。

5. 陈振明主编:《政策科学——公共政策分析导论(第二版)》,中国人民大学出版社 2003 年版。

6. 国家体委政策研究室主编:《体育运动文件选编(1949—1981)》,人民体育出版社 1982 年版。

7. 刘新平:《休闲中国》,中国工人出版社 2002 年版。

8. 伍绍祖主编:《中华人民共和国体育史(1949～1998)综合卷》,中国书籍出版社 1999 年版。

9. 陆学艺、李培林主编：《中国社会发展报告》，社会科学文献出版社 2007 年版。

10. Chris Grattan and Peter Taylor, *Government and the Economics of Sport*, Longman Group UK Limited, 1991.

11. Espying Andersen G, et al., *Why We Need A New Welfare State*, Oxford University Press, 2002.

12. Barrie Houlihan, "Sporting excellence, Schools and Sports Development: The Politics of Crowded Policy Spaces," *European Physical Education Review*, 2000, 6(2).

第十三章　新兴休闲体育项目

休闲体育是社会发展的产物,也是时代进步的见证。起初的休闲体育,只是上层阶级用于消遣的娱乐活动。随着社会经济的发展,休闲体育的大门向越来越多的人敞开,拥有额外休闲时间和经济条件的人们更愿意选择休闲体育项目来放松身心、养生休闲,可谓"旧时王谢堂前燕,飞入寻常百姓家"。休闲体育的形式不拘一格,内容丰富多彩。起初,休闲体育的内容大多由传统体育项目演变而来,如球类、田径、体操,在规则、形式等方面稍加改变,便可以变成老少皆宜的休闲体育项目。而如今,人们对于休闲体育项目的需求更加丰富,层次更加多样,新兴的休闲体育项目应运而生,发展出如高山滑雪、海钓、滑沙、冲浪等新兴休闲体育运动项目。

正如同其他新兴事物的发展,新兴休闲体育项目的选择和发展也同样会遵循一定的规律。本章将从自然层面与社会层面两个维度分析新兴休闲体育项目发展的因素,并介绍一些时下流行的休闲体育项目。

第一节　新兴休闲体育项目发展的因素分析

一、自然条件层面

如果对近年来新兴的休闲体育项目稍加留意,不难发现许多新兴项目越来越贴近自然,人们走出传统的体育馆、健身房,来到大自然中,利用自然的条件和资源来拓展新的休闲项目。地理学上将自然地理条件分为气候、气象、水文、土壤、地形等要素。通过罗列并分析这些要素，我们便可以探究影响新兴体育项目发展的自然因素。我们将与新兴体育项目发展最为相关的自然地理要素挑选出来，它们分别为气象、地形、水文、生物和地质五个要素，如表 13-1 所示，这五个要素分别又受到其子要素的影响。

表 13-1　与新兴体育项目发展相关的自然地理要素

要素名称	子要素名称	
1.气象	1.1 降水	
	1.2 风速	
	1.3 日照	
	1.4 积温	
2.地形	2.1 海拔	
	2.2 坡度	
	2.3 坡向	
	2.4 起伏度	
	2.5 沟谷密度	
3.水文	3.1 河流	3.1.1 流量
		3.1.2 河流补给
		3.1.3 河型
		3.1.4 级别
	3.2 湖泊	3.2.1 水源
		3.2.2 面积
		3.2.3 深度
	3.3 海洋	3.3.1 潮汐
		3.3.2 洋流
4.生物	4.1 植被	4.1.1 类型
		4.1.2 覆盖度
		4.1.3 郁闭度
	4.2 动物	4.2.1 生物量
		4.2.2 多样性
5.地质	5.1 岩性	
	5.2 地质构造	

（一）气象

在气象方面，降水量对高山滑雪项目有较大的影响，冬季降雪量较大的山脉往往能够形成条件较好、开放时间较长的高山雪场；风速会影响海钓和帆板冲浪项目，海钓项目更适宜在风平浪静的海面展开，而帆板冲浪则需要适宜的风速。

（二）地形

地形是所有高山运动最显著的影响因素，例如高山滑雪、翼装飞行等，都对山脉的海拔和坡度有特定的要求；而滑沙、山地自行车等，虽然不需要特定的海拔高度，但需要在有合适坡度和起伏度的场地上开展。

（三）水文

江、河水的流量，河型对划水竞渡有直接的影响，龙舟、凤舟、皮划艇等项目需要在水域开阔、流量充沛、流速较缓的水域开展。而山野漂流等项目则会选择河道蜿蜒、水流较急的水域。对于海上项目而言，潮汐和洋流会影响海钓和帆板冲浪等海上项目的开展。

（四）生物

生物要素包括了植被类型、植被覆盖度、植被郁闭度、动物类型等子要素。生物要素对于徒步穿越的影响较大，通常人们为了徒步运动中的人身安全，倾向于选择在视野开阔、气候适宜的地点开展，徒步运动因此会选择沙漠、草原和一些植被较为低矮、没有攻击性野生动物出没的地域。

（五）地质

地质因素通常为户外攀岩项目最重要的影响因素，岩石的特性、地质构造等因素都被纳入考虑范围。户外攀岩项目一般在陡崖或陡坡上进行，且进行该项目时一定要选择坚硬的岩石。

二、社会发展层面

（一）宏观环境的政策引导

在我国，休闲体育社会组织环境，是由发展和管理休闲体育组织的机构及其管理体制所构成。目前各区域发展和管理休闲体育组织的机构与国内其他体育项目并无明显的区别,主要是由政府体育行政部门和群众性的体育组织负责,如政府体育行政部门中的群体处(科)、街道办事处的社区体协、单项协会等。

对于休闲体育产业的发展尤其是新兴休闲体育项目的推广,政府做好休闲体育社会环境的宏观引导非常重要。淡化政府对体育社团的行政管理职能,逐步实现由"办体育"向"管体育"的转向,建立起政府主导、社会参与、条块结合的体育社团组织网络,将会极大地调动各方面力量兴办实业。

与此同时,完善各级体育总会、项目协会、行业体协以及各类社会团体组织,落实其在社会公共体育事务中的管理职能,充分发挥体育社团组织指导健身活动的作用,将会推动休闲体育组织结构的合理化与规范化。

各级政府应根据不同的年龄层次、职业特点、地域条件、经济水平、锻炼习惯和地方民俗文化传统等条件,扶持组建多样化的体育社团组织,开展各具特色的休闲体育活动,充分调动居民参与休闲体育的积极性。

(二) 区域经济发展程度

休闲体育项目的开展与区域经济发展程度有着密切联系。我国对外开放较早的区域,商品经济发达,市场发育较成熟,容易形成商业气息浓厚、交易活跃、组织构架较成熟的休闲体育市场,彰显区域休闲体育文化生态环境的产业性质。

我国东部和南部沿海区域无论是体育场地的总数,还是人均场地面积都高于全国平均水平,如广东省的体育场地数量居全国之首。但区域内部也存在一定的差异,如广东省体育场地总数最多,但由于人口基数大,人均场地面积少于海南省;福建省体育场地的人均场地面积和平均每万人拥有的体育场地(个数)属区域最低,这与地区经济发展水平不无关系。

(三) 历史积淀的文化传承

文化的传递和历史继承是文化流传和发展的重要保障,休闲体育文化的继承主要表现在对民族传统体育文化民族性的保留和继承上。

人类的社会行为存在着一定的遗传性,即后代与前人保持着社会意识和社会行为的一致性,在生产力落后的情况下,从生产劳动和社会生活中接受长辈的教育是传承本民族文化的重要途径。从祖辈学到的传统习俗、生活技能和劳作经验,经过人们耳濡目染、言传身教等示范作用,不断地传承与发展,逐步积淀为文化。然而,由于时代的进步和社会的变迁,文化所依托的社会环境和生态环境发生了重大变化,休闲体育文化亦不可避免地发生变革。因此,在开展休闲体育项目的过程中,要注意当地社会历史积淀的文化传承与破旧革新。

(四) 休闲文化的消费价值观

受区域文化心理结构二元性的影响,居民对休闲体育项目的选择也呈现出二元的趋势,且"二元性文化心理"这一文化生态特征呈现的"惧安性、自闭性、即效性"等负面因子使早期我国体育消费者的消费意识相对保守,往往有"经济发展先行,消费意识滞后"现象的产生。但部分对外开放较早地区居民的兼容性、竞先性和商效性等文化心理特点却伴随着商品经济的发展程度逐步提高。这一现象折射到休闲体育领域,表现为在 GDP 持续走高,经济发展位于全国前列的特定区域中,人们用于休闲体育的消费比例仍然较低,同时呈现出实物性消费比例过高,服务性消费比例不足的景象,在一定程度上制约了区域休闲体育的发展。

因此,合理培育正确的休闲体育消费价值观,形成与区域经济发展和生活方式相适应的、积极的休闲体育消费观念,是推广和普及新兴休闲体育项目、构建和谐精神家园的重要方面。

可通过适当引进一些国外先进的时尚休闲体育消费项目,如速度赛马、高尔夫球、保龄球、壁球等,以满足高收入体育消费者的消费需要。此外,从不同区域的消费者消费能力出发,充分利用本地区的自然条件及资源,挖掘富有民族特点和民族传统的休闲体育消费内容,例如龙舟比赛、漂流、风筝比赛等,形成具有区域特色的休闲体育消费模式,满足不同人群的休闲体育消费需求。

（五）少数民族民俗的文化影响

少数民族传统体育自产生以来，始终与本民族的政治、经济、文化习俗和信仰相联系，世代相传，人们自觉参加这些在特定时间、特定区域举行的，具有明显的传统性的活动。且少数民族分布地域广，各民族的思想、经济、文化、习俗差别大，因而形成了内容丰富、形式多样，各具本民族特色的体育运动项目。如民族式摔跤，其称呼和形式各异：且里西（维吾尔族式摔跤）是新疆的传统体育项目，普及度很高，是当地群众在节日、聚会、郊游时举行的一项活动；搏克（蒙古族式摔跤）是蒙古族的传统体育活动，也是那达慕盛会的主要内容，和赛马、射箭并称男儿“三项游艺”，在内蒙古等地广为流传；北嘎（藏族式摔跤）是藏族的传统体育活动；绊跤（回族式摔跤）是回族人民在农闲时节、传统节日举行的一项传统体育竞赛项目；库热斯（哈萨克式摔跤）是哈萨克族用以庆祝婚嫁节庆的项目。

显现民族个性和地区特征的民族传统体育活动，经过长期的流传，在一定的时间和空间形成相对稳定的习俗，使得各民族把自己喜爱和崇仰的民族传统体育活动代代相传，发扬光大。因此，发扬少数民族地区居民喜闻乐见，兼具传统性、娱乐性的休闲体育项目，是促进我国少数民族地区群众体育发展的一种有效途径。

第二节　典型案例：新兴休闲体育项目的矩阵分析

一、高山滑雪

（一）发展回顾

特定的地理环境产生特定的求生方式，经常处于冰天雪地的北欧早在五千多年前就开始有滑雪运动了。与其他起源于欧洲的冰上运动类似，它也由原始狩猎演变而来并逐渐成为一种交通方式在北欧流行开来。今天能见到的最早的滑雪板保存于挪威奥斯陆，同时那里还陈列着一些一千多年前的滑雪板。随着滑雪运动的普及，北欧人不满足于只在平地上进行雪野角逐，他们的兴趣从平地越野速滑转向地形复杂的高山丛林间的高山滑雪。高山滑雪又称“阿尔卑斯山项目”或“山地滑雪”，是运动员足蹬滑雪板、手持雪杖从覆雪的高山上向下绕障碍滑行的一种滑雪比赛，高山滑雪是冬奥会正式比赛项目之一。奥运会高山滑雪设 11 小项，男女各 5 项，混合团体 1 项。男子项目设：滑降、回转、大回转、超级大回转、全能（滑降/回转）。女子项目设：滑降、回转、大回转、超级大回转、全能（滑降/回转）。该项运动将速度与技巧完美地结合在一起，运动员在滑行过程中左右盘旋，粗犷中不失儒雅，将健美与优雅融于一体，所以一直深受广大观众的欢迎（见图 13-1）。

图 13-1　高山滑雪

（二）项目规则介绍

高山滑雪主要分技术系列和速度系列两部分。技术系列分大回转和回转，名次按两次成绩合计计算，大回转距离是回转的两倍以上，对速度和技术都有要求。回转旗门数男子为 55 至 75，女子为 45 至 60。速度系列分滑降和超级大回转。比赛按一次滑行成绩决出名次。滑降道落差最大、距离也最长，最高时速达 130 公里。超级大回转由于旗门数较多，速度稍慢。此外，高山滑雪还有滑降和回转两项综合赛。

比赛规则：

回转滑雪，要求运动员从高山上滑下时不断穿过门形障碍物，连续转弯高速下滑，是一项竞速滑雪比赛。比赛坡度 30 度以上的路段占比赛全程的四分之一。垂直高度差男子为 180—220 米，女子为 140—200 米。在男子的比赛线路上插有 55—75 个门形，女子比赛线路上插有 45—60 个门形。比赛中在高速转弯通过线路上的各种门形时，需要两脚过门。碰倒旗杆不算犯规，漏门或骑杆过门算犯规不计成绩。在两条线路上各滑一次，以两次成绩总和评定名次，如第一次犯规则不能滑第二次。比赛前可以从上向下察看线路，但不能着滑雪板从上向下模拟滑行或穿越门形。

大回转滑雪，是高山滑雪比赛项目之一。运动员要快速从山上向下沿线路连续转弯，穿越各种门形。男子比赛线路垂直高度差为 250—450 米，女子为 250—400 米。坡度为 15—32 度。以两次滑行时间计算成绩。大回转的转弯设计速度为 15—20 米/秒。比赛前允许运动员从上往下察看线路，但不能着滑雪板从上往下模拟滑行（见图 13-2）。

图 13-2　大回转滑雪

滑降比赛，是冬奥会比赛中最紧张激烈的项目之一。每名选手可进行两次比赛，第二次出发的顺序由第一次比赛的成绩确定。滑降比赛垂直高度差男子为 800—1000 米，女子为 500—800 米。规定线路的边界用蓝线标示，起点和终点中间有几个拐弯，蓝线标出最理想的滑行路线。旗门宽度平均为 30 米。在径直的滑落过程中，选手采用像鸡蛋般的滑行姿势，以便将空气阻力减少到最低。选手有时还需要进行长距离的跳跃，这时他们身体会蜷缩成一团，手臂前伸。比赛前选手会得到几次适应性训练的机会，以便熟悉滑行路线。

超级大回转，是最后一个进入冬奥会的高山滑雪项目，1988 年卡尔加里冬奥会上才首度出现，这个项目结合了滑降和大回转的技巧。超级大回转比赛滑行距离比滑降赛短，但是拐弯更多。超级大回转比赛线路垂直高度差男子比赛在 500—650 米，女子比赛在 400—600 米。高山全能由一个滑降和两个回转组成，每项比赛的成绩相加，用时最少的选手获胜。

（三）参与条件

1. 装备

高山滑雪着装有一大三小共四件，滑雪服为大件，滑雪手套、滑雪帽（或头盔）、滑雪镜为三小件。高山滑雪的器材有滑雪板、滑雪鞋、固定器、滑雪杖（见图 13-3）。

2. 参与人群

参加高山滑雪不仅需要对于滑雪运动的一腔热爱之情，同时也需要在身体心理、物质保障上做好充分准备。物质保障主要应包括往返雪场的火车或飞机票，当地交通、住宿、餐饮、滑雪器材、索道、教练、娱乐、保险、门票等费用。一个行程为五天的滑雪旅游（滑雪时间为三天半，火车、双人间、有教练指导），全部费用为 2600 元左右较为合理，它基本包含了全部费用，如差距较大，游客应仔细询问包含哪些项目。目前一些旅行社为了以低价吸引消费者，压缩滑雪时间，且滑雪器材、索道、教练、娱乐项目等费用不含在报价内，或报价只包含一小部分，又不提前声明，使消费者的实际支出大大超过了自己的预算。所以在选择出行前，应将以上内容确认无误，以避免不必要的支出。

据了解，10 年前中国只有 10 个滑雪场，约 2 万人滑雪；目前中国

图 13-3 高山滑雪器材

已有 200 多个滑雪场,而且还在以每年 20 至 30 个的数量增加。如今,滑雪已不再是北方人的“专利”,在上海、广州等很多南方城市,同样有室内滑雪场,满足大众的冬季健身需求。

从滑雪参与人群组成来看,全国二十几个省(自治区、直辖市)开展了大众滑雪,而且大多集中于北京、上海以及东北的一些大城市。仅北京及周边地区滑雪场就有几十万,而且正在迅猛增加。参与高山滑雪的人占了绝对比例,且无法精细统计;目前仅在长春市,就有 6 万余大中小学生参与滑雪运动,其数量可见一斑。

3. 地点选择

第一,选择相应滑雪场地前要了解自身情况,选择难度与自己技术能力相匹配的滑雪场地,然后再考虑相关因素的影响。

第二,要注意滑雪场是否有专业大型雪道清理车对滑雪道进行清理和修整。经过一天滑行后如不对雪道进行搅拌、压实,雪道会凹凸不平,初学者在这种雪面上滑行很难学习和掌握滑雪技术。

第三,在时间上初学者应选择不少于三天的滑雪时间,因为少于三天,初学者连基本的滑雪技术也学不完。没有技术,也就无法真正体验到滑雪给游客带来的刺激和乐趣。目前一些旅行社组织的滑雪旅游团为压低报价，只安排半天或一天的滑雪时间，使游客根本无法尽兴地体验滑雪，这种团充其量只能称为观光团，不能称为滑雪团。

第四，要有滑雪教练对游客进行初级技术指导，教练向游客系统地教授基本的滑雪技术，然后让游客上不同难度的滑雪道去体验滑雪带来的全新感受。没有教练的指导，游客不可能更快更好地掌握滑行技术，也就不能到更高的滑雪道上去滑行，只在缓坡上滑行无法体验到真正的滑雪感受。但由于教练费很贵，许多旅行社不给游客安排教练，或只安排很短的时间，但是初学者最好在滑雪时有专业教练全程给予指导。

第五，要了解该滑雪场有哪些设施。滑雪场的收费设施主要有滑雪器材，索道及滑道等，由于这些设施收费较贵，所以有些旅行社会缩短这些设施的使用时间或减少使用次数。

第六，要了解雪场住宿处是否有淋浴设施。当游客滑了一天的雪后，洗一个舒服的热水澡，不但可以消除游客一天的疲劳，而且可以使游客尽快地恢复体力。由于滑雪很消耗体能，所以游客的饮食一定要营养充足。

高山滑雪比赛均在海拔 1000 米以上的高山进行。比赛要求起点和终点垂直高度为 800—1000 米。滑降要求运动员从山顶按规定线路穿过用旗插成的门形向下滑行，是竞速滑雪比赛项目。线路长 2000 米以上，坡度 5—35 度，平均 20 度。线路两旁插一定数量的旗杆作为各种门形。男子比赛插红色旗，女子比赛插红蓝两色旗。旗门间距为 4—8 米，上下旗门间距一般为 30 米左右，以滑降两次的时间计算成绩，决定名次。技术动作有直滑降、斜滑降、乙形滑降、起伏地滑降、犁式和半犁式滑降等。身体姿势分高、中、低三种。图 13-4 为滑雪过弯姿势。

（四）项目开展的因素分析

1. 自然因素

高山滑雪比赛均在海拔 1000 米以上的高山进行。比赛要求起点和终点的垂直高度为 800—1000 米。要有 36 度的高差，要有 1500 米

图 13-4　滑雪过弯

到 2000 米的长度,要有足量的雪,同时温度又不能太低。北京延庆为北京冬奥会建设的国家高山滑雪中心有着“雪飞燕”之称,位于北京延庆赛区核心区小海山南麓,共设有 7 条雪道,赛道全长约 10 公里,最大垂直落差超 900 米,坡面长度 3000 多米,冬奥会时举行了滑降、超级大回转、大回转、回转等高山滑雪 11 个项目的比赛,是国内首条世界级别的高山滑雪赛道。

2. 社会因素

作为一种时尚体育健身运动,滑雪运动在中国正在成长为一个具有广阔市场前景的体育产业。欧美国家的滑雪项目有上百年的发展历史,在中国则只有 20 多年的历史。中国的滑雪运动起步晚、基础差、水平一般、普及性不高等是不争的事实,不仅落后于北欧国家,与韩、日等近邻相比也有明显差距。但近年来滑雪运动在中国悄然兴起,很多地区快速完成了滑雪场地建设,滑雪人数呈跳跃式增长,滑雪运动发展呈现出令人振奋的势头。

(五)品牌赛事及项目推广

1. 中国滑雪节

作为第 25 届长春冰雪节的重要活动之一,“2022 中国长春净月潭瓦萨国际滑雪节”于 2022 年 1 月 4 日在长春净月潭国家森林公园盛装开幕。该届滑雪节以“激情瓦萨 魅力净月”为主题,持续到2022年3月31日,陆续推出4项专业越野滑雪赛事和40多项冰雪主题系列活动,涵盖冰雪赛事、冰雪体验、冰雪文化、冰雪旅游、冰雪消费等内容,为广大游客和群众打造了一场内涵丰富、形式多样、具有观赏性和娱乐性的冰雪盛宴。

2. 中国大众高山滑雪系列赛

迄今已经连续举办六年的大众高山滑雪系列赛是由中国滑雪协会主办的一项重要赛事,也是我国目前规模最大、规格最高、范围最广的大众滑雪赛事,全国各地滑雪爱好者参与的积极性都非常高。不单单是每站的赛事获奖者会得到丰厚的奖金,就连表现出众的初次参赛者也能够得到协会颁发的奖品鼓励。

3. 全国高山滑雪锦标赛

2011年1月3日,2010—2011年度全国高山滑雪锦标赛在乌鲁木齐丝绸之路国际滑雪场开幕。新疆这块名为“丝绸之路”的场地已经达到了国际要求,甚至具备了举办世界杯和世锦赛的能力。新疆一带的山系规模比较大,和欧洲地区阿尔卑斯山脉的形态类似,另外,新疆地区雪量大,雪期长,气温却比较高,非常适合开展高山滑雪运动。

二、海钓运动

(一)发展回顾

海钓在欧美发达国家已有上百年的历史,与高尔夫、马术和网球并称四大贵族运动而备受青睐。海钓爱好者与礁石为伴,与海浪共舞,垂钓其间其乐无穷。海钓是休闲也是运动,既刺激又富有乐趣,还可以锻炼身体。一名优秀的海钓手,不仅要具备丰富的海钓知识,而且还要熟练掌握攀岩、登山、航海、游泳等技能,还要有负重行走的能力,确保可以背负50斤至80斤重的海钓装备,在礁石上连爬带走。特别是夏天海钓,还要忍受高温的煎熬。整个人裹得严严实实,这没有良好的身体素质是难以坚持的。

海洋与淡水自然环境差别较大。第一,海洋有暖、寒流。许多海鱼都有随季节流游动的习性，季节流还会带来大量有机物和浮游生物，尤其寒暖流相遇之处，更是海鱼觅食的最佳场所。第二，海洋有潮汐的涨落。海水涨潮会把大量的有机物质和鱼带到岸边，此时更有利于垂钓；落潮后，则一般不宜垂钓。第三，早、晚海面相对平静，适宜垂钓。海上白天易起大风浪，甚至会危及垂钓者的安全，不宜垂钓。图 13-5 为一个海钓爱好者正在海钓。

图 13-5　海钓爱好者

海钓产业是风靡世界的休闲渔业，即集渔业、休闲游钓、旅游观光于一体的产业，是第一产业与第三产业的有机结合。在美国由海钓拉动起来的旅馆、餐饮、钓鱼、娱乐服务业十分兴旺。而在中国，海钓产业则刚刚起步，蕴含着巨大的市场潜力。据不完全统计，中国有 9000 万钓鱼大军，按保守估计其中的大部分人每年钓鱼一到四次，每人消费约为 100 元，全年活动总消费达人民币 90 亿元。

（二）参与条件

1. 装备

海钓出行装备一般都有三大件——冰箱、饵箱、矶竿袋，里面大概包括救生衣、钉鞋、矶竿、线轮、防水服、抄网等装备，这些装备产地、品牌不同，价格也相差较大，一套装备需要 2000—30000 元（见图 13-6 和图 13-7）。

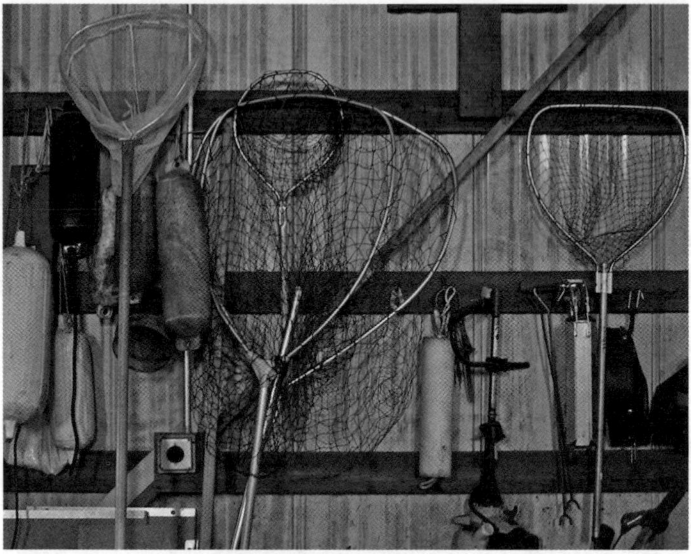

图 13-6　海钓部分装备

图 13-7　矶竿

钓竿的不同是海钓与淡水钓的主要区别之一，不过海竿目前在淡水垂钓中亦广为使用。海竿不论何种质地，都应有较强的硬度，并且都需配备绕线轮。海钓鱼线应稍粗，直径应在 0.5 毫米以上，线长 60—70 米，分母（主）线、子（脑）线。因海上风浪较大，浮漂的传递信息作用不大，海钓中可省去浮漂，凭手中的颤动感或视觉来直接判断。

海竿的坠大多为活动式的,鱼吞钩后线自由牵动竿梢,鱼坠宜偏重。海竿中也有用死坠,各式诱鱼器一般为死坠。

2. 参与人群

在我国,现阶段参与海钓者的经济条件都较为优越。以佛山为例,“海钓费用一天在500—1000元不等,玩几天就玩掉了一辆摩托车的钱,没有一定的经济基础哪玩得起”,被佛山海钓人称为“黑毛王子”(因钓到的黑毛最多获此称呼,黑毛是一种珍稀的海鱼)的资深海钓人唐伟光如此说道。据了解,也曾有一些血气方刚的年轻人加入海钓一族,坚持不了几次,终因经济实力支撑不起而退出了。

3. 地点选择

第一,应尽量选择海钓,避免浅滩。浅滩上日光充足,大多数鱼儿都有避光性,一般只有夜间和早晚在浅滩活动。

第二,在海湾垂钓应选择滞水区。内海中的滞水区,包括河流入海口、生活码头、防波堤等。这些地方水底淤泥或沙石较多,水流缓慢、饵料丰富,一般鱼儿较多。

第三,岩礁垂钓应选择面向海潮冲击的一面,即通常所说的潮表。潮表有丰富的浮游生物,与岩石撞击时又会产生丰富的氧分,所以潮表亦是理想的钓点。

(四) 项目开展的因素分析

潮汐对海钓的影响较大,一般涨潮及落潮期间,海水处于运动状态,也搅动着海鱼四处觅食,所以涨潮和落潮是海钓的最佳时期,特别在涨潮期,鱼儿咬钩频率可增加数十倍。

海风对海钓的影响仅次于潮汐,有风比无风好,有风时,风力搅动潮水运动,也增加了海鱼觅食的频率。风力的大小以三四级为好,连续几天大风之后平息下来,是海钓的好时机,海鱼由于大风好几天未进食,海风平静下来后显得特别饥饿,进食上钩率成倍提高。作为风向来说,在风力不大的前提下,从海洋吹向陆地的风(逆风)比从陆地吹向海洋的风(顺风)更好。但风力太大不仅影响抛钩,也将大片海草吹向岸边,在这种情况下顺风就较逆风好了。

（五）品牌赛事及项目推广

现在国际上较有影响力的海钓赛事包括：美国贝克力职业钓鱼大赛、澳大利亚马林鱼巡回赛、加拿大白鲟赛、夏威夷国际海钓大赛等。

1. 夏威夷国际海钓大赛

以夏威夷国际海钓大赛为例，赛事的成功举办已经将夏威夷打造成了高端休闲旅游目的地。"海钓"是被誉为"海上高尔夫"的高端休闲体育活动，夏威夷国际海钓大赛（HIBT）则是世界海钓高端赛事的皇冠。夏威夷国际海钓大赛（HIBT）由皮特·菲西安于1959年创办，皮特·菲西安作为国际钓鱼运动协会执委，是美国夏威夷国际海钓大赛创始主席，并被誉为"美国海钓之父"。

夏威夷国际海钓大赛（HIBT）是在国际钓鱼运动协会（IGFA）的规则和监督下进行的，赛事以钓超重量大鱼而闻名世界，每年的八月在夏威夷的科纳市举办，是世界钓鱼人的盛大节日。经过半个多世纪的努力和付出，该项目已经成为世界最具影响力的海钓赛事，在其影响下，举办地夏威夷科纳成为世界海钓胜地和国际高端休闲旅游目的地。

夏威夷国际旗鱼协会通常每年举办两次锦标赛。这些锦标赛隶属夏威夷国际旗鱼协会和夏威夷国际海钓大赛职业—业余赛。夏威夷国际旗鱼协会董事局在任何时候都有权对任何俱乐部、个人或团体撤回其参赛邀请。一个团队应包括至少2个，最多6个垂钓者。每个团队应代表一个国家、城市或俱乐部。正式书面指定的代表即俱乐部、城市或国家是公认的权威实体代表。国家或城市的代表团队成员都必须是他所代表的国家或城市的居民，代表俱乐部的团队所有成员都必须是俱乐部真正的会员。董事会可接受一个实体的多个团队，但是为了保持地域平衡和广泛的地理分布，董事局有权限制单一实体或地区的团队总数目。注册截止后更换队员是不被允许的。

2. 2012年全国海钓锦标赛（海南万宁站）暨第三届万宁国际海钓精英邀请赛

该比赛由国家体育总局社会体育指导中心、中国钓鱼运动协会、海南省文化广电出版体育厅、海南万宁市人民政府主办，受到如新华社、中新社、中央电视台体育频道、华奥星空等多家媒体的报道。比赛于2012年12月15—16日于海南省万宁市港北港及附近海域举行,比赛项目以拖钓为主。

比赛规则:

参赛选手以队为单位,组委会为每船配备2套鱼竿。参赛队亦可自备拖钓用渔竿、渔轮、拟饵。使用活饵垂钓的一根钓竿允许使用两枚单面钩。每队每船限同时使用两支竿子拖钓。

比赛选手以抽签确定每天参赛的拖钓船只号,在规定拖钓海域进行拖钓(由各船裁判确定)。每条拖钓船配备裁判1名,开船船长1名,参赛选手在规定海域内可建议拖钓船的速度、路线。

拖钓成绩以每天规定比赛时间内所有符合标准渔获总重排名积分。两天比赛日积分相加决定最后总排名。另设单尾最大奖,鱼种不限,鱿鱼类、豚类不计成绩。有效渔获长度应在25厘米及以上。

参赛选手在参赛过程中须穿着救生衣,比赛期间不可中途脱掉,所有安全事宜必须听本船裁判的指挥。

参赛选手必须在比赛结束登船返回时将渔获和参赛渔获卡放入渔获袋内封存并交给本船裁判,返程上岸后再交渔获无效。

比赛队以抽签确定船号,因晕船中途下船的选手必须将所钓有效渔获按要求加封好交给裁判。已下船的选手不得再上船比赛。

每天比赛时间为6小时。

所有渔获用电子秤称重,以“克”作计算单位。船长奖由两日该船有效渔获总重量排出名次。

比赛日当天,万宁港北港及附近海域天气晴朗,东南风3—4级,最高气温29摄氏度,是非常适合拖钓比赛的。

该项比赛是在我国赛事中首次采用拖钓的形式。拖钓是指在海洋水面用快艇拖钓大型掠食性鱼类,是国际性比赛的主要项目之一。但在国内举办的众多海钓比赛中,还没有过拖钓比赛的先例,主要原因是没有适合举办拖钓的海域。专家们经过多次考察后认为,万宁港北、十八排一带海域有几十公里长的礁石,尤其适合拖钓,是举办拖钓比赛的天然良所。

拖钓通常都能钓到大鱼,能吸引海钓爱好者,提高赛事的关注度。国家体育总局的海钓专家建议万宁海钓赛举办拖钓比赛,填补国内海钓比赛的空白,满足海钓爱好者的需求。经过考察和论证,赛事组织者认为,万宁海钓赛具备举办拖钓赛的条件。

三、滑沙

(一)发展回顾

滑沙起源于非洲,是非洲独有的体育游乐项目。相传在西南非洲有一个叫"纳比"的地方,它是地球上一处最古老的沙漠,滑沙运动最早便从那里兴起。

滑沙,即乘坐滑板从高高的沙山顶自然下滑,滑板有木质、竹子、塑料等几种材质,坐在滑沙板上,两手撑在板壁上,双脚蹬住前沿,身体微向前倾,下滑时随着沙山的坡度加大和下滑速度的加快,顿觉两耳生风,转眼之间就冲到了山下,在有惊无险的瞬间体味到了刺激与快感。除此之外,还有站、趴在板子上等玩法(见图 13-8)。

图 13-8　滑沙爱好者

滑沙是国内新兴的,也是黄金海岸独有的旅游项目,深受游客欢迎。滑沙,听起来新鲜,其实早在 20 世纪 80 年代就有了,只是知道的人比较少。随着旅游与各地体育运动紧密结合,那些陌生而有地域特色的运动方式得以发掘，并逐渐在名称、规则以及设备上完善和翻新。滑沙运动是继滑冰、滑水、滑雪和滑草之后的另一新兴运动，它使户外运动爱好者在运动的同时又能领略到沙漠的绮丽风光。目前，在中国已有好几个天然滑沙场，许多游客慕名而来，使当地的旅游人气直线上升。体力好的游客可以徒步走上沙坡顶，顺道浏览一望无垠的沙漠，看着远处那一列骆驼在悠悠而行，此情此景是许多人梦寐以求的。

（二）项目规则介绍

滑沙滑道坡度一般为45°，游客乘滑沙板以约每秒20米的初速度下滑，速度越来越快，惊险刺激又绝对安全。滑沙运动类似滑雪和旱地雪橇，需要勇气和胆量。

玩法一：

爬到沙坡的顶端，选择一个斜坡趴在板子上；

用双手拨动沙子，使自己有向下的动力；

当开始下滑时，重心要放在后面，记得要微微抬高双腿（避免腿部磨伤）；

当然你也可以用坐着、跪着或是站着的姿势，基本上只要你想得到的动作都可做。

玩法二：

玩的地方是在海浪打上岸、沙滩湿的部分；

首先你要站在岸边观察海浪打起来和退回去的时间及距离；

当海浪打上来要退回去前的那一刹那，往要退回去的地方跑，抓起板子趴到板子上，这时你就会顺着海水退回去的力量往前滑；

同样的你也可以用坐着、跪着或是站着的姿势。

中国有几个滑沙场。如沙坡头滑沙场、黄金海岸滑沙场等。滑沙对地理条件要求高，但价格不贵。

（三）参与条件

1. 装备

主要有滑沙板（可以用光滑硬底的 Body Board 代替）、防晒油、矿泉水。市场上有专门的滑沙板出售，光滑硬底的滑雪单板也可以代替。

2. 地点选择

在宁夏沙坡头、沙湖，人们可以玩滑沙、登沙丘、骑骆驼、摔沙、骑马、沙浴、越野车等游乐项目，既观沙漠风情，又可探索大自然的秘密。图 13-9 为一个滑沙爱好者正在滑沙。

图 13-9　滑沙

（四）项目开展的因素分析

现在开展得较多的滑沙项目有沙漠滑沙（如阿联酋等地的滑沙）和海岸滑沙（如澳大利亚的滑沙）两种。虽然海岛风情和大漠风光不同，但是二者一些开展滑沙的基本因素还是接近的，总体来说是大量的细沙，以及较有坡度的起伏。

（五）敦煌滑沙活动

从古至今，每逢端午节，敦煌民众就有爬鸣沙山、滑沙听雷的习俗。近年来，在端午节当天，甘肃敦煌鸣沙山月牙泉景区都会组织开展滑沙听雷等民俗传统活动，吸引了众多游客。

四、帆板冲浪

（一）发展回顾

帆板冲浪是指借助风帆力量，驾驭无舵、无坐舱船只滑行前进的一项水上运动。它是介于帆船和冲浪之间的新兴水上运动项目，帆板由带有稳向板的板体、有万向节的桅杆、帆和帆杆组成。运动员站到板上，利用吹到帆上的自然风力，通过帆杆操纵帆使帆板产生速度在水面上行驶，靠改变帆的受风中心和板体的重心位置在水上转向（见图 13-10）。该项运动可在海上或江湖中进行。该项运动因和冲浪运动有密切关系，故帆板又称风力冲浪板或滑浪风帆。比赛分单人、双人和多人，有三角绕标赛、长距离赛、障碍滑行赛、自由滑比赛等项目。奥运会的帆板比赛目前只设三角绕标一个项目，比赛的方式方法均与帆船相同。

图 13-10 帆板运动

帆板冲浪起源于 20 世纪 60 年代末世界冲浪胜地夏威夷群岛，1970 年 6 月美国一位冲浪爱好者、电脑技师修万斯设计制造出世界第一条带有万向节的帆板，并获专利权，此后在当地很快兴起帆板热，不久该运动便流传到欧洲、大洋洲和东南亚一带，现在全球性的帆板热方兴未艾。

（二）项目规则介绍

帆板器材简单轻便，国际统一型号的密斯特拉级帆板板体长3.72米，宽0.65米，厚0.2米，桅长4.95米，帆杆长2.2—2.4米，帆7.4平方米，全套重量20公斤以下，比赛适合在大风大浪的海面上进行，也可以在内陆的江河湖泊中进行，只要有风的水面都能开展。尽管帆板运动的历史不长，但随着器材的不断更新，比赛项目已经有场地绕杆、长距离、障碍滑、自由滑、滑浪跳跃等项目，还有人横渡海峡、尝试环球旅行和进行室内表演。

我国从70年代初期引进帆板项目，第六届全运会即将帆板比赛列入正式比赛项目，我国运动员参加了巴塞罗那、亚特兰大和悉尼奥运会的帆板比赛，我国香港特别行政区运动员李丽珊还获得过亚特兰大奥运会帆板赛女子米氏板冠军。

（三）参与条件

1. 装备

帆板：密斯特拉级帆板。

桅杆：碳纤维杆由于具有高强度、高模量、低密度等优点，成为冲浪风帆的首选产品。碳纤维杆已广泛应用于冲浪风帆、桅杆等水上运动器材（见图13-11），其重要特性有：

图13-11 桅杆

(1) 重量轻,强度高

它的比重为 1.5—1.8g/cm³,仅为钢材的 1/4,运输和安装都非常方便,与塑料制品相比,其强度是塑料制品的几十倍,因此轻质高强是碳纤维杆的显著特点。

(2) 耐腐蚀,抗老化,使用寿命长

碳纤维制品能耐酸、碱、盐、部分有机溶剂及其他腐蚀性侵蚀,在防腐蚀领域有其他金属无法比拟的优越性,且有较好的耐水性和抗老化性,因此无论在腐蚀性的环境和恶劣的露天,还是在潮湿的环境作业,其使用寿命都较长。

(3) 安全性好,抗冲击性好,可设计性高

碳纤维制品可根据用户需要进行防阻燃处理,并允许重复弯曲而无永久变形,有较好的抗冲击和抗疲劳性能。

五、徒步穿越

(一) 发展回顾

徒步穿越,是指在一定区域内主要依靠徒步行走,完成由起点到终点的里程的一种户外活动,其间可能会经历山岭、丛林、沙漠、雪原、溪流、峡谷等地貌。徒步穿越对参与者的野外综合技能要求较高,它集登山、攀岩、漂流、溯溪、野外生存于一体。

(二) 项目规则介绍

徒步穿越的装备会根据不同地区、不同难度、不同时间、不同季节出现很大差异,最好在出行前对活动地区进行充分了解,再根据实际需要和自身条件慎重选择。图 13-12 为徒步穿越活动。

中国有以下热门徒步穿越线路:万里长城、长江三峡、喀纳斯湖、冈仁波钦、排龙乡—林芝—墨脱、稻城—亚丁—泸沽湖、虎跳峡—白水台、漓江、夏特古道、独龙江。

(三) 参与条件

必备用品:背包;快干衣裤或长袖(注意防晒);徒步鞋;防晒品(如帽子或墨镜);个人药品(如药油、跌打药、止血贴、胃药及个别特

图 13-12 徒步穿越活动

效药物)；食品；饮用水。

推荐用品：登山杖；毛巾；塑料袋；衣物；照相机；头灯；防水袋。

（四）项目推广

徒步穿越更多是爱好者自发组织参与的，举办的比赛活动较少。宁夏举办过“沙漠马拉松万人徒步穿越赛”。

参与人群要求：一般要求穿越人员必须具备良好的体能，稳定的心理素质和道德水准，以及乐于助人的团队精神。

六、划水竞渡——凤舟

（一）发展回顾

全国独一无二的广元凤舟起源于唐朝，广元是中国封建时代唯一的女皇帝武则天的出生地。凤舟是广元妇女为纪念武则天而独创的一项女子传统民俗活动，每年 9 月 1 日举行，划凤舟的选手全部是女性，距今已有 1300 多年的历史。

1999 年，经国家体育总局批准，广元举办了全国首届凤舟邀请赛，香港、澳门、广东等地组队参加了比赛。全国首届凤舟邀请赛的举办，标志着广元凤舟这一赛事由地区推向全国，成为具有更大影响范围的一项女性水上运动项目。从 2005 年起，广元市每年 9 月 1 日都要举办国际女儿节和国际凤舟节，邀请美国、英国、法国、瑞士、澳大利亚等国家在成都留学的女大学生组建外国友人队进行激烈的比赛。

（二）项目介绍

赛风舟是为纪念中国历史上唯一女皇帝武则天的一项民间节日活动。该活动从最初的划彩船游河湾到今天的凤舟比赛,历经了一千多年漫长的发展演变。1999 年,广元市举办了全国首届凤舟邀请赛,2005 年,开始举办国际凤舟节。如今,赛凤舟作为广元传统文化和体育运动项目,以其独特的魅力感染和召唤着女性同胞的参与,业已成为广元的城市名片。

2011 中国·广元女儿节全国高校女子凤舟邀请赛由北京大学、西安交通大学、西南大学、西南科技大学等 10 所高校组队参赛。比赛分两轮进行,经过 30 分钟的紧张激烈角逐,西南石油大学、陕西理工学院、成都中医药大学、成都理工大学、绵阳师范学院获得一等奖,西南科技大学、四川信息职业技术学院、北京大学、西安交通大学、西南大学获得二等奖。

七、攀岩

（一）发展回顾

攀岩是从登山运动中衍生出来的竞技运动项目。这项运动是利用人类原始的攀爬本能,以各种装备作安全保护,攀登一些岩石所构成的峭壁、裂缝、海蚀崖、大圆石以及人工制造的岩壁。攀岩运动于 20 世纪 50 年代起源于苏联,是作为一项军事训练项目而存在的,并于 1974 年列入世界比赛项目。进入 80 年代,以难度攀登为主题的现代竞技攀登比赛开始兴起并广泛引起人们的兴趣,1985 年意大利举行了第一次难度攀登比赛。“会当凌绝顶,一览众山小”,攀岩运动以其独有的登临高处的征服感吸引了无数爱好者。攀岩按地点分类,可分为自然岩壁攀登、人工岩壁攀登。由于对普通人来讲登高山机会很少,而攀爬人工悬崖峭壁的成本较低,且更富有刺激性和挑战性,所以攀岩作为一项独立的、被广大青少年所喜爱的运动迅速在全世界普及开来。

攀岩运动的攀登对象主要是岩石峭壁或人造岩墙。攀登时不用工具，仅靠手脚和身体的平衡向上运动，手和手臂要根据支点的不同，采用各种用力方法，如抓、握、挂、抠、撑、推、压等，所以对人的力量要求及身体的柔韧性要求都较高（见图 13-13）。

图 13-13 攀岩运动

1987 年中国登山协会主办了第一届全国攀岩比赛，从此攀岩正式列入全国比赛项目。1988 年 6 月国际竞技攀登比赛在美国举行。1989 年首届攀岩运动世界杯分阶段在法国、英国、西班牙、意大利、保加利亚和苏联举行，运动员参加各地比赛，最后累计总成绩，进行排名。随着攀岩运动的蓬勃发展，国际攀岩联合会在各大洲成立委员会，组织洲内地区性大赛。“亚洲攀岩委员会”于 1991 年 1 月 2 日在香港地区成立，第一届亚洲攀岩锦标赛同年 12 月在香港举行。1993 年 12 月在中国长春举行了第一届全国攀岩锦标赛。

（二）项目规则介绍

攀岩主要以攀岩者攀登时间的长短来决定胜负。

自然攀岩可单人攀登，也可几人组队相互协助攀登。人工攀岩的比赛场地可根据选手的技术需求，调整岩壁支点，选手在攀登中不得借助外力，以最先到达目的地者为胜利者。

到自然界去寻找一面峭壁攀登，是攀岩选手的理想追求，是攀岩爱好的最高境界。在攀岩的过程中，体验用自己的身体与地球引力抗争，体验攀登对自己心理的刺激和震撼，体验在高空中登上去却突然滑下来时的巨大心理恐惧。因为有攀岩绳的保护，攀岩者又能重新寻找支点，一次又一次重复，不断克服放弃的念头，不断鼓励自己冲上去。成功站在峰顶时，攀岩者会获得无比的成就感。

（三）参与条件

1. 装备

攀岩的装备是攀岩运动的一部分，是攀岩者的安全保证，尤其在自然岩壁的攀登中。因此，平时要爱护并妥善保管装备。攀岩装备中的个人装备包括安全带、下降器、安全铁锁、绳套、安全头盔、攀岩鞋、镁粉和粉袋等。图 13-14 为部分攀岩装备。

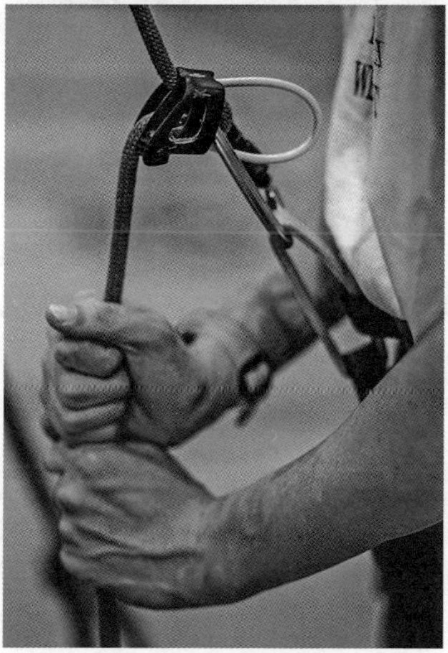

图 13-14　部分攀岩装备

安全带：攀岩用安全带与登山安全带有所不同，属于攀岩专用，并不适合登山，但登山用安全带可在攀岩时使用。

下降器：8 字环下降器是使用最普遍的下降器。

安全铁锁和绳套：在攀登过程中休息或进行其他操作时起到自我保护之用。

安全头盔:一块小小的石块落下来,砸在头上就可能造成极大的生命危险,因此,头盔是攀岩的必备装备。

攀岩鞋:是一种摩擦力很大的专用鞋,穿起来可以节省很多体力(见图 13-15)。

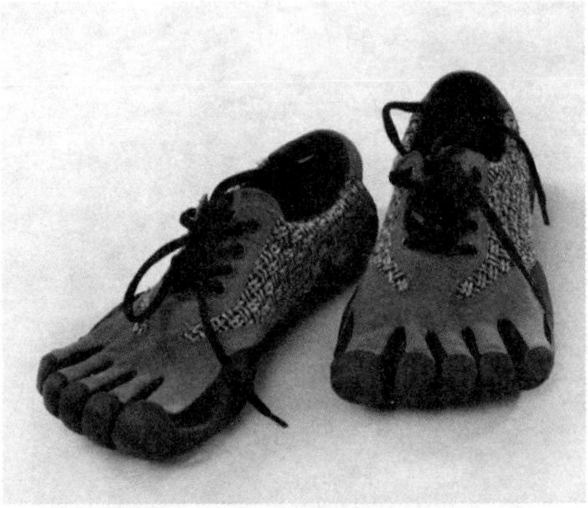

图 13-15 攀岩鞋

2. 参与人群

在欧美及亚洲的日本、韩国,攀岩运动已相当流行,当今世界攀岩水平数欧美特别是法国与美国最高,法国相对在人工岩壁上占优,美国在自然岩壁称强。在亚洲,日本、韩国水平较高,他们有些选手已达到世界水平。中国选手的水平属亚洲中流水平。攀岩运动在中国经过十多年,特别是近两年的发展已初具规模,并吸引了越来越多的年轻人参加,发展前景十分可喜。

3. 地点选择

多为陡峭的崖壁或高耸山峰,现逐步扩展到特定区域的室内攀岩和室外攀岩,有专门的场地及区域保证。

(四) 项目开展的因素分析

从 1997 年开始,国内每年要举行两次以上的全国或国际性比赛,并在西岳华山举行了国内迄今为止总体水平最高的一次国际攀岩邀请赛,2019 年的亚洲攀岩锦标赛也由中国承办。在中国北方地区,特别是北京,了解攀岩的人已为数不少,参与攀岩已成为这里许多青少年的时尚行为。尽管目前攀岩还没有在全国范围内得到很好的普及推广,但值得欣喜的是,通过近几年新闻媒体的大力宣传,东南沿海、西南及西北等地区也纷纷开展这项运动。全国已经建好或正开始修建各种各样的人工攀岩场地供人们训练和娱乐。我国幅员辽阔,山地资源丰富,可供攀岩的悬崖峭壁比比皆是。中国人比较灵巧、轻捷,只要下功夫,我们就能够在不久的将来进入攀岩运动的世界先进行列。

八、山地自行车

(一)发展回顾

山地车,英文名叫“mountain bike”,缩写为 MTB。起源于美国,是美国青年为了寻求刺激,在摩托车比赛的越野场地上骑自行车进行花样比赛而发展起来的车型。最早骑山地自行车进行越野的,是美国加利福尼亚大学的一个学生斯科特,他是第一个将普通自行车改装成山地车式样的人。之后山地车越野运动逐渐在欧美流行,并形成赛事。1990 年国际自行车联盟承认这项运动,1991 年首次举行世界杯赛。

(二)项目规则介绍

山地车的赛事共分为 3 个项目:下坡赛(Downhill Event)、双人弯道赛(Dual Slalom)和越野赛(Cross-Country)。前两者与滑雪比赛同名项目十分类似——下坡赛是车手分别从一条下坡的赛道出发,最短时间完成者胜出,双人弯道赛是两名车手在两条并列的下坡道上同时出发,以 Z 字型边行驶边飞跃土坡,最先到达者为胜。至于越野赛,顾名思义是在野外的大自然环境下进行,赛程全长通常在 16—24 公里之间,其中不少于 1/4 的赛道是未经任何人工修葺的。所有比赛的诀窍都是恰到好处地沿着既定的轨道骑行,避免走冤枉路。

(三)参与条件

1. 装备

山地自行车是山地自行车赛最基本的装备,因其坚固、粗犷、新颖的外形,缤纷夺目的色彩,优越的骑行性能,很快成为都市青年追求的时尚。

山地自行车不同于其他的自行车,山地车的主要特征是:宽胎、直把,有前后的减震装置,骑行较舒适。宽而多齿的轮胎提供抓地力,有减震器吸收冲击。近些年来前减震的应用成为标准,前后减震的车辆越来越普及。一些山地车开始使用副把,但角度上扬的横把却成为了时尚(见图 13-16)。

图 13-16　山地自行车

山地车具有刚度大、行走灵活等特点,骑行时不必选择道路,无论街巷漫游还是休闲代步都可以胜任,骑车者可以在各种路面环境尽情地享受舒适的骑行乐趣。

山地车各种部件均不同于普通自行车,具有缓冲、抗震性能好的轮胎,牢固结实、材料刚度大的车架,使骑手不易疲劳的手把,以及即使在陡峻的坡道上也能够帮助骑手畅快骑行的变速器等。这些都使得山地车更加适合于爬山越野、郊游旅行。

山地车,车速一般有 11 速、18 速、20 速、21 速、24 速、27 速以及 30 速。正确运用变速器能应对平路、上下坡、土路、顶风等复杂路况和气候,比普通自行车快速省力得多。长途骑行,应适时变换调速器,充分发挥山地车的优势。一般来说,应以脚下略感有力为宜,若觉得有点“空”,就应马上换高速比;相反,若感有些吃力,就应及时换成低速比。如若是能略知一二修理技术,骑上山地车会使人感到更加愉悦,在以汽车作为主要交通工具的现在,骑上山地车去拥抱大自然,既放松心情,又锻炼身体,因此山地车成为了休闲新宠。

2. 参与人群

主要为年轻、有活力、渴望挑战和超越的青年群体。图 13-17 为北京大学骑行课学生。

图 13-17　北京大学骑行课学生在做山地骑行练习

3. 竞赛规则

在山地车赛的出发点，所有选手同时出发。男子山地车比赛全程为 40—50 公里(6—7 圈)，女子比赛全程为 30—40 公里(5—6 圈)。比赛的确切路程要等到比赛前一天晚上才能确定，主要由裁判根据天气等条件来把握比赛时间。一般男子选手需 1 小时 15 分，女子选手需要 1 小时左右。这种令参赛选手极度疲劳的比赛还存在海拔上的变化，其高度将从海平面升高到海拔 230 米左右。

(四) 项目开展的因素分析

1. 自然因素

根据不同的比赛项目，其需要的场地也有不同的要求。

(1) 越野赛

① 越野绕圈赛或“XC”

比赛路线至少 6 公里一圈。比赛持续时间随分类的不同而不同。

② 超长越野赛或“PP”

比赛路线应至少 25 公里，不超过 100 公里，有明显的海拔高度变化。可以是集体出发或是单个出发(计时赛)。比赛通常始于一点而结束于另一地点。但比赛也可为一个大圈的环形路,起、终点在一处。

③ 短程赛或"SC"

短程赛路线每圈最多6公里。起、终点须设在同一个地方,只有在保证安全的前提下,才允许设置自然或人为的障碍物。

(2) 速降赛或"DH"

速降赛必须全部为下坡。比赛路线应由单人道、跳跃地段、田野、森林道和砾石道混合组成。有快、慢技术段的组合。较少蹬车,更多地测试运动员的技巧。理想的路线长度应为最短1.5公里,最长3.5公里。

(3) 爬坡赛或"HC"

比赛路线中至少应包括80%的上坡骑行路段。可以是集体出发或是单个出发(计时赛)。比赛路线的起点设在一个指定位置,终点设在另一个海拔高度更高的地方。

(4) 四人越野赛或"4X"

四人越野赛是一项包括资格赛的多轮次比赛,每轮比赛由四名获得资格的选手在一个很短的下坡路线上同场竞技。每轮比赛获胜者与第二名直接进入下一轮;第三名将获得参加复活赛的机会;第四名则淘汰。除资格赛外不进行计时。

(5) 双人绕杆赛或"DS"

由两名运动员在两个平行的下坡障碍赛道上同时出发竞技的一系列淘汰赛。

(6) 分段赛或"SR"

用三天或更多天时间进行一系列相同或不同项目比赛,以总成绩时间(或总得分)来判定名次的比赛项目。

2. 社会因素

(1) 政府政策导向

如全国山地自行车赛,一般是由国家体育总局自行车击剑运动管理中心主办,由各相关城市承办,已经有四川省、贵州省、安徽省等省份的相关城市举办过全国性的山地自行车比赛。

(2) 城市聚落

如环鄱阳湖山地自行车赛,在江西省赣州市首次举办,从赣州市内出发,一直延伸至著名的环鄱阳湖城市带。

(3) 参与者享受自然的价值观

如江西龙虎山山地自行车赛,每年夏秋季节都有举办,一年一届,目前已经举办了两届,该赛事主要是体现比赛的乐趣,重在快乐比赛,因而不接受专业选手报名参赛,仅限于非专业赛手参赛,这种沿途既可欣赏风景,又可参与运动的比赛形式,很受赛友们欢迎。

(五) 城市营销手段

中国·长沙环湘江自行车邀请赛创办于2010年,由中国自行车运动协会、国家体育总局自行车击剑运动管理中心、湖南省体育局、长沙市人民政府共同主办。2012年环湘江自行车赛升级为环湘江国际自行车邀请赛,赛事规格更高,影响力更大。赛事以“低碳、环保”为主题,围绕着长沙“山水洲城”的自然景色,以环洲(橘子洲)、环江(湘江)、环山(岳麓山)为亮点设计赛道,打造成风景最美、规格最高、参与人数最多和最具影响力的自行车风云汇,充分展示了星城长沙得天独厚的自然风貌及幸福名城的城市风采。

(六) 品牌赛事及项目推广

2022年中国优秀旅游城市自行车大赛首站宿迁站比赛在宿迁骆马湖旅游度假区的赛道上鸣笛开赛。本站赛事主题为“怡起来,我们都是中国队”。赛事吸引了来自全国各地近1000名骑行爱好者参加比赛。参赛选手们在风景如画、景色宜人的骆马湖东岸穿梭而过,展开激烈角逐。

推荐阅读

1. 陈伟、刘庆生:《网络时代大众健身行为新趋势》,《人民论坛》2021年第2期。

2. 彭国强、舒盛芳:《美国运动健康促进服务体系及其对健康中国的启示》,《体育与科学》2016年第5期。

3. 田野等:《国民运动健身科学指导系统研究与建立》,《体育科学》2010年第2期。

4. 徐晓阳:《有氧运动的健身价值研究进展》,《体育学刊》2004年第5期。

5. 卢元镇:《全民健身文化建设刍议》,《体育文化导刊》2015年第3期。

后　记

翻开这本书，看书中百家争鸣，品味时代沉浮变迁，感受当下休闲体育的独特魅力，不知不觉，从动议撰文至今，已快十个寒暑。其间，本书经多人推敲、反复琢磨、几易其稿、颇为波折。辛丑初冬，终完结此作。忽而抬首，此时的燕园已层林尽染，未名湖畔寒风瑟瑟。再而远眺，此时的中国乃至世界，正经历着风云激荡的“百年未有之大变局”，这也向各位同仁提出了新的“时代五问”。

第一，当前我国处于近代以来最好的发展时期，世界处于百年未有之大变局，两者同步交织、相互激荡。

从 1874 年李鸿章感慨“数千年未有之变局”到 2017 年习近平总书记提出“百年未有之大变局”，中国、中国和世界的关系都发生了巨大变化。习近平总书记的“三个前所未有”深刻阐释了变局的内涵：新兴市场国家和发展中国家的崛起速度之快前所未有，新一轮科技革命和产业变革带来的新陈代谢和激烈竞争前所未有，全球治理体系与国际形势变化的不适应、不对称前所未有。前所未有的“变局”中休闲体育如何求进、如何谋发展，成为留给各位的时代首问。

第二，如本书所述，休闲体育发展的经济基础已经在近十年进一步夯实。

自 2010 年中国成为世界第二大经济体以来，居民的个人可支配收入逐年提高。同时，休闲产业集群的规模效应凸显，休闲体育供给成本降低。一升一降，使得休闲体育成为可获得、可负担的消费选择。

休闲体育消费端和供给端都已成形，如何梳理、整合、管理这一新兴的产业集群，寻找到让社会福利最大化的商业模式，成为引导休闲体育产业发展的时代二问。

第三，科技创新促进休闲体育多元化发展，将改变甚至重塑业态。

科技创新把人类带入一个崭新的时代，深刻改变了人们旧有的生产生活方式。如今，新材料、虚拟技术、云计算、大数据、物联网等前沿科技已与休闲体育紧密结合，丰富、拓展、开发出新的休闲体育供给，催生新的商业模式，加速形成新业态。休闲体育产业有了科学技术的加持，极有可能出现“流创新”“源创新”甚至是“始创新”。如何预判、评估、适应科学技术与休闲体育的深度融合，则可能成为新时代的第三问。

第四，2020 年初，新冠疫情席卷全球，至今未平。中国政府以“人民至上、生命至上”的理念，为世界做出了表率。

目前我国人民的生产生活已基本恢复正常。经历如此浩劫，面对来之不易的抗疫成果，我国人民对于健康有了更加深刻的认识，认识到运动、体育对于个体健康的作用。“健康中国”不再是一个口号，而成为人们共同的目标。如何利用来之不易的战疫成果，并通过休闲体育提高全民的健康水平，成为关乎民生福祉的时代第四问。

第五，“双奥之城”的奥运遗产成为休闲体育发展的厚重基石。

2015 年 7 月 31 日，北京获得 2022 年冬季奥运会举办权，成为奥运史上第一座举办过夏季奥运会，又迎来冬季奥运会的“双奥”城市。中国也成为第一个实现奥运“全满贯”（先后举办奥运会、残奥会、青奥会、冬奥会、冬残奥会）的国家，冬奥会给了中国向世界展现经济、文化、科技、体育、人文等成就的机会。2022 年 2 月 4 日至 20 日，北京冬季奥运会在中国北京和张家口顺利成功举行，冬奥会的成功举办彰显了中华文化的博大精深，进一步促进了各国人民的融合发展，推动了中西体育文化交流融合，推动了中国向世界强国迈进的步伐。同时，北京冬奥会是新冠疫情发生以来首次如期举办的全球综合性体育盛会。中国秉持绿色、共享、开放、廉洁的办奥理念，克服新冠疫情等重重困难，确保了北京冬奥会如期顺利举办，用实际行动兑现了对国际社会的庄严承诺。冬奥过后，后奥运时代如何利用好“双奥”“全奥”遗产，学界人士需要回答这时代第五问。

时代在不断进步和发展，以上“五问”等待着新时代的各位体育人一起去解答，一起去创造更多奇迹，在一个个答案和奇迹中共建体育强国，共同推动中国式现代化和中华民族伟大复兴。我们相信，未来必定精彩！

本篇虽是此书的收笔之作，但不由再次兴起，提笔记录下这一刻的思考。上述五问，或同仁已有答题妙招，或尚在寻求破题之道，不妨参阅此书，也许能让您稍展愁眉，找到启迪解题智慧的火种，谨以此书与君共勉。

2022 年 12 月